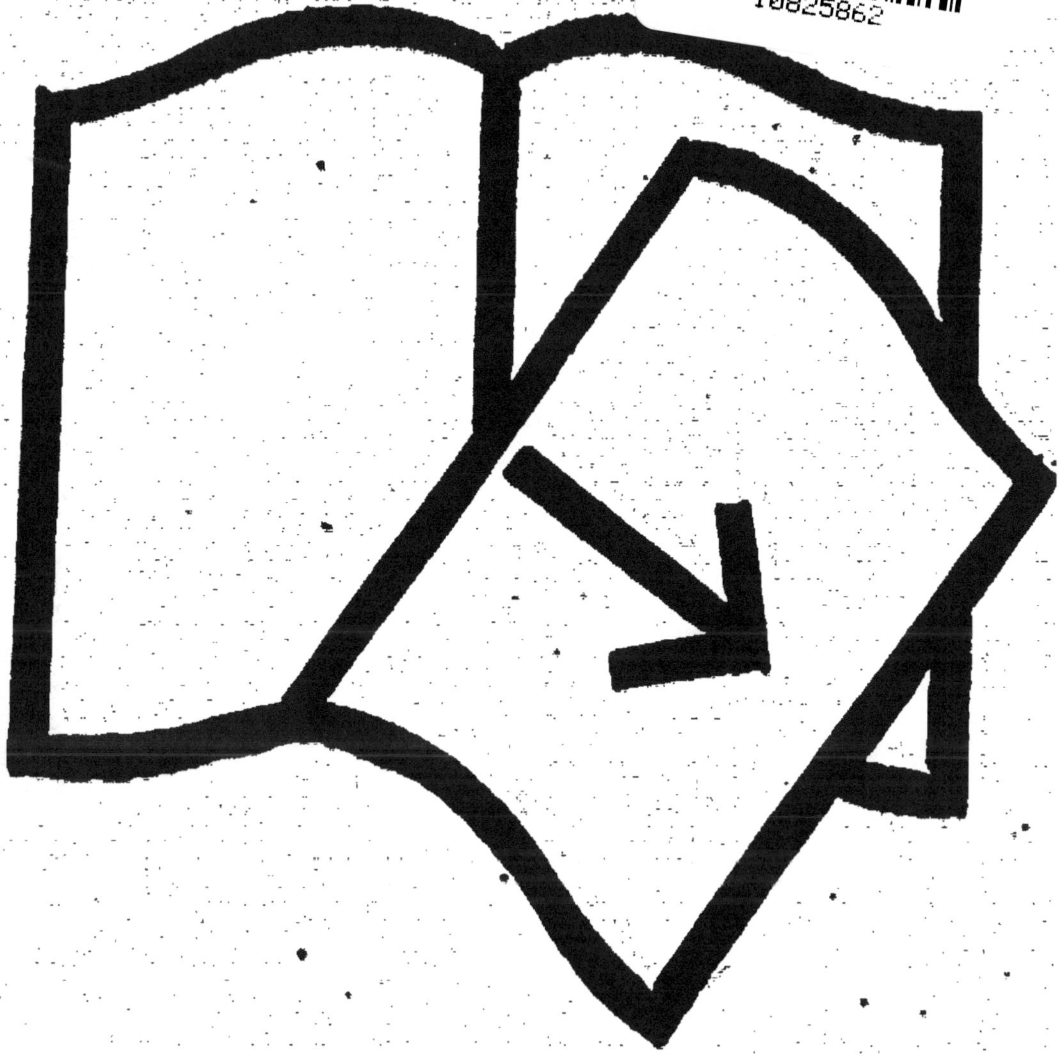

Couvertures supérieure et inférieure manquantes.

LES

COMTES DE BOURGOGNE

ET

LEURS VILLES DOMANIALES

LOUIS STOUFF
Docteur en droit et docteur ès-lettres,
Professeur-adjoint d'histoire à l'Université de Dijon.

LES COMTES DE BOURGOGNE ET LEURS VILLES DOMANIALES

ÉTUDE SUR LE RÉGIME COMMUNAL, FORME DE L'EXPLOITATION SEIGNEURIALE

D'APRÈS LE

CARTULAIRE DE LA VILLE D'ARBOIS

Suivie du texte de ce Cartulaire, de pièces annexes, de notes et de tables,

XIIIe, XIVe SIÈCLES

PARIS
Librairie de la Société du Recueil général des lois et arrêts
et du Journal du Palais
ANCIENNE MAISON L. LAROSE & FORCEL
22, RUE SOUFFLOT, 22
L. LAROSE, directeur de la Librairie.

1899

En souvenir

DE MON CHER ENFANT

LOUIS-NOËL

1893-1897

LES COMTES DE BOURGOGNE ET LEURS VILLES DOMANIALES

Étude sur le régime communal, forme de l'exploitation seigneuriale, d'après le Cartulaire inédit d'Arbois.

XIIIe, XIVe siècle.

Introduction. — 1° La seigneurie, premier objet de l'exploitation des comtes. — I. Les sources des revenus seigneuriaux. A). La terre. B). Les hommes. C). Les monopoles. — II. Les frais du domaine. A). Frais d'administration. B). Frais de défense. — 2° La communauté des habitants, second objet de l'exploitation. — I. Ce que la constitution et l'affranchissement de la communauté ont coûté aux comtes. A). Nature juridique de la communauté. B). Éléments de la communauté. a) Les hommes. b) Les biens communaux. C). Administration de la communauté. — II. Ce qu'ils leur ont rapporté. La communauté chargée de la plus grande partie des frais du domaine. A). Ire époque. Réunion du comté à la France. Les Lombards. B). IIe époque. Guerre de cent ans. Les grandes compagnies. — Conclusion *.

INTRODUCTION

Dans le comté de Bourgogne, de même que dans beaucoup d'autres pays, l'émancipation communale du XIIe et du XIIIe siècle revêtit, suivant l'importance des villes où elle se produi-

* Cette étude a été faite à peu près exclusivement sur des documents d'archives. La plupart des textes proviennent des archives communales d'Arbois. Le plus important est le *Cartulaire de la ville d'Arbois* (AA, 1) mss. de 1384, qui donne la copie de nombreux actes de la communauté depuis

sait, une forme très différente. A Besançon, cité épiscopale et ville impériale, elle grandit jusqu'aux proportions d'une révolution politique d'où sortirent de véritables libertés publiques. Au-dessous de Besançon, un certain nombre de villes moyennes se placèrent à peu près à égale distance de l'antique cité métropolitaine et des simples communautés rurales d'habitants. C'étaient celles que l'on appelait au xve siècle *villes à mairie* ou *bonnes villes*. Elles avaient le privilège d'être représentées aux États du comté. Au xviie siècle leur nombre fut fixé définitivement à quatorze. Dans ces villes soumises, aussi bien que les villages, à l'exploitation seigneuriale, l'établissement du régime communal fut de la part du maître un acte de bonne administration financière, destiné à améliorer ses revenus. Il n'eut d'autre but que de fournir un aliment nouveau à cette exploitation. La portée de la réforme fut restreinte de manière à ne laisser acquérir aux habitants rien de ce qui peut ressembler à une liberté politique. Le système ancien d'exploitation, maintenu tout entier, se mêla avec les nouvelles institutions et cette combinaison eut ce résultat auquel les sujets ne s'attendaient guère de le rendre plus lourd pour eux, plus lucratif pour leurs maîtres. Dissimulée sous des libertés précieuses et

1237. Je le cite sous le titre de *Cartulaire*. Une circonstance accroît la valeur de ce précieux recueil. La plupart des titres qu'il contient seraient aujourd'hui perdus pour nous si nous n'avions le cartulaire. Les originaux, les copies antérieures n'existent plus que pour un très petit nombre d'actes. D'après le plus ancien des *inventaires des titres de la ville* dressé en 1605, les originaux ont péri par le feu à une époque très ancienne, qu'il ne détermine pas (Arch. d'Arbois, II, 1). J'ai consulté également deux autres manuscrits des mêmes archives : 1° *Histoire du prieuré d'Arbois avec l'inventaire des titres du prieuré et un procès-verbal des réparations que M. l'abbé de Courbouzon a faites dans la maison prieurale vers 1760*, 2 vol. in-4° (GG, 1). 2° *Censier du prieuré d'Arbois*, mss. du xive siècle, petit in-f°, cinquante-neuf feuillets vélin contenant la copie de cent quarante-huit chartes du xiiie et du xive siècle. Ces chartes sont numérotées. Le mss. commence par une table des cent vingt-huit premiers numéros (GG, 161). Les archives de l'hôpital et la bibliothèque de la ville d'Arbois, les archives départementales du Jura, du Doubs et de la Côte-d'Or m'ont fourni plusieurs textes, ainsi que la bibliothèque municipale de Dijon où se trouve déposé l'un des trois exemplaires du *Cartulaire du comté de Bourgogne*, mss. des xiiie et xive siècles (n° 790, ancien 467, du *Catalogue imprimé des mss.*), et la bibliothèque nationale, collection Moreau, mss. n°s 887, 888 (Collection Droz, n°s 26, 27).

recherchées, l'aggravation des charges passa sans protestations. L'affranchissement de ces villes fut donc une véritable spéculation! Un simple calcul le montrera. Que l'on compare d'abord les profits que le seigneur tirait de son domaine, abstraction faite de la communauté, avec ce que ce domaine lui coûtait chaque année. Que l'on voie ensuite ce qu'il lui en a coûté une bonne fois pour constituer et pour affranchir la communauté et ce que celle-ci lui a rapporté en retour. On verra qu'en somme l'opération fut habile, et qu'elle eut pour résultat d'accroître le produit net du domaine en faisant retomber sur la ville les frais les plus considérables de l'exploitation. Afin de rendre la démonstration plus précise, je prendrai l'une des bonnes villes du comté, la cinquième en suivant l'ordre de préséance aux États.

Arbois, déjà notable au XIIIe siècle, grâce à son ancienneté, à son heureuse situation et à la fertilité de son sol, était alors le chef-lieu de l'une des nombreuses seigneuries qui faisaient partie du domaine réservé des comtes de Bourgogne. La ville, située à l'entrée de l'une des cluses du Jura, dans une belle et riante vallée que l'on appelait le val d'Arbois, au pied d'une vaste forêt dominant les premiers sommets de la montagne, entourée de tous côtés par un riche et fameux vignoble, s'élevait sur le bord du ravin escarpé et profond où coule la Cuisance. En grande partie construite en bois, comme la plupart des villes de cette époque (1), elle avait pour tous monuments son château du bord de l'eau bâti dans le XIIe siècle, son enceinte fortifiée, ou *fermeté*, et son prieuré ou monastère, si ancien déjà que l'origine en était inconnue. L'agglomération principale, à laquelle on donnait le nom de bourg, occupait le bord droit de la rivière sous les murs du château. Autour de la ville, à une faible distance, d'abord le grand faubourg de Faramand, séparé du bourg par la rivière, puis un peu plus loin des hameaux, Courcelles, Changins, Verreux, Larnay, avec leurs moulins, leurs huileries, leurs taillanderies, quelques manoirs, comme celui de la Motte, des maisons religieuses, une commanderie du Temple

(1) Lorsqu'une maison de la ville est construite en pierre, on a toujours soin de le dire dans l'acte, parce que c'est l'exception. *Cartulaire*, 26 (1330), f° 36, v°.

devenue après la suppression de l'ordre maison de Saint-Jean (1), une maladière ou léproserie et un hôpital, qui desservaient la région. Plus loin encore une ceinture de villages se rattachant à la ville par des liens divers, Montigny, Villette, Saint-Cyr, Vadans, Glénon, Pupillin, Mesnay, enfin au sommet des gigantesques falaises qui ferment la cluse, la Châtelaine, antique et vaste château des comtes de Bourgogne.

Arbois et sa seigneurie avaient au XIIIe siècle un passé déjà lointain. Si le manque presque complet de textes antérieurs au XIe siècle autorise une conjecture, on peut penser qu'au début de l'époque franque une très grande villa gallo-romaine tenait à peu près tout le territoire de la commune actuelle. Le manse dominical et les habitations des colons étaient à la place où s'élevèrent plus tard le château et le bourg. Vers le commencement du VIe siècle, la villa reçut successivement deux colonies burgondes. Les premiers émigrants furent installés côte à côte avec les colons romains dans le village primitif. Le nom de la rue de Bourgogne rappelle peut-être encore le souvenir du cantonnement qui leur fut assigné. La seconde colonie se composait de ces tard-venus que l'on appelait Faramans. Ils reçurent en partage, conformément à la loi Gombète, une partie des terres attribuées aux hôtes Burgondes installés avant eux. Mais ils ne furent point admis à habiter dans le village. Soit manque de place, soit désir d'éloigner des hôtes exigeants et grossiers, on les relégua de l'autre côté de la rivière. Ils y formèrent parallèlement à la rue de Bourgogne une agglomération qui s'appelle toujours du nom de ses premiers habitants, rue de Faramand (2).

(1) *Cartulaire*, 3 (1311). Arbois était l'une des cinquante-six commanderies de la langue d'Auvergne. J. Delaville le Roulx, *Cartulaire général de l'ordre des hospitaliers de Saint-Jean de Jérusalem*, I (Paris, Leroux, 1894), p. xlvj. On trouvera aux pp. xlix, lij et lix l'indication des dépôts où ont été recueillies les archives de la commanderie d'Arbois.

(2) Pour l'origine du nom de la rue de Bourgogne, Dey, *Étude sur la condition des personnes, des biens et des communes au comté de Bourgogne pendant le moyen-âge* (Paris-Besançon-Dijon, 1870, 1872), p. 260. Sur les Faramans, *Lex Burgundionum*, LIV, § 2 (édit. de Salis) dans les *Monumenta Germaniæ historica*, legum sectio I, tomi II pars I (Hanovre, 1892). De exartis quoque novam nunc et superfluam *faramannorum* competitionem et calumniam possessorum gravamine et inquietudine hac lege præcipimus submoveri :

Il fallait une église à toute cette population. Les grands propriétaires pensaient qu'il était de leur devoir d'assurer le service religieux de leur villa. Après la fondation du monastère de Saint-Oyend, quelques bénédictins de la nouvelle abbaye vinrent sur la demande du maître de la villa s'établir au point de jonction d'Arbois et de Faramand, sur la rive gauche, auprès du pont qui faisait communiquer les deux villages. Ils y fondèrent le prieuré d'Arbois. L'église du monastère, placée sous l'invocation de saint Just, évêque de Lyon au IVe siècle, servit aussi d'église paroissiale (1). Les religieux se réservèrent le droit de patronage sur la paroisse (2). Ces fon-

ut sicut de silvis, ita et de exartis, sive anteacto sive in præsenti tempore factis, habeant cum *Burgundionibus* rationem : quoniam sicut iam dudum statutum est, medietatem silvarum ad *Romanos* generaliter præcipimus pertinere; simili de curte et pomariis circa *faramannos* conditione servata, id est : ut medietatem *Romani* estiment præsumendam. — Il y a en France et en Italie plusieurs localités du nom de Faramans qui ont probablement la même origine, canton de Meximieux (Ain), canton de la Côte-Saint-André (Isère). 915. In *Ticinensi* civitate in loco qui dicitur *Faramania* (*Monumenta historiæ patriæ*, XIII, 463). Sur l'hospitalité assignée aux Burgondes, Saleilles, *De l'établissement des Burgondes sur les domaines des Gallo-Romains* (*Revue Bourguignonne de l'enseignement supérieur*, 1891, pp. 42-103, 345-407).

(1) Sur saint Just, évêque de Lyon à la fin du IVe siècle, dont la fête fixée au 2 septembre était déjà célébrée solennellement vers le milieu du siècle suivant, v. *Acta sanctorum*, mensis september, I (Antverpiæ, 1746), p. 365. Deux autres saints du même nom sont fêtés le même jour, saint Just ou Justin, évêque de Strasbourg (IVe siècle, p. 377), saint Just, évêque de Clermont (VIIe siècle, avant 630, p. 439). Les origines du prieuré et de la paroisse ne se laissent entrevoir que dans des documents d'une époque bien postérieure, du XIIIe siècle en général. Le plus ancien texte est une confirmation par l'archevêque de Besançon du droit de l'abbaye de Saint-Oyend sur l'église d'Arbois, concedimus itaque tam vobis quam successoribus uestris ecclesiam de *Arbois* cum capella de *Cangin* et cum capella de *Castellana*. Cette charte est datée des règnes de l'empereur Henri, du pape Urbain, de Hugues, archevêque de Besançon, et d'Etienne, comte de Bourgogne. La combinaison de ces éléments chronologiques en place la rédaction entre les années 1088 et 1099 (*Histoire mss. du prieuré d'Arbois*, I, p. 14). Le plus ancien prieur connu, frère Hugues, souscrit une charte pour l'abbaye de Balerne (p. 40). V. aussi Dom Benoît, *Histoire de l'abbaye et de la terre de Saint-Claude* (Montreuil, I, 1890), pp. 336, 444.

(2) Le curé d'Arbois ne fut donc, aussi longtemps que dura le monastère, que vicaire perpétuel. — 1257, 19 août. *Alexander*, episcopus, servus servorum Dei, dilectis filiis abbati et conventui monasterii *Sancti Eugendi Jurensis*, ordinis Sancti Benedicti *Lugdunensis* dyocesis, salutem et apostolicam bene-

dations nouvelles, dépendances de l'abbaye de Saint-Oyend, participaient à l'immunité dont l'église-mère jouissait. Elles reçurent d'autres exemptions (1). Le propriétaire du domaine les enrichit par la donation de la dime dans ses domaines. Le droit d'établir des chapelles ou des oratoires dans la ville fut

dictionem. Cum igitur sicut ex parte vestra fuerit propositum coram nobis dilectus filius nobilis vir *H.* comes palatinus *Burgundie* ac dilecta in Christo filia nobilis mulier *A.* comitissa uxor eius cupiant prioratum vestrum de *Arbosio* ordinis Sancti Benedicti *Bisuntinensis* Dyocesis, utpote in terra eorum situm, ob devotionem quam erga locum ipsum habent in temporalibus a Deo augmentari, ut possit in eo competens monachorum collegium permanere, nos donatorum vota salubria favore benivolo prosequi delectantes vestris et eorumdem comitis et comitisse supplicationibus inclinati dilectis filiis priori et monachis ipsius prioratus presentium auctoritate concedimus ut possessionem parochialis ecclesie de *Arbosio* eiusdem dyocesis in qua jus patronatus habere dicuntur, cum eam cedente vel decedente rectore ipsius vacare contigerit, ingredi valeant ac eandem ecclesiam in usus proprios libere retinere. Prouiso quod in eadem ecclesia per ydoneum vicarium seruiatur, nec debitis diuinorum obsequiis defraudetur, reseruata eidem vicario de ipsius ecclesie prouentibus congrua portione ad debita procorationum diocesanarum et archidiaconalium et alia onera supportanda... Datum *Viterbii* xiiij kalendas septembris pontificatus nostri anno tercio (Arch. du Jura, H, fonds du prieuré d'Arbois, Vidimus des évêques de Genève et de Lausanne du 22 mai 1258. Scellé sur ficelle. Fragment du sceau en cire jaune de l'évêque de Lausanne).

(1) 1251, 30 mars. *Innocentius* episcopus servus servorum Dei dilectis filiis priori et conventui monasterii de *Arbosio* ordinis Sancti Benedicti *Bisuntinensis* diocesis salutem et apostolicam benedictionem... Omnes libertates et immunitates a predecessoribus nostris Romanis pontificibus sive per privilegia, sive alias indulgentias uobis et monasterio vestro concessas, nec non libertates et exemptiones secularium exactionum a regibus et principibus vel aliis Christi fidelibus rationabiliter uobis indultas auctoritate apostolica confirmamus et presenti scripti patrocinio communimus... Datum *Lugduni* iij kl. aprilis pontificatus nostri anno octauo (Arch. du Jura, H, fonds du prieuré d'Arbois, original. La bulle manque. Au revers : c'est la confirmacion des choses que nous auons acquis). 1251, 25 mars. *Innocentius* episcopus servus servorum Dei dilecto filio priori *Athanacensi Lugdunensi* salutem et apostolicam benedictionem. Religionis dilectorum filiorum prioris et conuentus monasterii de *Arbosio* ordinis Sancti Benedicti *Bisuntinensis* diocesis meretur honestas ut eos in caritatis visceribus amplexantes eorum petitionibus quantum cum Deo possumus fauorabiliter annuamus... Nullus infra castrum et villam de *Arbosio* et eorum districtum necnon et in hospitali eiusdem ville ad monasterium predictum ut asserunt, pleno iure spectantia, preter assensum ipsorum ecclesiam uel capellam seu oratorium uel altare construere presumat... Datum *Lugduni* viij kalendas aprilis, pontificatus nostri anno octauo (Arch. du Jura, H, fonds du prieuré d'Arbois, original, la bulle manque).

réservé au prieuré, et plusieurs paroisses rurales du voisinage lui furent annexées (1).

Après ces origines la nuit tombe et dure jusqu'au XIIIe siècle. C'est à peine si quelques chartes, la plus ancienne du Xe siècle, indiquent en passant les colonges ou manses d'Arbois, ses vignes (2), sa prévôté (3). Au XIIIe siècle les textes, nombreux tout à coup, font la lumière, et la ville nous apparaît dans la situation que voici.

Arbois fait partie du comté de Bourgogne. Le comte en est

(1) 1184. Diplôme de Frédéric Barberousse pour l'abbaye de saint-Oyend : ecclesiam sancti Justi de *Arbosio* cum prioratu et omnibus decimis aliisque appenditiis suis, cum capellis de *Changino* et de *Pupillino*, de *Menay* et de *Castellana*, ecclesiam de *Villela*, ecclesiam *Sancti Cyriaci*, ecclesiam de *Villanova*... (Dissertation sur l'établissement de l'abbaye de Saint-Claude, p. 44, 91). D. Benoît, *Histoire de l'abbaye de Saint-Claude*, I, append. K, p. 643. — 1251, 23 mars. *Innocentius* episcopus servus servorum Dei dilectis filiis priori et conventui monasterii de *Arbosio* ordinis Sancti Benedicti *Bisuntinensis* diocesis salutem et apostolicam benedictionem... Personas vestras et locum in quo diuino estis obsequio mancipati cum omnibus bonis que impresentiarum racionabiliter possidet aut in futurum iustis modis prestante Domino poterit adipisci sub Beati Petri et nostra protectione suscipimus. Specialiter autem de *Sancto Justo*, de *Menay*, de *Chaingins*, de *Pupilyns*, de *Villela*, *Sancti Petri* et *Sancti Cyrici* ecclesias necnon hospitale de *Albois* decimas, terras, uineas et alia bona uestra, sicut ea omnia iuste ac pacifice possidetis, uobis et per uos monasterio uestro, auctoritate apostolica confirmamus et presentis scripti patrocinio communimus, salua in predictis decimis moderatione concilii generalis. Datum *Lugduni* x kalendas aprilis, pontificatus nostri anno octauo (Arch. du Jura, H, fonds du prieuré d'Arbois, original, la bulle manque).

(2) Donation par Otte-Guillaume, comte de Bourgogne, à l'église de Vaux, d'un manse à Arbois. Nous avons la confirmation par Guillaume le Grand, comte de Bourgogne et de Mâcon, petit-fils d'Otte-Guillaume, datée de 1069... In villa vero quæ vocatur *Arbosius*, coloniam quam *Gremonius* possidebat (Chevalier, *Mémoires historiques sur la ville et seigneurie de Poligny*, Lons-le-Saunier, 1767-1769, I, pièc. justific., n° IX, p. 316), Cpr. la confirmation par Renaud III, comte de Bourgogne, en 1115 : In villa quoque quæ vocatur *Arbos*, coloniam quam *Gremonius* possedit (n° XI, p. 318). — Sur les origines d'Otte-Guillaume, v. Pfister, *Études sur le règne de Robert le Pieux* (Paris, 1885), appendice 2, p. 391. — 969. Et in *Corcellas* vinea que ibi habeo (Chevalier, *Mémoires historiques sur la ville et seigneurie de Poligny*, I, pièc. justif., n° V, p. 313).

(3) 1183. Robertum prepositum *Arbusii* (Charte de l'impératrice Béatrix pour l'abbaye de Rosières ; Perreciot, *De l'état civil des personnes et de la condition des terres dans les Gaules*, II, en Suisse, 1786, preuves, n° 24, p. 281).

le souverain. Il y exerce tous les droits qui dérivent de la puissance publique, et dont l'ensemble s'appelait encore au XIe siècle le service public (*functio publica*). Il n'y a de soustraits à son autorité que les territoires qui ont l'immunité ecclésiastique. Tels sont, en sus des possessions du prieuré d'Arbois, placées sous la justice souveraine de l'abbaye de Saint-Oyend, le domaine que le prieuré clunisien de Vaux-sur-Poligny détient à Courcelles et le champ du Temple. En vertu de ces droits de souveraineté, le comte a pouvoir même sur les alleux. Il peut requérir des nobles le service militaire, et les forcer à comparaître devant sa cour de justice. Le pouvoir d'infliger des peines corporelles et d'établir des contributions lui appartient sur les personnes de toute condition (1).

Le comte déléguait son pouvoir à des baillis qui avaient eux-mêmes sous leurs ordres des prévôts. Il fallait plusieurs prévôtés pour former un bailliage. Arbois était, dès le XIIe siècle, le chef-lieu d'une prévôté qui se composait du territoire de la ville et de plusieurs villages (2). Dès le milieu du XIVe siècle, cette prévôté était rattachée au bailliage d'Aval qui avait Dôle pour capitale. Arbois était de plus, l'un des sièges judiciaires du bailliage. Ceci remontait sans doute au temps où partout, sur le sol de l'ancienne Gaule découpée régulièrement en comtés ou pays, les comtes tenaient, en certains lieux fixés par la coutume, leurs plaits généraux. L'antique *salle* ou *aule* d'Arbois était peut-être, au Xe siècle, l'un des endroits que les comtes du pays de Warasc affectaient aux assemblées de justice. Encore en plein XVe siècle, ces plaits généraux n'avaient point cessé à Salins. Ils étaient devenus la propriété particulière des vicomtes de cette ville, et l'on continuait à y suivre la plupart des règles et des

(1) Justicia corporalis (*Cartulaire*, 1, 1257, f° 2, v°, § 11).

(2) Une charte du commencement du XIVe siècle indique les points extrêmes de la prévôté. En toute la ville et prévosté d'*Arbois*, c'est à sçavoir dois *Vadans* tant que à la *Chatelaine*, et dois *Aillepierre* tant que à *Bevelley* (Chevalier, II, pièc. justif., n° LIX, 2°). La charte de 1257 place expressément la Châtelaine dans la prévôté d'Arbois (*Cartulaire*, f° 2, r°, § 6). Mais il y a un châtelain à la Châtelaine en 1353, et ce châtelain n'a pas juridiction dans le bourg d'Arbois (*Cartulaire*, 30). En 1363, Vadans est châtellenie (Pièces annexes, 7). Une charte de 1371 se rapporte à un ancien prévôt de Mesnay (*Cartulaire*, 43).

formalités établies à l'époque carolingienne. Mais de bonne heure à Arbois, les plaits généraux avaient été remplacés par les *assises* ou *journées* des baillis, qui avaient succédé aux anciens comtes du pays (1). Ces séances judiciaires avaient à peu près la même destination que les plaits généraux. Le bailli y jugeait les appels et tout ce qui dépassait la compétence du prévôt (2). Il y publiait aussi les ordonnances (3).

Les comtes de Bourgogne n'avaient point seulement à Arbois les droits généraux que leur titre leur donnait sur la province tout entière. Ils étaient, en outre, seigneurs de la ville et de son territoire. Ils y possédaient des droits de domaine et de justice tout à fait distincts de ceux qui découlaient pour

(1) Trois documents du xe siècle désignent comme situés dans le comté ou pays de Warasc les localités de Poligny, Tourmont, Olénon, Courcelles. Diplôme de Charles le Simple (Chevalier, *Mémoires historiques sur Poligny*, I, pièc. justif., no III, et p. 69, 915, in comitatu *Warasco*..., in villa quæ vocatur *Polinei*). Donation à la cathédrale d'Autun par la comtesse Adélaïde (pièc. justif., no IV, 922, villam *Poligniacum* sitam in comitatu *Warasco*). Donation déjà citée de 969 (pièc. justif., no V, partem ex propria hereditate quae sunt sitae in pago *Warracense* ..., *Tormunt* ..., in *Glenoni* ..., in *Corcellas*). Pour les limites du pays de Warasc (Warasgaw), v. Clerc, *Essai sur l'histoire de la Franche-Comté*, I (Besançon, 1870), p. 303. — Les plaits généraux de Salins s'appelaient en 1473 *les plaits généraux de Madame la Vicomtesse*. Ils avaient lieu une seule fois par an au mois de mai. Ils duraient trois jours et chaque journée comportait trois séances de justice. L'assemblée était présidée par la vicomtesse ou par son lieutenant. On y rendait la justice haute et basse (Guillaume, *Histoire de la ville de Salins*, II, Besançon, 1758, 3e partie, p. 3; preuves, p. 21, reconnaissance des droits de la Vicomté de Salins faite en l'année 1473). — Pour les assises ou journées d'Arbois, v. dans le *Cartulaire* cinq chartes relatives aux séances de justice présidées par Jean de Haironval, bailli du comté pour le roi de France, Philippe le Bel (13, 1301), et sous le règne de Marguerite de France, par Eude, sire de Vaudrey (31, 1351), Guy de Cicon (29, 1371, mars; 36, 1370, juillet), tous baillis, et Guillaume de Meirey, lieutenant du bailli Guillaume le Bâtard de Poitiers (43, 1371).

(2) Appel des jugements du prévôt d'Arbois prononçant des amendes supérieures à trois sous (*Cartulaire*, 31, 1351, fo 47, ro). Appel d'un jugement rendu par le prévôt de Mesnay (43, 1371).

(3) Ordonnance homologuant une transaction entre les communautés d'Arbois et de Changins relativement à la part contributive de ce village dans les frais d'entretien de la forteresse d'Arbois (*Cartulaire*, 13, 1301). Ordonnance fixant un point contesté de la coutume du val d'Arbois en matière de droit civil (29, 1371). Ordonnance prescrivant le bornage des fossés du bourg (36, 1370).

eux de la puissance publique. Ils cumulaient avec les prérogatives du comte tous les droits qui appartenaient au seigneur. Ils étaient à la fois comtes et propriétaires, et c'est sous ce second aspect que nous les verrons le plus souvent.

Au XIIIe siècle, la terre d'Arbois était depuis longtemps divisée entre deux branches de la maison des comtes de Bourgogne, et formait deux seigneuries ou *justices* distinctes. La charte principale du cartulaire de la ville, celle de 1257, que les habitants ont toujours regardée comme la base de leurs franchises, doit sa rédaction à ce partage. En l'année 1102, Étienne le Hardi, comte de Warasc et de Mâcon, mourut laissant deux fils. Renaud III, qui était l'aîné, hérita du comté de Bourgogne. Son frère, Guillaume IV, devint comte de Mâcon et de Vienne. Le domaine d'Arbois fut partagé entre eux, mais on réserva à Renaud une certaine prépondérance de droits et la suzeraineté du territoire assigné à Guillaume (1). Renaud III transmit la seigneurie à sa fille Béatrix qui devint impératrice par son mariage avec Frédéric Barberousse (2). Pendant plus d'un siècle, cette seigneurie fut toujours comprise dans la succession du comté et ne cessa point d'avoir pour propriétaires les comtes de Bourgogne. Au milieu du XIIIe siècle, elle appartenait à Alix de Méranie, descendante de Béatrix, et à

(1) Sur la succession d'Étienne le Hardi et de Guillaume l'Enfant, v. Chevalier, *Mémoires historiques sur Poligny*, I, p. 99-104 ; Clerc, *Essai sur l'histoire de la Franche-Comté*, I, p. 307-324 ; le comte de Mas-Latrie, *Trésor de chronologie* (Paris, 1889), col. 1607 et 1632. Sur la famille de Vienne, v. Dunod, *Mémoires pour servir à l'histoire du comté de Bourgogne* (Besançon, 1740), p. 31, s. Cette maison avait pour fondateur Gérard de Vienne, l'un des fils de Garin de Montglane.

(2) Frédéric Barberousse date d'Arbois un diplôme pour l'abbaye de Baume-les-Moines. Datum *Arbosii*, decima quarta Kal. decembris... anno dominicæ Incarnationis millesimo centesimo quinquagesimo septimo (Dunod, *Histoire des Sequanais*, Dijon-Paris, 1735, I, preuves, p. xcv). Il y fait plusieurs actes de seigneurie. Donation de trois manses à Arbois, *in villa Arbosii tres mansi integri*, à l'abbaye de Château-Chalon. Cette donation faite en 1165 est renouvelée par Frédéric II en 1232 (Dunod, p. xcvij). Donation au prieuré de Saint-Just de la moitié du moulin des Terreaux (*Inventaire des titres du prieuré*, XII, p. 345, 1177). Le fils de Frédéric Barberousse et de Béatrix, Otton II, comte de Bourgogne, a un prévôt à Arbois. En l'année 1199, il lui défend d'extorquer de l'argent des religieux de Balerne (Arch. d'Arbois, K, 3, copie authentique de 1748).

son mari Hugues de Chalon, qui s'intitulait, depuis son mariage, comte de Bourgogne. Leur fils Otton IV, époux de Mahaut d'Artois, la posséda après eux.

Cependant l'autre partie du domaine était parvenue, vers le temps où vivait Alix de Méranie, à une arrière-petite-fille de Guillaume IV, Béatrix. Elle épousa Guillaume d'Antigny et lui communiqua le titre de comte de Vienne (1). Leurs droits passèrent plus tard à leur petit-fils, Philippe de Vienne, qui les vendit en 1267 à Alix de Méranie, veuve depuis l'année précédente. Par conséquent, l'unité de la seigneurie d'Arbois était reconstituée dès l'an 1267 (2).

Toutefois, les conséquences pratiques de la division du domaine persistèrent plus longtemps. Avant l'année 1257 les comtes de Vienne avaient inféodé leur portion à une famille de moyenne noblesse des environs d'Arbois, les seigneurs de Vaudrey (3). Le contrat passé entre Philippe de Vienne et Alix de Méranie n'avait point d'effet à l'égard des seigneurs de Vaudrey. Ceux-ci changeaient seulement de suzerain (4).

(1) *Cartulaire du comté de Bourgogne*, f° cclxiij. Lettre de l'omaige que *Guillames*, cuens de *Vienne*, fit au comte *Hugon* de *Bourgongnes*. Ce fut fait à *Herbois* en l'an de l'incarnacion Jhésus-Christ mil ccxlix, le samedi après feste Saint Claire.

(2) Philippe de Vienne avait repris le fief et fait hommage à la comtesse Alix le lendemain de l'Apparicion mil cc soixante et six au mois de janvier (7 janvier 1267, n. st. *Cartulaire du comté de Bourgogne*, f° clxxiij, coment *Phelippes* de *Vienne* reprit en fié ce que ses pères tenoit au val *d'Arbois*. La vente eut lieu au mois de juin de la même année (*Cartulaire du comté de Bourgogne*, f° cclxxx, lettres comment *Philippe* de *Vienne*, sire de *Mirebel*, vendit à la comtesse *Alis* touz les fiez du val *d'Arbois*, de *Dole* et le fié de *Buuraas* pour iiij^c livres d'esteuenans. Ce fut fait l'an de grace mil cc soissante et sept ou mois de jui[n] g. — Cpr. les originaux de ces deux actes, Archives du Doubs, B, 317.

(3) En 1257 le fief était tenu par Guillaume, seigneur de Vaudrey. Pour ce personnage, v. Pièces annexes, 1 (1247).

(4) Aussitôt après la vente, par un acte daté de Dôle le jour de la Nativité saint Jean-Baptiste (24 juin) 1267, Philippe de Vienne tient quitte de l'hommage dame Chevrière, dame de Vaudrey, veuve de Guillaume, chevalier, sire de Vaudrey, et lui commande d'entrer en l'hommage de la comtesse Alix. Cet acte se trouve deux fois dans le *Cartulaire du comté de Bourgogne*, f° cxl, sous la rubrique inexacte : Lettres coment messires *Phelippes* de *Vienne*, sires de *Mirebel*, vendit à la contesse *Alis* le fié que *Guillaumes*, sires de *Vaudré*, tenoit de luy ou val d'*Arbois*, et f° cclxxiij. Cpr. Archives du Doubs, B, 317 (vidimus).

Aussi on retrouve le fief dans la possession des seigneurs de Thoire de la maison de Vaudrey en l'année 1316. La division de la seigneurie d'Arbois cessa complètement peu après cette année par la réunion du domaine de Thoire au domaine éminent (1).

Pendant le XIVe siècle, le domaine d'Arbois n'eut pas toujours les mêmes maîtres que le comté. Depuis 1295, date du traité de Vincennes, à 1322, année de la mort de Philippe le Long, le comté de Bourgogne est réuni à la France. Malgré la résistance d'une partie de la noblesse comtoise, Philippe le Bel s'y conduit en souverain. Il y institue des baillis qui gouvernent en son nom (2). Il y introduit, aux dépens de ses nouveaux sujets, les procédés de son gouvernement fiscal. Son second fils, Philippe le Long, auquel il a ménagé la succession du comté en lui faisant épouser Jeanne Ire, la fille unique d'Otton IV, est comte de Bourgogne plusieurs années avant de régner sur la France. Cependant la comtesse Mahaut demeure dame d'Arbois, qui est compris dans son douaire. Après la mort de son mari, elle confirme les libertés de la ville et y

En 1297, Gui, sire de Vaudrey, se reconnaît vassal de la comtesse Mahaut pour tout ce qu'il possède dans le val et la prévôté d'Arbois (Chevalier, II, p. 519).

(1) Sur la famille de Thoire, Dunod, *Histoire du second royaume de Bourgogne et du comté de Bourgogne* (tome II de l'*Histoire des Séquanais*), p. 207. La généalogie de cette famille a été donnée par Rousset, *Dictionnaire géographique des communes de la Franche-Comté*, VI (Lons-le-Saunier, 1858), p. 134-138. On ne peut s'en servir qu'avec beaucoup de défiance. La famille de Thoire-Vaudrey paraît n'avoir rien eu de commun avec la maison de Thoire-Villars (Guigue, *Topographie historique du département de l'Ain*, Bourg-Lyon-Paris, 1873, p. 453-455; Guichenon, *Histoire de Bresse et Bugey*, Lyon, 1650, IIIe partie, p. 397-399; continuation de la IIIe partie, p. 213-238. D. Benoît, *Histoire de l'abbaye de Saint-Claude*, I, p. 515 et s.

(2) Pour le traité de Vincennes et pour la politique antérieure de Philippe le Bel, Paul Fournier, *Le royaume d'Arles et de Vienne* (Paris, 1891), p. 279 et suiv.; 293 et suiv.. V. le texte du traité dans Pérard, *Recueil de pièces servant à l'histoire de Bourgogne*, p. 677. Le traité fut conclu le 9 mars 1295. Pour l'attitude de la noblesse du comté après le traité, Funck Brentano, *Philippe le Bel et la noblesse franc-comtoise* (*Bibliothèque de l'École des Chartes*, XLIX, 1888, p. 1 et suiv.; pièces justificatives, p. 238 et suiv.). V. enfin *Cartulaire*, 19 (1299), la charte est scellée du sceau du roi de France duquel on use en la cour de Poligny, 13 (1301), l'acte daté d'Arbois a lieu en présence de Jean de Haironval, bailli du comté pour le roi de France.

accomplit des actes de propriétaire jusqu'à sa mort en 1329 (1).

La reine Jeanne recueille alors la seigneurie d'Arbois dans la succession de sa mère. Elle meurt elle-même l'année suivante, laissant par testament le comté à sa fille aînée, Jeanne II, épouse d'Eudes IV, duc de Bourgogne (2). Cette disposition mécontente ses autres filles, Marguerite, épouse de Louis II, comte de Nevers et de Flandre, et Isabelle, mariée à Guigues XII, dauphin de Viennois. Elles entreprennent contre leur sœur une guerre qui ne cesse que moyennant la promesse de certaines compensations. En 1331 le roi de France, Philippe VI, fait accepter sa médiation (3). Il attribue à Marguerite de France entre autres terres la seigneurie d'Arbois (4). Par l'effet de ce nouveau partage, tandis que le comté passe successivement de Jeanne II, à son fils, Philippe de Rouvre (1347) pour ne venir à Marguerite de France qu'après la mort de ce-

(1) Bracon, la Châtelaine et les Planches faisaient aussi partie du douaire de la comtesse Mahaut (Chevalier, *Mémoires historiques sur Poligny*, I, p. 161). La veuve d'Otton IV continua à porter jusqu'à sa mort le titre purement honorifique pour elle de comtesse de Bourgogne. Pour les actes de seigneurie accomplis par la comtesse relativement à *Arbois*, *Cartulaire*, 26 (1330, n. st.) f° 37, r°; cette charte indique la comtesse Mahaut parmi les seigneurs qui ont antérieurement confirmé les libertés de la ville. V. aussi Pièces annexes, 4 (1327), charte d'amodiation des moulins d'Arbois par la comtesse.

(2) Chevalier, *Mémoires historiques sur Poligny*, I, p. 172. Clerc, *Histoire de la Franche-Comté*, II, p. 39. *Cartulaire*, 26 (1330, n. st.), lettre come la duchesse *Jehanne* de *Bourgoigne* en son droit et partaige fut recebue à dame *Arbois*. Pour les trois filles de Philippe le Long et leurs alliances, v. *Chronologia regum Francorum* publiée par la Société de l'histoire de France, I (Paris, 1891), p. 256.

(3) V. en ce qui concerne Isabelle et le dauphin, Dom Plancher, *Histoire de Bourgogne*, II, preuves : 234, sentence arbitrale de Philippe, roi de France (Rouen, mai 1331); 235, lettre du dauphin aux habitants du comté leur enjoignant d'obéir au duc de Bourgogne (Paris, juin 1331).

(4) Lettres d'Eude IV (Paris, 23 déc. 1330) et de Louis de Nevers (Bruges, mars 1331) transcrites dans la charte d'Arbois du 7 juin 1331 qui constate la prise de possession de la ville et de la seigneurie par Marguerite de France et par son mari (*Cartulaire*, 27). — L'ensemble des terres assignées à Marguerite de France formait un bailliage particulier. Le bailli s'intitulait bailli de Madame de Flandre en sa terre de Bourgogne (*Cartulaire*, 29, 1349; 30, 1353; 31, 1354; 33, 1356). On trouve également employé le titre de gardien de part le comte de Flandre en sa terre de Bourgogne ou de gardien madame de Flandre en sa terre de Bourgogne (Pièces annexes, 10, III, 4°, 1336; 5°, 1351).

lui-ci (1361), la seigneurie d'Arbois demeure en la possession de la comtesse Marguerite depuis l'année 1331 jusqu'à sa mort en l'année 1382. C'est à peu près l'époque où l'on rédige le cartulaire de la communauté des habitants d'Arbois.

En effet, pendant que la seigneurie d'Arbois allait ainsi de main en main, des transformations profondes s'opéraient silencieusement dans l'état des habitants et dans le gouvernement intérieur de la ville. Le servage et la mainmorte, condition ordinaire des hommes de la seigneurie, avaient à peu près disparu vers la fin du XIIIe siècle. Dans le même temps, de toutes parts, les antiques communautés d'habitants issues des *familiæ* de colons attachés à la culture des domaines de l'époque franque, sortaient de leur torpeur séculaire. Elles aspiraient à l'affranchissement. Elles demandaient à leurs maîtres de leur donner une existence juridique et une personnalité semblables à celles dont jouissaient les établissements religieux. Elles sollicitaient aussi la confirmation officielle de leur usage plusieurs fois séculaire sur les bois et les pâturages du domaine, ainsi que le pouvoir de délibérer sur les intérêts de la collectivité, soit en assemblée générale, soit par l'intermédiaire de quelques représentants. Pour des motifs divers, l'entraînement de l'exemple venu des grandes municipalités, le besoin d'argent et de popularité, l'intérêt bien entendu, les seigneurs accueillaient ces demandes. La ville d'Arbois reçut l'une des premières sa part dans cette distribution de privilèges qui affranchirent dans la seconde moitié du XIIIe siècle la plupart des communautés urbaines du comté. Ce qui est à remarquer, c'est qu'elle fit admettre ses droits, non point directement, mais à l'occasion de deux actes dont l'objet était tout différent.

Le premier est le compromis de 1257, entre Hugues, comte de Chalon et de Bourgogne, et Guillaume, seigneur de Vaudrey, agissant du consentement de son suzerain, Guillaume, comte de Vienne. Elle a pour but de débrouiller les intérêts très mêlés de ces divers seigneurs sur le domaine d'Arbois. Les nobles, les vilains, les serfs, dont les témoignages furent recueillis afin de fixer les droits des maîtres de la seigneurie, profitèrent de cet acte pour y faire insérer plusieurs de leurs droits qu'ils voulaient mettre hors de débat, en particulier, pour obtenir la reconnaissance de la communauté qu'ils formaient entre eux. Ce premier acte s'appliquait donc aux deux portions de la seigneurie.

La seconde charte est celle d'Otton IV, datée du mois de mai 1282. Le Cartulaire nous l'a conservée sous la rubrique : *lettres des bois, fours, moulins et autres libertés octroyées à la communauté d'Arbois*. Ce titre est probablement contemporain de la charte originale, au revers de laquelle il devait être placé. Le comte proclame la plus inestimable de toutes les libertés communales, celle d'avoir un conseil de ville élu par les habitants. Le comte ne pouvait statuer que pour la partie du domaine dont il était le seigneur direct. Or il n'y a point d'apparence que le seigneur de Vaudrey ait publié dans sa propre terre une charte qui aurait étendu à ses sujets le bénéfice de la charte d'Otton IV, ou qui leur aurait accordé des avantages semblables. Il en résulte que les franchises contenues dans l'acte de 1282 ne s'appliquèrent sur toute l'étendue du domaine primitif d'Arbois qu'après le rétablissement complet de son unité.

Ces deux chartes avaient, pour ainsi dire, lancé dans la vie la communauté. Depuis l'an 1282 jusqu'à la fin du XIVe siècle d'autres chartes de nature diverse sans cesse plus nombreuses témoignent de son activité croissante. Actes fixant les rapports de la ville et du seigneur, confirmation de franchises, privilèges, rédactions de coutumes, jugements réprimant les abus des prévôts, chartes du règne de Marguerite de France réglant incessamment, au fort de la guerre de cent ans et des dévastations des compagnies, la question du service militaire et des fortifications, documents concernant les droits de la communauté vis-à-vis des communautés voisines, contrats passés par la ville pour l'exploitation de ses biens, tous ces documents devinrent en un siècle si abondants, et leur prix parut si grand que vers la fin du XIVe siècle les échevins eurent l'idée de les faire copier sur un registre. A l'exemple des maisons religieuses ils voulurent avoir le cartulaire de leur ville. Les chartes qui parurent les plus utiles à conserver furent transcrites au mois de janvier 1384. Elles formèrent un recueil intitulé : *Copie des franchises, libertés et autres lettres de la ville et communaute d'Arbois*. C'est le contenu de ce livre, complété par un assez grand nombre d'autres documents, qui a fourni la substance des pages suivantes.

1° La seigneurie, premier objet de l'exploitation des comtes de Bourgogne.

I. — Les sources des revenus seigneuriaux.

Il y a dans la seigneurie trois sources de revenus, la terre, les hommes qui habitent la terre, les monopoles, tels que la justice du comte et les banalités.

A) *La terre.* — C'est ce que les textes appellent la *justice* ou la *seigneurie* (1). Les profits qu'elle rapporte au seigneur sont : 1° le cens sur les parcelles de terrain ou sur les maisons données en censives, c'est-à-dire à titre de location perpétuelle et héréditaire ; 2° le *cens des toises* sur les maisons, fixé à tant par toise de façade. A Poligny, chaque toise paie vingt-six deniers (2) ; 3° la taille. Elle diffère du cens et du cens des toises en ce qu'elle est une prestation extraordinaire levée seulement en cas de besoin, tandis que les deux autres redevances sont régulières et annuelles.

Le domaine des comtes n'était point d'un seul tenant. Nous avons de l'année 1286 un état des sommes payées par le prévôt d'Arbois aux ouvriers qui ont travaillé dans les vignes du comte de Bourgogne. On y voit que ces vignes étaient éparses dans tout le finage (3). Un certain nombre de parcelles entremêlées parmi les pièces de terres qui composaient le domaine formaient de modestes héritages. Mais la plupart des terres, et les plus étendues, étaient la propriété des établissements religieux. L'hôpital possédait des prés (4). La maladière avait

(1) Aliquem de justicia sua. Aliquis homo de justicia. Homines de justicia sua (*Cartulaire*, 1, 1257, f° 2, r°, §§ 3-6). En soignerie, ne en justisse (2, 1282, f° 8, v°). En la justise Madame la comtesse de *Bourgoigne*... en la justise Monseigneur de *Vaudre* de *Thoyre* (33, 1304, f° 50, r°).

(2) Je n'ai point trouvé de texte concernant l'existence du cens des toises à Arbois. Mais c'était là une taxe de droit commun, mentionnée dans la majeure partie des chartes du comté (Tuetey, *Étude sur le droit municipal au* XIII*e et au* XIV*e siècle en Franche-Comté*, Montbéliard, 1864, p. 46, s.).

(3) Pièces annexes, 3.

(4) Lieux dits : *Prel de l'hôpital*, *Champ de l'hôpital d'Arbois* (*Inventaire des titres du prieuré*, p. 287, et IX, 30, 1307).

un ténement de serfs dans la ville (1). Un vaste territoire porte encore le nom de Champ du Temple. Plusieurs lieux dits rappellent le domaine de la maison de Saint-Jean (2). L'abbaye de Château-Chalon avait reçu en don de Frédéric Barberousse plusieurs manses à Arbois et la moitié de la terre de Larnay (3). Le domaine du prieuré constituait un ensemble imposant, quoiqu'également dispersé. Dans le bourg et dans le voisinage immédiat de la ville il était propriétaire de plusieurs maisons, de courtils et de *chésaux*, ou places à bâtir. Dans le finage il avait sa grange, ses prés immenses aux lieux dits en *la Beuvrière, pré du prieur, prés Saint-Just*, et des parcelles tellement nombreuses dans tous les cantons du territoire qu'un seul de ses censitaires en tenait plus de cent (4). On le voit, ces innombrables terres de toute nature et de toute dimension s'intercalaient dans les possessions des comtes, les morcelaient, les divisaient de toutes parts. Pour achever cet enchevêtrement, le village de Changins, bien que propriété des comtes de Bourgogne, gardait son individualité en tant que domaine, et faisait enclave dans la grande terre d'Arbois.

Le comte de Bourgogne n'est donc point, tant s'en faut, le seul propriétaire d'Arbois et du territoire. Beaucoup de propriétés indépendantes subsistent au milieu même de ses terres.

(1) *Cartulaire*, 45, f° 64, r°.

(2) *Terre dou Temple d'Arbois* (*Cartulaire*, 21, 1338, 48). Prés Saint Jean, Vignes de Saint Jean.

(3) Dunod, *Histoire des Séquanais*, I, preuves, p. xcvij.

(4) 1366. Acensement par le prieur de la maison dite du four (*Inventaire des titres du prieuré*, X, 17). V. aussi p. 227 (1339), XIII, 4 (1297), où il s'agit d'une redevance foncière assignée par un habitant d'Arbois et par sa femme sur une maison du bourg. Maison au bourg dessus d'Arbois dite « en Crosset » (*Inventaire des titres du prieuré*, X, 6, 1270). Chésal de maison, rue Chevrière au-dessus du bourg (XI, 8, 1313). Courtil rue de Monthault à Faramand (X, 18, 1316). Acensement d'une place sur la rivière de Cuisance au devant du prieuré au profit d'Henri dit Monnier à charge d'y bâtir une maison (XII, 3, 1315). Maisons à Changins, proche le cimetière (XIII, 1, 1238), et à Courcelle (XIII, 3, 1290). Les lieux dits en la Beuvrière, champ et pré de l'hôpital, avoisinaient le bief de Olanon (*Inventaire des titres du prieuré*, p. 280-286). Aveu fait par *Guye* et *li Justle*, serours, filles *Cristin* dit *dou Champ* d'Arbois, des maisons et héritages qu'elles tiennent du prieuré (*Inventaire des titres du prieuré*, XIII, 3, 1290, Arch. du Jura, H, prieuré d'Arbois).

Ces propriétés sont libres. Elles sont des alleux. La preuve en est dans les innombrables titres d'acquisition qui développent, dans le courant du XIIIe et du XIVe siècle, le patrimoine du monastère d'Arbois. Quelquefois les contrats, ventes, donations de terres et de maisons, constitutions à titre gratuit de rentes foncières, émanant pour la plupart de simples particuliers, indiquent que l'immeuble est franc de cens (1). Mais, ce qui ne laisse aucun doute, c'est qu'on ne voit point intervenir dans la convention d'autre consentement que celui du propriétaire. Si l'immeuble était un fief ou une censive, il faudrait pour en disposer la permission du seigneur (2). Cela montre que la propriété allodiale était encore très répandue

(1) *Inventaire des titres du prieuré*, IX, 44 (1330).

(2) 1322. Un seul acte mentionne l'approbation du seigneur. Consentement baillé par le prieur au nommé *Oudet* d'*Arbois* pour disposer de certaines vignes, prels et terres en mariage à sa fille, attendu que le tout étoit du fief dudit prieur (*Inventaire des titres du prieuré*, liette IXe, cotté 31). Le consentement du seigneur était toujours nécessaire pour que le vassal ou le censitaire pût disposer de sa tenure. Mais souvent ce consentement était donné une fois pour toutes et d'une manière générale. Le seigneur accordait à telle maison religieuse une charte par laquelle il ratifiait toutes les donations que ses hommes lui avaient faites et approuvait à l'avance toutes celles qu'ils lui feraient. 1189. Charte des frères de Belmont pour l'abbaye de Rosières. Dederunt rursus idem *Hugo* et *Humbertus Rozeriensis* cœnobii fratribus... quidquid in territorio de *Bruneas* et eiusdem territorii appendiciis adquisierant aut adquirerent *Roserienses* ab hominibus qui in ipso territorio de *Bruneas* ab ipsis aliquid in feodum tenebant aut tenere videbantur (Arch. d'Arbois, K, 21. Copie authentique du XVIIIe siècle). 1199. Diplôme d'Otton, comte palatin de Bourgogne, pour l'abbaye de Balerne. Præterea pratum quod dicitur *Pratum comitis*, quod prefatus pater noster et mater nostra *Baleraensi* ecclesiæ dederunt, et vineam quæ sita est in loco qui *Trollet* dicitur et vineas quas habent sub *Pupillinis*, cum omnibus quæ a nobis seu ab aliis quibuslibet illi ecclesiæ collata sunt, quæ in presenti possidet vel in posterum, Domino prestante, possit adipisci, in omni terra nostræ potestatis, sub nostræ defensionis patrocinio suscipimus et fratribus pro tempore ibidem Deo servientibus sigilli nostri auctoritate imperpetuum confirmamus (Arch. d'Arbois, K. 3. Copie authentique de 1748). 1293. Privilège d'Otton IV pour l'abbaye de Rosières. Fratres nostros dilectos abbatem et domum de *Roseriis* in graciam nostre tuicionis, diuini amoris intuitu, suscipimus, eisdem autem fratribus quascunque possessiones, quecumque in presenciarum possident, aut in futurum, racionabili donacione vel legitima elemosina fidelium, in omni dominio nostro, a casatis nostris vel ab hominibus nostris, acquisituri sunt, nec non et tenementum *Roberti Claudi* de *Grosum* et uxoris sue *Pagane* a nobis ex integro in elemosinam datum concedimus et confirmamus (*Cartulaire du comté de Bourgogne*, f. XXX, v°).

à cette époque, et qu'elle n'était point l'apanage d'une caste privilégiée.

Mais, quel que soit le nombre de ces alleux, deux choses les placent au-dessous du domaine des comtes. Ce domaine est le plus vaste du pays, et il exerce incessamment autour de lui une puissance d'attraction. Il tend à l'égal peut-être de la terre du prieuré, à absorber les propriétés restées libres. Ce domaine est aussi le seul qui soit une seigneurie, qui donne à son propriétaire la justice, cet élément si essentiel de la seigneurie que les deux mots sont synonymes. Le prieuré, en particulier, tout grand propriétaire qu'il soit, n'a jamais eu au territoire d'Arbois ni justice, ni seigneurie, et le seul domaine enfermé dans la seigneurie d'Arbois qui soit lui-même une seigneurie, est le village et le territoire de Changins (1).

(1) Lors du démembrement du domaine entre les deux fils d'Etienne le Hardi, quel fut le lot attribué à chacun des copartageants? L'acte de partage n'entrait peut-être pas dans le détail des limites. En tout cas il paraît perdu. La vente de 1267 est muette. La charte de 1237, bien que destinée à fixer les droits respectifs des comtes de Bourgogne et des comtes de Vienne dit peu de chose. Le bourg fut attribué en totalité au comte de Bourgogne. Par la charte de 1237 le comte s'engage à ne pas laisser un homme de la justice du seigneur de Vaudrey s'établir ni dans le bourg ni à la Châtelaine. Cela prouve qu'il est propriétaire du bourg comme il l'est certainement de la Châtelaine. Peut-être le comte de Vienne avait-il reçu en retour Faramans, car il résulte de l'acte de 1267 qu'une partie de sa seigneurie était dans la ville. (Tout quanques *Guillames*, cheualliers, sire de *Vaudrey*, ça en arrieres mari à la dicte dame *Cheureire*, tenoit et deuoit tenir de nostre chier père, *Hugues*, de bone mémoire, ça en arrières conte de *Vienne* et seigneur d'*Anteignei* en la ville, en la chestellene et ou val et appendises d'*Arbois*, des fiez et des rerefiez. *Cartulaire du comté de Bourgogne*, f. cxi). Quant aux terres situées hors de la ville, la charte de 1237 indique deux territoires restés indivis, le bois des Côtes Pendantes et le bois du Chamois (§ 7), et elle énumère certaines terres appartenant en propre, les unes au comte de Bourgogne, les autres au comte de Vienne. Ce sont pour l'un le bois de Sangins, dépendance de la Châtelaine (§ 8), et le bois de Mochay, pour l'autre le pâturage de Bochaille et le bois de Forez (§§ 17, 18). Il y a donc dans chaque lot deux territoires placés aux points opposés du domaine, l'un en montagne, l'autre en plaine. On s'est visiblement préoccupé de suivre la coutume qui régit tous les partages. On a mis au lot de chacun la même quantité de biens de même nature et valeur. D'où il suit, selon toute vraisemblance, en ce qui concerne les terres dont la charte de 1237 ne parle pas, que les deux copartageants eurent dans leur lot des bois, des prés, des champs, des vignes épars sur tout l'ancien domaine, et qu'aucune des seigneuries ne comprenait des terres contiguës et d'un seul tenant.

B) *Les hommes du domaine.* — Le comte les exploite par la taille, la gabelle, qui est un impôt de consommation, les dons et aides, peut-être la corvée (1), enfin la justice et les banalités. Toute la population du domaine n'est pas soumise à l'exploitation. Avec la charte de 1257 il faut distinguer deux sortes d'habitants, les hommes libres et les hommes seigneuriaux.

a) Les hommes libres échappent tout à fait à l'exploitation. Mais tous les libres ne sont point de condition égale. Les uns sont roturiers, les autres nobles. Les premiers appartiennent à la classe que la charte de 1257 appelle les *francs*, et auxquels elle assimile les clercs tonsurés. Du reste cette charte en parle à peine. Elle nous montre des hommes francs vivant dans la domesticité des nobles, et remplissant auprès d'eux l'office d'hommes d'armes (2). D'autres dépendent du prieuré d'Arbois. Le prieur les a reçus solennellement pour ses francs hommes. Il leur a donné en albergement, moyennant une rente annuelle, des maisons et des terres qu'ils transmettent après leur mort à leurs enfants légitimes. L'homme franc perd sa tenure s'il l'abandonne ou s'il se fait l'homme d'un autre maître. L'acte qu'il accomplit est l'équivalent du désaveu par lequel le serf peut sortir du servage. « Il se rend étranger au prieuré ». Le lien qui rattache l'homme franc au monastère tient donc de la vassalité, du bail à cens et de la tenure servile (3).

Les nobles sont tous des gens de petite noblesse, damoiseaux, écuyers, quelquefois chevaliers. Il n'y a point de seigneur parmi eux. La plus ancienne famille noble paraît être celle qui, dès le XIIe siècle, portait le nom d'Arbois, quoiqu'elle

(1) Deux textes dans le Cartulaire relatifs à la corvée et c'est une corvée appartenant à la communauté d'Arbois » (12. 1339, f° 24, v°, 39, 1385, f° 55, r°).

(2) *Cartulaire*, 1, f° 5, r°, *in fine* et v°, § 38. Ces hommes d'armes francs sont les personnages que la charte appelle du nom un peu mystérieux de *clientes franci* et qu'elle place après les *milites* et les *armigeri*.

(3) 1249. *Johannes* prior de *Arbosio*, de communi laude.., fratrum suorum in prioratu... Deo serviencium, retinuit et recepit in francum hominem suum *Stephanum* ... Albergavit ipsum *Stephanum* de domo que fuit quondam domini *Adam* de *Pleleria* ... Si idem *Stephanus* ad alium dominium seu ad alium dominum quam ad dictum prioratum se transtulerit, vel aliquo modo se alienaverit ad ipso prioratu, omnia supradicta, ipso et eodem facto, ad eundem prioratum libere et absolute devenient (Arch. du Jura, H, prieuré d'Arbois).

n'en eût pas la seigneurie. Au XIIIe siècle, on trouve les du Vernois qui sont une branche de la famille d'Arbois et un certain Richard de Vadans, chevalier, propriétaire d'une maison dans le bourg. Depuis le commencement du XIVe siècle jusqu'au commencement du XVe siècle les noms se présentent en assez grand nombre, noms obscurs, pour la plupart inconnus, même dans l'histoire de la province. Ce sont les de Boujaille, de Chaffoy, du Champ d'Arbois, du Châtel, Gascoignet, de la Grange, Gille, d'Ivory, Mengeroz, Mévilloz, de Mion, de la Platière, de Pupillin, Petitpas, Petitlonnet, de Vaultravert, du Verreux (1).

La noblesse est encore, à cette époque, chose de fait. La seule distinction entre l'homme noble et l'homme franc, c'est la manière de vivre. Est gentilhomme l'homme libre qui vit noblement. Cela veut dire d'abord qu'il ne faut vivre ni d'un commerce, ni d'un métier, ni peut-être même de la culture de la terre. Peu importe la fortune. Parmi les nobles d'Arbois il y en avait sans doute, de bien misérables. C'étaient ceux qui recevaient des robes et des souliers sur les rentes fondées par la comtesse Mahaut au profit des pauvres de la ville (2). Mais ils ne tiraient point leur subsistance d'un travail : cela suffisait pour rester gentilhomme.

(1) Sur la famille d'Arbois, v. Dunod, *Mémoires pour servir à l'histoire du comté de Bourgogne*, p. 166 et s... *Inventaire des titres du prieuré*, XII, premièrement (1234, 1271). — *Cartulaire*, 2 (1282), f° 7, r°. Pour la fin du XIVe siècle, v. aux Archives d'Arbois A A, 7, dans la transaction du 16 nov. 1406 entre les nobles et la communauté au sujet de leur contribution aux dons et aux aides levés après la défaite de Nicopolis (1396), la liste des gens nobles ou se prétendant nobles habitant Arbois : *Jehan* et *Guiot* de *Vaultravert*, frères, *Guillaume* du *Vernoy*, *Philippe* du *Champ* d'*Arbois*, *Jehan Petit Lonnet* et *Loys* de *la Platière*, escuiers, tous demorans audit *Arbois*, *Humbert* du *Vernoy*, filz de feu *Guillaume*, sire du *Vernoy*, *Jehan* fils de feu *Aymonet* du *Chastel*, *Guillaume* de *Chaffoy*, de l'auctorité de moy le dit *Guillaume* du *Vernoy*, son curateur donnez en la dite cause par les dits seigneurs, *Nicolet Mengeroz*, *Renaul* de *Mion*, *Guillaume* et *Claude Gaiscoignet* du dit *Arbois*, escuiers, de l'auctorité de moy, *Loys* de *la Platière*, leurs curateur, et *Jaquete*, vefue de feu *Jehan Gille*, tant en son nom que pour et en nom du dit *Symonin Gille*, son fils. La pièce mesure 1 m. 10 sur 0,65 et est formée de deux parchemins collés bout à bout.

(2) *Cartulaire*, 3, 4 (1320). Archives de l'hôpital d'Arbois, A, 3, original, scellé sur lacs de soie verte et rouge. Le sceau manque. *Cartulaire*, 5 (1370).

La vie noble consiste, pour la plupart des gentilshommes, à partager son temps entre la ville, la campagne et la guerre. A la ville, le noble habite dans une rue à part, que l'on pourrait appeler, comme en d'autres lieux, la rue des nobles ou des chevaliers et qui est, dirait-on, la rue de Bourgogne. Sa maison joint le mur d'enceinte (1). A la campagne, sa résidence est quelque tour, quelque ferté, quelque motte du voisinage (2). La guerre est sa grande affaire. On ne considère comme vraiment noble que celui qui s'est voué aux armes (3). Là, comme ailleurs, le gentilhomme a sa place séparée. Il chevauche sous la bannière de la noblesse, et se reconnaît à sa

(1) Les maisons de Huguenin de Thoire, écuyer, de Wuillemin son frère, et de Guillaume le Grand, écuyer, touchaient le mur du bourg. 1307. Je *Huguenin* dit de *Toire*, d'*Arbois*, écuyer, fais savoir que je suis hons lige et feaix avant tout autre seigneur à noble dame... *Mahaut*, comtesse d'*Artois*... connessent que j'ai pris de li en fief lige perpétuel... ma maison assise en burc d'*Arbois*, le fun et les appendices d'icelle touchant à la terre et a mez *Woillemin*, mon frère, et ès murs de la cloison du dit *Arbois* (Chevalier, II, pièc. justif., LIX, 1°). V. pour la maison de Guillaume le Grand, *Cartulaire*, 25 (1315).

(2) Il reste quelque chose de l'une de ces mottes. C'est dans la partie la plus basse du faubourg de Verreux, au lieu dit la Motte, une élévation de terrain que bordent de trois côtés les anciens murs d'enceinte d'un petit château nivelés aujourd'hui, de sorte qu'ils ne dépassent point la hauteur du tertre, et du troisième côté une rangée de maisons bâties avec les débris du château. Trois angles ont conservé un reste de tour rasé également à la même hauteur que le mur. Le ruisseau venant de Mesnay divisé artificiellement isole ce monticule.

(3) V. pour les marques de noblesse la transaction de 1406 entre les nobles et la communauté (Arch. d'Arbois, A A, 7). Les nobles se disent exempts des dons et aides à raison de leur qualité : por ce que les ditz actenus auoient exposez que ils estoient nobles, viuant noblement, suillant et fréquentant armes, non viuant de merchiandises. La communauté répond : que aucuns des diz actenus sont bourgeois et estrait de bourgeoisie et non pas de nobles gens, les autres viuant de merchiandise, bestiaige et aultres chouses bourgeoisalx, auoient et tenoient tous iceulx pluseurs bons et grans héritèges en très grant nombre en la dicte ville et territoire d'*Arbois*, lesquelx estoient et sont pertiz de bourgeois et que n'estoient ou ne sont de fiez ou rire fiez de mondit seigneur ne d'autres, et pour ce yceulx, selon les ordonnances sur ce par mondit seigneur (le duc et comte de Bourgogne) et ses gens faictes, ilz estoient contribuables aux dits dons, impost et aides, que les aucuns des dis actenus ne seigoient ou fréquentoient ne onques n'auoient seguz ne frequentez les armes et ne viuoient noblement.

coiffure qui est le haume (1). Il se mêle sans cesse aux petites guerres privées de la contrée. Il prend part aux levées de boucliers de la noblesse du comté pour la cause de l'indépendance. Il suit les grandes expéditions des comtes. Il combat contre les compagnies à Brignais. Il accompagne Jean sans Peur à Nicopolis. Tantôt il est soldat volontaire, tantôt il marche parce que le comte l'ordonne, ou parce que le fief qu'il tient de son souverain le soumet à des obligations militaires plus étroites.

A mener cette vie d'oisiveté et d'aventures, le noble dépense, et n'a d'autres profits que les gains aléatoires de la guerre. Aussi il est pauvre. Si ses revenus sont insuffisants, il devient trop souvent la proie des Lombards et des Juifs. Mais il sait trouver des moyens variés pour accroître ses ressources. Il lui arrive de se jeter dans des opérations de commerce, au risque de compromettre sa qualité. Ordinairement il évite d'autant plus de descendre que sa gentilhommerie est moins ancienne. Il devient « homme de main et de bouche » du comte ou du prieur. C'est du comte qu'il a reçu en fief sa maison de ville et sa maison des champs. Le noble de cette classe, déjà nombreuse au XIIIe siècle, est celui que la charte de 1257 appelle le féodal (2). A la fin du siècle suivant, il est de règle que les fiefs et arrière-fiefs de la mouvance du comté sont réservés au gentilhomme.

Le noble use encore quelquefois d'une antique combinaison financière, dernière ressource des misérables dès l'époque carolingienne. Il abandonne ses terres à l'Église en toute propriété pour les reprendre en fief avec d'autres biens qu'elle y ajoute (3).

(1) Cum almis et vexillum suum (*Cartulaire*, 1, f° 4, v°, § 26).

(2) Feodales (*Cartulaire*, 1, f° 4, v°, § 26). 1385. Ce sont les nobles du comté de *Bourgogne* qui ont baillé leurs déclarations de ce qu'ils tiennent en fief de Monsieur de *Bourgogne* à Messire *Jean*, seigneur de *Ville-sur-Arce*, bailli dud. comté... *Aymonet du Chatel d'Arbois... Jean Petitpas* d'Arbois (Chevalier, II, pièc. justif., LXIII, p. 615, s.). En 1384, Humbert de la Platière reconnaît tenir en fief une maison qui appartenait autrefois à Guillaume dit de l'Espée, de Poligny, prévôt d'Arbois (Chevalier, II, p. 518). La même année, Guillaume de Vernoy, écuyer, reprend du duc sa maison forte du Vernoy « dessus Arbois » récemment « arse et gastée par feux » (J. Gauthier, *Inventaire des archives départementales du Doubs antérieures à 1790*, B, 495).

(3) *Inventaire des titres du prieuré*, XVI, 1 (1296).

Plus souvent il obtient du comte une charge de justice. Il la possède en qualité de fermier si sa fortune est suffisante pour lui permettre de fournir le *pleige* ou cautionnement nécessaire (1). Sinon, il est fonctionnaire toujours révocable. Il est rare qu'il dépasse les judicatures inférieures. Il reste prévôt. Toutefois Humbert d'Arbois et Humbert du Vernois s'élèvent jusqu'à l'office de baillis généraux du comté, à la fin du XIIIe siècle. Humbert de la Platière réalise à la cour de Marguerite de France le rêve de fortune le plus beau que peut former le gentilhomme de petite ville. Chevalier, maître d'hôtel de la comtesse, comblé d'honneurs et de profits, il est pendant de longues années l'un des conseillers les plus écoutés de sa souveraine (2).

b) Tandis que l'homme noble ou franc ne connaît d'autres liens que ceux d'une dépendance volontaire, l'homme seigneurial est toujours privé d'une partie plus ou moins grande de sa liberté. Il est au moins par quelque côté, la chose d'un seigneur. On peut distinguer dans la charte de 1257 deux espèces d'hommes seigneuriaux. Comme depuis cette charte aucun acte seigneurial n'est venu modifier leur état personnel, cette classification a persisté pendant tout le XIVe siècle.

Les serfs se placent au degré infime. L'exploitation pèse de tout son poids sur eux. Ils supportent tous les droits seigneuriaux sans exception, mais non point arbitrairement et sans limites, car leurs redevances sont fixées d'une manière invariable par l'usage. Ils sont assez nombreux au XIIIe siècle (3).

(1) V. au *Cartulaire* le premier acte intitulé : Formulaire de la qeicìance du drapt de Madame *Makault* pour les pouvres d'*Arbois*.

(2) Droz, *Essai sur l'histoire des bourgeoisies du roi, des seigneurs et des villes* (Besançon, 1760), la notice des officiers qui ont administré la justice au bailliage d'aval, p. 62, 63. V. notamment pièces annexes, 5 (1356), 9 (1382).

(3) 1256. Guillerme, veuve de Robert de Gilley, ratifie la donation faite par son mari au prieuré de saint Just d'Arbois des Regnoudas, fils de défunte Béatrice d'Asson Nassy, et d'autres biens (Arch. du Jura, II, prieuré d'Arbois). En 1306 et en 1312, Estevenin, fils de Dannoin d'Asson Nassy, est membre de la communauté d'Arbois (Pièces annexes, 10, I. 1°, 3°). — 1256. Vente au prieur par *Robert Champagne* de quinze deniers de cense à luy deüs et à prendre annuellement sur *Ardoin Regnauldeau* et son tenement (*Inventaire des titres du prieuré*, X, 2). Littera domini *Humberti* de *Arbosio* presbiteri de donatione hominum videlicet *Varcheri* et *Humberti* fratrum dicto-

Tout le monde en a, des particuliers, la maladière (1), le prieuré qui en acquiert plusieurs par des donations (2), des nobles, le seigneur de Vaudrey, le comte de Bourgogne (3). Au XIVe siècle le silence se fait brusquement sur le servage. Si l'on observe que ce siècle nous a transmis un nombre de documents de beaucoup supérieur à celui que nous avons reçu du siècle précédent, on en conclura que la servitude de la glèbe est en pleine décadence.

Au-dessus du serf est l'homme seigneurial proprement dit. La charte de 1257 l'appelle l'homme du seigneur, et dans un texte de 1336 on lui donne le nom d'homme taillable.

A l'homme seigneurial la charte de 1257 assimile l'étranger qui est venu résider dans la ville ou dans le domaine. Dès le XIIIe siècle, l'élément le plus important de la population étrangère, sinon par le nombre, du moins par l'activité commerciale, est la colonie des Lombards, citoyens du comté d'Asti, en Italie. Banquiers, changeurs, courtiers, agents d'affaires, tenant boutique de toutes marchandises, joyaux, étoffes, vins, marchands de biens, ils exploitent jusqu'aux vices de leur clientèle, par exemple l'ivrognerie du damoiseau Pierre d'Arbois qu'ils dépouillent. Commerçant isolément ou faisant entre eux des sociétés de négoce, ils ruinent peu à peu le pays par l'usure, par l'anatocisme, par la dépréciation des propriétés immobilières qu'ils achètent à vil prix de leurs débiteurs gênés. Le peuple les confond avec les Juifs dans sa haine, et les comtes de Bourgogne leur appliquent le même traitement et leur font partager le même sort. Ils achètent du comte moyennant une redevance le droit de rançonner ses sujets. Expulsés après 1316, ils rentrent dans la seigneurie environ quinze ans plus

rum *Crolet* et de donatione meneydarum (1237, juin. Arch. du Jura, prieuré d'Arbois. Original. Scellé sur doubles queues du sceau du chapelain d'Arbois et du sceau du curé de Villette. Les sceaux manquent). La donation est faite cum toto tenemento ipsorum hominum.

(1) *Cartulaire*, 45, f° 64, r°.

(2) *Inventaire des titres du prieuré*, X, premièrement (1236); XIV, 1 (1281). De son côté le prieuré donne des serfs en fief ou a titre de concession viagère (X, 1, 1254; 5, 1261).

(3) Serfs de Guillaume de Vaudrey (*Histoire ms. du prieuré*, I, p. 291, 1210). Un serf de Hugue d'Arbois, écuyer, fils de Vautier du dit lieu (*Inventaire des titres du prieuré*, XIV, 32, 1237).

tard, parce qu'on ne saurait se passer de leur argent et de leur entremise (1).

Entre les serfs et l'homme seigneurial il y a une différence essentielle. L'homme seigneurial circule librement. Il émigre et s'établit où il veut. Dans la charte de 1257 on prévoit ses déplacements. On suppose l'homme de l'un des deux seigneurs vivant sur la partie de la seigneurie d'Arbois qui appartient à son maître. Cet homme quitte la terre d'Arbois. Puis, après avoir passé au dehors plus ou moins de temps, il vient s'établir sur la portion de cette terre qui est la propriété de l'autre seigneur. Le droit de résider où l'on veut ne subit qu'une seule restriction relative aux abergements. Au XIIIe et au XIVe siècle les seigneurs du comté font de grands défrichements dans les vastes forêts vierges, et dans les landes incultes qui couvrent leurs domaines. Sur les espaces gagnés à la culture ils fondent des colonies, qu'ils peuplent d'hommes attirés de tous les pays par la promesse de concessions de terres et de libertés. Plusieurs abergements sont ainsi fondés dans la prévôté d'Arbois, sur la terre du comte de Bourgogne et sur le domaine du comte de Vienne. Le comte de Bourgogne s'engage à ne point recevoir dans ses abergements des hommes du comte de Vienne, et celui-ci prend le même engagement vis-à-vis du comte de Bourgogne (2).

(1) 1273. Coment *P.* d'*Arbois*, escuiers, vendit ses molins d'*Arbois* à *Boniface* et à *Bon home* son frère, lombarz, pour vijxx livres tournois. Nos *Petrus* de *Arbosio*, domicellus, dictus *bibitor* et *Agnes* eius vxor, notum facimus... quod nos... pro... exhoneratione debitorum nostrorum, vendimus... *Bonifacio* et *Bono homini* fratribus, *Lombardis*, ciuibus *Astensibus*, mercatoribus commorantibus apud *Arbosium* et suis, molendina nostra... et locum in quo mola fabrorum est, que molendina vocantur de *Castro* de *Arbosio* (*Cartulaire du comté de Bourgogne*, f° lxxvj, et Archives du Doubs, B, 316). V. aussi Lettres de vos pleigerie de vj[c] livres que li cuens fit pour le seigneur de *Neblans* aux *lombars*. Nous *Revelins* et *Cauvains*, frères, citoyens d'*Aist*, marchant, qui soultiens tenir table pour prester à *Sahorre* (f° clxxix, 1265, juillet). Pour la redevance payée par les Lombards au comte de Bourgogne, Chevalier, *Mémoires historiques sur Poligny*, II, p. 15. — Pour l'expulsion et le rappel des Lombards, Pièces annexes, 10 (XIVe siècle).

(2) *Cartulaire*, 1, f° 2, r°, § 3. *Albergare;* français *abergier* a le sens d'établir à demeure. 1277. Nos *Alis* de *Savoye* et de *Bourgogne*... cone nous... ayons abergie en la ville de *Poligny* ung couvent de Frères Prêcheurs et leur ayens donné une chapelle (*Dissertation historique et critique sur l'antiquité de la*

Il résulte de tout ceci que les hommes seigneuriaux ne sont pas, comme les hommes de condition servile, attachés à une terre. Ils ne sont point la dépendance d'un ténement. Ils ne font point partie de l'attirail d'une exploitation foncière. Ils tiennent leurs maisons et leurs terres aux mêmes titres que les hommes libres, en censive, en fief, et même en libre héritage. A cette première cause de supériorité on doit probablement en ajouter une autre, l'exemption de la mainmorte. Mais à tous les autres points de vue l'homme seigneurial appartient à la condition du serf, et le seigneur en tire les mêmes profits. Aussi, bien qu'en possession du droit de changer librement de résidence, il compte, comme le serf, dans le patrimoine du maître. Il est un élément de sa fortune. D'où cette double conséquence qu'il peut être vendu ou échangé et qu'il est soumis au formariage. Il lui est donc interdit d'épouser une personne qui appartient à un autre seigneur. Mais, par une exception qui dérive de l'unité primitive du domaine d'Arbois, l'acte de 1257 autorise les mariages entre les personnes des deux seigneuries formées par la division de ce domaine (1).

Tels sont les éléments de la population. Nous les avons étudiés isolément. Il les faut rapprocher. Voyons d'abord quelle était, au point de vue numérique, leur importance respective. Dès la première moitié du XIVe siècle, la classe la plus nombreuse est celle des hommes francs. Si les textes parlent à peine de ces hommes, c'est parce que leur état est celui de la plupart des habitants de la seigneurie. En 1336, les hommes taillables du comte ne sont pas plus de cent vingt. Les hommes exempts de la taille sont plus de mille, nobles, clercs, hommes des nobles et des clercs, hommes francs. Si l'on déduit de ce nombre une centaine de nobles et d'ecclésiastiques, si l'on retranche encore une centaine d'hommes sujets ou serfs de la

ville de Dole, Dole, 1744, p. 150, preuves, n° 7). — Il y avait probablement dans la prévôté trois abergements. Deux d'entre eux, Abergement-le-Grand et Abergement-le-Petit appartenaient peut-être au seigneur de Vaudrey, dont ils avoisinaient la terre. La Châtelaine, qui était au comte de Bourgogne aurait eu le troisième abergement (*Cartulaire, ibidem*). Enfin il semble que le seigneur de Vaudrey ait manifesté l'intention d'en établir un dans le pâturage de Bochaille (*Cartulaire*, 1, f° 3, v°, § 19).

(1) *Cartulaire*, 1, f° 3, r°, § 13.

noblesse et du clergé, on a encore un chiffre de sept ou huit cents hommes francs (1).

Entre toutes les classes de la population les rapports étaient nombreux, les séparations n'avaient rien d'absolu ni d'ineffaçable. Bien des causes tendaient à un rapprochement et à une pénétration réciproque. Vers le commencement du XIVe siècle, la moins nombreuse de ces classes, la seule méprisée et haïe, celle des Lombards, exerçait sur toutes les autres une influence irrésistible. Toute puissante par ses richesses, elle dominait à la fois la noblesse et le peuple. Elle était la maîtresse du pays. Les serfs eux-mêmes ne restaient point isolés et sans communication avec les gens d'une condition supérieure. Les mariages entre personnes libres et personnes serviles se présentaient assez souvent, dès le XIIIe siècle, pour être prévus par un article de la charte de 1257 (2). Les affranchissements de serfs étaient fréquents. C'est par leur multitude que l'on peut expliquer la disparition presque complète du servage au XIVe siècle. La population servile s'est fondue dans la classe des hommes seigneuriaux (3). Celle-ci, à son tour, visait à la liberté complète. Elle la chercha d'abord dans des affranchissements particuliers. L'homme taillable qui était propriétaire d'un fonds de terre passait avec son seigneur un contrat qui substituait à la servitude imposée à sa personne une redevance assise sur la terre (4). Vers 1336, les hommes qui ne s'étaient point rachetés de cette manière sollicitèrent du comte un affranchissement général. Ils osèrent lui proposer, à titre d'indem-

(1) Pièc. ann., 10, III, 4° (1336).

(2) *Cartulaire*, 1, f° 5, v°, §§ 38, 39.

(3) Chevalier, *Mémoires historiques sur Poligny*, II, pièc. justif., n° LIX, 2. Pièc. annex. 7 (1363).

(4) Comme li dit *Nicolin Sergant* et hons çay en arries taillables et esploitables M. *Richard* dit de *la Grange* d'*Arbois* chevalier et de dame *Jaque*, sa femme, se fut ascensi et amosoné perpétuellement por lui et por les suens adit M. *R.* et à lad. dame *J.* en telle manière que lid. *Nicholin* devoit estre franc et quittes par lui et les suens de toutes tailles, de prises et de corvées, et de toutes autres manières de servitudes et exactions pour 40 s. d'estevenans censalx à payer et à rendre... le jour de feste S. Martin d'hiuers... assis et assigoés sus dous champs et sus une vigne, lesquelx champs sunt en la fin d'*Arbois*, li hun delez le champ... et li autre champ siet delès le champ que fait *Hugonin* de *Toire* (Chevalier, II, pièces justif., n° LIX, 2).

nité, la cession d'une partie des biens communaux. Il est probable que cette proposition, contre laquelle les hommes libres s'élèvèrent avec énergie, n'eut point de succès (1).

Les gentilshommes, en dépit de leur manière de vivre, n'étaient pas encore séparés des roturiers par ces barrières que dressèrent, plus tard, l'ancienneté de la race et l'opinion. On sent que cette noblesse est de fraîche date. Plusieurs nobles, sans remonter bien haut, trouveraient parmi leurs ancêtres des hommes sujets d'un seigneur. Rien n'égale l'amour ou la possession de l'argent pour niveler les conditions. L'esprit de lucre ou la pauvreté pousse un noble dans la classe avilie des Lombards. Raynon le Lombard, établi à Arbois au commencement du XIVe siècle, et non le moins âpre au gain parmi ces usuriers, appartenait à la maison de Salins-Latour, connue dès la fin du XIIe siècle, mais éclipsée depuis, peut-être passée en Lombardie au temps de Frédéric Ier (2). Il a boutique à Arbois, tandis que son frère, le chevalier Dimanche, associé anonyme à ses entreprises commerciales, défenseur intéressé des Lombards, vit noblement à Salins, parvient sur la fin de sa vie à la dignité de gardien des terres de Marguerite de France dans le comté, et prépare à ses fils les plus brillantes destinées à la cour des ducs et des comtes de Bourgogne (3). A l'inverse, la fortune fait tous les jours des gentilshommes, parce qu'elle est l'aliment de la vie noble. A la fin du XIVe siècle, la communauté d'Arbois accuse la noblesse de renfermer des hommes riches qui se livrent au négoce, et qui ont réussi à se glisser dans ses rangs pour échapper à l'impôt. Cette accusation est fondée, car peu d'années après les adversaires de la communauté reculent devant l'offre que leur fait Jean sans Peur de fournir en justice la preuve de leur noblesse.

(1) Pièc. annex., 10, III, 4° (1336).

(2) V. notamment, Pièces annexes, 10, III, 5° (1351), 6° (1353). Arch. du Doubs, B. 320 (1315). Jean Rubillard d'Arbois, clerc, amodie du comte de Bourgogne par l'intermédiaire du lombard Reynon deux vignes pour vingt-cinq sous de cens.

(3) V. la généalogie de cette famille dans Guillaume, *Histoire de la ville de Salins*, tome II de l'*Histoire des sires de Salins* (Besançon, 1758), p. 47-76. Beaune et d'Arbaumont, *La noblesse aux États de Bourgogne* (Dijon, 1864), p. 292. Froissard, *Chroniques*, (édition Kervyn de Lettenhove) XXIII (Bruxelles, 1876), p. 92.

Ils préfèrent une transaction au succès complet que le duc leur assure à ce prix. Ils ne veulent point exposer aux dangers de cette preuve leur possession d'état. Ils savent que prolongée elle achèvera ce que l'argent a commencé (1).

C) *Les monopoles.* — Tous les services les plus essentiels à la vie d'une population sont entre les mains du seigneur. Il s'est réservé comme un monopole le droit d'y subvenir, et il en a fait pour lui-même une source de profits, car il n'en est aucun qu'il rende gratuitement. Il les vend.

La protection et la justice que le seigneur doit à ses sujets sont comprises dans ce commerce, et constituent deux monopoles d'ordre supérieur. La protection est reconnue par une redevance. On pourrait objecter que l'on ne trouve point dans le domaine d'Arbois une redevance spéciale qui correspondrait à ce service et qui en serait le salaire. La protection n'en est pas moins payée. En l'année 1219, le seigneur de Vadans donne à l'église de Château-sur-Salins tous ses droits sur le village de Mouchard. Il ne se réserve que le droit de protéger et de défendre les habitants. Ceux-ci s'obligent à lui fournir chaque année, en reconnaissance, un autour de la valeur de cinquante sous (2). Ici la protection apparaît très nettement comme un office rémunéré, comme un monopole, parce que le seigneur, en abandonnant tous ses autres droits, a dégagé et mis en relief ce caractère. Dans la seigneurie d'Arbois, le prix que les sujets paient pour être protégés se confond avec la taille, et est un élément de celle-ci.

(1) Pièces annexes, 9, note.

(2) 1219. Datum per copiam sub sigais notariorum infra scriptorum vicesima quinta die mensis januarii anno Domini millesimo ccc^{mo} nonogesimo quarto in modum sequentem, videlicet : Uniuersis presentem paginam inspecturis notificetur quod *Gerardus* dominus de *Vuadens* dedit Deo et Beate Marie de *Castel super Salinum* in elemosina quicquid iuste vel iniuste habebat in villa de *Moychay*, hoc solum modo retento quod homines de *Moychay* persoluent annuatim domino de *Waldens* vnum ostorium sor. ad precium quinquaginta solidorum, per manum prioris de *Castel*, tali condicione quod dominus de *Waldens* seruare et deffendere debet dictam uillam. Et quia ego *Vullermus* dictus abbas *Roserarium* interfui huic helemosine, ut hoc firmum et stabile imperpetuum permaneret, presens scriptum sigilli nostri munimine roboraui. Datum est hoc anno gratie m^{mo} cc^{mo} nono decimo. Copia est collacionata per nos *P. Charbonnier* [Paraphe], *Pere le Bault* [Paraphe] (Archives d'Arbois, K, 71).

Les profits de la justice, aussi variés qu'abondants, comprennent d'abord les amendes. Toutes les infractions entraînent une peine pécuniaire, sans préjudice des peines corporelles qui peuvent frapper le coupable, depuis les plus graves, comme le vol ou le combat singulier, jusqu'aux plus légères, telles que les contraventions en matière de banalités. Viennent ensuite les taxes pour les écritures qui se font au cours d'un procès dans le greffe de la justice seigneuriale. Les écritures sont tarifées ou bien à tant la pièce, selon la nature de l'acte, ou bien à tant le pied (1). Le second procédé est une prime à la prolixité. On peut l'accuser d'être l'auteur de ces immenses mémoires du xive siècle, pleins d'inutilités et de redites, farcis de citations du Digeste et du Code, emplissant d'interminables rouleaux de papiers ou de parchemins cousus ou collés bout à bout (2). Enfin, le sceau du comte donne également des recettes importantes. Toute personne dans la seigneurie peut avoir un sceau. Le prieur d'Arbois, le curé ont leurs sceaux. Mais le sceau du comte se distingue de tous les autres en ce qu'il est sceau authentique, sceau de juridiction. Il en résulte qu'on l'emploie pour deux catégories d'actes : 1° certains actes de procédure et tous les jugements qui émanent de la cour de justice seigneuriale ; 2° les actes privés, les contrats entre autres, que les parties apportent au garde-scel pour être revêtus de l'authenticité. C'est ainsi que tous les acensements faits par la communauté au xive siècle portent le sceau du comte. Le sceau de la cour seigneuriale est donc le sceau aux causes et le sceau aux contrats. En raison de cette double fonction, il est d'un usage constant et universel dans le domaine. Ainsi que l'exprime la formule d'annonce du sceau, en vigueur dès la fin du xiiie siècle, c'est « le sceau dont on use à Arbois ». Les règles relatives à l'assiette et au taux du droit de sceau ne nous sont point connues pour le xiiie et pour le xive siècle. A Lons-le-Saulnier, d'après la charte de 1293, ce droit était fixé à tant pour cent de l'intérêt engagé dans l'acte. On payait un

(1) *Cartulaire*, 41 (1386), f° 59, r°, art. 20, 21.

(2) Mémoire pour la communauté d'Arbois contre l'abbé de Balerne au sujet du bois de Glanon, xive siècle. Dix-huit feuillets anciennement cousus les uns à la suite des autres (Arch. d'Arbois, DD, 528).

denier par livre avec un minimum de perception de douze deniers (1).

La justice seigneuriale était d'un trop bon revenu pour que le comte tolérât une concurrence. En ce qui concerne, par exemple, le sceau, on voit assez souvent des sceaux étrangers suspendus à des chartes rédigées dans la ville. Jusqu'au commencement du XIVe siècle, celui qui n'a point de sceau recourt au sceau d'un ecclésiastique ou d'une maison religieuse. Le prieur, le curé, l'abbé de Rosières, le chapitre Saint-Michel de Salins prêtent leurs sceaux. Mais le sceau du comte a toujours sa place réservée à côté des sceaux étrangers, et les taxes de scellement sont même dans ce cas, acquittées à la cour seigneuriale (2).

A ce principe que le comte a seul la juridiction il n'y a eu que deux exceptions en dehors de l'immunité dont jouissaient les terres de l'Église. Pendant que le domaine était divisé, le seigneur de Vaudrey eut dans sa portion de seigneurie une certaine juridiction détachée de celle du comte. Cette justice s'appelait « la cour et juridiction de Thoire ». Elle avait un sceau particulier. Les hommes du seigneur de Vaudrey établis dans sa terre d'Arbois en faisaient usage pour leurs contrats (3).

L'atteinte la plus grave au monopole judiciaire venait de la justice de l'official. Dans la seigneurie, la cour de Besançon

(1) Tuetey, *Études sur le droit municipal au XIIIe et au XIVe siècle en Franche-Comté*, pièc. justif., 7, p. 221.

(2) V. par exemple : *Cartulaire du comté de Bourgogne*, f° lxxvj (1273), vente par Pierre d'Arbois du moulin du Château, sigilla *Auberti* abbatis *Roseriarum...*, *Johannis* prioris de *Arbosio* et sigillum *Arduyni* curati de *Arbosio* facimus apponi. F° clxvj (1276), vente de la maison de Montfort à la comtesse Alix : sigillum capituli Beati Michaelis *Salinensis*. — Sur l'abbaye de Rosières, v. Janauschek. *Origines Cistercienses*, I (Vindobonae, 1877), n° 61, p. 26.

(3) 1311, mai. Et pour ce fermement tenir et garder, nos *Plesence* et *Jehannins* ses mariz dessus nommez enloyons nos et noux chouses en la court et en la juridicion de *Thoire*. En tesmoignaige de vérité, nous auons requis et fait mettre en ces lettres le seel de la dicte court, donquel l'on vsé en *Arbois* de part le seignour de *Vaudrey* (Arch. d'Arbois, DD, 293. Original. Était scellé sur double queue du sceau de la cour de Thoire. Au revers, écriture du XIVe siècle : lettres de iiij s. x d. sur ung curti séant à *Pepillin* le jour de Saint-André).

exerce sa juridiction, selon le droit commun, sur les personnes ecclésiastiques, et sur les causes qui intéressent l'Église. La justice du comte est incompétente à l'égard du délit commis par le clerc dans la prévôté. L'office du juge se réduit à se saisir du coupable, et à le faire conduire par ses agents à l'officialité (1). Mais c'est surtout en matière de juridiction gracieuse, au point de vue du droit de sceau et du droit de recevoir et d'authentiquer les actes, que la justice ecclésiastique tend à diminuer celle du comte. Dès le commencement du XIVe siècle, l'official fonde à Arbois un tabellionnage avec notaires en titre et coadjuteurs. Odet Galebon, qui exerce déjà en 1330 (2), eut une série ininterrompue de successeurs, Guillaume Brenier, qui perdit ses protocoles dans un incendie de la ville (3), Jean Mutin, dont le seing manuel se trouve au bas de nombreux parchemins de la seconde partie du siècle, Pierre et Christofle Demolain, qui procédèrent au collationnement du cartulaire. Ces hommes actifs, habiles, munis de bons formulaires, mettent de suite dans leur clientèle tout le monde, habitants, communauté, seigneur lui-même.

Tout d'abord, les pratiques des officialités qu'ils apportent avec eux apparaissent pleines de dangers pour la justice du comte. Le sceau de la justice ecclésiastique menace d'exclure le sceau seigneurial, et la clause de style par laquelle les parties se soumettent d'avance à la juridiction de l'official pour tout ce qui concerne l'exécution du contrat semble ravir à la justice laïque la catégorie la plus nombreuse de procès civils. Mais ces notaires ont trop de prudence pour ne point fuir les conflits. Attentifs à respecter une prérogative qui intéresse de si près les finances seigneuriales, s'ils ne renoncent point aux usages de leur chancellerie, ils observent aussi

(1) 1333-1334. Item le dyemanche deuant la Saint Jehan fut restez et priz per le commandement de monseigneur le baillif, *Hugue* fil *Perrin du Pesquier*, clers, pour cause d'une roberie que l'on disoit que il auoit faite à hon valet estrainge a partir d'*Arbois* et fust menez à *Besançon* à l'official pour le dit fait par les sergenz d'*Arbois*, se lour fut paiez du comandement de monseigneur le baillif pour tous despans et per sa lettre, XV sols (Arch. du Doubs, B, 110 (B)).

(2) *Cartulaire*, 27, f° 39, v°.

(3) *Cartulaire*, 39 (1384).

les coutumes de la cour du comte. Ils réservent sa juridiction. Ils font suspendre le sceau du seigneur à côté de celui de leur propre cour. Jean Mutin, voilant autant que possible sa qualité de notaire d'église, laisse dormir son formulaire et son sceau, abandonne la formule de notification au nom de l'official, dresse ses actes dans la cour de justice seigneuriale, les rédige et les scelle d'une manière que ne désavouerait pas un garde du scel du comte de Bourgogne (1).

Les autres monopoles se rapportent aux industries les plus nécessaires et au commerce. Ce sont les banalités.

Le comte a le droit exclusif de fours et moulins. Ce monopole est tout récent. Il ne date peut-être que de la seconde partie du XIIIe siècle. C'est même seulement au siècle suivant que la banalité des moulins a été établie d'une manière définitive et à peu près complète. Jusque-là les deux industries étaient libres. La famille noble d'Arbois, le prieuré, de simples particuliers même avaient des fours et des moulins dont chacun pouvait se servir en payant une redevance. Le comte s'y est pris de la manière suivante pour constituer cette banalité. Il a acheté tous les établissements où l'on exploite l'industrie dont il veut se réserver le monopole. Par exemple, Humbert d'Arbois lui vend ses fours publics. Le moulin du château que Pierre d'Arbois a vendu aux Lombards, ne fait que passer par leurs mains, pour venir au comte soit par vente, soit par confiscation, au moment où ils sont expulsés. Malgré tout, il y a une usine dont il n'a pu réduire la concurrence, c'est le vieux moulin du prieuré, don de l'empereur Frédéric Barberousse. Après avoir fait ainsi le vide autour de lui, il a pesé sur ses sujets pour les empêcher de s'adresser ailleurs, soit au dehors de la seigneurie, soit auprès du seul établissement situé dans le domaine qu'il n'a pu éliminer. Sa charte de 1282 pour Arbois, la charte de l'année suivante pour Changins le montrent promettant à la population certains avantages pécuniaires moyennant l'engagement de ne pas aller contre son monopole. Au XIVe siècle, sa rivalité avec le prieuré s'envenime. Les comtes sont de plus en plus attachés à la banalité des moulins, qu'ils considèrent comme la plus lucrative, et qu'ils cherchent à établir

(1) *Cartulaire*, 22-25.

dans toutes leurs terres du comté (1). Alors, pour soutenir la lutte, ils n'épargnent ni les menaces aux habitants ni les mesures de rigueur. Marguerite de France interdit aux habitants de faire usage du moulin du prieuré (2). Elle ordonne la confiscation de l'objet du délit (3).

Les foires, les marchés, les transactions qui ont lieu en dehors des marchés publics, ont donné naissance à plusieurs monopoles. Certaines mesures sont banales. Ce sont la mesure de l'huile, l'aune et la grande aune des comtes. Les gens du comte en ont l'étalon. Quiconque veut avoir une de ces mesures doit s'adresser à eux, et payer une taxe (4).

Les deux foires, l'une d'hiver, l'autre d'été, sont également la chose du seigneur. Il en est de même du marché hebdomadaire du vendredi. Foires et marchés se tiennent au lieu même où siègent les assises, dans l'aule, et ne doivent point se tenir ailleurs. En cela consiste le monopole du comte. L'aule est un immeuble banal. Il fait partie de la portion du domaine que le seigneur s'est réservée pour son usage ou pour son exploitation directe. Situé au milieu de la ville, il est entouré par les cours et les maisons des habitants. Il est lui-même une sorte de grande cour close de tous côtés par des murailles de pierre et probablement couverte. Le pourtour intérieur est bordé par des arcades formant galerie. Rien ne rappellerait mieux un cloître que cette colonnade, si le dessous de chaque arcade n'était occupé par un ouvroir ou étal de marchand (5). En

(1) Dans le cartulaire du comté de Bourgogne, on les voit acquérant partout une multitude de moulins. V. à titre d'exemple l'achat d'un moulin à Voiteur par Otton IV (avril 1281, f° xvij) et pour les détails de cette lutte commerciale *Cartulaire*, 2 (1282), f° 7, r°, la note. Pièces annexes, 2 (1283).

(2) *Inventaire des titres du prieuré*, XII, premièrement, p. 315.

(3) Paris, 1349 (n. st.), 18 janvier. *Marguerite* fille de Roy de *France*... Comme nos gens de nostre dicte ville d'*Arbois* et tuit li habitant d'ycelle soient obligiez et tenuz de mourre à noz [molins et de cuire à noz] fours de la dicte ville d'*Arbois*, sur certaines painnes à nous appliquées..., vous man-[dons que] ..., faites panre toutes les farines que seront molues à autres molins qu'à nos diz [molins et cuis à autres]... fours que ès fours de nostre dicte ville (Arch. du Doubs, B, 320, Copie du XIVe siècle en mauvais état).

(4) *Cartulaire*, 17 (1355).

(5) Il y avait des aules ou salles à Poligny, Salins, la Rivière, Pontarlier (Chevalier, *Mémoires historiques sur Poligny*, II, p. 72; Guillaume, *Histoire de la ville de Salins*, seconde partie contenant le *Nobiliaire de cette ville*, notice sur la famille de l'Aule).

somme, par sa condition juridique, ainsi qu'à certains égards par sa disposition matérielle et par sa destination, l'emplacement des marchés est semblable à la cour du manse dominical de l'époque franque, ou bien à la *courtine* des villes alsaciennes où réside une communauté colongère.

Les foires et marchés sont d'abord la source d'un profit indirect. A leur occasion le nombre des délits d'un certain genre augmente. Querelles, injures, rixes, coups et blessures, vols, usage de faux poids et de fausses mesures sont la suite ordinaire de ces grandes assemblées. Au XIIIe siècle, les amendes encourues pour les délits commis le jour du marché donnent un revenu assez alléchant pour que le comte, qui partage en principe avec le seigneur de Vaudrey le produit de toute peine pécuniaire, se le réserve en totalité (1).

A côté de ces gains accessoires, il y a les revenus du monopole. Aux portes du marché les agents du comte perçoivent des péages ou *ventes* sur les marchandises qui sont introduites (2). Dans l'aule, les étaux sont loués aux marchands (3). Les péages et les loyers des ouvroirs forment par leur réunion ce que l'on appelle les revenus de l'aule (4). En 1294, Otton

(1) *Cartulaire*, 1 (1257), f° 2, v°, §§ 9, 10. V. une disposition du même genre pour les choses perdues le jour du marché (f° 4, v°, § 29).

(2) *Cartulaire*, 44 (1383).

(3) V. deux acensements de places dans l'aule d'Arbois. 1374. *Marguerite...* fille de Roy de France ... nous auons laissiez, accensi et amoisonné perpétuelement à tout jours mas à *Jaquet* dit *Belissant* de *Changin*, demorant *Arbois* pour luy et ses hoirs et successeurs une place de notre aule d'*Arbois*, par desos, contenant siex columpnes tant du long comme du trauer, toichant à la terre *Guillaume* de *Chaffoy* d'*Arbois* escuer, d'une part et à la terre du dit *Jaquel* qu'il a acquis du dit *Guillaume* et à la terre et maison que fut *Paris* de *Desersvillers* d'autre part, par laquelle place le dit *Jaquet* auoit ja sa yssue et traite de sa maison per derrière ... Et permy ce li dit *Jaquet* doit faire à ses missions hun mur entre la dicte aule et la maison de luy, ouquel mur il pourra faire portes et anglerres pour faire à son aisance et faire hun ouuroir de merchiant en la dicte place. Et doit edifiier la dicte place à son proffit et à la surtez de la dicte aule, dois le toit en aual et nous et noz hoirs dauons mantenir perpétuelement le dit toit (Arch. du Doubs, B, 320). Autre acensement du 20 janvier 1531 (n. st.). Arch. d'Arbois, DD. 317.

(4) 1349. Aula fori et ejus redditus sunt domini (Franchises du bourg de la Rivière dans Droz, *Essai sur l'histoire des bourgeoisies du roi, des seigneurs et des villes*, p. 89).

IV assigne à son épouse Mahaut quarante livres sur la salle d'Arbois (1). Cela veut dire qu'il lui abandonne le produit des ventes et de la location des étaux jusqu'à concurrence de celle somme. Ce n'est pas tout. Le comte, qui s'est réservé le droit de fournir le lieu du marché, se réserve aussi le droit d'y amener les marchands et les gens du pays. Les routes sont rarement sûres. A la fin du XIVe siècle, elles fourmillent de brigands, épaves des grandes compagnies. Le seigneur s'engage à fournir une escorte, depuis la veille du marché à midi jusqu'au lendemain à midi, à tous ceux qui lui en feront la demande (2). S'il oblige ainsi ses officiers et ses hommes d'armes à courir par tout le pays, au moins trois grands jours par semaine, ce n'est point dans le seul dessein d'achalander son marché. Selon l'usage, il exige une redevance en retour de ce service (3).

II. — Les frais du domaine.

Au XIIIe siècle, les frais de l'exploitation sont supportés par le seigneur. Il les déduit des revenus de son domaine. Mais déjà se manifeste une certaine disposition à rejeter sur les sujets les charges de l'exploitation, à dégager les revenus de ces charges, à accroître le produit net. Otton IV et Philippe le Bel, le premier par besoin d'argent, le second par avarice, renversent la règle ancienne. A partir de l'annexion du comté à la France, en principe, les frais de l'exploitation sont supportés par les sujets.

Les principales dépenses étaient : 1° les frais d'administration, en particulier, la rétribution des agents seigneuriaux; 2° les frais de défense, c'est-à-dire l'entretien des forteresses et de l'armée seigneuriale.

A) *Frais d'administration.* — Parmi les nombreux agents de l'administration les plus importants sont le prévôt, les clercs

(1) Droz, *Mémoires pour servir à l'histoire de la ville de Pontarlier* (Besançon, 1760), p. 67, n. 18 (d'après les archives de la Chambre des Comptes).

(2) *Cartulaire*, 1 (1257), f° 2, v°, § 9.

(3) 1268. La comtesse Laure abandonne au comte de Bourgogne ce qui revenait à elle et à feu Jean de Chalon son mari dans la conduite des marchands à Pontarlier et à Chalamont (*Cartulaire des comtes de Bourgogne*, f° 64. Arch. du Doubs, B, 1. — V. aussi f° 76, 1269, et f° 98, 1270).

du prévôt et les sergents. Le prévôt réunit toutes les attributions. Il gère le domaine et en centralise tous les revenus ; il est donc intendant. Il rend la justice. Il est le chef militaire de la seigneurie. Les clercs remplissent auprès de lui l'office de secrétaires et de greffiers (1). Les sergents, au nombre de trois vers le milieu du XIVe siècle, sont en quelque sorte les lieutenants du prévôt, à cela près qu'ils ne jugent point. Ils lèvent les prestations dues au seigneur, et en rendent compte au prévôt. Ils sont les auxiliaires de la justice. Ils procèdent à la saisie des biens des débiteurs, à l'arrestation des accusés. Ils commandent en sous-ordre la troupe de la prévôté (2). L'un d'eux, que l'on appelle le cornier, est chargé de faire les publications (3).

Pour rémunérer ses agents, le comte avait le choix entre trois procédés que l'on trouve également en usage dans le comté. Il pouvait les salarier. Il ne l'a jamais fait dans sa seigneurie d'Arbois, peut-être parce que c'eût été prendre entièrement à sa charge la rétribution des officiers. Il pouvait les intéresser à l'exploitation en leur abandonnant certains profits, par exemple les amendes, jusqu'à un chiffre déterminé. Il se privait ainsi de quelques recettes. Mais il n'avait qu'à restreindre le plus possible la catégorie de revenus qu'il se proposait d'abandonner à son fonctionnaire. Celui-ci de son côté était exposé à la tentation d'abuser de son pouvoir afin d'accroître, au préjudice des sujets, le produit des droits dont on lui réservait les émoluments. Le calcul était trop naturel pour ne point entrer dans les prévisions du seigneur. Il était impossible que les comtes n'eussent point déjà, en usant de ce procédé de rémunération, l'arrière-pensée de charger leurs sujets en s'exonérant eux-mêmes. Tout dangereux que fût déjà ce système, c'était très probablement celui qu'ils employaient avant Otton IV et Philippe le Bel (4).

(1) Pièces annexes, 10, III, 3° (1335).

(2) Servientes (*Cartulaire*, 1, 1257, f° 1, v°). Ordonnance de Philippe le Hardi (41, 1386, f° 57 *bis*, r°).

(3) *Cartulaire*, f° 3, v°; f° 4, r°.

(4) « Le maire, avec jurisdiction, dit Chevalier, connaissoit des délits jusqu'à trois sols d'amende qui, pour l'ordinaire, lui appartenoient, avec autres trois sols qu'il prenoit sur les amendes de soixante sols, il avoit aussi divers

Enfin le seigneur pouvait recourir au fermage. Les officiers s'appropriaient tous les revenus qu'ils percevaient. Le prévôt, par exemple, faisait siennes toutes les amendes. Ils s'engageaient en retour, à payer une rente. L'office était mis aux enchères et adjugé à celui qui offrait le loyer le plus élevé, « au plus offrant et dernier enchérissant ». Le seigneur estimait le fermage très avantageux. Il comptait sur les enchères pour porter la rente à son chiffre le plus élevé. Il se déchargeait de tout souci d'administration. En revanche, le fermage était très dur pour les sujets. Le fermier exploitait son office de manière à lui faire rendre le plus possible. Le système devenait doublement nuisible si, par surcroît, l'officier avait été obligé de payer une somme pour obtenir la ferme des revenus domaniaux. Dans ce cas le fermage se compliquait d'une sorte d'achat de l'office, et plus le prix était élevé, plus exorbitantes étaient les compensations que le fermier cherchait dans l'exploitation de sa charge.

A partir de la fin du XIIIe siècle, le fermage est continuellement en vigueur. Le prévôt, les sergents, et probablement les clercs prennent leurs charges à cense. Le louage des offices est inauguré par Otton IV. En 1287, il institue Hugues le Bâtard d'Arbois cornier de la prévôté. Le nouvel officier a payé au comte une somme de quarante livres d'estevenans. Il lui a promis de lui céder cent soudées de terre, dont le comte prendra possession à son décès. Enfin, il s'est engagé à payer une rente annuelle de huit livres de tournois (1). Philippe le Bel, à son

droits dans les collectes qu'il faisoit ou faisoit faire des revenus du seigneur des tailles et des amendes » (Chevalier, *Mémoires historiques sur Poligny*, II, p. 57).

(1) 1287, octobre. Noz auons recehu et retenu à nostre home et à nostre sergent ès vsages et ès costumes que nos tenons noz sergenz en nostre contei de *Bourgoigne, Hugon le Bestard d'Arbois*, à demorer en nostre ville d'*Arbois*, ou à *Changins*, en quel de cex dous lus que miez li plaira et li auons donei à *Arbois* et ou préuostés vne sergenterie qui est apelée cornerie à sa vie tant soulement, et volons que il ait et perçoiue tel rante et tel droit per raison de la dite cornerie dois or en auant tote sa vie con nostre autre cornier ont acostumée à auoir dois ci enarrers... et por totes ces choses li diz *Hugues* nos ai donei quarante liures d'esteuenans... et nos doit li diz *Hugues* paier et randre chescun an por la dite cornerie huyt liures de tornois, c'est à sauoir chescun an à Pasques quatre liures et à la Saint Michiel chescun an quatre liures. Et nos ai encore donei li diz *Hugues* cent soudées de rante

tour, introduit dans le comté l'usage des prévôtés à ferme suivi dans son royaume depuis un siècle (1). Le prévôt paie une rente, mais on ne voit point qu'il donne un prix en prenant possession. Chaque année il fournit un compte de ses frais de gestion, et il est autorisé à les rabattre de la rente qu'il doit payer (2).

C'est donc à Philippe le Bel que la seigneurie doit ces avides prévôts fermiers du xive siècle. Guillaume de Pupillin paraît en être le type (3). Ils semblent inventer chaque jour de nouveaux expédients pour augmenter le rendement de leur ferme, et la justice est la partie de leurs attributions dont leur cupidité attend le plus de profits. Ils abusent des arrestations et des poursuites parce que l'offre d'un don ou d'une composition ne les trouve jamais impitoyables (4). Ils allongent les procédures, et font traîner les causes. Le « conseil des gens sages et bons » dont l'usage veut qu'ils s'entourent pour juger, est souvent une garantie inefficace (5). Ils prononcent des amendes exorbitantes. Ils ne craignent point de demander soixante sous au lieu de trois (6). Si le coupable est trop dépourvu pour s'acquitter, ils lui offrent de lui prêter l'argent nécessaire, par devant notaire, et moyennant les sûretés d'usage (7). Il y a des condamnés assez mal avisés pour ne pas

chescun an que nos deuons auoir après son déceix et il les doit tenir tote sa vie et sunt essises les dites cent soudées de terre à *Arbois* et ou territoire (Arch. du Doubs, B, 318, original, scellé sur double queue du grand sceau en cire jaune du comte de Bourgogne).

(1) Ducange, v° *Præpositus*. Chevalier, *Mémoires historiques sur Poligny*, II, p. 49.

(2) 1353-1354. Missions faites par *Guillaume* de *Pupillin*, préuost d'*Arbois* doit la Saint Michiel l'an liij tant que à la Saint Michiel l'an liiij, lesquelles missions se doiuent rabattre de l'admodiation de la dicte preuostez que monte viijxx et x liures (Arch. du Doubs, B, 110 (B)). Pour les comptes de la prévôté d'Arbois, v. arch. du Doubs, B, 108-111).

(3) *Cartulaire*, 31 (1334).

(4) Ordonnance de Philippe le Hardi (*Cartulaire*, 41, 1383, f° 51, r°). Pour les arrestations arbitraires, f° 57 *bis*, v°.

(5) Pièces annexes, 10, III, 3° (1333). Jugement rendu contre Pierre de Vonnolz de Pupillin (Arch. d'Arbois, DD, 538, 1340, n. st.).

(6) *Cartulaire*, 43 (1371).

(7) Acte par devant Hemmonin dit Perrate d'Arbois, clerc, notaire public, daté de 1339 le saulbedi voile de Penthecoste (15 mai) ou bourc d'*Arbois*

accepter. Ils préfèrent user du droit d'offrir un gage que la coutume leur accorde pour retarder la saisie. A son tour le prévôt refuse. Chaque jour il assigne le malheureux devant lui. Chaque jour, une nouvelle amende, soit pour défaut, soit pour non paiement, vient s'ajouter à la peine primitive, jusqu'à l'instant où la saisie consomme la ruine de l'imprudent (1).

B) *Frais de défense.* — On se fera une idée de l'importance de ces frais, en songeant aux guerres dont le comté a souffert dans le siècle qui s'étend du traité de Vincennes à la mort de Marguerite de France. Encore ne rappellerai-je ici que celles qui ont menacé directement la seigneurie, ou l'ont dévastée. Mais les guerres qui se passaient dans le voisinage, celles des gageries, par exemple, rendaient également nécessaires certaines mesures de défense. Il fallait bien se mettre à l'abri des contre-coups.

Presque toutes les guerres de cette période ont leur origine plus ou moins immédiate dans l'annexion du comté à la France. Afin de mettre à exécution le traité de Vincennes, Philippe le Bel fait à Jean, comte de Chalon-Arlay, et à ses partisans une

em la maison que fut *Guyot* de *Fontenoy* heure enuiron vespres. Pour ce personment establi... *Willemin* dit de *Larnay* d'*Arboix*, prodomey et escheuilz à ceps temps de la ville d'*Arbois* sus ce que *Jehans* dit *Brulelot* de *Molen* requeroit a dit *Willemin* de *Larnay* que li rendit ou feit rendre hun gaige que li forestiers de lour boix d'*Arbois* li auoient pris et gaigiez ès diz boix d'*Arbois*, li dit *Guillemin* respondit a dit *Jehans Brulelot* : « Paie la « emende et je le rendrai ou ferai rendre tom gaige, quar se je le façoie au« trement, je me meffaroie contre la ville ». Li quelx *Jehans Brulelot* dit a dit *Guillemin* : « Je n'ay point d'argent de quoy je puise paier la amende ne « raindre mon gaige, maix je prie a préuost que cy est, si li plait, que la « me prestoit une ». Ça ce dit *Hemmonet* de *Cerdom*, préuost d'*Arbois* à ce temps a dit *Jehans* : « Que je la te prestoit ». « Oyl » dit li diz *Jehans Brulelot* « si vos plait, et je la vos paierai et randrai per mal foy. » Adonques li diz *Hemmonet* de *Cerdom* préuost a ce tens promit em nom dou dit *Jehans Brulelot* a dit *Willemin de Larnay* de paier et randre la dicte emende pour le dit *Jehans Brulelot*. Sus ce des paroles et choses dessus dictes hinsi parlées par les dessus diz et respondues requit le dit *Guillemin* de *Larnay* proudome de la dicte ville d'*Arbois* en nom et pour la dicte ville à moy notaire publique cy dessoz escript estre à luy fait et donné par moy publique instrument, présent à ce *Jehanim dou Pon*, *Jeham* dit *Chapelaim*, *Jehanot Boiloux* et plusours autres tesmoins à ce expleialment appelez et requis (Arch. d'Arbois, DD, 538 original, seing manuel).

(1) *Cartulaire*, 31 (1351), f° 46, v°.

guerre qui ne dure pas moins de six ans (1). A partir de l'année 1301, pendant plus de cinquante ans, la paix règne dans la seigneurie. Elle n'est guère interrompue que par la querelle des filles de Philippe le Long pour la succession du comté (2). Mais, après la bataille de Poitiers, le pays est mêlé tout à coup à la guerre de cent ans, qui se complique encore pour lui d'une seconde guerre de succession entre Marguerite de France et Philippe le Hardi, duc de Bourgogne. Le résultat de ces hostilités combinées est d'amener des dévastations réitérées de la seigneurie par les grandes compagnies. Depuis 1360, date du traité de Brétigny, jusqu'en 1365, leurs incursions se renouvellent presque sans interruption. L'année 1363-1364 voit la plus terrible, celle d'Arnaud de Cervolle, que Philippe le Hardi a pris à sa solde pour le jeter dans le comté (3). Les bandes de l'Archiprêtre laissent des souvenirs si affreux de leur passage, que les habitants vivront pendant près de vingt ans dans la crainte de leur retour. C'est donc surtout par les violences et les ravages des compagnies que les gens du domaine ont connu les horreurs de la grande lutte qui désolait la France entière. Mais une conséquence de cette guerre a été de raviver les petites guerres de seigneurie à seigneurie, de clocher à clocher, qui semblaient à peu près éteintes. L'aspect et la marche de ces querelles locales sont uniformes. Des dissensions de

(1) Au mois de septembre 1296, le sceau de Philippe le Bel a remplacé, à Arbois, le sceau d'Otton IV encore employé au mois de juillet 1295 (Clerc, *Essai sur l'histoire de la Franche-Comté*, I, p. 500). La forteresse d'Arbois étant domaniale fut, sans doute, du nombre des places qu'Otton IV remit au roi l'année qui suivit le traité de Vincennes et qui reçurent alors des garnisons françaises. V. un compte de recettes et de dépenses faites dans le comté de Bourgogne pour le roi de France. Item pour xxviij chastex qon ai gardei por le Roy xvj semenes, et costent li xxviij chastel ou garder chascun iour xx lb., ce sont lj m. ijc xl lb. (Funck-Brentano, *Philippe le Bel et la noblesse franc-comtoise, Bibl. de l'Ecole des Chartes*, XLIX, pièc. just., IV, p. 245). Cpr. Clerc, I, p. 499. La guerre prit fin par les traités d'avril et de mai 1301 (Funck-Brentano, p. 32).

(2) Chevalier, *Mémoires historiques sur Poligny*, I, p. 173. Poème par un dominicain du temps, dans Gollut, *Mémoires historiques de la République Séquanoise* (Arbois, 1846), col. 685.

(3) Clerc, *Essai sur l'histoire de la Franche-Comté*, II, p. 118, p. 131-156. Le traité de paix qui termina la guerre des deux Bourgognes fut conclu le 25 juillet 1364.

voisinage leur donnent naissance. Un jour l'un des partis prend l'offensive sans mot dire, pousse une pointe avec une troupe de cavalerie dans la terre du voisin, enlève les troupeaux aux champs, bat, blesse, tue les sergents qui tentent de s'opposer au pillage, continue sa course jusque devant la tour d'un féodal, tente de l'enlever d'assaut pour la détruire. Mais à ce moment les cavaliers et les arbalétriers de la ville arrivent. Les coureurs s'enfuient. Tout est fini jusqu'au premier jour. Toutes les grandes perturbations politiques, toutes les guerres nationales qui affaiblissent l'autorité souveraine ou détournent son attention, sont marquées par un renouvellement des hostilités de ce genre.

Pour défendre sa terre il fallait au seigneur des remparts et des soldats. On va voir comment il se les procurait à peu de frais.

A la fin du XIIIe siècle, la seigneurie était couverte de forteresses. L'ennemi qui pénétrait dans le domaine se heurtait d'abord à une multitude d'ouvrages secondaires, maisons fortes, tours, petits châteaux. Éparpillés sur tout le territoire aux endroits les plus favorables à la défense, aux gués de la rivière et des ruisseaux, sur les hauteurs, aux angles des chemins, ils se pressaient en plus grand nombre sous les murs de la ville (1). Les nobles qui les avaient reçus en fief du comte les entretenaient et les réparaient à leurs frais.

Ces obstacles ne faisaient que retarder et gêner la marche de l'ennemi. Il ne pouvait se dire maître de la seigneurie qu'après avoir enlevé les trois grandes places fortes que le comte avait gardées dans son domaine direct, le château de la Châtelaine, la plus ancienne de toutes, dans une situation presque inaccessible, le château d'Arbois, enfin la ville d'Arbois. Cette place était la plus considérable par l'étendue de l'enceinte. A cheval sur la rivière, elle comprenait, d'un côté, la plus grande partie du bourg; de l'autre côté, laissant en dehors d'elle la rue de Faramand, qui communiquait avec le bourg par le pont et la porte des maisial ou des boucheries, elle entourait le prieuré. Celui-ci, avec son église et son cime-

(1) Lieux dits : Les Tourillons, le Vernois, Châtelbœuf, la Tour Canoz, la Motte, Montfort, etc.

tière, formait comme une seconde forteresse reliée à la première par la porte du bourg et par le pont du moutier (1). Mais les remparts qui défendaient le prieuré ne lui appartenaient point. Ils étaient, eux aussi, la propriété des comtes (2).

La ville forte n'était pas autre chose que le développement du château. Celui-ci restait dans la ville comme une citadelle. Il en était, pour ainsi dire, le donjon. On appelait la ville forte *cloison*, *clausura*, *forteresse*, *fermeté*. C'étaient les noms que l'on donnait à tous les châteaux. Elle faisait, en effet, l'office d'un château dans la défense du pays. Elle était non seulement une fortification destinée à arrêter l'ennemi, mais un point de ralliement, un lieu de refuge pour les malheureux habitants des villages voisins chassés de leurs foyers par la guerre. Elle avait ses *retrayants* comme tous les grands châteaux (3).

L'origine même de la *fermeté*, c'est l'ancien château d'Arbois. De tout temps il y avait eu dans l'enceinte du château une ville minuscule. A côté des bâtiments d'habitation du seigneur et de ceux qui servaient à l'exploitation, tels que le moulin du château, on y voyait quelques ruelles bordées de maisons où habitait une population d'hommes seigneuriaux. Si l'on se place au commencement du XIIIe siècle, on peut se figurer le château comme un quartier de la ville, séparé par son enceinte, du bourg encore dépourvu de remparts. Comparée au nombre des habitants du bourg, la population de ce quartier est presque insignifiante. C'est alors, sans doute, que le comte se résout à démolir l'enceinte, pour la reporter plus loin, en y englobant la plus grande partie du bourg (4).

Et maintenant, que l'on jette les yeux sur la disposition générale de la *fermeté* et sur les détails de sa construction. Elle ne se distingue point d'un vaste château seigneurial. Elle en a

(1) *Cartulaire*, 40 (1383-1384), f° 56. Pièces annexes, 10 (7° témoin).

(2) La preuve en est dans le droit que la communauté des habitants, mandataire du comte, avait sur l'une des tours de l'enceinte du prieuré (*Cartulaire*, 22, 1380, f° 31, v°).

(3) *Cartulaire*, 38 (1331).

(4) Chevalier, *Mémoires historiques sur Poligny*, II, p. 518. La bulle d'Innocent IV du 25 mars 1251 distingue le *castrum* d'Arbois, la *villa* et le *districtus eorum*.

tout l'aspect. Ce sont les mêmes règles que l'on a suivies pour son architecture. La *fermeté* consiste en une triple ligne de travaux : 1° en avant des murs, un rang de palissades fichées en terre, qui défend les approches, c'est le *baílet* (1); 2° derrière cet obstacle, les fossés ou *terreaux* (2); 3° dominant les fossés, les murs flanqués de tours rondes du côté des fossés, plates du côté de la ville, comme la tour des maisial (3), ou carrées, comme la tour majestueuse qu'un souvenir de la geste d'Aliscans avait décorée du nom de *Gloriette* (4). Les murailles et les tours sont percées d'*archures* (5). Sur le haut du mur un chemin de ronde fait le tour de la ville. On l'appelle les *allées des murs.* L'allée est surmontée elle-même de grands ouvrages en bois qui sont les *chaffauds.* Ils se composent d'une toiture et, du côté des champs, d'une cloison présentant peut-être une seconde ligne d'archures. A certains intervalles, des guérites ou *eschiffes*, placées à la hauteur des chaffauds, font saillie sur les murailles (6). Du côté intérieur, en certains endroits, les maisons de la ville s'adossent à l'enceinte, et leurs propriétaires obtiennent l'autorisation d'ouvrir des fenêtres dans le mur à condition de les munir de barreaux (7). Des petites portes ou *poitelles*, percées au travers des maisons, donnent accès aux allées (8).

La *fermeté* devait être d'un entretien coûteux, à raison de

(1) *Cartulaire*, 40, f° 56, v°.

(2) *Cartulaire*, 36 (1370).

(3) Pièces annexes, 6.

(4) *Cartulaire*, 25 (1375).

> Sor Folatise va Guillames monter,
> Contre Aïmer pense d'esperoner...;
> Dedens Orenge le va ot lui mener
> En Gloriete, son palais principel

(*Aliscans*, édition Guessard et de Montaiglon, Paris, 1870, p. 128).

(5) *Cartulaire*, f° 35, r°.

(6) *Cartulaire*, 15 (1374).

(7) Et se l'on y fait acunes fenestres... li dit *Guillaume le Grant* les doit faire ferrer à ses missions (*Cartulaire*, f° 35, r°).

(8) Doues poitalles, c'est à savoir une per quoy l'on entrera et saudra sus les diz murs, per devers l'esquerre de *Gloriale* et d'autre part une autre poitelle per quoy l'on entrera et saudra sus les diz murs per devers la dicte *Porte des Maisialz* (*Cartulaire*, f° 35, r°).

l'importance des travaux et aussi des nombreux vices de sa construction. Il semble que le comte qui édifia l'enceinte, Otton IV peut-être, ne fût point très à son aise. La maçonnerie, formée de mauvaises pierres du pays à peine taillées, sans revêtements, et mal liées par un mortier soigneusement ménagé, était sujette à s'effriter et à se lézarder. Les ouvrages en bois, que le manque d'argent avait fait préférer aux constructions de pierre, se dégradaient rapidement. Il en était de même de la toiture des tours et des chaffauds, faite de *laine*, c'est-à-dire de tuiles de bois (1).

Ces dépenses d'entretien soulevaient une grave question. Il s'agissait de savoir qui les supporterait, du comte ou de la population. Devait-il déduire ces frais des recettes du domaine? Pouvait-il les mettre à la charge des habitants au moyen d'une redevance spéciale? Le caractère que nous avons reconnu à la *fermeté* lui laissait toute latitude pour choisir entre ces deux partis. La ville forte, c'était le château agrandi du comte. Il était donc naturel que le comte subvînt à son entretien. D'autre part, les habitants de la ville et les retrayants jouissaient de la protection de la *fermeté*. Cette *fermeté*, c'était pour eux un lieu banal comme l'aule, les moulins et les fours. Il était également naturel que le comte leur en fît payer l'usage.

Suivant les époques, l'un ou l'autre point de vue prévalut. Au XIIIe siècle, le comte n'a pas encore imaginé d'ériger en monopoles la plupart des services qu'il peut rendre à ses sujets. Il est en voie de constituer la banalité des fours et des moulins. Il ne songe pas encore à faire payer à la population du pays la sécurité qu'elle trouve dans la nouvelle forteresse. Les frais d'entretien sont donc une charge de l'exploitation. Le comte prend dans ses forêts et dans ses carrières le bois et les matériaux nécessaires. Il paie la main-d'œuvre (2).

A la fin du XIIIe siècle, la situation change. Plusieurs bana-

(1) Pièces annexes, 6 (1359).

(2) Tuetey, *Essai sur le droit municipal en Franche-Comté*, p. 77. Arch. de la Côte-d'Or, B, 11860, places fortes du comté de Bourgogne, mémoires et quittances relatifs aux constructions et réparations des bâtiments et fortifications des châteaux de Montjustin, Estoboo, Baume, Aspremont, Jussey, Bracon et Vesoul (1336-1399).

lités sont établies et leur nombre a une tendance à s'accroître. Le comté est désormais placé sous le régime parcimonieux de Philippe le Bel, qui vient d'y introduire la coutume des prévôtés à ferme. L'influence de ces deux faits apparaît vite. A l'avenir, l'entretien des remparts cesse d'être une charge de l'exploitation pour devenir une charge nouvelle des habitants. Les sujets sont frappés d'une contribution extraordinaire toutes les fois qu'il devient nécessaire de restaurer les remparts (1). Cet impôt est fondé sur la protection qu'ils retirent de la forteresse. Il atteint seulement les habitants qui, de fait, jouissent de cette protection. Quels sont exactement ceux-là? La comtesse Mahaut, dès l'année 1304, puis le comte Louis de Nevers, dans une ordonnance qui est l'un des premiers actes de son règne, donnent des règles précises. Sont soumis à l'impôt ceux qui habitent dans la ville et dans le territoire de la ville, ceux qui ont des possessions dans les mêmes limites, enfin ceux qui, au jugement de l'autorité compétente, tirent avantage de la forteresse au point de vue de leur sûreté. Cette catégorie comprend les habitants des villages qui ont le droit de retrayer à la ville. Peuvent seuls se dire exemptés ceux qui présentent un privilège spécial accordé par les comtes (2).

Le résultat de cette combinaison a été de supprimer dans les comptes des frais du domaine l'entretien de la *fermeté*. D'autres arrangements non moins avantageux pour le seigneur lui ont permis d'y faire à peine figurer l'autre dépense militaire, l'entretien de la petite armée chargée de défendre la seigneurie. Le comte ne compose point sa troupe avec des mercenaires, ou s'il en a, ils sont peu nombreux. Il s'adresse simplement à ses hommes, et requiert d'eux le service militaire sous une double forme.

a) *Le guet.* — Il consiste à garder pendant la nuit les remparts et les portes de la ville. Le guet est régulier et permanent. Il a lieu en temps de paix comme en temps de guerre.

(1) *Cartulaire*, 13 (1301).

(2) 1331. Habitatores et possessiones habentes in eadem villa et districtu ejusdem et quos ex defensione sciveritis habere commodum (*Cartulaire*, 38 et la note). Cpr. : Pièces annexes, 9 (1382) et les actes relatifs aux villages de Pupillin (*Cartulaire*, 9, 1327; 10, 1359), Mesnay (12, 1339), Montigny (14, 1380).

C'est un service que l'on juge très dur et très dangereux. Il faut passer la nuit sans sommeil. Malheur à celui qui s'endort par ce temps de brusques attaques. C'est la nuit que les compagnies choisissent pour escalader les murailles. Un moment d'oubli peut coûter la vie. On paierait donc très cher ce service à des mercenaires. En 1374, les villageois de Mesnay las, après de longues journées de labeur dans les champs, de monter bien haut, à la Châtelaine, pour y faire le guet, implorent de la comtesse Marguerite la faveur de se rendre désormais à la ville pour s'y acquitter de ce devoir. Ils achètent ce simple changement de poste au prix énorme de cent francs d'or dont ils sont obligés d'emprunter une partie à la communauté d'Arbois. Il est vrai que les compagnies étaient au pays il y a peu d'années, qu'on craint leur retour, et que plusieurs guetteurs du village, harassés de fatigue et tombant de sommeil, se sont laissé surprendre et ont été massacrés (1). Cela ne montre pas moins qu'il faut le revenu de cent francs d'or pour solder les mercenaires qui feront désormais le guet à la Châtelaine. Car on ne doit point supposer que Marguerite de France ait voulu spéculer sur les terreurs de ses sujets.

b) *L'ost*. — Tous les sujets doivent le service militaire en pleine campagne. Chaque *hôtel* ou maison du domaine fournit un homme, le plus robuste de ceux qui l'habitent. Si la première levée ne suffit pas, on convoque un second ban. La petite armée, formée en conseil de guerre, juge elle-même, d'après la force de l'ennemi, s'il y a lieu d'appeler ce renfort. A tout moment l'habitant peut se voir arraché à son travail. Dès qu'il aperçoit la bannière élevée sur la place publique, dès qu'il entend battre le tambour, il doit courir au lieu d'assemblée (2).

En principe, les sujets font la campagne à leurs frais. Le seigneur ne donne rien, ni les chevaux, ni les armes, ni l'é-

(1) 1374. Comme li dit chestel ... soit si haul et en luf si grevable que quant les bones gens dudit *Ménay* y sunt ausseoir venuz de lour labour faire le guail, yl sunt si travailliez de la poine qu'i ont recehuz pour jour et du traval de monter la montaigne ... que bonement il ne puent entendre au dit guait faire, mais corient et nature le requier, qu'il dorment ... et ont estez morts plusours des diz de *Mennay* pour ceste cause (*Cartulaire*, 11).

(2) *Cartulaire*, 1 (1257), f° 4, r° *in fine* et v°, § 24.

quipement. Il n'est dit nulle part qu'il soit obligé de pourvoir à la subsistance de ses hommes, lorsque l'expédition se prolonge au delà d'une certaine durée (1). Il lui arrive cependant de payer certains frais. Il fait ferrer les chevaux, il donne le fourrage, il accorde des gages aux arbalétriers pour chaque jour de service. Cela peut tenir à plusieurs causes. Le temps pressait. Il fallait atteindre rapidement une bande de coureurs ennemis. L'expédition a entraîné la petite armée plus loin que de coutume. Le seigneur a été satisfait de ses hommes. Il les a récompensés. Remarquons toutefois qu'il est bien rare de relever des dépenses de ce genre sur les rouleaux de comptes des prévôts (2).

(1) V. au contraire, Tuetey, *Étude sur le droit municipal en Franche-Comté*, p. 75.

(2) 1354. Item le juedi deuant la Purification Nostre Dame pour vnes lettres enuoiés à *Pouloigney* deuant jour, de part le trésurier et de part le procureur, a préuost d'*Arbois* qu'estoit à *Pouloigney*, ensamble vnes lettres pour mostrer et requérir au baillif de la comtey que cils de la contey fussains aydant ès genz de madame contre ces de *Besençon* qu'estoient partiz de *Besençon* pour corre à *Lielle* sus les gens de ma dame pour panre ou desrochier la tour *Jehan* de *Sey*, laquelle est du fiez de ma dame et du rierefiez de la contey, li quel baillif n'estoit pas à *Pouloigney*. mais y demora li messaige toute la journée et dementier cils de *Besençon* se retrahirent, se fut bailliez au messaige xij deniers (Arch. du Doubs, B, 110 (A), original, rouleau de papier). — Item le juedi deuant la Purification Nostre Dame, a point du jour, fut envoiez querre à *Pouloigney*, de part le trésurier et le procureur, li préuost et ses clercs, pour ce que la sergenterie et la bannière d'*Arbois* estoit partie pour aler à *Chissey* pour le fait de ces de *Besençon* qu'estoient partiz pour corre deuant *Lielle* en la terre de Madame. Se lour conuient ferrer les cheualx pour aller après la bannière, se en comptent xviij den... Item au dit jour, compte pour les gaiges des aberestiers d'*Arbois* qui furent tanque sur la *Louhe* vers *Chissey* pour le dit fait, par le commandement des gens de Madame, pour l aberestiers d'*Arbois*, pour le banneriers, luy cinquième, pour celuy qui porte le pennoncial, luy tier, et li iij sergent, pour chescun des dessus nommez, vj den., monteut xxx s., vj den... Item pour les aberestiers de *Changins*, iij s... Item pour ces de *Pupillin*, iij s... Item compte li dit préuost pour dues fois que la bannière d'*Arbois* est ehue fuers d'*Arbois* et de tout le fenaige et apandises, c'est à sauoir pour le fait de ces de *Besençon* qui venoient deuant *Lielle* une fois, et pour le fuert de *Montigny* fait pour ces de *Bracon* qui auoient gaigiés les proies de *Montigny* senz requester, et batuz, bleciez et naurez tanque à mort les sergent de *Montigny*, et fut la dicte bannière tanque à *Prestin*. Le compte pour chescune fois lx sols qui monteut iij liures (Arch. du Doubs, B, 110 (B), original, rouleau de papier.

2° La communauté, second objet de l'exploitation seigneuriale.

Le système d'exploitation du domaine tient tout entier dans cette formule : accroître les revenus, pour cela trouver de nouveaux objets à mettre en valeur, et diminuer les frais. Ce sont les mêmes principes qui vont déterminer la conduite du seigneur à l'égard de la communauté.

Au XIIIe siècle, les communautés existaient partout dans le comté. Les plus humbles villages avaient les leurs aussi bien que les villes les plus grandes (1). Depuis les temps les plus reculés tout avait concouru, dans chaque seigneurie, à grouper les hommes. Ils appartenaient au même propriétaire, habitaient ensemble dans le même lieu, supportaient des charges communes, jouissaient de droits indivis sur les communaux. Ils étaient administrés par les mêmes officiers. Il y avait là une société de vie et d'intérêts à laquelle se joignait, par une conséquence forcée, un rudiment d'administration communale. Le tout constituait déjà une communauté de fait. Cette origine même, toute coutumière, de la communauté resta marquée dans la langue. *Commun*, *communal*, *communauté* étaient des termes généraux dont on appelait également les terres communales, les taxes que la communauté mettait sur ses membres, et la société elle-même (2).

Au XIIIe siècle, les comtes et les comtesses d'Auxonne, de Chalon et de Bourgogne, Etienne III le premier, puis Jean le

(1) On employait les mêmes mots pour désigner toutes les communautés franc-comtoises, les plus petites comme les plus grandes. On disait : le commun de la cité de Besançon, et le commun de la ville d'Arbois (Cpr. *Académie de Besançon*, 1839, p. 85, pièc. justif., n° III, 1306, et *Cartulaire d'Arbois*, 1, 1257, § 42).

(2) *Cartulaire*, 20 (1300), 13 (1301). Dans le premier de ces textes communalté signifie biens communaux, *lour communalley dou Chamoys*, dans le second, il a le sens de taxe communale, *se lour demandeuent que ils paiassent vint et cint liures que li dit proudomes d'Arbois lour auoient getées de on communal que auoit esté getez*. Le sens est le même dans la charte 13 (1339), f° 24, r°, missions et communes.

Sage, Alix de Méranie, Otton IV, décidèrent du sort d'un grand nombre de ces antiques communautés. Ils résolurent dans leurs domaines le problème qui préoccupait alors la féodalité entière. Il s'agissait de savoir quel serait le parti le plus profitable pour les intérêts pécuniaires des seigneurs, ou de laisser dormir les municipalités en germe que recélaient leurs domaines, ou de les développer. Prendre le second moyen, c'était imposer une gêne et une charge à l'exploitation de leurs terres. Accorder une charte, c'était faire acte d'aliénation, amoindrir son patrimoine. Car tout ce qui était émancipation pour le sujet correspondait, pour le seigneur, à une diminution de pouvoir et à une perte de revenus. La communauté ne pouvait grandir que par des appauvrissements successifs du fonds seigneurial. Ce qui se passait alors dans les villes où la communauté était parvenue à son plein épanouissement le montrait assez. Des hommes du seigneur, elle avait fait ses propres sujets. Dans le domaine du maître elle avait taillé une seigneurie à elle. Enfin, elle s'était donné une magistrature à tendances aristocratiques, solide obstacle aux tentatives de restauration du pouvoir seigneurial.

A un autre point de vue, le danger de ces choses nouvelles disparaissait. Dans l'activité naissante des communautés que certains seigneurs, surtout ceux des montagnes, craignaient tant de seconder, on pouvait apercevoir un capital de plus. Pour faire fructifier cette valeur jusque-là ignorée, il ne fallait que savoir s'y prendre. On devait d'abord se rendre un compte exact des concessions qu'il serait bon de faire. On les réduirait au strict nécessaire. On s'abstiendrait de toute générosité gratuite. Puis, évaluation faite du préjudice que les revenus domaniaux subiraient du fait de ces sacrifices, on considérerait si l'on ne pouvait point atténuer, balancer la perte, réaliser même un bénéfice en tirant de la communauté des profits qu'il eût été impossible de lui demander auparavant. Si les comtes de Bourgogne du XIIIe siècle accordèrent des chartes communales à plusieurs villes, ce fut après avoir mis en parallèle les pertes et les gains qui résulteraient pour eux de cette opération. Prenant pour base de leur calcul la situation des villes, leur population, leur commerce, leur industrie, leur production agricole, ils réservèrent aux communautés d'avenir toutes leurs faveurs (1). Ils abandonnèrent à leurs destinées celles dont l'affranchissement ne pouvait leur être d'aucun profit. Jugeant que les anciens procédés de l'exploitation domaniale était la seule manière d'en tirer parti, ils aggravèrent même pour plusieurs les rigueurs de l'exploitation (2). C'est une chose remarquable que cet accroissement de la servitude dans certaines communautés coïncidant avec l'émancipation des autres. Elle montre bien qu'en tout ceci les comtes ne se proposèrent d'autre but que la plus-value de leurs revenus, et qu'une judicieuse appréciation des circonstances leur apprit à varier les moyens destinés à l'obtenir.

Personne, sans doute, dans les communautés élues ne fut la dupe du doux langage des chartes de franchises, Le comte se posait en bienfaiteur. Il faisait sonner bien haut ce qu'il accordait. Il disait donner, alors qu'il faisait un marché avantageux. Il disait créer, quand il se contentait de reconnaître et de confirmer ce qui existait déjà. De fait, tout n'était qu'une entreprise de propriétaire. Quel est, par exemple, le motif pour lequel Otton IV donne à la communauté d'Arbois cette charte de 1282 qui institue l'assemblée des prud'hommes? Le comte veut accroître le revenu de la banalité des moulins en ruinant la concurrence du prieuré. Il le dit lui-même avec une sincérité inusitée : « Pour ces bontés que nous faisons au « communal, ils doivent tous moudre à nos moulins ». Pourquoi s'efforce-t-il tout d'un coup d'augmenter le produit des moulins banaux? C'est parce qu'il a un besoin subit et pressant d'argent. La nouvelle des Vêpres Siciliennes vient de lui parvenir. Il se prépare à la hâte pour aller en Italie combattre pour la cause de Charles d'Anjou. Il rassemble de toutes parts des ressources. Il lui faut des gages solides pour les Juifs et les Lombards qui déjà travaillent à sa ruine. Quoi de meilleur à leur donner que de bonnes usines bien achalandées (3). Les

(1) Sur tous ces points, v. les listes des chartes communales de la Franche-Comté dans Tuetey, *Études sur le droit municipal au XIIIe siècle et au XIVe siècle en Franche-Comté*, p. 154 et s., et dans Déy, *Étude sur la condition des personnes, des biens et des communes au comté de Bourgogne pendant le moyen âge*, p. 283 et s..

(2) Perreciot, *De l'état civil des personnes et de la condition des terres dans les Gaules*, I, p. 489, et II, preuves, n° 84 (1287).

(3) *Cartulaire*, 2, f° 8, r°. Rapprocher la charte de mai 1283 pour Chan-

grands événements propagent ainsi autour d'eux une multitude de conséquences de plus en plus lointaines et affaiblies. Sans cette funeste journée des Vêpres Siciliennes, les habitants d'une petite ville du comté de Bourgogne auraient attendu encore la charte de leurs libertés.

L'intérêt était donc au fond de toutes les grâces que faisaient les comtes. Soit qu'il s'agît de choisir les communautés qui en seraient l'objet, soit qu'il s'agît de fixer la nature et l'étendue des privilèges, ils disposaient tout, ainsi que l'on arrange une combinaison financière ou que l'on prépare un placement d'argent. Ils ne firent jamais rien pour rien. Les chartes qu'ils octroyèrent à leur ville d'Arbois donnèrent à la communauté sa nature juridique, développèrent ou fixèrent ses éléments constitutifs, émancipèrent son administration. En retour de ces franchises le comte acquérait, dans la personnalité nouvelle qu'il venait de susciter, un sujet d'exploitation de la plus haute valeur.

I. — Ce que la constitution et l'affranchissement de la communauté ont coûté aux comtes.

A) *Nature juridique de la communauté.* — Avant la charte de 1257, la communauté n'avait qu'une existence de pur fait. Cette charte lui a donné la vie juridique et a déterminé sa nature. Désormais, la communauté est un être moral, capable d'avoir des droits et des obligations. Elle achète, loue, prend à bail, emprunte, plaide. Les deux seigneurs ont contracté une fois pour toutes, en leur nom et pour leurs successeurs, l'engagement de respecter sa personnalité. Ils ont promis que leurs héritiers n'exigeraient point de leurs sujets le serment d'obéissance et de fidélité, avant d'avoir confirmé eux-mêmes par serment cet engagement primordial (1). Ils ont pris la communauté entière à témoin de leurs promesses (2).

gins qui a le même but et est accordée sous les mêmes conditions que celle d'Arbois (Pièces annexes, 2). Les Vêpres Siciliennes sont du 30 mars 1282. Les noms des seigneurs franc-comtois qui firent partie de l'expédition résolue pour en tirer vengeance sont donnés par Gollut, *Mémoires historiques de la République séquanoise* (Arbois, Besançon, 1846), col. [illegible].

(1) *Cartulaire*, 1, f° 4, v° *in fine*, § 30, et f° 5, v° *in fine*, § [illegible].

(2) Coram omni communi totius ville (f° 6, r°, § 42). Pour la personnalité civile

C'est là tout ce qu'ont fait les comtes de Bourgogne. Ils n'ont point érigé la communauté en seigneurie. Ils n'avaient aucune raison de se donner en elle une rivale dans leur domaine d'Arbois. C'eût été dépasser le but qu'ils se proposaient. Par conséquent, la communauté n'a pas été investie des droits seigneuriaux, du moins en principe. Elle n'a ni juridiction ni sceau. Elle n'a pas le droit de fortification. La ville n'a jamais été une forteresse communale. Elle n'a pas acquis non plus le droit de requérir en son nom le service militaire des sujets seigneuriaux. Les comtes ne lui ont abandonné ni le droit de lever des tailles et des gabelles, ni les mesures, ni les péages du marché. Si elle a possédé quelques parcelles de droits seigneuriaux, ce n'a jamais été à titre de propriétaire. Elle a exercé ces droits en qualité de fermière ou de mandataire. L'abandon qui lui en a été fait a été pour le comte une bonne affaire, pour elle-même la cause d'une gêne étroite et de longue durée.

Tout au moins le comte pouvait-il en faire une bourgeoisie à l'exemple des communautés voisines de Salins, de Dôle et de Poligny. Mais c'eût été entamer largement les droits domaniaux. Le bourgeois est exempt de la plupart des charges qui pèsent sur l'homme seigneurial. Il ne paie point la taille personnelle, ne fournit pas de corvées. Il est soustrait à la mainmorte. Il ne reste pour lui que le cens des toises et les banalités (1). La charte de la bourgeoisie détermine un territoire limité à la ville et à ses environs immédiats, qu'elle appelle *franchise*, et dont elle fait un lieu d'asile pour le bourgeois (2). Rien de pareil n'existait à Arbois. La communauté n'est pas une bourgeoisie. La ville ne jouit point du droit d'asile. On n'appelle point *bourgeois* les hommes de la communauté (3). Pour être bourgeois, il faut, d'après le droit com-

des communautés urbaines d'habitants ou *universités de villes* au XIVe siècle, v. l'ordonnance de Philippe le Hardi sur la procédure (*Cartulaire*, 41, 1386, f° 59, v°). V. aussi : pièces annexes, 10, II, 2° (1316), qui oppose aux dettes particulières des habitants celles de la communauté *comme communauté*. Les biens de la communauté sont le gage des obligations qu'elle contracte (Cartulaire, 22, 1380, note; 25, 1375).

(1) V. la clause initiale des chartes de Salins (1249), Tuetey, p. 168 ; Dôle (1274), p. 194; Poligny (1288), p. 203.

(2) Sur la portée de ce droit d'asile, v. Tuetey, p. 54 et s.

(3) *Burgensis*, *bourgeois* se trouvent toutefois dans les documents suivants:

mun du comté, être propriétaire d'une maison dans la ville, être reçu par le prévôt, payer un droit d'entrée (1). Pour appartenir à la communauté d'Arbois, il suffit d'avoir sa résidence dans la ville. Aussi, presque toutes les chartes appellent simplement les hommes de la communauté, *ceux* d'Arbois (2), les *gens* ou les *habitants* d'Arbois (3).

B) *Éléments de la communauté.* — *a*) Les hommes. — Un changement considérable se fit dans la composition de la communauté vers les premières années du XIVe siècle.

Au XIIIe siècle, la communauté est unie étroitement au domaine. Elle fait corps avec lui. Il devrait donc exister deux communautés, de même qu'il y a deux domaines. Le partage de la terre d'Arbois aurait dû avoir pour conséquences la formation de deux communautés distinctes, la division des communaux entre elles et la scission de l'assemblée communale. Mais la prépondérance reconnue dans ce partage aux droits du comte de Bourgogne, le respect qu'inspirait aux seigneurs copartageants la possession immémoriale de leurs hommes sur les bois et les pâturages communaux ont maintenu entre les deux seigneuries un certain lien qui a conservé l'unité de la communauté (4). Toutefois, aussi longtemps que les deux seigneuries subsistent, le nombre des prud'hommes est doublé, et chacune

Cartulaire, 1 (1237), f° 1, v°, 23 (1382), 29 (1319), 33 (1331) et note, 45 (statuts de la Maladière), pièc. ann., 10, I, 3° (1312), et arch. d'Arbois, AA, 7 (1397). Il faut remarquer que même dans les villes de bourgeoisie, le mot *bourgeois* est rarement employé et qu'on lui préfère celui d'*habitant*. *Bourgeois* a encore trois autres sens : 1° il est synonyme de roturier; 2° il désigne les gens de la communauté qui ne sont ni clercs, ni nobles; 3° il s'applique à la portion de la communauté intermédiaire entre le clergé et la noblesse d'une part, les laboureurs ou gagneurs d'autre part.

(1) Pour ces conditions, v. Tuetey, p. 50 et s., Déy, p. 22.

(2) *Cartulaire*, 19 (1299), 20 (1300).

(3) *Cartulaire*, 7, 15, 16, 17, 18, 28, 34, 35, 37, 42, 44 (1335-1383).

(4) Malgré la division du domaine, l'hôpital reste commun (*Cartulaire*, 33, 1304). Les bois et pâturages communaux demeurent indivis entre les gens du comte de Bourgogne et ceux de Thoire. Ils sont communs à toute la ville. C'est ce que la charte de 1237 dit pour l'un d'eux, le pâturage de Bochaille (f° 3, v°, § 18). Les hommes de Bourgogne et ceux de Thoire ont donc sur ces biens des droits égaux (Pièc. ann., 10, I, 1°, 2°, 1306; 3°, 1312; II, 1°, 1316), à part une réserve que la charte de 1237 fait au profit des hommes du seigneur de Vaudrey relativement au pâturage de Bochaille (*Cartulaire*, f° 3, v°, § 18).

d'elles envoie quatre représentants à l'assemblée de la communauté. Dans plusieurs chartes du temps de Mahaut d'Artois, on distingue parmi les membres de l'assemblée les *prud'hommes de part la comtesse de Bourgogne* et les *prud'hommes de part le seigneur de Vaudrey*, ou encore *les prud'hommes du domaine de la comtesse* et les *prud'hommes du domaine de Toire* (1).

La grande conséquence de la liaison du domaine et de la communauté, c'est que le groupe communal ne comprend que les hommes seigneuriaux des comtes de Bourgogne et des comtes de Vienne établis dans la terre d'Arbois. Dans la charte de 1282 le comte Otton s'adresse à ses gens, à la communauté de ses gens (2). Il suit de là que les propriétaires et les habitants des terres enclavées dans le domaine ne sont point de la communauté, bien qu'habitant la ville ou le territoire, s'ils ne sont hommes seigneuriaux du comte de Bourgogne ou du seigneur de Vaudrey. Cela exclut de la communauté les religieux de Saint-Just, les Templiers, les gentilshommes ainsi que les hommes qui appartiennent aux nobles et aux maisons religieuses. Cela devrait en exclure aussi les hommes seigneuriaux du domaine d'Arbois, qui passent dans la classe des hommes francs. Mais l'affranchissement est un bienfait qui ne peut qu'améliorer la condition de l'homme, et qui ne saurait le dépouiller de ses droits antérieurs.

Au XIVe siècle, la situation est modifiée. La communauté se dégage du domaine et grandit au dehors. Elle s'approprie tous ceux qui résident dans la ville et dans un certain rayon, sans se préoccuper de faire cadrer avec les limites du domaine les limites de ce territoire nouveau qui sera, pour ainsi dire, la banlieue communale. Elle était la communauté des hommes du domaine. Elle devient la communauté des habitants de la ville et de la banlieue. On l'appelle à l'avenir la communauté d'Arbois (3), et l'on a vu que ses membres se nomment les habitants. Situé tout près de la ville, le petit village de Changins n'est, à vrai dire, qu'un faubourg. Toutefois, comme son ter-

(1) *Cartulaire*, 33 (1304) et pièces annexes citées dans la note précédente.

(2) *Cartulaire*, 2, *communal de nos gens* (f°s 6, r°; 7, v°).

(3) *Cartulaire*, 12, 13, 21-27, 30, 39, 49. Ces textes s'échelonnent de 1301 à 1387. Dans la charte de 1257, on a déjà trouvé l'expression *commun de la ville d'Arbois* (f° 6, r°).

ritoire forme seigneurie, ses habitants forment communauté. La communauté d'Arbois revendique ces habitants et se les incorpore en 1301 (1). Dans la ville et aux environs vivent ces clercs, ces nobles, et leurs hommes restés jusqu'alors en dehors de la communauté. Leur place y est marquée. Ils viendront, bon gré mal gré, la remplir. Une charte de 1312 dit très nettement que les gentilshommes et les clercs font partie du communal. Une charte de 1370 distingue dans la communauté les nobles et ceux qui ne sont pas nobles (2).

Il faut voir maintenant comment l'ancienne communauté des hommes seigneuriaux est parvenue à réunir en elle tous les habitants. Trois parties intéressées dans cet agrandissement se trouvaient en présence, le seigneur, la communauté et ceux qu'il s'agissait d'annexer. La volonté de ces trois parties semblait nécessaire pour qu'il eût lieu. L'intérêt du seigneur et de la communauté réclamait que celle-ci ne demeurât point fermée. Il n'en coûtait rien au seigneur de laisser la communauté augmenter le nombre de ses membres. Au contraire, ayant la main sur elle, il se donnait à lui-même le moyen d'atteindre des personnes qui échappaient à son action ou à son exploitation. Quant aux gens de la communauté, ces nouveau-venus que l'on introduisait parmi eux allaient bien réduire leur part dans la jouissance des communaux. Mais la perte insignifiante déjà en raison de l'étendue de ces biens, se compenserait par un allégement des impositions seigneuriales, réparties désormais sur un plus grand nombre de têtes. On ne doit donc pas être surpris que la communauté, ayant à sa disposition des éléments pour s'accroître, et se sentant appuyée par son maître, ait eu l'humeur envahissante.

La résistance ne pouvait venir que de ceux dont on méditait la conquête. Peut-être faisait-on briller à leurs yeux l'avantage de participer à l'usage de magnifiques communaux. Mais l'on avouait aussi la fin que l'on se proposait, qui était de les associer aux charges de la communauté. Il leur était donc impossible de se faire illusion sur le motif de l'intérêt qu'on leur

(1) *Cartulaire*, 13 (1301). V. encore Arch. d'Arbois, DD, 267, recueil de chartes, titres, rentes, cens de Changins, dates diverses, XVIe siècle, soixante-dix feuillets, grand papier, couverture parchemin.

(2) Pièc. ann., 10, I, 3e (1312). *Cartulaire*, 36 (1370).

montrait. Que pouvaient-ils contre ces convoitises? Ils vivaient au milieu du domaine du comte et d'une population qui, tout entière, appartenait à la communauté de ce domaine. Ils avaient contre eux le désir du souverain du pays et le nombre. Leur isolement ne pouvait durer.

Les habitants de Changins ne se rendirent qu'à la force. On avait besoin d'eux pour aider la ville à payer une taxe. La fermeté de ces gens de village était méritoire. Ils avaient affaire au bailli de Philippe le Bel, Jean de Haironval. Tout porte à croire qu'il inspira la sentence arbitrale qui les condamna. Les nobles et les clers se soumirent peut-être de bonne grâce. A tout prendre, ils firent si peu partie de la communauté. Le clergé, venu en grande partie du peuple, n'avait point de répugnance à s'y retrouver mêlé. Il s'accommoda des charges communales. Peut-être fut-il ménagé. En tout cas, on ne trouve de lui qu'une seule protestation, bien tardive, puisqu'elle date de la fin du règne de Marguerite de France. Elle est provoquée par une taille levée pour l'entretien de la forteresse (1).

Le noble, au contraire, jeté sans façon au milieu de cette société de vilains et même de serfs, dut se sentir blessé dans son amour-propre. Pourtant, à considérer froidement les choses, ce n'était là qu'une société d'intérêts qui ne lui imposait ni vie commune, ni contact répugnant. Libre il restait de faire bande à part, pourvu qu'il s'acquittât de ses obligations envers la ville. Ce fut, sans doute, sous ce point de vue qu'il se résigna à envisager la situation. Il n'y vit qu'une affaire qui pouvait lui être profitable. Il tira de la communauté les avantages qu'elle procurait à ses affiliés. A l'occasion, il lui demanda défense et protection. Mais il ne remplit que peu souvent les fonctions de prud'homme. Il ne parut point en personne aux assemblées des habitants. Il n'y eut guère qu'une circonstance notable où il y vint. Ce fut lorsqu'il s'agissait de défendre les communaux menacés par la prétention des hommes taillables. Alors la noblesse accourut en masse. Les femmes nobles elles-mêmes vinrent renforcer la majorité (2). Enfin, il se refusa

(1) Le clergé est débouté de ses prétentions par une ordonnance des conseillers de Louis de Male (Pièces annexes, 9, 1382).

(2) Il n'y a point de gentilhomme dans les assemblées générales de 1306 et de 1312 (Pièc. annex., 10, I, 1° et 3°). Il y en a eu peut-être dans l'as-

toujours énergiquement à prendre sa part des taxes militaires. Il prétendit à l'exemption la plus absolue, alléguant, non sans raison, qu'obligé plus que tout autre à payer de sa personne, c'était lui faire injustice que de le forcer à contribuer de ses deniers. Les malheurs publics les plus terribles ne purent le fléchir. Trois fois, dans un espace de trente ans, il soutint cette cause avec un succès différent.

Ce fut d'abord après la guerre des deux Bourgognes. Philippe le Hardi, impuissant dans son propre duché à maîtriser les compagnies, n'avait pas exécuté la clause du traité de paix par laquelle il s'engageait à les retirer du comté. Marguerite de France, sur les conseils d'Arnaud de Cervolle qui, d'autre part, pressait les compagnies de suivre Duguesclin, se décida à négocier avec elles à prix d'argent. Mais ses caisses étaient vides, ses terres ravagées, une grande partie de ses châteaux engagés. La comtesse établit une taille dans toute la province. Les nobles d'Arbois refusèrent de payer la quote-part que la communauté leur avait assignée dans la rançon du pays. Le moment était mal choisi pour faire de l'opposition. Non seulement on faisait payer les autres nobles du comté, mais les gentilshommes d'Arbois venaient de se compromettre dans une mauvaise affaire avec un certain seigneur, Pierre de Montaigu. Craignant une vengeance ou des poursuites, ils priaient la communauté de vouloir bien intervenir pour eux auprès de la comtesse. Leur réclamation, transmise par les prud'hommes, jointe à leur requête, eut le sort que l'on pense (1). Plusieurs années après, ils unirent leur protestation à celle des ecclésiastiques contre cette taxe que la communauté avait établie pour la forteresse. Les circonstances étaient tout autres. Plus heureux que le clergé, ils obtinrent gain de cause (2).

semblée de 1370 (*Cartulaire*, 36) et dans celle dont parle la rubrique des statuts de la Maladière (45), à moins que les phrases qui constatent la présence des nobles ne soient de vaines formules de chancellerie. Pour l'affaire des hommes taillables et des biens communaux, v. pièces annexes, 10, III, 4° (1336).

(1) *Cartulaire*, 34 (1368, n. st.). Clerc, *Histoire de la Franche-Comté*, II, p. 134. De Piépape, *Histoire de la réunion de la Franche-Comté à la France*, I, p. 83. Dom Plancher, *Histoire de Bourgogne*, III, p. 8 et s.

(2) *Cartulaire*, 38 (1381). Piéc. ann., 9 (1382).

Les démêlés recommencèrent après la sanglante défaite de Nicopolis, lamentable issue de la croisade du roi de Hongrie et de Jean de Nevers (1396). En cette occasion pressante, où Philippe le Hardi faisait argent de tout pour racheter son fils et les nobles captifs des infidèles, le pauvre comté de Bourgogne s'imposa volontairement une aide de douze mille francs (1). La communauté d'Arbois répartit la taxe sur tous ses membres, sans excepter les nobles. Ils se refusèrent à contribuer. Les échevins, sans égard pour leur qualité, les traitèrent en débiteurs ordinaires. Ils firent saisir et vendre leurs meubles. Les nobles outrés poursuivirent la communauté devant les gens du duc. Le différend, qui dura neuf ans, se termina en 1406 par une transaction. La noblesse obtint pour le passé quittance entière et restitution des gages qui n'avaient pas été vendus, pour l'avenir des conditions tellement favorables qu'elles lui permettaient d'échapper presque complètement aux aides qui seraient réclamées par la communauté (2).

(1) Transaction du 16 novembre 1406 entre la noblesse et la communauté, Arch. d'Arbois, AA, 7. Les nobles y exposent par deuant « les generalx reformateurs ordonnez par nostre très redoubté seigneur monseigneur le duc et conte de *Bourgogne* » qu'il s'agit de dons et aides pour le paiement des quels des gages leur ont été pris « ja piéca per le temps et du vivant de feu bonne mémoire nostre très chier seigneur monseigneur *Phelippe*, jaidiz duc et conte de *Bourgoingne*, père de nostre très redoubté seigneur monseigneur le duc et conte de *Bourgoingne* qu'est à présent, et mesmement depuis le voyaige d'*Ong*[*rie* fait per] nostre d[it] seigneur. — Dom Plancher, *Histoire de Bourgogne*, III, p. 153, preuves, CLXXXV, ss.

(2) C'est assauoir que nous lesdiz acteurs, pour nous et noz hoirs viuans noblement et selon la teneur des lettres de grace de nostre dit seigneur de *Bourgoingne*, lesquelles cy après sont désignées et insérées, demorrons et serons perpétuelment quictes pour tout le temps passez et auenir des dons et aydes ou impos que se feront doires en auant pour nostre dit seigneur de *Bourgoingne* et ses successeurs, pour les héritaiges et choses que nous acteurs et chescun de nous tenons à présent, de quelconques condicions qu'elles soient. Lesquelx héritaiges et choses sont déclariez et bailliez per déclaracion pour nostre partie et d'icelle déclaracion les diz bourgeois, laboreurs et communalx auront le double escript et signez de la main et signet manuel dudit *Huguenin Baron*. Et des héritaiges et autres choses que nous adueneront ou que nous acquerrons per quelconque manière ou tiltre que ce soit, que ne seront de fiedz ou rire fiedz de mouss. de *Bourgoingne*, ou que nous ne acquerrons de ceulx que nous tenons à présent l'un de l'autre ou d'autres gentilz hommes ou femmes, des terres que yceulx gentilz-hommes et femmes ont à présent ou acquerront de nobles hommes ou femmes ou *Vaul d'Arbois*.

b) *Les biens communaux.* — Par la composition de son patrimoine la communauté apparaît bien comme une société d'intérêts. Les biens communaux sont tous des immeubles de rapport. La communauté n'a point d'hôtel pour y déposer le coffre aux archives et pour abriter l'assemblée des échevins. Les prud'hommes tiennent séance en pleine rue (1) ou dans l'aule (2), ou dans la maison de Monfort, qui est également une propriété des comtes de Bourgogne (3), ou dans l'hôtel du prévôt (4). Elle n'a point de salle destinée aux assemblées des habitants. Ces réunions solennelles se tiennent dans l'église de Saint-Just. C'est là qu'en présence de tout le communal est publiée la charte de 1257 (5). En un mot la communauté n'a point de chez soi. Elle reçoit l'hospitalité du comte et du prieur.

On sait que la communauté se servait de ses biens ainsi que d'un appât pour gagner de nouveaux membres. Par conséquent, grossir le patrimoine communal, pourvoir à sa bonne gestion et à sa prospérité, était l'un des moyens par lesquels le seigneur pouvait s'intéresser de la manière la plus efficace au développement de la communauté.

Presque tout ce que les comtes ont fait pour constituer, affranchir et développer le patrimoine communal se trouve contenu dans les chartes de 1257 et de 1282. Il s'en faut de beaucoup que ces chartes s'occupent de tous les biens communaux. Il y a des biens dont la communauté est propriétaire. Ce sont des édifices en ville, des parcelles de terre aux environs. Ces biens ont été acquis par la communauté agissant en sa qualité de personne civile, en vertu de ventes ou de donations (6). Il

nous lesdiz acteurs et nos hoirs contribuerons auec lesdiz bourgeois, communalx et habitans dudit *Arbois* aux dons et aydes que se feront à mondit seigneur de *Bourgoingne* et à ses successeurs.

(1) 1353. Devant la maison *Legier de la Mercerie* (*Cartulaire*, 30).

(2) Un acte de l'empereur Maximilien de 1493 concède aux bourgeois d'Arbois la halle et une maison voisine pour y bâtir un hôtel de ville et y faire un marché public moyennant un cens de trente six sols estevenans (Gauthier, *Inventaire des archives du Doubs*, B, 2258).

(3) *Cartulaire*, 28 (1330).

(4) Pièces annexes, 10, III, 4° (1336).

(5) *Cartulaire*, 1, f° 6, r°, § 42.

(6) *Cartulaire*, 21 (1333), 23 (1379), 24 (1377, n. st.), 39 (1385, n. st.), 40 (1383-1384), 49 (1387).

n'en est question ni dans la charte de 1257, ni dans la charte de 1282.

Il y a d'autres biens sur lesquels la communauté n'a jamais eu qu'un droit réel d'usage. Ce sont la rivière, les chemins et surtout des bois, des pâturages situés en divers points de la seigneurie, et même en dehors de la seigneurie. Ces biens n'appartiennent point tous au même propriétaire, et le droit d'usage de la communauté varie, quant à sa portée et quant à son étendue, d'un communal à un autre. C'est exclusivement à cette seconde catégorie d'immeubles que se rapportent les chartes de 1257 et de 1282. Mais elles ne traitent que de ceux qui font partie du domaine des comtes. Elles ne disent rien du bois de Glénon, propriété de l'abbaye de Balerne, sur lequel la communauté a le droit de vaine pâture (1). Les seuls biens dont il soit fait mention dans ces chartes sont : 1° ceux dont la seigneurie est restée indivise entre le comte de Bourgogne et le seigneur de Vaudrey, c'est-à-dire l'eau, les chemins, le bois des Côtes-Pendantes et le bois du Chamois (2); 2° un communal qui appartient au seigneur de Vaudrey, le pâturage de Bochaille (3).

Dès la fin du XIIIe siècle, les droits réciproques du seigneur propriétaire et de la communauté usagère sont réglés de la manière suivante :

1° *Actes d'administration.* — Ce sont ceux qui ont pour objet l'exploitation, c'est-à-dire les *tontes* ou coupes de bois et les ventes de coupes sur pied. La communauté a le droit de faire les actes de ce genre. Ce sont aussi les actes qui sont destinés à assurer la conservation des communaux. Le droit de faire les actes conservatoires est partagé entre le seigneur et la communauté. Au premier rang vient la mise en ban, c'est-à-dire l'interdiction plus ou moins étendue de faire usage du communal. Elle ne peut être prononcée que du consentement du seigneur et de la communauté. Rentre encore dans la catégorie des actes de conservation tout ce qui a pour objet de prévenir, de réprimer les délits en matière de communaux et d'en obtenir

(1) *Cartulaire*, 8 (1311). Sur l'abbaye de Balerne, v. Janauschek, *Origines Cistercienses*, I, n° 99, p. 41.

(2) *Cartulaire*, 1 (1257), f° 2, r°, *in fine*, § 7, 2 (1282), f° 6, v°.

(3) *Cartulaire*, 1 (1257), f° 3, v°, § 18.

la réparation. Le seigneur et la ville ont tous les deux le droit d'instituer des forestiers, de les assermenter, de poursuivre les coupables devant la justice (1), et les amendes sont attribuées, les unes au seigneur, les autres à la communauté, suivant la nature du délit (2).

2° *Actes d'aliénation.* — Ce sont ceux par lesquels le seigneur ou la communauté se dessaisit de tout ou partie de ses droits sur les communaux. Ces actes sont permis au seigneur à condition de respecter le droit de la communauté et réciproquement. Il en résulte les conséquences suivantes : 1° Le seigneur et la communauté peuvent aliéner à titre gratuit ou onéreux leurs droits respectifs. Au commencement du XIVe siècle, la communauté vend son droit sur la plupart des communaux pour un certain temps. 2° La ville peut associer des communautés voisines, ou certaines catégories de personnes, à la jouissance des communaux (3). 3° Il est très fréquent, dans le comté de Bourgogne, que l'on autorise des particuliers à occuper des parcelles de communaux. Les personnes qui ont obtenu des permissions de ce genre peuvent clore ces parcelles, les défricher, et en jouir comme de leur propre héritage. L'acte de 1300 relatif à la délimitation des territoires communaux d'Arbois et de Poligny, dans le bois du Chamois, suppose que les habitants peuvent posséder en héritage, à titre de propriété privée, des pièces du communal (4). La transformation de terres dépendantes du communal en domaines particuliers, par l'appropriation, a lieu, le plus souvent, dans le cas de création d'un abergement. Ce droit d'occupation individuelle est très dangereux pour les biens communaux, qu'il menace d'anéantir. En principe, l'appropriation ne peut avoir lieu que du consentement du seigneur et de la communauté. Par exception, elle est permise au seigneur de Vaudrey et aux hommes de sa seigneurie sur le pâturage de Bochaille. Mais elle est

(1) Pierre de Vonnolz de Pupillin est poursuivi à la demande des prud'hommes et échevins (Arch. d'Arbois, DD, 538, 1310, n. st.).

(2) *Cartulaire*, 2 (1282), f° 7, r°. Pièces annexes, 10, I, 2° (1306), 3° (1312).

(3) Accords entre la ville d'Arbois et la communauté de Pupillin (*Cartulaire*, 9, 1327 ; 10, 1339).

(4) *Cartulaire*, 20, f° 30, v°.

restreinte de manière à ne point mettre en péril l'existence du communal. Il est interdit au seigneur de Vaudrey d'user du procédé habituel aux propriétaires qui veulent créer un abergement. Il ne doit pas attirer dans le communal des hommes étrangers à sa seigneurie. La prise de possession ne peut jamais constituer un droit de propriété; elle ne confère qu'un droit d'usage. La durée de ce droit est limitée à un an, c'est-à-dire au temps nécessaire pour permettre au possesseur de préparer sa récolte et de l'enlever. L'occupant n'a que le droit d'élever des clôtures temporaires, afin de préserver la récolte sur pied. Après la récolte, la parcelle occupée est affectée de nouveau à l'usage commun, et soumise, par exemple, à la vaine pâture, et les clôtures doivent être abattues de manière à ne point faire obstacle à cet usage (1).

Tel est le régime sous lequel vivent après les deux chartes de 1257 et de 1282 les droits rivaux du seigneur et de la communauté. Il faut rechercher en quoi ces chartes ont contribué à l'établissement de ce système. Pour cela, on doit distinguer trois époques : avant 1257, de 1257 à 1282, après 1282. Deux choses, toutefois, rendent malaisée la solution. On ne connaît point de textes antérieurs à 1257 qui nous renseignent sur la condition primitive des communaux. D'autre part, les chartes de 1257 et de 1282 renferment plusieurs dispositions dont il est difficile de déterminer le caractère, et de dire si elles sont des innovations ou simplement la confirmation d'un état juridique antérieur.

Avant l'année 1257, il y a certainement des communaux, et on les appelle de ce nom. Ce n'est pas la charte de 1257 qui les a créés, car cette charte ne fait, en général, elle le dit elle-même, que constater les coutumes. Les habitants de tous les villages voisins avaient leurs communaux. Cependant ces villages ne reçurent jamais aucune charte. Au XIIIe siècle, les communaux de la ville passaient déjà pour très anciens. En 1300, les gens de la ville se référaient, pour leurs communaux du Chamois, à une vieille délimitation et à des usages antérieurs relatifs aux délits forestiers (2). Vers le milieu du XIVe

(1) *Cartulaire*, I (1257), f° 3, v°, § 18.
(2) *Cartulaire*, 20 f° 30, v°.

siècle, ils fondaient sur la possession immémoriale leur droit de vaine pâture relatif au bois de Glénon (1). Ce n'était point à tort qu'ils étaient persuadés de l'antiquité de leurs droits. La reconnaissance de ces droits n'eût point trouvé place dans la charte de 1257 s'ils ne se fussent appuyés sur une possession assez prolongée pour fonder la coutume. Les communaux étaient un élément essentiel de tout domaine de l'époque franque, pour ne pas dire de l'époque gallo-romaine. L'usage sur les communaux allant jusqu'à l'occupation individuelle, les conditions qui restreignaient cette occupation dans la charte de 1257, tout cela se retrouve dans les anciennes coutumes gauloises et germaniques, et remonte, par conséquent, au moins jusqu'à l'établissement des Burgondes et des Faramans dans le domaine (2). Il faut conclure de là que les communaux de la ville sont antérieurs de plusieurs centaines d'années à la charte de 1257, et qu'ils étaient déjà ceux que la charte énumère.

Dans cet état primitif, la pleine propriété des communaux appartenait au seigneur. Il tolérait, au profit des habitants, certains usages. Il leur laissait prendre du bois dans les forêts. Il ne s'opposait point à ce qu'ils y envoyassent leurs troupeaux, ainsi que dans les pâturages. Il ne les empêchait pas de défricher et de cultiver pour leur compte certaines parcelles, sous les conditions que l'on connaît. Mais on ne pouvait point encore parler de droits d'usage au profit des sujets. La personnalité civile de la communauté n'existait pas. Le seigneur pouvait, d'un moment à l'autre, et à son gré, mettre fin à la jouissance de ses hommes par la mise en ban. Le droit de mettre en ban ne leur appartenait pas encore. Ils ne pouvaient point aliéner l'usage qu'ils avaient sur les communaux.

L'article principal de la charte de 1257 est celui qui déclare *libres et communaux* les biens sur lesquels l'usage des habitants était, jusque-là, simplement toléré (3). Dans les siècles

(1) *Cartulaire*, 8 (1311), f° 16, r°.

(2) Déy, *Étude sur la condition des personnes au comté de Bourgogne*, p. 182.

(3) Omnes *Costes Pendentes* libere sunt et communes, aqua similiter libera et communis et li *Chamois* similiter liber et communis (*Cartulaire*, 1, f° 2, r°, § 7).

précédents, et même au XIIIe siècle, il arrivait souvent aux rois et aux seigneurs de constituer, à titre gratuit, sur leurs bois et sur leurs pâtures, des droits d'usage au profit des maisons religieuses. En 1029, Rodolphe, roi de Bourgogne, donnait au prieuré de Vaux un droit perpétuel sur la forêt des Moidons (1). En 1189, les seigneurs de Belmont établissaient des droits d'usage sur leurs forêts et de vaine pâture sur leurs terres en faveur de l'abbaye de Rosières (2). Dans le XIIIe siècle, avant 1257, Guillaume de Vaudrey et son fils, Aimé de Thoire, abandonnaient au prieuré d'Arbois un droit de glandée dans leur forêt, et la faculté de prendre le bois nécessaire pour l'entretien des bâtiments et pour le chauffage (3). La disposition de la charte de 1257 a la même nature juridique que ces donations. La jouissance précaire des habitants sur les communaux est convertie en un droit réel d'usage, et ce droit est attribué à la communauté par l'acte même qui donne à celle-ci la personnalité civile (4). De cette situation nouvelle résultent

(1) In burgo etiam *Grosonensi* quidquid ibi acquisierunt vel deinceps adquirere potuerint, villam denique *Glenonem*..., villam quoque *Mediolanum* ..., maximeque æternam consuetudinem in silva *Maydunensi*..., sed et *Guntherum Popilianensem* cum omnibus que ipse visus est habere tam in alodis quam in beneficiis comitum (Pérard, *Recueil de plusieurs pièces curieuses servant à l'histoire de Bourgogne*, p. 177, d'après l'original. Dom Martène, *Thesaurus novus anecdotorum*, I, col. 147, d'après une copie de la Chambre des Comptes de Bourgogne. Cette copie délivrée par le Parlement de Dôle le 7 mars 1440 (n. st.), est actuellement aux Arch. de la Côte-d'Or, B, 11665. Bruel et Bernard, *Chartes de Cluny*, IV, 2817, d'après le Cartulaire C de Cluny).

(2) Dederunt rursus idem *Hugo* et *Humbertus Rozeriensis* cœnobii fratribus perpetuum vsantum in nemoribus de *Bruneus*, ad ligna capienda tam uiui quam mortui nemoris et ad pascua porcorum et omnium animalium suorum... Contulerunt et memorati fratres, id est *Hugo* et *Humbertus*, jam dictis *Rozeriensibus* fratribus pascua pecoribus ipsorum per omnem terram suam ubicumque adiacentem, tali condicione ut si pecora uel pecorum custodes uel in pratis, uel in satis, quando in deffenso sunt, aliquid excesserint, dato capitali eis quibus damna intulerunt, *Rozerienses* uel eorum mercenarii pastores legem soluere non teneantur. Largiuntur et hoc praedicti duo fratres *Roseriensi* monasterio in donum perpetuum ligna uidelicet in omnibus nemoribus suis ad facturam carucarum, carorum quadrigarumque suarum (Arch. d'Arbois, KK, 21).

(3) *Inventaire des titres du prieuré*, p. 292 (1210 à 1253).

(4) En 1371, Marguerite de France crée au profit de la communauté un droit d'usage perpétuel sur la forêt Mouchard. On pourrait dire qu'elle a constitué un nouveau communal, si le produit des coupes n'était pas affecté

pour les habitants plusieurs droits que la charte de 1257 indique plus ou moins explicitement : 1° Les communaux ne peuvent plus être mis en ban par le seigneur sans le consentement de la communauté. La charte insiste sur cette conséquence (1). 2° La communauté peut aliéner son droit d'usage. Tel paraît être le sens du mot *libre* que le texte emploie pour qualifier le bien communal. On appelait anciennement, dans le comté de Bourgogne, *communaux de franchise*, ceux dont les communautés pouvaient disposer (2). 3° Enfin, la communauté a le droit de faire tous les actes d'administration. La charte n'en dit rien. Mais ce droit est la conséquence nécessaire de la concession même du droit d'usage. Si la communauté a le pouvoir d'aliéner, elle a, à plus forte raison, le pouvoir d'administrer.

Les clauses de la charte de 1282 commencent par une disposition générale. Le comte donne à la communauté « pleine puissance d'avoir son usage » au bois des Côtes-Pendantes et au bois du Chamois (3). C'est répéter en termes différents l'article de la charte de 1257, qui déclarait ces bois libres et communaux. Ce principe posé, la charte en déduit trois conséquences au profit de la communauté : pouvoir de mettre en ban, et d'abandonner quand il lui plaira, droit d'instituer des forestiers et de recevoir leur serment, droit de s'attribuer les amendes de sept sous et en dessous. Ces droits ont-ils été réellement créés par la charte de 1282?

Cela est peu probable. Ils rentrent parmi les conséquences implicites du principe établi dans la charte de 1257. Au surplus, avant la réunion des deux domaines d'Arbois, en 1306 et en 1312, la communauté tout entière formée des sujets du comte de Bourgogne et des hommes du seigneur de Vaudrey, a vendu une partie considérable des bois communaux visés

à une destination imposée par la donatrice, l'entretien de la forteresse (*Cartulaire*, 7).

(1) Ista tria, videlicet aqua, *Costes* et li *Chamoys* neuter duorum dominorum bannire debet auctoritate sua, nisi concordia et consolio ville de *Arbosio* (*Cartulaire*, 1, f° 2, v°, § 7).

(2) Dunod, *Observations sur la coutume du comté de Bourgogne* (Besançon, 1756), p. 73.

(3) Pleinne poissance ... que il haient lour vsaige ... pour faire des dit bois lour profit et toute lour volunté (*Cartulaire*, 2, f° 6, v°).

par la charte de 1282. Elle a compris dans les accessoires de la vente les droits que cette charte énonce, par exemple, celui d'établir des forestiers (1). Il n'y a qu'un seul moyen d'expliquer que les sujets du seigneur de Vaudrey aient pu disposer de ces droits. C'est d'admettre qu'ils ressortaient déjà de la charte de 1257. L'objet principal de la charte du comte Otton a donc été de maintenir les concessions déjà faites. Cette charte est une simple confirmation déguisée, suivant l'usage, sous le faux semblant d'une donation. Mais elle a eu aussi pour but de dégager, et de mettre à couvert des contestations, certains droits que la charte de 1257 n'avait point formulés en des termes suffisamment précis.

C) *Administration de la communauté.* — Arbois était ce que l'on appelait à la fin du XIVe siècle, une *ville à échevins* (2). L'organe essentiel de l'administration était l'assemblée des quatre prud'hommes, nommés aussi les *prud'hommes échevins* pour la première fois dans une charte de 1327, et, plus tard, simplement *échevins*. Quelquefois les prud'hommes s'adjoignaient des notables (3). Tout ce qui intéressait la ville était, en principe, de la compétence des prud'hommes. Cependant, mais très rarement, dans des cas très graves, on tenait des assemblées générales délibérantes. De quatre assemblées que nous connaissons, il y en a trois où l'on traite l'aliénation des communaux. Les deux premières décident la vente de certains bois communaux. La troisième combat la requête des hommes

(1) Piéc. annex., 10, I, 2°, 3°.

(2) Ordonnance de Philippe le Hardi (*Cartulaire*, 41, 1386), art. 16.

(3) *Cartulaire*, 10 (1339), dix notables. Il s'agit d'une transaction avec la communauté de Pupillin au sujet de l'obligation de contribuer à l'entretien du mur de ville. 25 (1375), accord entre la communauté d'Arbois et Guillaume le Grand relativement à la partie de l'enceinte qui fait corps avec sa maison. Un chevalier, un écuyer et une autre personne prennent part à l'acte, peut-être ne sont-ils que témoins. 27 (1331), réception d'Eude de Cromary, gardien du comté. Plusieurs *bons et sages* délibèrent avec les prud'-hommes, 33 (1304) = arch. de l'hôpital, A, 2, original, était scellé sur double queue, élection du gouverneur de l'hôpital par les prud'hommes, du *conseil de moult bonnes gens et prudhommes.* Piéc. ann., 10, III, 4° (1336), protestation contre la requête adressée au comte par les hommes taillables à l'effet de se racheter de la taille par l'abandon d'une partie des biens communaux. Le prieur, la plus grande partie des gentilshommes et *gentil femmes*, l'*université* des clercs, des prêtres et des religieux s'assemblent avec les échevins.

taillables. La dernière assemblée charge plusieurs mandataires de poursuivre contre les nobles de la ville le paiement de l'aide levée à l'occasion du désastre de Nicopolis (1).

La part que les comtes ont prise à la formation du régime que nous venons de résumer, est tout entière contenue dans la charte de 1282. Avant cette charte la communauté d'Arbois était soumise au droit commun, tel qu'il est encore exprimé dans l'article 102 de la coutume générale du comté rédigée moins de deux siècles après, sous le règne de Philippe le Bon : « Gens de poete ne peuvent pour fait de leur communauté « eux assembler, ne passer procuration sans le congé et li- « cence de leur seigneur haut justicier. Et sont tenus les dits « gens de poete (en demandant le dit congé) de déclarer au- « dit seigneur les choses pourquoy ils le requièrent et le de- « mandent (2) ». En quoi la charte de 1282 a-t-elle modifié le droit commun?

Elle n'y a point touché en ce qui concerne les assemblées générales. Elle ne s'en occupe pas. Elle ne se rapporte qu'à l'assemblée des prud'hommes. Otton IV déclare donner à la communauté le droit d'élire chaque année quatre prud'hommes. Il s'agit de savoir si cette charte a fait autant qu'elle semble dire, et si elle a créé de toutes pièces cet élément de l'administration communale. Pour mesurer l'étendue de l'innovation qu'elle a réalisée, il faut reconstituer le régime antérieur.

Il n'est pas douteux que longtemps avant l'an 1282 les habitants nommaient des représentants pour gérer les affaires communales. Mais, d'après la coutume, ils ne pouvaient le faire qu'avec la permission du seigneur. Ils devaient, en outre, lui indiquer les motifs pour lesquels ils constituaient des

(1) Pièces annexes, 10, I, 1° (1306); 3° (1312). A la suite du texte de la transaction de 1406 entre la noblesse et la communauté d'Arbois (AA, 7) et de la lettre du duc de Bourgogne aux réformateurs généraux du comté se trouve la copie des lettres de procuration de la communauté d'Arbois datées du samedi avant la fête de saint Martin d'hiver (10 novembre) 1397. Les habitants de la ville et communauté d'Arbois réunis en assemblée générale *au son de la cloiche et autrement en la manière anciennement accoustumée de appeller lesdis habitans* donnent mandat à leurs échevins et à quelques autres personnages de suivre contre les nobles l'affaire des aides.

(2) Bourdot de Richebourg, *Nouveau coutumier général*, II (Paris, 1724), p. 1193 et s.

mandataires. Les représentants de la communauté n'étaient donc, à cette époque, que de simples procureurs, que la communauté choisissait pour une affaire et dont la qualité prenait fin par l'achèvement de l'affaire.

Il est également certain que lorsque la communauté procédait à une élection de ce genre, elle s'arrêtait au nombre de quatre mandataires. Ce nombre était consacré par la coutume (1). Les bases de la transaction de 1257 furent fixées par quatre arbitres. L'usage de confier les affaires communales à quatre prud'hommes était répandu dans toute la région de l'Est, duché et comté de Bourgogne, Bourbonnais, Dauphiné (2). On trouve les quatre prud'hommes au XIVe siècle dans des communautés rurales qui n'ont jamais eu de chartes de franchises (3). Ils existent dans la partie de la seigneurie d'Arbois qui appartient à la famille de Vienne. Enfin, la charte de 1282 parle à deux endroits des quatre prud'hommes en fonctions au moment où elle est octroyée. C'est même entre leurs mains que le comte délivre l'original de cette charte (4).

Ainsi, avant la charte de 1282, l'assemblée des quatre prud'hommes fonctionnait à Arbois. Les *probi homines*, les *boni viri* de la charte de 1257 sont, très probablement, les prédécesseurs des échevins du XIVe siècle. La communauté se donnait quatre représentants toutes les fois que cela était nécessaire, et moyennant la permission du seigneur. La charte de 1257 indique quelques affaires dont la connaissance était réservée au « conseil communal des prud'hommes » (5), fixer les coutumes de la ville (6) administrer les biens communaux,

(1) Augustin Thierry, *Tableau de l'ancienne France municipale*, III, V.

(2) Encore en 1704, le maire et les quatre prud'hommes de la commune d'Abévillers (Babey, *Inventaire sommaire des archives départementales du Doubs*, I, E, 129).

(3) A Mesnay, 1339. Quatre noms à ce temps proudomes et eschevins de *Menay* (*Cartulaire*, 12). A Pupillin, 1359. Trois noms proudomes à ce temps dou dit leu (10).

(4) Li quatre proudomes que jay hi sont (*Cartulaire*, f° 7, v°). Nous hauons fait baillier au commonalx et és quatre prodomes dessus diz ces présentes lactres (f° 8, v°).

(5) *Cartulaire*, 1 (1257), f° 3, v°, § 16, communi consilio proborum hominum de *Arbosio*.

(6) Consuetudines supradicte ville approbatas per bonos viros dicte ville (*Ibid.*, f° 5, v°, § 42).

mettre en ban les bois et la rivière (1), établir les gardes des vignes, les pasteurs et les messiers (2). Durant cette première période les prud'hommes sont des notables, investis d'un mandat spécial.

La charte d'Otton IV ouvre la seconde période (3). Cette charte a transformé l'assemblée des prud'hommes en un collège permanent de conseillers. Elle a fait cesser le provisoire communal et l'arbitraire seigneurial. Désormais la communauté nomme des représentants sans avoir à demander l'autorisation du seigneur. Otton donne cette permission une fois pour toutes. La mission de ces représentants ne se limite plus à certaines affaires déterminées par le seigneur. Les mandataires de la communauté reçoivent de la charte le pouvoir de prendre toutes les mesures utiles pour le bien de la ville. Ces mandataires deviennent de vrais magistrats. Ce changement dans leur caractère est indiqué par le nom nouveau d'échevins accolé à l'ancien titre de prud'hommes. Ils prêtent serment. Ils restent en fonctions une année entière. Ils peuvent toujours être réélus, et la communauté use largement du droit de réélection. Nous avons de nombreuses listes d'échevins du XIVe siècle. Il faut, sans doute, se mettre en garde contre les similitudes de noms et les incertitudes généalogiques. Il ne résulte pas moins de la comparaison des listes entre elles que beaucoup d'échevins conservent leur charge indéfiniment, et y laissent après eux des héritiers de leur nom. Jean Grevillet, échevin en 1330, est encore en fonctions en 1338. Après lui un Guillaume Grevillet siège dans l'assemblée de 1365. Le nom de Guillaume Gascognet se trouve trois fois en 1331, 1368, 1375-1377. Celui de Guillaume de Pupillin, que l'on voit d'abord dans les listes de 1351 et de 1353, revient en 1379-1380 et en 1387. Plusieurs échevins portent le nom de Larnay. Ils appartiennent probablement à la même famille (4).

A la faveur de ce régime de liberté une aristocratie nouvelle se forme dès le XIVe siècle. C'est elle que dans les siècles sui-

(1) Aqua, *Coslas* et *li Chamoys* (f° 2, v, § 7°).

(2) Custodes vinearum et pastores et *li messier* communes sunt et communi consilio proborum hominum de *Arbosio* debent apponi (f° 3, v°, § 16).

(3) *Cartulaire*, 2 (mai 1282).

(4) V. les *Listes des prudhommes échevins d'Arbois pendant le XIVe siècle.*

vants on appellera la noblesse d'échevinage. Les honneurs municipaux deviennent, en fait, héréditaires. Il y a des familles où ils se transmettent de génération en génération, comme il y en a d'autres où l'on est chevalier de père en fils, bien qu'en droit la qualité de chevalier soit attachée à la personne. Il en résulte que l'échevin a, désormais, sa physionomie propre et ses qualités de race.

D'abord il est homme roturier, car c'est l'un des traits principaux de l'assemblée communale que la noblesse y tient une place très restreinte. Si l'un des sièges est, presque toujours, occupé par un clerc (1), dont les services sont appréciés par cette réunion d'hommes peu instruits, les nobles sont rarement représentés. Jamais chevalier ne fut échevin, semble-t-il. Quelques écuyers furent élus, Nicolas d'Ivory, Guillaume Bauduyn, Guillaume le Brun, Guillaume Gascognet, Guillaume de Pupillin. La communauté tient, sans doute, aussi peu à appeler les gentilshommes à la direction de ses affaires qu'ils se soucient eux-mêmes de se trouver avec des gens d'extraction vulgaire.

La seconde chose que l'on recherche chez l'échevin, c'est la richesse ou, du moins, l'aisance. La communauté donne la préférence à celui qui ne regardera pas à l'aider de ses biens, et qui, à l'occasion consentira à se rendre caution solidaire de ses obligations, pour des sommes quelquefois considérables (2).

Enfin, l'échevin a l'esprit municipal. Dans quelques chartes, trop peu nombreuses, on l'entend parler, on le voit agir (3). Il est peint au vif. C'est un homme pénétré des droits de la ville et de sa propre dignité. Il met au service de la communauté un grand bon sens, une volonté persévérante, rebelle à l'étonnement, hardie, entreprenante, une langue nette, franche, altière et raide, quand il le faut, quelquefois vantarde. D'ailleurs ombrageux, méfiant, attaché à la forme, aimant les actes en règle, il a, en vrai paysan, le culte du notaire, qu'il appelle à tout propos, et il débat ses droits avec l'âpreté et l'entêtement du vilain.

(1) *Cartulaire*, 8 (1341).

(2) Pièces annexes, 10, II, 1° (1316). La somme est de mille livres. III, 3° (1333).

(3) *Cartulaire*, 30 (1353). Pièces annexes, 8 (1369, n. st.), 10, III, 1° (1336).

Cet esprit nouveau d'indépendance assure l'avenir de la communauté. Il pousse ses magistrats à poursuivre sans relâché le maintien et le progrès de ses droits. Il s'oppose peut-être à ce qu'ils obtiennent beaucoup de franchises nouvelles (1). Mais il fait d'eux les gardiens actifs et vigilants des libertés et des coutumes anciennes.

Leur sollicitude toujours en éveil paraît en une première occasion. C'est lors de l'avènement d'un nouveau comte, ou de l'installation d'un nouvel officier, gardien, bailli ou prévôt, en d'autres termes, lorsque la propriété ou l'administration de la terre d'Arbois change de mains. Le serment de respecter les libertés de la communauté doit être renouvelé à ce moment suivant la procédure prescrite par les chartes de 1257 et de 1282. Les prud'hommes y tiennent la main. A considérer les pourparlers, les précautions, les formalités que l'on accumule, on dirait d'un contrat qui va se former entre personnes inconnues l'une à l'autre.

Les parties, le seigneur en personne ou son officier, la communauté représentée par ses échevins, comparaissent devant des notaires assistés de témoins. Le nombre des notaires croît à proportion de la dignité du personnage que l'on reçoit. En 1330, lorsque la duchesse Jeanne fait son entrée dans la ville, les échevins la font accueillir par cinq notaires. Dans leur opinion, c'est, sans doute, plutôt une preuve de déférence pour leur souveraine qu'une marque de défiance.

La première chose à faire est de vérifier l'identité de la personne qui se présente, et la solidité de ses droits. Le seigneur est invité à présenter ses titres. Si l'on reçoit un bailli ou un prévôt, l'un des prud'hommes tient cette harangue : « Cher « sire, sachez que toute fois qu'il vient en cette ville nou« vel officier, selon ce qui a toujours été accoutumé, il ne « doit pas être reçu en seigneurie, ni faire justice, sans avoir « fait serment de maintenir les chartes et les bonnes coutumes « du lieu. Pour ce, vous qui vous dites officier de notre sei« gneur, ce dont vous ferez foi, nous vous prions et vous re« quérons, au nom de la communauté, que vous fassiez le dit

(1) Privilège de mesurer à la grande aune (*Cartulaire*, 17, 1355). Adoucissements au droit de saisie (32, 1375). Abaissement de péages (44, 1384, n. st.).

« serment, ainsi que vos prédécesseurs avaient coutume de le « faire ». Le notaire donne lecture des titres aux échevins. Au mois de juin 1331, on procède à la réception d'Eudes de Cromary, envoyé par Marguerite de France pour prendre possession des terres que le traité conclu avec ses sœurs vient de lui assigner dans le comté, et pour en être le bailli et le gardien. On lit successivement deux documents, que le nouvel officier a apportés avec lui, pour justifier de son mandat et des droits de ses commettants. C'est d'abord une lettre patente, datée de Bruges, du mois de mars 1331. Marguerite de France, agissant comme propriétaire, et le comte Louis de Nevers, en qualité de tuteur ou bail de sa compagne, revêtent Eudes de Cromary de ses fonctions. L'autre titre est une lettre écrite à Paris, au mois de décembre 1330, par Eudes de Bourgogne et Jeanne II, aux échevins et à la communauté d'Arbois. Elle les autorise à reconnaître Marguerite de France comme dame d'Arbois.

Les titres sont ensuite discutés par les prud'hommes. S'ils ont quelque doute sur leur valeur, s'ils les croient insuffisants, ils font leurs réserves et en demandent acte. Ils remarquent qu'Eudes de Cromary n'est pas en règle. Les deux lettres de Bruges et de Paris ne les satisfont pas. Il aurait fallu y joindre une lettre d'Isabelle de France et du Dauphin de Viennois. En conséquence, ils ne reconnaissent le bailli et ses maîtres qu'en protestant, et en réservant les droits de la troisième fille de Philippe le Long.

Quelquefois, le seigneur ou son représentant, agacé par ces longs et minutieux préliminaires, élève des doutes, et fait à son tour des difficultés. En 1369, Jean Mallat de Frontenay, bailli du comté, entre dans la ville. Un prud'homme lui tient le petit discours d'usage. Il réplique, et demande aux échevins de lui prouver par des chartes que ses prédécesseurs ont bien réellement prêté le serment qu'on lui demande. C'est le propos d'un homme de mauvaise humeur, car rien n'est moins contestable que la demande des échevins. Les titres enfin reconnus de part et d'autre, on passe au cérémonial de la prestation des serments. Le notaire lit les franchises de la ville. Le comte, ou son homme, jure de les observer, ainsi que les coutumes. Enfin, après le serment de fidélité des sujets, le notaire dresse acte du tout, et délivre une expédition à chacune des deux parties (1).

C'est ainsi que les échevins appliquaient une attention exacte au renouvellement solennel des conventions sur lesquelles reposaient les libertés de la communauté. Mais il leur restait à remplir la plus grande partie de leur tâche. Ils en étaient eux-mêmes convaincus. Ils devaient se tenir prêts à défendre, en toute occasion, les franchises et les coutumes de la ville contre les entreprises du seigneur et de ses officiers. L'avidité des prévôts fermiers était le plus grand de tous les dangers. Les échevins furent, en général, fidèles à ne point tolérer les abus. On verra que dans la question de l'entretien de la forteresse, ils subirent une grande défaite, peut-être pour avoir laissé le mal s'invétérer. Leurs réclamations venues trop tard ne purent obtenir le rétablissement de la coutume. Mais le plus souvent, ils agirent avec leur promptitude, leur vigueur, leur ténacité habituelles, et le succès couronna leurs efforts.

En 1349, une coutume de droit civil est violée par un jugement du prévôt. Un clerc, Renaud Aguier, tient de Guillaume de Pupillin, à titre de censive, un chésal au faubourg de Nécy. Il y a construit une maison de bois fixée, non point sur piliers de maçonnerie, mais sur solives. Renaud démolit sa maison. Le seigneur de cens réclame devant le prévôt le rétablissement des lieux dans leur état antérieur, et gagne son procès. Il s'agit, au fond, de savoir si, d'après la coutume du val d'Arbois, la maison est un meuble qui se peut ôter librement, ou un immeuble qui appartient au propriétaire du sol par droit d'accession. La question intéresse la plupart des habitants, parce que leurs maisons sont bâties dans les mêmes conditions. Renaud fait appel, les échevins se joignent à l'ap-

(1) V. pour cette procédure, *Cartulaire*, 1 (1257), f° 5, v°, § 42; 2 (1282). Ces deux chartes posent les principes. Les documents suivants en montrent l'application. *Cartulaire*, 26 (1330), prise de possession de la ville par Jeanne II, comtesse de Bourgogne et par son mari, Eudes IV, duc de Bourgogne; 27 (1331), réception d'Eudes de Cromary, gardien et bailli des terres de Marguerite de France dans le comté de Bourgogne. Pièces annexes, 8 (1369, n. st.), entrée de Jean Mallat de Frontenay, bailli d'aval. *Cartulaire*, 28 (1382), séance tenue à Arbois par les conseillers de Louis de Male, commis pour la visitation de ses terres. V. enfin au sujet de la qualité de *bail* prise par Louis de Nevers, Gide, *Étude sur la condition privée de la femme*, 2e éd., p. 370.

pel dans l'intérêt de la coutume. Le jugement du prévôt est réformé(1).

(1) Le droit civil en vigueur dans la seigneurie d'Arbois est en partie du droit romain, en partie du droit coutumier. I. *Droit romain*. La conservation de ce droit est due presque exclusivement à l'officialité de Besançon et à ses notaires répandus dans toute la province. Appartiennent à ce droit : 1° *Le principe de la curatelle des mineurs*. Arch. d'Arbois, AA, 7 (1406), avec cette particularité que le curateur est donné au jeune noble dont il s'agit dans ce document par d'autres nobles formant une sorte de conseil de famille. 2° *Les règles de la possession et de l'usucapion des immeubles* (Arch. d'Arbois, DD, 528, mémoire précité contre l'abbaye de Balerne). 3° *Les modes de formation des contrats*, simple consentement pour la vente et le louage; deux pactes juxtaposés pour la transaction (*Cartulaire*, 10, 1359); pour le compromis promesse réciproque d'une peine payable par celui qui contreviendrait à la sentence de l'arbitre (Pièc. ann., 10, II, 1°, 1316). 4° *Le style et les formules des actes*. Exemples : Les termes *maître* et *procureur* pour désigner le mandant et le mandataire (Pièc. ann., 10, III, 1°, 1335, n. st.). Dans les ventes, les formules relatives à la « tradition et mise en corporelle possession », au paiement du prix dont il est donné quittance dans l'acte même, à l'obligation de garantie (Arch. d'Arbois, DD, 293, 1311). Dans tous les actes, les formules de renonciation aux moyens de défense. Agnès, la femme de Pierre d'Arbois, le buveur, renonce juri dicenti res maritorum pro dotibus tacite uxoribus obligatas, c'est-à-dire à l'hypothèque légale qui assure le recouvrement de sa dot. Jaquete, veuve de Jehan Gille, partie à la transaction de 1406 entre la noblesse et la communauté renonce « au bénéfice du saige Valleyain et au bénéfice de la loy Julie du fond dotal deffendant le fond de douhaire aliéner ». Cette formule altère le nom du sénatus-consulte Velléien et le sens de la loi *Julia de fundo dotali* en transportant au douaire, par une erreur qui se perpétue depuis l'époque franque, le principe de l'inaliénabilité du fonds dotal. II. *Droit coutumier*. Je rapprocherai, autant que possible, la coutume suivie ou rédigée à Arbois des dispositions de la *Coutume du comté de Bourgogne*. 1° *Mariage*. Le mariage d'une femme de condition servile avec un homme franc ou noble l'affranchit. Le serf qui épouse une femme noble ou libre reste dans son état antérieur (*Cartulaire*, 1, 1257, f° 5, v°, § 39). Cpr. *Coutume du comté de Bourgogne*, art. 85, 87, 91, sur les mariages entre personnes libres et personnes mainmortables. En principe, ces mariages sont sans influence sur la condition personnelle des époux. Par conséquent, la charte de 1257 déroge à la coutume en faveur des femmes de condition servile. 2° *Puissance paternelle*. Une émancipation en forme n'est pas indispensable pour mettre fin à cette puissance. Il suffit que le fils prenne un domicile distinct (Pièc. ann., 10, III, 3°, 1335). 3° *Distinction des biens en meubles et immeubles. Sont meubles :* a) les maisons reposant sur solives (*Cartulaire*, 29, 1349, n. st. Cpr. Viollet, *Histoire du droit civil français*, 2e éd., p. 617); b) les créances de sommes d'argent (Pièces annexes, 10, III, 1°, 1335, n. st.). 4° *Successions*. Elles se partagent entre les enfants de différents mariages par lits et non par têtes (Dunod, *Observations sur la coutume du comté de Bourgogne*,

Quelques années après, en 1353, c'est d'un cas criminel qu'il s'agit. Un certain Estevenon, fils de Nicholier de Villette, est arrêté dans le bourg par le chevalier Guillaume d'Esternoz, châtelain de la Châtelaine, à raison d'un délit qu'on lui impute. Les échevins contestent la régularité de l'arrestation. Ils soumettent leur plainte à Eudes de Vaudrey, bailli de Marguerite de France pour les terres qu'elle a dans le comté, et supérieur hiérarchique du châtelain. Celui-ci, disent les échevins, ne peut prétendre qu'Estevenon est son homme propre, et qu'il a agi en qualité de seigneur de l'accusé. En effet, Estevenon s'avoue sujet de Madame de Flandre. Or l'aveu emporte l'homme. Il ne peut, non plus, alléguer qu'il a agi comme officier de justice de la comtesse, car alors il a méconnu la coutume d'Arbois. Nul ne peut, d'après elle, arrêter un homme dans le bourg, s'il n'est officier de la justice du lieu. L'arrestation est annulée(1).

Pendant les années suivantes, les excès de pouvoir des prévôts font naître une série de questions de procédure et de droit criminel. Grâce à la diligence des échevins, ces abus tournent au profit de la coutume, qui est proclamée en justice sur tous les points en litige. Plusieurs articles sont arrêtés dans les assises de 1354. Tout débiteur saisi a le droit de racheter ses gages, même en évinçant le tiers acquéreur, pendant un

titre des successions, article III, Besançon, 1756, p. 513). La coutume du comté pose ce principe d'une façon absolue, la coutume d'Arbois le restreint aux successions des hommes francs ou nobles (*Cartulaire*, 1, 1257, f° 5, v°, § 40). 5° *Obligations*. En cas de préjudice causé par un animal domestique, le propriétaire échappe à la responsabilité par l'abandon noxal, à condition qu'il n'y ait pas eu mort d'homme (f° 5, r°, § 37). L'abandon noxal existe non seulement dans le droit romain où il n'est soumis à aucune restriction de ce genre, mais dans le droit germanique (Girard, *Manuel élémentaire de droit romain*, p. 657, n. 1).

(1) Ly quelx ha avouhez et avouhe son corps et ses biens per ma dicte dame (*Cartulaire*, 30). Cpr. *Coutume du comté de Bourgogne*, art. 82 : L'adveu emporte l'homme, quand il est retenu prisonnier pour cas criminel dont punition corporelle se doit ensuivre, et doit estre rendu au seigneur à qui il s'advoue, si avoir le veut, s'il a puissance de cognoistre et juger ledit cas. Sur cet article, v. Dunod, *Observations sur la coutume du comté de Bourgogne*, p. 79. La coutume du duché exige qu'il soit prouvé suffisamment qu'il est homme justiciable de celui à qui il s'avoue (*Les coustumes générales du pays et duché de Bourgoingne*, Dijon, 1550, p. 61).

délai qui varie suivant la nature de la créance. On ne peut contraindre par corps celui qui fait cession de ses gages et jure de payer quand il pourra. On peut appeler au bailli de toute condamnation à une amende de plus de trois sous prononcée par le prévôt(1). Nul n'est obligé de plaider hors de sa ville. Nul ne peut être arrêté, sauf le cas de flagrant délit, par la seule volonté du seigneur ou de ses officiers. Il faut qu'un accusateur se présente(2).

Ce qu'il faut remarquer dans toutes ces revendications des échevins, c'est qu'ils entendent de la manière la plus large leur mission de garder les coutumes de la communauté. Pour eux, ces coutumes ne sont pas seulement celles qui fixent les droits de leur ville, en tant que personne morale. Ce sont encore les usages qui déterminent les droits de tout membre de la communauté considéré individuellement, usages relatifs au droit privé, au droit pénal, à la procédure, plus particulièrement à la protection du débiteur malheureux. Ce sont, non seulement les coutumes de la ville, mais les coutumes de la seigneurie, celle, par exemple, que réclame Renaud Aguier. Ce sont même les coutumes du comté, comme cet usage qui exige un accusateur pour la validité d'une arrestation. Les échevins interviennent, quelle que soit la personne qui réclame le bénéfice de la coutume, habitant, étranger, clerc, laïque, et quel que soit l'auteur de l'abus, simple particulier, prévôt, châtelain. Dans tous les cas, la marche qu'ils suivent est identique. La communauté s'adresse à la justice du comte de la même manière qu'un particulier qui serait lésé dans son droit. Elle emploie les voies ordinaires de la procédure, et porte sa demande devant les juridictions de droit commun. Elle fait cause commune avec les victimes des officiers seigneuriaux. Elle intervient dans l'instance. Elle conclut à une enquête sur la coutume, et, en suite de cette enquête, à l'annulation de l'acte abusif, et à l'insertion dans le jugement du texte définitif de la coutume qui a été méconnue. Elle obtient ainsi, à force de persévérance, la rédaction de plusieurs coutumes locales et générales du comté. Ce travail de rédaction, fait au

(1) *Cartulaire*, 31 (1351), 33 (1356, n. st.).

(2) *Cartulaire*, 34 (1368, n. st.). Cpr. pour les arrestations, l'*Ordonnance de Philippe, duc de Bourgogne, sur la procédure*, art. 10 (*Cartulaire*, 41, 1386).

jour le jour, au fur et à mesure des contestations, limité au point de droit qui est l'objet du débat est lent à s'accomplir, et les résultats ne sont ni complets, ni coordonnés. Tout défectueux qu'il soit, il n'en a pas moins été utile. Se poursuivant à la fois dans toutes les villes de la province, touchant aux matières les plus diverses du droit, il a préparé les grandes ordonnances des ducs et comtes de Bourgogne sur la procédure en 1386, sur les coutumes du comté en 1459. C'est donc l'initiative des échevins qui a facilité la tâche des commissaires de Philippe le Bon, en plaçant sous leurs yeux la plus ancienne rédaction des coutumes du comté.

II. — Ce que la communauté a rapporté aux comtes de Bourgogne. — La ville chargée de la plus grande partie des frais du domaine.

On peut apprécier maintenant ce que l'organisation de la communauté a coûté aux comtes de Bourgogne du XIIIe siècle. La communauté existait depuis très longtemps. Ils lui ont donné la personnalité juridique, et l'ont aidée à s'agrandir. L'ancienne communauté domaniale est devenue par leur coopération une grande communauté d'habitants. De vastes territoires de leur seigneurie étaient depuis des siècles abandonnés à l'usage de la communauté. Ils ont converti cet usage précaire en un droit positif. Leurs prédécesseurs permettaient à la communauté, lorsqu'ils le jugeaient bon, d'élire quatre notables pour traiter des affaires qui l'intéressaient, et la permission devait être réitérée pour chaque affaire nouvelle. Ils ont dispensé la communauté d'obtenir cette autorisation. Ils ont changé l'assemblée des prud'hommes, jusqu'alors éphémère et intermittente, en un corps de magistrats. En résumé, les comtes n'ont établi aucun des éléments du régime communal. Ils ont communiqué la vie juridique à des choses qui n'avaient jusqu'alors qu'une existence de fait. Leur œuvre a été, non pas une création, mais une réforme et une émancipation.

En retour de ces avantages ils devaient demander beaucoup à la communauté. Jusqu'au jour où celle-ci devint une personne civile, c'était uniquement par l'entremise des officiers seigneuriaux que le comte exploitait le domaine. Le prévôt levait les redevances, exerçait les banalités, veillait à l'entretien de la *fermeté*, et prenait lui-même à cet effet toutes les mesures nécessaires. A partir de la fin du XIIIe siècle, le seigneur tend à substituer la communauté au prévôt. Il lui confie certains services dont il chargeait auparavant son officier. C'est le moment où le prévôt devient lui-même un fermier. C'est aussi le temps où le seigneur rejette les frais d'entretien des remparts sur les habitants de la ville et des villages. Les rapports nouveaux qui s'établissent entre le seigneur et la communauté coïncident avec ces deux réformes. Ils en sont la conséquence.

Le prévôt est donc, en principe, le fermier des droits seigneuriaux. Mais, par exception, il y a un de ces droits dont le fermage va être réservé à la ville. C'est la banalité des moulins. Les maîtres du domaine gagnent deux choses à remplacer le fermier ordinaire par la communauté, des garanties plus grandes de solvabilité et les conditions les plus avantageuses qu'ils puissent espérer. La ville devient fermière des usines un peu après qu'Otton IV y a attiré, par ses chartes de franchises, la clientèle de la ville et du voisinage. On dirait que le comte recommence aux dépens de la communauté la fameuse ruse de Pythius. Affriandée par l'appât d'un beau revenu, elle promet un loyer beaucoup trop élevé (1). Quelques années après, elle ne peut sous-louer que pour le prix qu'elle-même s'est obligée à payer (2).

Avant d'être fermier, le prévôt était mandataire du comte. Il en avait reçu procuration générale d'exercer ses droits. A par-

(1) Pièces annexes, 4 (1327). Cet acte passé dans les dernières années de la vie de la comtesse Mahaut n'est que le renouvellement d'un bail conclu par elle à une époque indéterminée.

(2) Ce bail daté du juedi après la quinzaine de feste Saint Michiel mil trois cent et saze (14 octobre 1316), est passé entre *Béatrix*, fille çayenerrers *Jehan* & fil *Cuenat d'Arboys* et *Thiebaut*, clarc, fil de la dite *Béatrix* d'une part, et *Jehannin* dit *Brun*, *Perrenin* dit *Moine*, *Estevenin* dit *Mercier*, *Colart* dit *dou Chastel d'Arboys* esliz à ce temps li quatre prodomes de la communaltey d'*Arbois*. Il est fait pour un an à commencer à la Saint Michel 1316 pour finir à la Saint Michel 1317. Arch. d'Arbois : 1° Copie de *Huguenin* dit *Soignel* et *Renaud* dit *de la Berre d'Arboys*, clarc, gardes dou seel de la court madame la contesse *de Bourgoigne* douquel l'on use en *Arboys*, datée du samedi après l'Ascension (14 mai) 1317, et scellée du sceau de la comtesse, DD, 291; 2° copie authentique du XVIIIe siècle, A, 29.

tir de l'époque où l'office de prévôt est donné à bail, le comte prend l'habitude de détacher de la prévôté l'exercice de plusieurs droits pour le déléguer à la communauté. Il lui donne ainsi la mission de recouvrer certaines taxes extraordinaires, par exemple la taille levée en vue du licenciement des compagnies. Il se décharge entièrement sur elle du soin d'accomplir tout ce qui se rapporte à l'entretien de la *fermeté*. Il met la communauté en son lieu et place, lui donne pouvoir d'agir contre les habitants et contre les retrayants, et enjoint à ses propres officiers d'exécuter les ordres que les prud'hommes échevins leur donneront. Mais la communauté ne fait rien en vertu d'un droit qui lui serait propre. Le seigneur n'a aliéné au profit de la ville aucun de ses droits sur la forteresse. Il n'a pas déclaré celle-ci bien communal ainsi que les chemins, les ponts et les autres travaux d'intérêt commun (1). La *fermeté* reste une forteresse à lui aussi bien que n'importe lequel de ses châteaux. C'est donc une place forte du comte que la communauté administre. Il en résulte qu'elle est tenue de rendre compte de sa gestion. Elle doit faire raison au seigneur de l'emploi de toutes les sommes qu'elles a touchées pour l'entretien de l'enceinte fortifiée. Elle répond de sa diligence à faire tous les travaux. Le comte entend la responsabilité de la ville de la façon la plus étroite. Il veille à ce que les remparts soient toujours tenus en bon état. Chaque menace de guerre provoque de sa part des ordres à ce sujet. Il n'admet ni délai, ni tergiversation. Il semble bien résulter de tout cela que la communauté agit, ainsi qu'autrefois le prévôt, en qualité de procureur du comte.

Mais il est un point capital où la situation de la communauté diffère du mandat. L'office dont le comte a investi la communauté sera souvent, pour elle, la cause de pertes d'argent. La communauté a été chargée de lever une taxe. La part contributive de la ville a été fixée à une certaine somme. Il y a des insolvables, ou bien l'une des classes privilégiées réussit à se soustraire à l'impôt. La communauté devra parfaire la somme. La communauté a été chargée d'entretenir la *fermeté*. Pour subvenir à cet entretien, elle exerce certains droits sei-

(1) *Cartulaire*, 1 (1257), f° 3, r°, § 15; 10 (1359), f° 20, r°.

gneuriaux. Mais les revenus que l'exercice de ces droits devait procurer manquent ou sont insuffisants. La communauté achèvera de payer la dépense avec ses propres ressources. Dans aucun cas le comte ne l'admet à se retourner contre lui et à lui demander de l'indemniser des pertes qu'elle a subies à l'occasion de sa gestion. Car c'est précisément pour échapper à ces pertes qu'il se l'est substituée. Ce faux mandat, ce contrat bizarre et innommé que la communauté, toute jeune personne et nouvellement comblée des faveurs de son maître, n'a peut-être pas osé refuser, est la plus belle spéculation qu'il ait réalisée à ses dépens. Pendant un siècle, la ville y a perdu l'équilibre de ses finances, ruinées successivement par la réunion du comté à la France et par la guerre de cent ans.

A) Ire Époque. — *Réunion du comté à la France. — Les Lombards.* — C'est peu après l'occupation d'Arbois par les troupes de Philippe le Bel que l'on voit la communauté gérer, pour la première fois, les droits du comte relatifs à la forteresse. Un texte, postérieur de quelques années, donne la date en indiquant l'année de la guerre de Robert, duc de Bourgogne, et de Jean de Chalon-Arlay, c'est-à-dire 1297 (1). Pen-

(1) La reffection et ovraiges fait ès murs du bourg d'*Arbois* que furent reffait l'année de la garre de monseigneur le duc de *Bourgoigne* et de monseigneur *Jehan de Chalon* (*Cartulaire*, 12, 1339). La fermeté dou bourc d'*Arbois* que avoit esté faite ou temps de la guerre (13, 1301). — Cette guerre était, en réalité, la guerre de Philippe le Bel pour la conquête de la Franche-Comté. Mais le duc Robert y avait un intérêt personnel qui en dissimulait le véritable caractère aux yeux des contemporains. Jean de Chalon-Arlay était le beau-frère de Hugues de Montréal, lui-même frère du duc Robert. Après la mort de Béatrix, fille de Hugues de Montréal (1291) de nombreux prétendants à sa succession se présentèrent. Le duc Robert, sans tenir compte de leurs réclamations, se rendit maître de tout l'héritage de sa nièce. Il s'accorda avec les prétendants dès l'année 1294. Seul, Jean de Chalon se montra intraitable, et il fallut l'entremise de Marguerite, reine de Jérusalem et de Sicile, pour le déterminer à faire la paix. Le traité est du mois de mars 1300 (Dom Plancher, II, p. 49, s. Preuves, 150, 1299, v. st.). Il est donc antérieur de plus d'un an à la conclusion de la paix entre le roi de France et les confédérés. — Quelle est l'année de la guerre du duc de Bourgogne et de Jean de Chalon? Elle se place entre la nomination de Robert à la charge de gardien du comté au mois de janvier 1297 (Pérard, *Recueil de pièces servant à l'histoire de Bourgogne*, p. 580, 1296, v. st.) et le traité de paix du mois de mars 1300. Entre ces deux dates il y a un espace de trois années. Il est probable que l'auteur de la charte de 1339 a eu en vue l'année

dant cette année, Robert, gardien du comté pour le roi de France, commande à la communauté de procéder à la réfection des remparts. Il n'accorde aucun subside. La communauté, réduite aux seules ressources locales, impose les habitants et les retrayants. Mais le pays est ruiné par la guerre. Changins, rattaché bien à propos à la communauté, ne peut payer qu'une partie de la somme qui lui est demandée (1). Le produit de l'impôt rentre si lentement, qu'en l'année 1339 il y a des villages qui ne se sont pas encore acquittés (2). La communauté s'engage alors dans ces dettes d'où elle ne sortira que cinquante ans plus tard. A son tour elle emprunte aux Lombards. C'est donc un acte du gouvernement de Philippe le Bel qui commence la longue série de ses tribulations.

A peine engagée dans les filets des Lombards, elle s'effraie et cherche à s'échapper. Ses appréhensions sont si vives qu'elle n'hésite point à sacrifier ses belles forêts, son orgueil et sa richesse, pour s'en faire de l'argent. En 1306, elle en vend une partie à Étienne Chambier dit Morel, gentilhomme de Salins; Morel est père d'une nombreuse famille (3). Aussi sa qualité de noble et son titre d'écuyer ne l'empêchent point d'être fournisseur de bois pour les salines (4) peut-être même fabricant de

1297. Le duc Robert est absent pendant une partie de l'année 1298. Voulant partir pour Rome il fait son testament le 25 mars (Dom Plancher, II, pp. 109-111. Preuves, 145, 1297, v. st.). De plus, pendant cette année et pendant 1299, les hostilités sont interrompues par de nombreuses négociations et par des suspensions d'armes. Le 20 avril les confédérés réunis à Morre demandent la médiation du pape (Clerc, I, p. 507). Après l'avènement d'Albert d'Autriche proclamé roi des Romains le 23 juin ils obtiennent un armistice que l'Empereur prolonge le 5 septembre 1299 (Funck-Brentano, *Philippe le Bel et la noblesse franc-comtoise, Bibliothèque de l'École des Chartes*, XLIX, p. 31). C'est donc en 1297 que la guerre fut le plus suivie, et c'est pour cela que les contemporains appellent cette année l'année de la guerre.

(1) La soumission de la noblesse est du mois d'avril 1301 (Funck-Brentano, pièc. justif., p. 247). Les lettres royales qui ferment la guerre sont datées du 3 mai 1301 (p. 33). La sentence arbitrale concernant Changins est du 2 mai (*Cartulaire*, 13).

(2) Mesnay (*Cartulaire*, 12, 1339).

(3) Étienne Chambier eut dix enfants (Guillaume, *Histoire de la ville de Salins*, seconde partie contenant le nobiliaire de cette ville, p. 79).

(4) On obtenait le sel par l'évaporation de la muire ou eau-mère dans les chaudières.

sel(1). La vente est faite pour une durée de dix-huit ans, moyennant le prix de onze cent vingt livres(2). Cet expédient ne met pas fin aux embarras de la ville. Six ans après, elle doit à la comtesse Mahaut, aux héritiers de Morel et à plusieurs autres. Elle fait une seconde vente de ses bois. Par le même acte, elle renouvelle la vente précédente. La durée du contrat est de vingt-cinq ans, et le prix de cinq cents livres. Les acheteurs sont Renaude, veuve d'Étienne Morel, qui continue les affaires de son mari, et le Lombard Raynon, que l'on retrouve dans toutes les spéculations. La communauté s'engage à entretenir à ses frais le chemin Saint-Nicolas, qui mène à Salins, et par lequel doit se faire la traite des bois(3). Ces deux ventes ont épuisé, à peu de chose près, les forêts communales.

Pendant les années suivantes les affaires de la communauté empirent. A ses dettes anciennes s'ajoute une obligation de soixante livres au profit de Simonin, seigneur de Vaudrey. En 1315, Philippe le Long visite le comté(4). Il passe à Arbois. La ville lui offre en présent trente muids de vin rouge. Elle est obligée de les emprunter à Raynon (5). Pour sur-

(1) Il y avait à Salins deux salines : 1° la grande saline, propriété des comtes de Bourgogne. Les fondations de la comtesse Mahaut au profit des pauvres d'Arbois et de la Châtelaine étaient assignées sur les revenus de ce puits (*Cartulaire*, 3, 4, 1320); 2° la petite saline ou puits à muire. Elle était la propriété d'un grand nombre de seigneurs ecclésiastiques et laïques qui s'en partageaient l'exploitation et les revenus (Rousset, *Dictionnaire des communes de la Franche-Comté*, VI, p. 566).

(2) Pièces annexes, 10, I, 1°, 2° (1306). Le motif de cette vente est « le déchargement de plusours grosses debtes que la ville et la communaltel d'*Arbois* devoient ès lombars d'*Arbois* ».

(3) Cet acte indique l'origine des dettes de la communauté. Ce sont « les oures que hont estez faites ou temps passey pour la fermetez de la ville d'*Arboys* » (Pièces annexes, 10, I, 3°, 1312).

(4) Sur ce voyage, v. de Piépape, *Histoire de la réunion de la Franche-Comté à la France*, I, p. 62; Clerc, *Histoire de la Franche-Comté*, II, p. 21 et s.. Philippe le Long était à Dôle au mois d'avril 1315, à Salins le 23 avril. Il partit de Salins pour visiter les villes et les châteaux jusqu'à Baume-les-Moines.

(5) Pièc. ann., 10 (XIVe siècle), préambule, II, 2° (1316); III, 5° (1351). — Item lour demandoit encores trante muis de vin vermeil à la value tanque à deux cent livres que la dicte vile et communatey li doit per raisom du dit

croît de malheur, sa pauvreté l'ayant empêché de remplir la clause de la vente de 1312, qui l'obligeait à entretenir le chemin de Saint-Nicolas, elle a subi la rescision du contrat (1). Il lui faut rendre le prix à Raynon et à la veuve de Morel. Elle l'a déjà dépensé. Le chevalier Dimanche est intéressé dans les créances de son frère. Mais son nom ne paraît pas encore. Dimanche se cache derrière Raynon. Enfin, la communauté est endettée envers plusieurs autres Lombards, les trois frères Aisinier et un certain Jean de Mont.

La comtesse Mahaut n'aime ni les Juifs ni les Lombards. Jalouse de ses droits, elle ne leur pardonne point d'avoir acheminé son mari à la perte du comté (2). Sensible aux maux de ses peuples, elle est touchée des ravages qu'ils répandent dans toutes les classes de la population (3). En 1316, elle les châtie, dans ses terres du comté, avec une énergie que son gendre, Philippe le Long, imite quelques années plus tard (4). Par son ordre, une commission est instituée pour rechercher et punir leurs usures. Elle se compose d'un légiste et de deux châtelains. Elle fait comparaître les Lombards créanciers de la ville et les prud'hommes de la communauté. Les commissaires ont reçu l'instruction d'étrangler les Lombards, mais d'observer quelques formes. Au lieu de statuer eux-mêmes sur les délits qui leur sont révélés, ils laissent les parties nommer des arbitres. Ils pensent qu'un compromis peut être aussi redoutable qu'une condamnation criminelle. Ils guident, sans doute, les parties dans le choix des arbitres; jamais Lombards n'auraient élu un moine de Saint-Oyand, Simon de Vaudrey, le parent ou l'homme du seigneur de la ville, un clerc, un écuyer et, enfin le maire de l'un des vil-

Reygnom que les presta à la dicte communatey que les donairent a conte de *Poitiers* qu'il estoit mary de ma dame la royne (Pièces annexes, 10, III, 1°, 1335).

(1) Lequel chemin li dicte ville et communaltey ne pohurent soignier (Pièc. ann., 10, III, 3°).

(2) Fœneratores destruxerunt comitem *Ottonem* et vocantur *Lombardi* (Ex archivo Arbosiensi, mss. Chifflet, Clerc, *Histoire de la Franche-Comté*, II, p. 23).

(3) Sur le caractère de Mahaut, v. Richard, *Mahaut, comtesse d'Artois et de Bourgogne* (Paris, 1887), p. 3.

(4) Pièc. an., 10, II, 1°, 2° (1316, 13 déc.).

lages qu'ils ont exploités, Changins. Ils les déterminent à accepter la clause du compromis qui les oblige à exécuter le jugement arbitral, alors même qu'il serait contraire au droit. Le dénouement ne se fait pas attendre. Les arbitres ont leur opinion faite. Le délai de plus d'un mois qui leur a été donné pour former leur décision leur paraît inutile. Le jour même, le maire de Changins prononce le jugement. Il est écrasant pour les Lombards. Leurs créances contre la communauté sont annulées. Les dettes de la ville envers les tiers sont mises à leur charge. Ils sont condamnés à désintéresser de leurs deniers le seigneur de Vaudrey, les héritiers de Morel et Raynon. Ces rigueurs s'aggravent de la déchéance d'une obligation qu'ils avaient contre la communauté de Mesnay, et d'offrandes forcées à l'église de ce village. Le maire de Changins n'oublie point non plus sa paroisse. Toutes ces condamnations accessoires, prononcées au profit de tiers qui ne figuraient pas au compromis, dépassent les pouvoirs des arbitres. Elles montrent le véritable caractère de ce pacte, piège pour les Lombards, à peine caché sous des apparences juridiques. La joie de la revanche et la haine éclatent aussi dans la disposition qui termine cette dure sentence. Les Lombards sont exécutés à leurs frais. Ils paieront aux arbitres cent livres, à titre d'indemnité pour leur peine et cent autres livres aux commissaires (1). Après les avoir dépouillés, la comtesse Mahaut les chasse de sa terre, et, peu après, Philippe le Long, devenu roi de France, jette hors du comté Juifs et Lombards, et donne leurs dépouilles à la reine Jeanne (2). Pourquoi le Lombard Raynon échappe-t-il au sort cruel qui frappe ses confrères en rapines? On n'en voit d'autre raison que sa qualité d'homme noble et de frère d'un chevalier influent.

(1) La comtesse Mahaut compléta ces mesures par un privilège qu'elle accorda à ses gens d'Arbois. Parmi les malheureux débiteurs des Lombards, elle distingua ceux qu'ils avaient réduits à leur abandonner des immeubles à titre de vente ou de dation en paiement. De droit commun, la rescision n'était possible que si la lésion excédait la moitié de la valeur réelle de l'immeuble. Mahaut permit de demander la rescision ou le supplément du juste prix, quelle que fût l'importance de la lésion (P. A., 10, II, 2e, note).

(2) La lettre de Philippe le Long qui donne à la reine Jeanne la dépouille des Juifs est du 14 décembre 1321 (Clerc, *Histoire de la Franche-Comté*, II, p. 23).

Avec l'argent des Lombards, les créanciers de la ville ont été satisfaits, Simonin de Vaudrey, Raynon, Dimanche, les successeurs de Chambier donnent quittance. Raynon, qui se sent mal à son aise, fait de belles offrandes aux églises de Mesnay, de Changins et de Saint-Just. Les chartes de vente des bois communaux sont rendues à la communauté. Le prud'homme Gérard Leclerc les reçoit et les montre à plusieurs personnes (1). Elles reposent avec les quittances au fond des coffres de la ville.

Dix ans s'écoulent dans le calme. On arrive à l'année 1327. Les Lombards sont toujours exilés. Raynon, malgré l'appui de son frère, a dû quitter le pays. Le complice intéressé des Lombards, le chevalier Dimanche, qui a dix enfants à pourvoir, est très affecté (2). Mais tout fait obstacle au retour des usuriers, l'hostilité de la comtesse Mahaut, de la reine Jeanne, l'aversion du peuple. Cependant Dimanche ne désespère pas. Cette année-là, Girard Leclerc est de nouveau prud'homme. Il est devenu l'ami du chevalier. Leurs rapports d'intimité et de confiance sont tels que, peu d'années après, Dimanche le nomme son exécuteur testamentaire (3). Un certain jour, les habitants apprennent que les titres relatifs à l'affaire des Lombards, lettres de vente des communaux, quittances des créanciers payés des deniers des Lombards ont disparu. On pense peut-être aux bonnes relations de Dimanche et de Leclerc. Mais on n'accuse que la servante de l'échevin. Ce serait elle qui, séduite par la promesse d'une robe fourrée de petit gris, aurait dérobé les titres (4). Où sont-ils allés? Que veulent en faire

(1) Pièces annexes, 10 (XIVe siècle, 1re et 3e dépositions).

(2) Dimanche avait cinq fils dont il sera bientôt question, et cinq filles, Guye, femme de Guillaume de Champdivers, chevalier, Alix, mariée successivement à Guillaume d'Oiselet, fils de Jean d'Oiselet, chevalier, et d'Edwige de Bauffremont, et à Guillaume Grasset de Chafoy, chevalier, Jeannette, épouse de Thierry de Mailley, chevalier, Guillemette, femme de Pierre d'Estavayer, chevalier, seigneur du dit lieu, Guyette, religieuse cordelière à Besançon (Guillaume, *Histoire de la ville de Salins*, troisième partie, p. 50).

(3) *Cartulaire*, 9 (1327). Pièces annexes, 10 (XIVe siècle), 10e déposition. Dimanche fit son testament le samedi après la fête de Saint-Hilaire (probablement l'évêque de Besançon), 24 juill. 1333 (Guillaume, *Histoire de la ville de Salins*, troisième partie, p. 48).

(4) Déposition de Jaquet, fils de feu Jehannin de Villette d'Arbois. Requis se il set coment messire *Jehans de Salins* puest havoir chuz les lettres, dit

ceux qui les ont soustraits? La communauté ne tardera guère à le savoir.

Quelques années se passent. Raynon est mort sans laisser d'enfants; mais ses neveux lui en tiennent lieu. Il en a cinq. Trois d'entre eux, Othenin, chevalier, seigneur d'Aresche, Hugues, chevalier, tige des seigneurs de Rans, Guillaume, chanoine de Besançon, occuperont un rang honorable dans la noblesse du comté. Deux autres atteindront à de hautes destinées. L'aîné, Jean, chevalier, sire de Poupet, Flacey et autres lieux, marié dans deux illustres maisons, Vergy et Coligny, deviendra conseiller de Marguerite de France. Le troisième, Anselme, sire de Montferrand, de Vaugrenans et d'une multitude d'autres terres, chevalier et jurisconsulte, renommé pour sa vaillance et pour sa sagesse, sera pendant un demi-siècle l'homme de confiance des comtes de Bourgogne. Philippe de Rouvre en fait son conseil et son chancelier. Il est le négociateur principal du traité de paix de 1360 entre le roi d'Angleterre et le duc de Bourgogne et de celui qui termine quelques années après la guerre des deux Bourgognes. L'un des premiers il répond à l'appel de Jacques de Bourbon contre les compagnies. Il assiste à la campagne qui se termine à Brignais. Plus tard, il siège dans le conseil de Marguerite de France et de Louis de Male. Froissard le nomme parmi les six barons qui furent appelés à l'honneur de porter au tombeau le corps de ce comte. Il achève sa carrière à la cour de Philippe le Hardi, dont il est le chambellan, et qui l'emploie aux négociations les plus délicates. Telle est l'étonnante fortune des neveux du Lombard Raynon. Si leur mérite contribua à leur élévation, l'or amassé par des marchandages de toute sorte dans le comptoir de leur oncle d'Arbois ne leur fut sans doute pas inutile. Raynon les institue héritiers de toute sa fortune mobilière (1).

qu'il ha oyz dire que li belle fille a *Blanc* que servoit *Girard le Clerc* les rendit et que elle en ehust une robe fourée de var, et plux ne set (Pièces annexes, 10, 1re déposition).

(1) Guillaume, p. 49; p. 51-53; p. 62-71. — Froissart, *Chroniques* (édition Kervyn de Lettenhove, Bruxelles) VI (1868), p. 258, pour le traité entre l'Angleterre et le duc de Bourgogne (10 mars 1360). Si y furent esleut et envoyet chil seigneur que je vous nommeray : messires *Anssiaux* de *Sal-*

On est alors au commencement du règne de Louis de Nevers et de Marguerite de France. Les ennemis des Lombards, Philippe le Long, la comtesse Mahaut, la reine Jeanne ont disparu successivement. Le duc et comte de Bourgogne, Eudes, pressé par les embarras d'argent, est à la veille de rappeler dans ses terres les Juifs et les Lombards. Les circonstances paraissent favorables à leur retour dans la seigneurie. Mais il faut vaincre la résistance de la population. Dimanche se démasque. Un jour, à Salins, en présence de plusieurs habitants d'Arbois, il parle de conciliation et fait des promesses : « Je vous prie de consentir à ce que les Lombards, qui étaient « autrefois à Arbois, y reviennent, et je ferai le pont de l'é« glise d'Arbois à mes frais, et les Lombards prêteront aux « habitants d'Arbois à un denier la livre, et moi, comme héri« tier de mon frère Raynon, je tiendrai quittes les habitants « et la communauté de tout ce qu'ils doivent encore à lui et à « moi jusqu'à ce jour ». Cette allusion à des créances éteintes par paiement n'a point l'air de surprendre les auditeurs de Dimanche. Évidemment ils se doutent que c'est lui qui détient les titres échappés des coffres de la ville. Plein de bonne volonté, un notable, Vienet de Larnay, prend ces promesses à la lettre, porte au comte de Nevers la supplique du chevalier, qui n'est probablement pas très bien en cour. Les Lombards rentrent dans la ville (1).

Parmi les belles paroles de Dimanche, il y en a au moins une qui est une duperie. Dimanche s'est engagé à remettre aux habitants ce qu'ils devaient à Raynon. Or, les créances

lins, cancellers de *Bourgoingne*, messires *Jaquèmes* de *Vianne*, messires *Jehans* de *Rie*, messires *Hughes* de *Vianne*, messires *Guillaummes* de *Coraisse* et messires *Jehans* de *Montmartin*. Sur la paix des deux Bourgognes, Clerc, *Essai sur l'histoire de la Franche-Comté*, II, p. 114. Pour la campagne contre les compagnies et la bataille de Brignais (6 avril 1361), Froissart, VI, p. 334, s. Pour les obsèques de Louis de Male, X (1870), p. 281. Voy. enfin, Richard, *Inventaire sommaire des archives départementales du Pas-de-Calais antérieures à 1790*, A, 101.

(1) Déposition de Vienet de Larnay. Et sus ce li dit *Vienet* porta la supplicacion à monseigneur de *Flandres* et fut passée et viennent li diz lombars *Arbois* (Pièc. ann., 10, 7e déposition, 8e déposition conforme). La livre vaut 240 deniers (Pièc. ann., 3, 1286). Sur le retour en 1333 des Juifs et des Lombards dans les terres du duc Eudes, Clerc, *Essai sur l'histoire de la Franche-Comté*, II, p. 41.

de Raynon n'appartiennent pas au chevalier; elles sont meubles par la détermination de la coutume, et comprises comme telles dans le legs que le Lombard a fait à ses neveux (1). Dimanche devait savoir que ses fils ne pensaient nullement renoncer à cet élément de leur legs, car il leur fait passer les titres soustraits à la ville pour les mettre à même de faire valoir leurs droits. Muni de ces pièces, Jean de Salins, en son nom et pour ses frères, poursuit la communauté devant le prévôt d'Arbois. Il demande un nouveau paiement des obligations qu'elle a contractées envers Raynon, comme si les Lombards n'avaient pas été condamnés à payer pour elle. Il fixe le montant de la demande à deux cents cinquante livres pour la part de Raynon dans la vente de 1312, et à deux cents livres pour le vin de Philippe le Long.

On devine l'émotion que cet acte de déloyauté provoque dans la ville. Cette ligue de quatre chevaliers, dont un légiste, est redoutable. Mais la colère l'emporte sur la crainte. On se récrie sur la mauvaise foi de ces gentilshommes (2). Elle est d'autant plus évidente que les anciens créanciers de la ville, les Chambier, par exemple, se tiennent pour désintéressés. L'un des arbitres, Simon de Vaudrey, affirme avoir vu les quittances dans les archives de la ville (3). On s'indigne contre les Lombards. Tout le mal vient de cette race étrangère qui s'est insinuée dans le pays et s'y est rendue indispensable. Avec le comte Otton, elle a ruiné l'indépendance nationale. Elle a poussé le pays sous la domination d'un roi étranger dont la dureté et l'avarice ont mis le désordre dans les finances de la ville. Elle a gagné la fière et pauvre noblesse du comté, en la prenant par ses côtés faibles, la légèreté, l'amour

(1) 1335 (n. st.). La moitié de cinq cent livres d'estevenans que la dite communatez li doit per raysom du dit *Reignom* duquel il est hers en ses biens mobles par testament (Pièc. ann., 10, III, 1°).

(2) *Jehans Chapelain* dit per son soirement... qu'il ha oïz dire à son père dois x ans en çay per plusieurs fois que messire *Jehans de Salins* façoit mal de demander à la communaltey d'*Arbois* les chouses dessus dictes, quar il en auoit vehuz lettres de quitance dudit *Raynon* (Pièc. ann., 10, 5e déposition).

(3) Dépositions de Perrenin Nonet, clerc, 3e témoin, et d'Estevenin li Uyenet, 4e témoin, domestique de Simon de Vaudrey (Pièc. ann., 10).

du faste, des plaisirs et des fêtes, l'ambition. Elle l'a intéressée dans ses trafics, et compromise dans des alliances et des intrigues d'autant plus honteuses qu'elles sont dirigées contre les petits et les faibles.

Ce premier moment donné à l'indignation, on songe aux moyens de se défendre. Les Lombards chargés des dettes de la ville par le jugement arbitral de 1316, sont tenus de garantir l'effet libératoire du paiement qu'ils ont exécuté. En conséquence, les prud'hommes se retournent contre les Aisinier, dont l'établissement social est alors à Seurre, dans le duché de Bourgogne. Ils les assignent en garantie. Mais cette citation, transmise au prévôt de Seurre par Girard Leclerc, devenu lieutenant du prévôt d'Arbois, ne donne rien qui vaille. Les Lombards se dérobent, et la communauté se retrouve seule en face de ses adversaires. Elle fait défaut six fois de suite. Au bout de quelques mois elle se décide à comparaître. Dimanche, s'il n'est déjà gardien des domaines que Marguerite de France possède dans le comté, est sur le point de le devenir. C'est un homme à ménager. La ville va avoir besoin de lui pour sa querelle avec les hommes taillables au sujet des biens communaux. Invitée à présenter ses moyens de défense, elle s'en acquitte mal et, en quelque sorte pour la forme. Elle oppose que Jean de Salins étant soumis à la puissance paternelle, ne pouvait ester en jugement sans l'autorisation de Dimanche. Puis elle reconnait que cette autorisation a été donnée. Elle allègue ensuite que sa dette a été payée. Mais lorsqu'il s'agit de prouver ce paiement elle ne fournit point de témoin. De son côté, Jean de Salins jure qu'à sa connaissance ni Raynon, ni aucun autre pour lui n'a reçu de paiement. La ville perd son procès (1).

Soit qu'il y ait eu appel, après le règlement du conflit entre les hommes libres et les hommes soumis à la taille, soit

(1) Pièc. ann., 10, III, 1°-4°. L'assignation aux Lombards est du 6 mars 1335 (n. st.), elle leur est remise le surlendemain. Le jugement du prévôt qui condamne la ville est du 22 novembre et la protestation relative aux communaux du 20 mars suivant. On retrouve à la fin du XIVe siècle les Aisinier établis à Beaune, Verdun sur le Doubs et Nuits (Simonnet, *Juifs et Lombards en Bourgogne, Mémoires de l'Académie de Dijon*, IIe série, XIII, 1865, pp. 145-272).

pour tout autre motif, le jugement ne paraît pas avoir été exécuté. Seize ans après, nouvelle réclamation de la tenace lignée du chevalier Dimanche. C'est alors que les échevins procèdent à l'enquête qui nous a révélé la plupart des détails de cette affaire. Dix témoins sont interrogés sous la foi du serment. Ils sont unanimes à déclarer que la communauté était libérée envers Raynon et Dimanche. Deux d'entre eux déclarent avoir entendu parler du vol des titres. Cette enquête, interrompue peut-être par de hautes influences, demeure inachevée, car elle manque des signes de validation ordinaires. La communauté se résigne à compromettre. Quatre arbitres sont élus suivant l'usage, un grand dignitaire ecclésiastique de la famille d'Arbois, Philippe, évêque de Tournay, Eude de Choys, chantre de Besançon, Thiébaud de Ceys, successeur de Dimanche dans la charge de gardien de la terre de Marguerite de France, et Hugue de Quingey, chevalier, conseiller de cette princesse. Leur jugement qu'ils forment à l'unanimité est plutôt défavorable à la ville. Les neveux de Raynon restituent aux échevins les lettres de la vente de 1312, après les avoir cancellées. Mais leurs demandes en principal, frais et dommages sont admises et liquidées en une somme de trois cent soixante livres, payable en deux annuités. En l'année 1353 la communauté reçoit sa quittance définitive (1).

B) IIe ÉPOQUE. — *La guerre de cent ans.* — *Les grandes compagnies.* — Au sortir des mains des Lombards et de leurs nobles amis, la communauté se trouve prise dans la guerre de cent ans. Quinze années se passent pendant lesquelles les gens de la communauté ne cessent d'avoir l'œil sur leurs fortifications. On profite de quelques courtes accalmies pour les réparer à la hâte. Afin de gagner du temps, on ne va plus chercher les matériaux dans les carrières et dans les forêts. Comme aux derniers temps de l'empire romain, on utilise les décombres des édifices. Ces débris ne manquent pas. La peste de 1349 a dépeuplé les campagnes. Les compagnies, surtout par la grande invasion de 1364, ont continué l'œuvre de la peste (2). Beau-

(1) Pièc. ann., 10, III, 5° (1351, 28 septembre), 6° (1353, 30 mars).

(2) Les grandes compagnies qui du temps passé ont fait si grand domaige, tel que moult de gens et moult du pueble de *Bourgogne* hont esté périllé de

coup d'habitants ont péri. Quantité de survivants sont sortis du pays, inondé de troupes et devenu inhabitable, pour chercher à subsister dans les contrées voisines. Une multitude de maisons sont en ruine. Des villages entiers, comme l'antique Glénon, ont disparu de la surface de la terre. Leur destruction a été si complète que bientôt l'on en cherche l'emplacement. Les défenseurs de la ville en sont réduits à démolir les maisons situées sous les murs, afin de dégager les abords de la place et d'enlever un refuge aux ennemis. L'hôpital lui-même n'échappe pas à la destruction (1). Au moyen de ces maté-

corps et moult s'en sont allez fuer du pays (Clerc, *Essai sur l'histoire de la Franche-Comté*, II, p. 180).

(1) Mandement du conseil de la comtesse autorisant Perrenin du Pont d'Arbois à reconstruire à la Gloriette sur la rivière de Cuisance une scierie détruite au moment de l'invasion des compagnies par mesure de défense. On accorde une exemption de cens pendant onze ans et le droit de prendre du bois dans la forêt Mouchard pour faciliter la reconstruction de cette usine. Salins, 1379, 8 octobre. Pour les doublances que sunt survenues a païs pour cause des compaignes, il a convenuz que la dicte serie ait estez destruite et mise à néant pour cause de la réparacion et enfortissement de la ville d'*Arbois*... La dicte sierie auoit esté destruite et venue en ruyne pour cause de l'enfortissement et réparacion de la dicte ville d'*Arbois* par le temps des compaignes vienant vaze anz continuelment (Arch. du Doubs, B, 320. Original. Scellé sur double queue du sceau en cire brune de la comtese de Bourgogne, débris du sceau). — *Marguerite*, fille de Roy de *France*, comtesse de *Flandres*, d'*Artois* et de *Bourgogne*, palatine et dame de *Salins*, faisons sçauoir à tous presens et avenir, que comme pour les doutes des compagnes et autres ennemis qui à presens sont en nostre conté de *Bourgogne*, et pour cause de la seureté de nostre ville et bourg d'*Arbois*, le capitaine et les habitans dud. lieu ayent fait abatre et démolir la maison Dieu ou hopital qui estoit assise près des murs de la dite ville, à ce qu'elle ne fut nuisant à la forteresse du dit lieu d'*Arbois*, et que les dis ennemis n'y feissent logement ou fort pour eux, nous meüe de pitié, considéré ces choses qui nous semblent être pour le proffit de nostre ditte ville et pour la seureté d'icelle, de grâce espécial et certaine science, et à ce que les poures impotans et mandians puissent être receus, habergés et soustenus de lad. ville, et pour le remède des ames de nous et nos prédécesseurs, ausdis habitans et à la supplication d'iceux, auons donné, baillé et délaissé à tousiours perpétuellement, nostre maison assize au dehors des murs et forteresse d'*Arbois* et le curtil, tenant d'une part de lez la maison du seigneur de *la Muyr* et d'autre part de lez la rue qui vat contre la riuière et pardevant iusque au bief de l'hospital et par derrier iusqu'à la riuière de *Cuisance*, pour refaire, ordonner et édiffier en icelle maison lad. maison et hopital, telle et ainsi que bon semblera aus dis habitans, pourueu toutefois que l'on y face le service en

riaux assemblés de toutes parts, on comble les brèches que le temps et les attaques ont ouvertes dans les remparts.

En dépit de tout ce que les circonstances ont de lamentable et de pressant, Marguerite de France, veuve depuis la bataille de Crécy, et presque aussi infortunée que ses sujets, abandonne toujours à la communauté la charge de la défense. Elle l'engage ainsi dans de nouveaux débats judiciaires et dans des frais sans fin. Les propriétaires des constructions dont les matériaux ont servi à restaurer le mur de ville se plaignent et réclament. Et d'abord, la communauté ne doit-elle pas leur payer la valeur des matériaux? Oui, répondent les gens de la comtesse; autrement la communauté s'enrichirait aux dépens d'autrui. Mais la première application qu'ils font de ce principe est tout à fait inattendue. Il s'agit de deux bâtiments appartenant à Marguerite de France, pour lesquels ils demandent une indemnité de soixante florins d'or (1). Les échevins se récrient et, pour la première fois, rappellent qu'autrefois le seigneur entretenait la *fermeté* à ses frais. On

fait d'hospitalité ordonné et accoustumé de faire, et que les cremaux et autres choses qui sont en laditte maison et qui pouroient faire forteresse en icelle contre et au dommage de lad. ville, soient abatues, au regard de gens connoissans en ce. Si mandons et commandons à tous nos justiciers, officiers et subjets qui oires sont et qui seront pour le temps auenir, que de nostre présente grace laissent et fassent doresnauant lesdis habitans iouyr et user paisiblement, sans contredit ou empeschement aucun. Car ainsi le voulons nous. Pour les causes dessusdittes, et que ce soit ferme et stable à tousiours, nous auons en tesmoin de ce, fait mettre nostre grand scel à ces lettres, sauf tous droits. Donné à *Quingey*, le seizième iour de ianuier, l'an de grâce mil trois cens soixante trois. Ainsi signé par Madame en son conseil où estoient : messieurs de *Saint-Valier*, de *Rye*, vous messieurs *Eude* de *Quingey*, messire *Humbert de la Platière* et autres. V. *d'Espernay*. Et sont scellées les lettres dessusdites du scel de madite dame à cyre verte et à lac de soye pendant. Signé au rentier du dit hospital, *H. Glanne*, qui l'at copié au vray original. Extrait du rentier de la maison Dieu et hopital de *Notre-Dame d'Arbois*, fait par *Hugues Glanne* dudit *Arbois*, notaire royal, du 1er may 1488, Au fol. 1er dudit rentier est porté ce qui suit (Arch. de l'hôpital d'Arbois, A, 4. Deux copies authentiques du XVIIIe siècle).

(1) Lettres de cession de toute la pierre et le bois de la grange de *Vagrenans* pour réfection de la forterace moyennant sexante florins (Pièc. ann., 6, 1359). Par cet acte Marguerite de France abandonne également aux échevins le droit qu'elle a sur la pierre de la maison dite *maison de Bornay* sise à Arbois.

leur donne acte de leur réserve(1). Ils n'en paient pas moins.

Vers 1365, la communauté a démoli deux maisons. L'une appartenait à un homme noble, Jean Dallay. L'autre était la maison paternelle de l'évêque de Tournay, qui l'avait léguée à l'église de Saint-Just. La ville avait-elle le droit de faire ces démolitions? Oui, disent les officiers de la comtesse consultés par Jean Dallay. Si les compagnies étaient au pays, ou si l'on avait des craintes très sérieures de leur arrivée, il y avait nécessité de défense et force majeure (2). Mais l'entreprise sur la maison de l'évêque de Tournay aboutit au dénouement le plus fâcheux. Y avait-il réellement force majeure, ou plutôt mauvais vouloir de la communauté très mal en ce moment avec le prieuré à cause des banalités? La communauté espérait-elle en l'appui de la comtesse, mêlée dans ce différend, et à peine sortie d'autres querelles personnelles relatives au traité de partage de 1331 (3)? Ou bien encore la ville garde-t-elle une longue rancune contre l'évêque de Tournay et a-t-elle voulu se venger du seul des arbitres de 1331 qu'elle pût atteindre? Quoi qu'il en soit, Philippe d'Arbois adresse au pape une supplique qui est accueillie. Les prud'hommes et quelques notables sont cités à comparaître en cour d'Avignon devant le tribunal de Pierre Itier, ancien évêque de Dax, cardinal évêque d'Albano (4).

(1) Senz préiudice de nous ne de lours, se point de frainchise auoient de ce non faire.

(2) Item voulons et vous mandons que pour le feu que fut boutez en la maison de *Jehan Dallay*, les compaignes estant a paîs, rien n'en soit demandez aux diz habitans d'*Arbois*. Toutevoie, se il hauoient pris son bois et sa pierre, et il le pouhoit monstrer dehuement, nous voulons que les diz habitanz l'amendent per tant come il y seront tenuz raisonablement (*Cartulaire*, 34, 1368, n. st.). Guillaume le Gallois Dalley, chevalier, était en 1339 gardien pour le comte de Flandre en sa terre de Bourgogne (*Cartulaire*, 12).

(3) Pour ces différends, v. *Cartulaire*, 27, f° 38, v°, note.

(4) J'extrais de la requête adressée au pape par Philippe d'Arbois l'exposé des faits qui donnent lieu à la poursuite : Sanctissime pater, cum deuotús et humilis orator vester *Philippus*, episcopus *Tornacensis*, in parochiali ecclesia sancti Justi de *Arbosio*, *Bisuntine* diocesis, de qua traxit originem, quandam campaniam, pro salute anime sue suorumque amicorum, de bonis suis sibi a Deo collatis, fundauerit et dotauerit competenter, et specialiter quandam domum suam paternam in dicta villa existentem et in qua fuit natus cum suis juribus et pertinentiis eidem campanie legauerit et donauerit, nichilominus *Johannes* dictus de *Verrulo*, *Jacobus* dictus *Belisant*, *Johannes*

Ce nouveau déboire, après tant d'autres, exaspère les habitants. Ils se disent que si, depuis soixante-dix ans, ils sont accablés de dettes, s'ils ont eu des procès avec les Lombards, la noblesse, l'Église, c'est pour l'avantage de leur seigneur, dont ils supportent indûment l'une des charges. Cela ne saurait durer plus longtemps. Il faut le retour au droit primitif. Pendant plusieurs années ils mettent à l'obtenir leur persévérance et leur prudence habituelles. Avec la guerre des deux Bourgognes les invasions des compagnies dans le pays sont finies. Mais longtemps encore des guerres voisines rapprocheront, par intervalle, les routiers de la frontière, et raviveront la terreur des habitants. Les princes belligérants qui prennent ces bandes à leur solde sont impuissants à les retenir et à les diriger. La tentation du pillage peut, d'un moment à l'autre, les détourner de leur route, et les ramener au comté. Les habitants savent tout cela. Cependant, à part quelques instants d'alarme, le calme règne dans le pays. Le moment que la communauté attendait pour présenter ses plaintes est arrivé.

Les échevins parlent d'abord avec douceur et soumission. Ils évitent de poser la question de principe, et ne demandent point de subvention pécuniaire. Ils font observer qu'ils ont refait déjà plusieurs tours et chaffauds. Ils seraient prêts à continuer leurs travaux, mais ils auraient besoin d'être aidés. La comtesse ne pourrait-elle pas les autoriser à prendre du bois dans ses forêts, et leur abandonner quelques menus profits de justice? Leur requête est agréée, et cette double faveur leur est accordée le même jour (1). Plus tard, en 1374, Marguerite

filius *Roberti* dicti *Josserant*, *Guillelmus* dictus *Greulliart*, *Guinetus* filius *Humberti* dicti de *Sirox*, clerici, *Jacobus* dictus *Poulier*, *Johannes* dictus *Crochet*, et *Hugo* dictus de *Mayson*, laici, dicte *Bisuntine* diocesis, eandem domum, more predonico instiganteque diabolo, et absque tam saltem rationabili, sed de facto tamen depredarunt, robarunt, dilapidauerunt et destruxerunt totaliter, lignaque, lapides et tegulas ipsius domus rapiendo et in suos vsus, prout voluerunt, conuertendo et in ipsius episcopi et campanie predictorum preiudicium, dampnum non modicum et gravamen, ipsorumque animarum periculum (Arch. d'Arbois, GG, 29, original. Au revers : citatio contra illos de *Arbosio*. Cette citation est datée du lundi 5 mai 1365. Sur Philippe d'Arbois, *Gallia Christiana*, III, 1876, col. 229). Il mourut en 1377 ou 1378.

(1) *Cartulaire*, 7, 18, (1371, 27 avr.). — L'année suivante confirmation au profit de la ville du droit sur les retrayants (42).

de France visite le comté. Les échevins saisissent l'occasion de son passage dans la ville pour lui demander la permission de louer certaines parties du mur de la ville. Le prix serait affecté à la réfection des tours, des chaffauds et des eschiffes. Un mois après, la comtesse leur expédie de Troyes les lettres patentes qui leur donnent satisfaction (1).

Jusque-là les habitants ont fait entendre des doléances. Mais la guerre d'Enguerran de Coucy et du duc d'Autriche, Léopold II, les décide à élever la voix. Les compagnies qu'Enguerran a pris à sa solde quittent le royaume de France vers la Saint-Michel 1375 pour se rendre en Alsace par la Lorraine. Leurs préparatifs de départ font passer dans le comté un frisson d'épouvante. Le gardien du comté charge Humbert de la Platière et quelques conseillers de la comtesse Marguerite de visiter les places fortes, et d'ordonner les ouvrages qu'ils y jugeront nécessaires. Bien que l'on ait beaucoup travaillé depuis plusieurs années aux fortifications d'Arbois, les commissaires sont mécontents (2). Alors les échevins parlent un langage énergique. Après tout la *fermeté* est un château de la comtesse. C'est la comtesse qui doit l'entretenir. L'usage le voulait ainsi. Il n'y a guère de temps que les habitants subviennent à cette dépense. Au surplus, ils n'y sont point obligés. Ils ne le font que de leur bonne et libre volonté (3). Malheureusement la comtesse est alors bien loin de ses terres de Bourgogne. Elle réside en Artois. Ses gens répondent pour elle. Leur langage est dur. Leur maîtresse entend être déchargée à tout jamais de l'entretien de la *fermeté*. Il est enjoint à la ville de procéder aux travaux à ses frais, et sans que les restaurations

(1) Marguerite de France s'arrête le 5 octobre 1374 à Arbois (Clerc, *Essai sur l'histoire de la Franche-Comté*, II, p. 179, n. 5). La charte est datée de Troyes le 14 novembre suivant (*Cartulaire*, 15).

(2) Clerc, II. p. 189. Froissart, *Chroniques*, publiées pour la Société de l'histoire de France, livre Ier, §§ 769, 770 (tome VIII, p. 214-217). Chevalier. *Mémoires historiques sur Poligny*, I, p. 193.

(3) 1378. Come nous amez les habitans et communaltey de nostre ville d'*Arbois* deissent et manteinissent nous estre tenue à faire réparer et soustenir la forteresse, murs, eschaufaus et eschiffes de nostre dicte ville, et ainsi estre et avoir esté vsé de longtemps, fours depuis nagaire, qui l'ont fait de lour bonne et libéral volonté (*Cartulaire*, 16).

nécessaires soient retardées plus longtemps par ce débat (1).

Les échevins s'inclinent. Ils ont une arrière-pensée de revanche. Ils songent à la grande quantité de vin que la comtesse vend, chaque année, dans ses caves d'Arbois. Ils songent sérieusement à taxer les vins de leur souveraine au profit de leur communauté. Telle est la confiance de ces hommes dans la force des contrats que, pour eux, le succès est assuré s'ils parviennent à engager la comtesse. Ils proposent donc un arrangement. La ville paiera seule pour les fortifications. Mais la comtesse leur accordera le droit d'établir une gabelle sur le vin qui sera vendu dans la ville et dans ses dépendances, par quelque personne que ce soit. Cette taxe sera levée toutes les fois que la majeure partie des habitants réunis en assemblée générale sera d'avis de le faire. Marguerite de France accepte cet accord. Les lettres patentes sont scellées à son château d'Hesdin, le 28 août 1378. Mais au moment d'expédier la charte, Humbert de la Platière et les autres conseillers de la comtesse aperçoivent le piège. D'une brève clause, ajoutée après la date, ils font tomber les espérances de la ville. « Toutefois, nous « entendons que nous et nos successeurs ne soient aucunement « compris dans cet octroi pour la vente de nos vins(2) ».

Ce n'est plus qu'une ironie, ce droit de s'imposer donné à des gens qui, depuis nombre d'années, voient le fond de leurs coffres, dans l'instant où le plus grand propriétaire se soustrait lui-même à la contribution. A l'amertume de la défaite se joint l'obsession de cette forteresse, à laquelle il manque toujours quelque chose. Les échevins obligés de trouver immédiatement des ressources, en demandent à une taille. Ils usent aussi du droit qui vient de leur être donné de mettre une gabelle sur les vins. Ils comprennent dans ces impôts le clergé, la noblesse, les retrayants, s'autorisant pour la taille de la charte de Louis de Nevers, pour la gabelle des termes très gé-

(1) Sauoir faisons que nous ne veuillons que, pour le débat en ceste partie de noz dictes gens et de ceuls de nostre dicte ville d'*Arbois*, le fait de la fortifficacion et emparement d'icelle soit ou puist estre aucunement retardé ou délaié en cas de besoing, ne autrement, et afin auxi que nous et nos hoirs et successours de cy en auant en soions et demorions quictes et deschargiez plainement (*Cartulaire*, 16).

(2) *Cartulaire*, 16, f° 28 r°.

néraux de la charte de Marguerite de France. Les villages des retrayants peuvent être considérés comme dépendances de la ville. Mais ces contribuables se révoltent. Il faut les citer en justice et les poursuivre à travers les divers degrés de juridiction. Les jugements et les arrêts s'échelonnent en sens divers. Ils se ressentent, à ce qu'il semble, des alternatives de paix et de guerre qui se succèdent à l'extérieur. On dirait que les allées et venues des compagnies sur les confins de la province règlent la marche de la justice. En 1379, l'avenir apparaît si calme, que l'on relève autour de la ville les édifices démolis au temps de l'invasion des compagnies. Les retrayants gagnent leur procès. Au commencement de l'an 1380, la guerre se rallume en Lorraine et en Savoie (1). L'affaire est alors en appel devant le parlement de Dôle. L'arrêt donne gain de cause à la ville ; « Attendu, y est-« il dit, que dans ces guerres les adversaires s'aident et se pen-« sent aider des gens des compagnies, qui pourraient entrer « dans le comté et y faire des dommages » (2). C'est, sans doute, au même moment que le clergé et la noblesse perdent leur procès en première instance. Deux ans plus tard, ce procès est porté devant les conseillers de Louis de Male, commis pour le gouvernement de ses terres de Bourgogne. Le calme est alors rétabli. La commission, présidée par Anselme de Salins, prononce en faveur de la noblesse (3).

La communauté sort de cette lutte vaincue et épuisée par une dépense qui dévore sans cesse ses ressources. Depuis la fin du XIIIe siècle, elle ne sait plus ce que c'est que le repos. Il lui a fallu subir à la place de son maître le contact des Lombards, si funeste au comte Otton, soutenir le choc des compagnies. Elle peut voir, maintenant, quel est le prix de ses libertés.

(1) Dom Calmet, *Histoire ecclésiastique et civile de Lorraine*, II (Nancy, 1728) p. 570. De Saint-Genis, *Histoire de Savoie*, I (Chambéry, 1868).

(2) 1380, 25 avril. Considérez que pour le péril des garres que un chescum jour naissent et sont ès confins et lieux voisins de la contée de *Bourgoigne*, comme en *Lorainne*, en *Savoye* et autre part, èsquelles se aident et pensent aidier les aucunes des parties de gens de compaignes que entrer porroient ou dit contée pour ycelluy domaigier, il soit nécessitez de enforcier les bones villes du dit contée (*Cartulaire*, 14).

(3) Pièces annexes, 9 (1382, 17 juin).

CONCLUSION

On vient de voir les embarras financiers de la ville pendant le XIVe siècle. Ils montrent bien la fin que les seigneurs du domaine se proposaient en affranchissant la communauté, ainsi que le caractère de cet affranchissement.

La vie d'un grand féodal comme le comte de Bourgogne se présente sous deux points de vue très différents. Ce que l'on aperçoit d'abord, c'en est le côté brillant et splendide. Le comte, de même que tout gentilhomme, mène la vie noble. Mais pour lui la vie noble n'est qu'une suite de jeux et de divertissements, de brillantes assemblées, de chasses, de voyages (1), de guerres et d'expéditions lointaines. Cette existence de plaisirs et d'aventures est remplie aussi par de belles œuvres de piété et de charité. Ces puissants seigneurs, ces grandes dames ont l'âme compatissante et chrétienne. Mahaut d'Artois, la petite nièce de saint Louis, imite l'inépuisable charité de celui que l'on appelait l'ami des pauvres. Elle sème à profusion dans ses domaines d'Artois et de Bourgogne les aumônes et les fondations charitables (2).

L'autre aspect de la vie du grand seigneur, c'est le côté économique. Cet homme, cette dame de haute naissance et de haute vie, descend ici au niveau d'un grand propriétaire, avec son escorte de trésoriers, de receveurs, de prévôts, de sergents, de meuniers, d'agents fiscaux de tous ordres. Il afferme ses biens, touche ses revenus, transforme et vend les produits de ses domaines, rend contre argent des services de toute sorte à ses sujets. Possesseur d'un patrimoine en quelque sorte indéfini, puisqu'une multitude de choses en font partie qui sont naturellement, hors du commerce, il lui applique les procédés de la gestion minutieuse dont Charlemagne traçait autrefois le modèle. Il cherche sans relâche à augmenter le rendement

(1) Ernest Petit, *Itinéraires de Philippe le Hardi et de Jean sans Peur, ducs de Bourgogne* (*Documents inédits sur l'histoire de France*, Paris, 1888).

(2) Richard, *Mahaut, comtesse d'Artois et de Bourgogne*, chapitre VII, les œuvres de piété et de charité (p. 82-98).

de sa fortune, en découvrant des sources de richesse et des procédés plus parfaits d'exploitation. Rien n'est plus actif, plus intense, mieux ordonné que cette vie économique, destinée à procurer incessamment à la vie noble les ressources immenses dont elle a besoin pour s'entretenir.

Certainement ce n'est point parmi les actes de la vie noble que l'on doit placer l'affranchissement de la communauté. Le grand seigneur qui bâtit un monastère, élève un hôpital ou une maladrerie, fait une aumône dont il n'attend point une récompense terrestre. Lorsqu'il donne l'existence juridique à une communauté et la dote de privilèges, il ne veut pas faire un acte gratuit. Ce qu'il accomplit est de même nature que la fondation d'un abergement, la création d'une banalité, la mise en fermage d'une prévôté. C'est une opération financière par laquelle il étend le champ de son exploitation. Partout où une communauté d'habitants a été officiellement reconnue, l'exploitation porte désormais sur deux objets. Elle continue à s'appliquer à chaque terre, à chaque homme pour en extraire des revenus et des profits par les moyens que l'on sait. Elle s'applique, en outre, à la communauté. L'homme exploité en qualité de sujet ou de tenancier, est exploité, de plus, à titre de membre de la communauté. Affermer à la communauté les droits domaniaux, se soustraire à ses plus lourdes obligations pour en faire retomber le poids sur elle, voilà comment le seigneur la met à contribution. Dans cette personne nouvelle, dont il est l'auteur, il ne voit que l'un de ses sujets, le plus riche et le plus profitable de tous.

De son côté, la communauté ne tarde pas à résister à l'idée que son maître se fait d'elle et de son rôle. Elle a sa conception propre de la fonction qu'elle doit remplir. Elle se considère comme un obstacle aux abus de l'exploitation. Les intérêts des habitants, les coutumes tutélaires de la ville et du pays ont, en elle, leur protectrice et leur gardienne. Cette opposition d'idées entre le seigneur et la communauté est la cause de plusieurs conflits. Si la communauté fait, le plus souvent, triompher sa manière de voir sur les bas officiers du seigneur, elle n'est pas assez forte pour atteindre jusqu'au seigneur lui-même. L'affaire des fortifications en est la preuve.

Une dernière conclusion résulte de tout ceci. Le mouvement communal du XIIIe siècle dans les bonnes villes du comte de Bourgogne, est étranger au droit public. Il en est de même des relations des comtes avec les communautés de leurs villes jusqu'à la fin du XIVe siècle. Dans ce qui s'est passé alors, il n'y a rien qui ressemble à une émancipation politique. Le régime d'une communauté d'habitants n'est point le gouvernement municipal. Il n'a rien changé dans les rapports antérieurs entre le maître et les sujets. Ces rapports continuent à ne relever que du droit privé, et c'est également aux principes de ce droit que la communauté se trouve soumise. Le seigneur ne traite pas la communauté autrement que ses serfs et ses censitaires, il lui applique le même système de gestion domaniale. Les franchises sont pour elle ce qu'est la coutume pour le serf, le contrat pour le censitaire, de simples règlements de droit privé qui fixent ses obligations, et la mettent à l'abri des exactions arbitraires. On le voit à la manière dont elle s'y prend pour les faire respecter. Elle s'adresse aux tribunaux ordinaires. C'est encore un effet du contrat, qui trouve ou fait les hommes égaux, cette ferme attitude, cette liberté de langage des magistrats de la ville renouvelant avec le seigneur à des époques consacrées les conventions communales, recevant les serments de leur maître, discutant avec ses officiers, avec lui-même, les intérêts dont ils ont charge. Les franchises de la communauté se rapprochent encore, par leur motif, des affranchissements de serfs. Il est vrai que le laboureur libre est d'un meilleur rapport que l'homme astreint à un travail forcé. Il n'est pas moins vrai qu'une communauté dégagée avec intelligence de certaines obligations, pourvue de privilèges qui sont une prime à l'immigration, stimulée dans son activité par la joie de la liberté, croîtra en richesse, et qu'à cet accroissement de sa fortune le seigneur trouvera profit.

TABLE DES MATIÈRES

Pages.

Introduction 1

1° La seigneurie, premier objet de l'exploitation des comtes de Bourgogne 16

I. — Les sources des revenus seigneuriaux.. 16

II. — Les frais du domaine... 37

2° La communauté, second objet de l'exploitation seigneuriale..................................... 50

I. — Ce que la constitution et l'affranchissement de la communauté ont coûté aux comtes............. 53

II. — Ce que la communauté a rapporté aux comtes de Bourgogne. — La ville chargée de la plus grande partie des frais du domaine.................. 79

Conclusion 100

BAR-LE-DUC. — IMPRIMERIE CONTANT-LAGUERRE.

CARTULAIRE

DE LA VILLE D'ARBOIS

AU COMTÉ DE BOURGOGNE

SUIVI DE

PIÈCES ANNEXES, DE NOTES ET DE TABLES

(XIIIe et XIVe Siècles).

CARTULAIRE

DE

LA VILLE D'ARBOIS

AU COMTÉ DE BOURGOGNE

(XIIIe et XIVe Siècles)

Le Cartulaire d'Arbois fait partie des archives communales de cette ville, série AA, n° 1. C'est un volume in-quarto, composé primitivement de soixante-douze feuillets de vélin. Hauteur, 0m268; largeur, 0m202. La reliure est formée de deux ais couverts de peau. Il porte sur le feuillet de garde ce titre en écriture moderne: «*Cartulaire d'Arbois*». L'écriture est, en général, de la fin du XIVe siècle (1).

Le Cartulaire est une copie des titres de la communauté des habitants. Il a été rédigé en vertu d'une ordonnance des échevins, datée du mois de janvier 1384. (n. st.) Les chartes y ont été reproduites sans ordre chronologique, à peu près sans ordre de matières, au fur et à mesure, dirait-

(1) Il existe une copie moderne du Cartulaire à la bibliothèque de la ville d'Arbois. Cette copie est défectueuse et très incomplète. On n'y trouve point le formulaire de la quittance de Madame Mahaut pour les pauvres d'Arbois, les chartes 21 à 25, 39, 40, 42 et toutes celles de la fin, à commencer par la charte 48. Au contraire, les pièces de cette copie cotées 42 à 62, datant de 1385 à 1595, ne font point partie du Cartulaire. — Les chartes 1, 2 et 45, ainsi que d'autres extraits considérables du Cartulaire, se trouvent également dans la collection Droz, mss. n° 26, fos 389, ss., et n° 27, fos 281, ss., 337, ss. (Bibliothèque nationale, collection Moreau, mss. nos 887, 888).

on, qu'elles sortaient des coffres où elles étaient conservées.

Le Cartulaire n'a pas été écrit en une seule fois ni de la même main. La partie primitive du recueil, formée en exécution de l'ordonnance de 1384, comprend les cinquante-six premiers feuillets. La plus ancienne charte transcrite dans cette partie du recueil est celle de 1257, la plus récente appartient à l'année 1385. Cette première série de copies est l'œuvre du même scribe. Chaque document est précédé d'une analyse sommaire, qui paraît être la reproduction de celle que l'on avait coutume de placer au revers des pièces originales, le plus souvent aussitôt après leur rédaction. Excepté les chartes 1, 14 et 30, toutes ces copies sont indiquées comme ayant été collationnées sur les originaux. La vérification a été faite, pour la plupart d'entre elles, par le notaire Pierre Demolain, les 9 et 10 décembre 1404. La charte 25 a été collationnée par Christophe Demolain, coadjuteur au tabellionage d'Arbois. Les notaires Marceret et Demolain ont vérifié la charte 26, le 11 janvier 1405 (n. st.). Chaque pièce collationnée est précédée du mot *copie* placé après l'analyse sommaire et suivie d'une attestation signée et paraphée par le notaire, qui affirme la concordance parfaite du texte avec l'original.

Les autres copies renfermées dans le Cartulaire sont de plusieurs écritures. Les plus anciennes remontent à la fin du XIVe siècle. Ce sont : 1° la copie de l'ordonnance de Philippe le Hardi sur la procédure, de 1386 (*41*), d'une écriture raide et anguleuse ; 2° les chartes 43 et 44, dont l'écriture est celle de la partie primitive du Cartulaire ; 3° le document intitulé *ce sunt ly statuz et ly establissement de la malatière d'Arbois* (*45*), d'une écriture large, rapide, peu soignée et pâle ; 4° les actes numérotés 46 à 48, dont l'écriture est sinon la même que celle de la partie primitive du Cartulaire, tout au moins très semblable ;

5° les chartes 49 et 50, écrites par les notaires Querut et P. de Rue en 1392 et 1396. La charte 49 est un original. Deux titres ont été ajoutés au commencement du xve siècle. Le premier, qui porte le n° 42, a été écrit par le notaire Demolain; le second, en grande partie illisible, est un document de 1418 placé tout à fait à la fin du volume. Enfin le formulaire de la quittance de Madame Mahaut pour les pauvres de la ville, est du commencement du xvie siècle. Il est écrit au verso du feuillet de garde placé au commencement du Cartulaire.

Le Cartulaire porte trois séries de numérotages: 1° numéros des neuf cahiers, chacun de huit feuillets, formant le volume. Sur le premier feuillet de chaque cahier, recto, partie droite inférieure, est inscrit le numéro du cahier: *primus, secundus, tertius*, etc., 2° numéros des feuillets. Ces numéros sont inscrits en chiffres romains et vont de un à soixante-douze. Les numéros des cahiers et des feuillets sont de la première écriture du Cartulaire, 3° numéros des chartes transcrites dans le Cartulaire. Ils ont été ajoutés, en marge de chaque pièce, peut-être au xvie siècle. Quelques numéros d'ordre sont précédés du mot *Colhée*. Les premières chartes sont numérotées par la série des lettres de l'alphabet. La lettre *z* correspond à la charte 21 de notre numérotage. Viennent ensuite trois chartes cotées au moyen de signes particuliers. Les documents dont elles sont elles-mêmes suivies, depuis la charte 25 jusqu'à la charte 44, sont numérotés en chiffres romains. La charte 44 est placée sous la cote xxj. Les derniers textes du Cartulaire n'ont pas de numéros.

Le Cartulaire ne nous est point parvenu en entier. Il présente deux lacunes; la première comprend les feuillets 12 et 13. Ces deux feuillets formant une seule pièce de vélin ont été arrachés. Sur la feuille 13 se trouvait le commencement d'une charte datée de Hesdin, 1378. Nous n'en avons que la fin (1). Cette première lacune nous prive en tout ou en partie des deux chartes cotées *f* et *g* dans le numérotage du XVIe siècle. La seconde lacune correspond au feuillet 62. Le feuillet a été coupé ; il n'en subsiste plus qu'un fragment formant feuille volante et contenant le commencement de la charte 43. Cette mutilation a fait disparaître la charte cotée XIX dans l'ancien numérotage.

Il reste à rechercher quelle est la valeur du Cartulaire. Est-ce un recueil complet et une copie fidèle? Pour répondre avec une pleine certitude à ces questions, il faudrait avoir conservé les archives de la communauté telles que le copiste de 1384, et les notaires chargés du collationnement de 1404 les avaient à leur disposition. Malheureusement la plus grande partie de ces archives a disparu. Parmi les chartes transcrites dans le Cartulaire, il n'en est que six dont la ville ait conservé les originaux. Ce sont les pièces qui portent les numéros 9, 15, 17, 22, 23 et 25. Deux autres seulement, les chartes 2 et 9, nous sont connues par des copies antérieures à la transcription de 1384.

Autant que ces faibles éléments de comparaison nous permettent d'en juger, le Cartulaire est une copie exacte et consciencieuse. L'écrivain a reproduit, non seulement la teneur des documents, mais toutes les mentions inscrites sur le repli et au revers. L'orthographe est respectée, et c'est à peine si on relève quelques altérations très légères, dont aucune n'intéresse le sens. Cette exactitude paraîtra très naturelle si l'on observe la date des chartes qu'il avait sous les yeux. Il se trouvait en présence de quelques textes du XIIIe siècle, époque où l'écriture est toujours, dans les documents de la région, excellente et parfaitement lisible. Les autres documents appartenaient tous au XIVe siècle. C'était pour lui des documents

(1) Cette charte ne se trouve ni dans la copie du Cartulaire déposée à la bibliothèque de la ville ni dans la collection Droz.

contemporains. Le texte du Cartulaire mérite donc d'autant plus de foi que sa rédaction a suivi, en général, d'assez près la confection des originaux.

Quant à des lacunes, il n'est pas douteux que l'auteur du Cartulaire n'en ait laissé dans son œuvre. On n'y trouve point la série des chartes, si intéressantes pour nous, relatives aux débats de la communauté avec les Lombards, puis avec le chevalier Dimanche de Salins et la famille de Dimanche. On verra parmi les pièces annexes deux documents, les chartes 6 et 8, dont la place semblait marquée dans le Cartulaire. Il est vrai qu'elles étaient peut-être contenues dans les feuillets aujourd'hui disparus. Une autre lacune est annoncée dans la rubrique de la charte 33, qui se rapporte à la nomination du gouverneur de l'hôpital par les échevins. Parmi les lettres de la ville, y est-il dit, il s'en trouve plusieurs identiques ou semblables à cette charte, qui ne sont point copiées dans le présent livre. Enfin la charte 26 révèle une omission qui paraît autrement regrettable. Ce document donne la liste des chartes de franchises qui furent présentées à Jeanne II pour être confirmées. De ces chartes le Cartulaire ne nous en a conservé qu'une seule, celle du comte Otton. Les trois autres, charte de la comtesse Alix de Méranie, charte de la comtesse Mahaut, et charte de Jeanne Ire, comtesse de Bourgogne et reine de France, manquent.

Ces diverses lacunes ont, sans doute, été voulues par l'auteur du Cartulaire. En ce qui concerne les pièces relatives à l'hôpital, il a probablement été déterminé par cette considération qu'il s'agissait d'une personne civile distincte de la communauté. Il a pensé qu'un seul titre, le plus ancien, suffisait pour établir le droit de la ville d'instituer le gouverneur de l'hôpital. C'est pour un motif analogue qu'il a écarté les chartes d'Alix, de Mahaut et de Jeanne Ire, ainsi que la charte 8 des pièces annexes, car il est peu probable que les originaux, qui se trouvaient avec toutes les autres lettres de la ville, aient déjà péri avant 1384. Le rédacteur du Cartulaire se proposait de donner à la ville le moyen d'établir, pièces en mains, l'obligation pour tout nouveau seigneur et pour tout nouveau bailli de confirmer les franchises communales. La charte 1, qui pose le principe de cette obligation, les chartes 26, 27, 28, qui en montrent l'application à l'avènement de Jeanne II, de Marguerite de France et de Louis de Male, lui ont paru suffisantes pour fournir cette preuve. En résumé, il n'a pas copié sans discernement tout ce qui lui tombait sous la main. Il a fait un choix. Il a rejeté plusieurs documents qui lui ont paru inutiles, parce qu'ils se rapportaient à une affaire vidée, par exemple à celle des Lombards, de Dimanche, ou parce qu'ils ne faisaient que confirmer et répéter d'autres titres. Dans ce choix, il paraît avoir été guidé par les deux principes suivants : 1° n'insérer que les titres qui, dans sa pensée, pouvaient servir à prouver un droit actuel de la communauté; 2° parmi les titres de ce genre, donner la préférence aux plus récents (1).

En terminant, je suis heureux de remercier ici M. le Maire d'Arbois, MM. les Secrétaires de la mairie et M. le Bibliothécaire de la ville de leur inépuisable obligeance. Je prie M. l'Archiviste du département du Jura d'agréer l'expression de ma vive reconnaissance pour sa complaisance et son amabilité.

(1) Les chartes 1 et 2 ont déjà été publiées d'après le texte du Cartulaire. V. pour la charte 1, Chevalier, *Mémoires historiques sur Poligny*, II, pièc. justific., n° XXIII, 1°, pp. 579, s., et pour la charte 2, *Mémoires et documents inédits pour servir à l'histoire de la Franche-Comté publiés par l'Académie de Besançon*, 1838, I, p. 460.

CARTULAIRE D'ARBOIS

[Feuillet de garde, r°]

Ce présent livre contient ix quayers que sont tous nombrez.

[Feuillet de garde, v°] Formulaire de la quictance du drapt de ma dame *Mahault* pour les pouvres *d'Arbois*.

Nous *Claude Glanne*, docteur ès drois, maire, *Guillame Bontemps*, *Guillame Grelet*, *Girard Guy* et *Anthoine Largeot*, proudommes et escheuins de la ville et communaté *d'Arbois*, congnoissons et confessons avoir eu et reçeu de nostre très redoubtée et souverainne dame, per les mains de honnorable homme *Jaques Luc*, trésorié de la saulnerie de *Salins*, sur son plaige de la dicte saulnerie, la somme de vingt huit liures esteuenantes pour semblable somme que feue ma dame *Mahault*, jadis contesse de *Bourgoigne*, donna aux pouures *d'Arbois* en aulmosne pour en acheter du drapt pour donner ausdis pouures. De la quelle somme de vingt huit liures pour le terme de Sainct Michiel archange mil cinq cens et huit derrenement passé nous sumes contens et en quictons madite dame, le dit trésorié et promectons acquiter envers et contre tous, et certiffions en oultre à tous que les vingt huit liures per nous reçeuts pour les causes susdites pour le terme de Sainct Michiel mil cinq cens et sept ont estées conuerties et amplets en aulmosnes desdits pouures, tesmoings noz saingt manuels cy mis le.

[Fol. i, r°]. Fini principia det jungere Virgo Maria. Amen.

† In nomine Domini. Amen.

Ci après en ce liures sont contenues et escriptes les copies des franchises, libertez et autres latres de la ville et communatey d'*Arbois*, lequel livres flerent faire *Aymonet du Chestel*, *Guillame de Verruelx*, *Jacquet Bellissans* et *Guienet Le Baul*, prodomes et eschevis de la dicte ville d'*Arbos*, ou mois de janvier l'am Nostre Seigneur mil ccc iiij xx et trois (1384, n. st.).

Et premièrement s'ensuet la copie de la déclaracions que fuit faicte per le conte de *Bourgoigne*, le seignour de *Vaudrey*, per le consentement du conte de *Vianne*, per la forme et menière que s'ensuet.

Arbois, 1257.

Con causa verteretur inter comitem *Burgundie* ex vna parte et dominum de *Vadrey* ex altera super vsibus, jure et consuetudinibus quibus illi duo domini et sui uti debeant in prepositatu de *Arbosio*; tandem de voluntate et consensu *Willermi* comitis *Vienne* a quo predictus dominus de *Vadre* tenebat omnia quecunque habebat apud *Arbosium*, amicis intervenientibus ab utraque parte, super hoc fuit in arbitros compromissum, videlicet in dominum *Rodulphum* de *Mollíprato* et dominum *Hombertum* de *Ceys* ex parte comitis *Burgundie*, et in dominum *Hugunem* de *Thoire* et dominum *Petrum* de *Molliprato* [F° i, v°] ex parte domini de *Vadre*. Hii autem quatuor arbitri recta via volentes incedere et juris ordinem per omnia conseruare, vnanimiter juraverunt quod super iis premissis veritatem et raciones utriusque partis inquirerent diligenter et ipsimet quicquid inde scirent bona et sana fide manifestarent, et inde crederentur, et auditis inquisicionibus et racionibus vtriusque partis, causam illam, si possent, fine legitimo terminarent, aut si forte eandem causam terminare non possent, saltem inquisiciones factas defferrent et publicarent coram comite *Burgundie* et comite *Vienne*, et auditis inquisicionibus et racionibus vtriusque partis, illi duo eandem causam deciderent et fine debito terminarent. Quia vero tantum et tam arduum negotium terminari non poterat nec decidi sine magna providencia et sine bonorum et prudentum virorum consilio, predicti quatuor arbitri, ut rei veritatem possent plenius discutere, jurare fecerunt ante inquisiciones faciendas, presbiteros, clericos, milites, burgenses, servientes et multos alios habitatores de *Arbosio*, quod super hiis premissis fide et intencione bona veritati testimonium preiberent. Qui homines jurati reportauerunt et dyxerunt quibus vxibus, quo iure et quibus consuetudinibus predictus comes *Burgundie* et dominus de *Vaudre* et sui vti debebant in territorio et prepositatu de *Arbosio* sicut in hiis presentibus litteris continetur. 1. *In primis* autem reportatum fuit et cognitum quod comes *Burgundie* et dominus de *Vaudre* habent et habere debent justiciam suam et bannum suum apud *Arbosium* in territorio *Arbosii*, quilibet super suos, et unusquisque duorum dominorum potest mictere bannum suum super suos [F° ij, r°] et insimul super hoc quod inter se concordant. 2. *Item* importatum fuit et cognitum quod ad quemcunque prepositum siue ad prepositum comitis *Burgundie*, siue ad domini de *Vaudre* aliqua conquestio deuenerit, lex est ipsius ad quem deuenit conquestio, et emenda dierum est illius qui justiciarius est et cuius est justicia (1). 3. *Item* reportatum fuit et cognitum quod con aliquis homo aduenticius venit *Arbosium*, si primo jaceat super burgum uel super aliquem suorum hominum, uel super aliquem de justicia sua, dominus de *Vaudre* ipsum hominem aduenticium deinceps non potest

(1) La *lex* est l'amende. On l'oppose au *capitale* ou *chatallum* qui sont les dommages-intérêts. 1199. Interdicimus etiam ne prepositi vel aliqui de hominibus nostris cogant eos legem solvere, nisi tantum chatallum reddere. (Diplôme d'Otton, comte palatin de Bourgogne pour l'abbaye de Balerne. Arch. d'Arbois, K, 3. Copie authentique de 1748).

nec debet retinere nec albergare in toto prepositatu de *Arbosio*. Hunc eundem vsum et hanc eandem consuetudinem de hominibus habet dominus de *Vaudre* erga comitem *Burgundie*, sicut superius est expressum. 4. *Item* importatum fuit et cognitum quod si aliquis homo duorum dominorum predictorum uel aliquis homo de justicia recederet a prepositatu de *Arbosio* et post ea rediret ad *Arbosium*, dominus ille qui primo habuit illum hominen non debet illum perdere aliquo modo, sed redire debet ad primum dominum quocunque moretur. 5. *Item* reportatum fuit et cognitum quod comes *Burgundie* non debet retinere nec albergare in prepositatu de *Arbosio* homines domini de *Vaudre* nec homines de justicia sua, nec dominus de *Vaudre* similiter homines comitis *Burgundie* nec homines de justicia sua de *Vaudre* de quocunque loco sint vel veniant. 6. *Item* reportatum fuit quod *li Chestelleinne* est de territorio *Arbosii*, et quod comes *Burgundie* non debet ibi albergare homines domini de *Vaudre* nec homines de justicia sua. 7. *Item* reportatum fuit et cognitum quod omnes *Costes Pendentes* libere sunt et communes, aqua similiter libera et communis, et *li Chamois* similiter liber et communis, et ista tria videlicet aqua, *Costas* et [F° ij, v°] *li Chamoys* neuter duorum dominorum bannire debet auctoritate sua, nisi concordia et consolio ville de *Arbosio*, et si forte aliquis vnius aut alterius domini faciebat aliquem excessum in hiis tribus uel in aliquo horum trium, videlicet in *Costis*, in aquis et *el Chamoys*, vnusquisque duorum dominorum habet jus suum et emendam suam super suum. 8. *Item à la Chastelayne* reportatus fuit specialiter *li bois de Sangins*. 9. *Item* reportatum fuit et cognitum quod forum et excessus in ipso foro perpetrati et vine et mensure olei ad solum comitem *Burgundie* pertinent in die fori, et ipsius sunt sine participacione domini de *Vaudre*. Preterea reportatum fuit quod comes *Burgundie* debet conducere pro posse suo homines venientes ad forum de *Arbosio* cum vniversis rebus suis euntes et redeuntes a meredie diei Jovis usque ad meredie diei sabbati subsequentis. De falsis mensuris vini et omnibus aliis mensuris, et de falsitate panis unusquisque duorum dominorum habet jus suum et emendam suam super suum. 10. *Item* reportatum fuit quod comes *Burgundie* uel mandatum eius nullas debet capere mensuras vini super dominum de *Vaudre* nec super suos, set omnes alias falsas mensuras expositas ad vendendum et emendum in die fori comes *Burgundie* potest capere et emenda sua est; altera autem die non debet capere illas mensuras nisi super suos. 11. *Item* reportatum fuit quod si aliquis latro captus fuerit in prepositatu de *Arbosio*, de quacunque justicia duorum dominorum ille latro fuerit uel sit, si justicia corporalis est facienda de ipso latrone, comes *Burgundie* ipsum debet judicare, et ad ipsum solum pertinet justicia corporalis. Si autem uel emenda uel satisfacio facta fuerit de ipso latrone, vnusquisque duorum dominorum habet jus suum et emendam suam super suum [F° iij, r°]. 12. *Item* reportatum fuit quod si forte aliquod bellum euenerit in prepositatu de *Arbosio* inter campiones, illi campiones deliberari debent in manu comitis *Burgundie* uel mandati sui et ipse comes uel mandatum suum debet custodire campum et facere justiciam corporalem de ipsis campionibus, si ita sit quod justicia corporalis facienda sit; verumptamen si de bello illo pax et concordia facta fuerit, vnusquisque duorum dominorum habet jus suum et emendam suam super suum. 13. *Item* reportatum fuit et cognitum quod homines vtriusque domini possunt acquirere et emere terras et possessiones alias et vxores accipere ab hominibus vtriusque domini, vnus communiter ab alio. 14. *Item* reportatum fuit quod si aliquis vendat aut commutet hominem suum qui sit de vna uel de alia justicia, dominus ille de justicia cuius homo venditus vel commutatus primo fuit, non perdit pro eo jus suum nec justiciam suam in ipso homine, sed tamen vnus dominus potest vendere uel commutare hominem suum aut aliquam rem suam alii domino perpetualiter si voluerit. Mulieres vidue, quandiu sunt in viduitate, sub illo domino remanent sub quo erant prius mariti earum.

Cum autem vidue accipiunt maritos, secuntur illos et dominum maritorum illorum. 15. *Item* reportatum quod vie et *li chemins* communes sunt, et si aliquis vnius uel alterius domini impediat aut peiorat ipsas vias et *les chemins* in territorio de *Arbosio*, vnusquisque duorum dominorum jus suum et emendam suam habet super suum, et quod ibi male factum fuerit per ipsum debet in melius emendari [F° iij, v°]. 16. *Item* reportatum fuit quod custodes vinearum et pastores et *li messier* communes sunt et communi consilio proborum hominum de *Arbosio* debent apponi, et unusquisque duorum dominorum habet jus suum et emendam suam super suum. 17. *Item* reportatum fuit quod *li boys de Mochay* proprium est comitis *Burgundie* et illum bannire potest autoritate sua. A simili *li boys de Forez* proprium est domini de *Vaudre*, et autoritate sua eum potest bannire. 18. *Item* reportatum fuit quod *li pastorage de Bochaylle* est communis toti ville de *Arbosio*, sed tamen dominus de *Vaudre* et sui possunt colere et gaynare terram illam, si voluerunt, sed, fructibus perceptis et collectis, non possunt nec debet cla[u]dere terram illam nec obstruere, ita quod per clausuram illam pastoragium illius loci sit amissum. 19. *Item* dominus de *Vaudre* uel sui non conducere nec actrahere in terram illam aliquas possunt gentes per quas illud pastoragium foret amissum. 20. *Item* reportatum fuit quod prepositus comitis *Burgundie* debet instituere cornerium de *Arbosio* et ponere bonum et legitimum pro posse suo et bona fide ; et cum ille cornerius institutus est et appositus, presentari debet domino de *Vaudrey* uel mandato eius et facere fidelitatem in manu eius tanquam in manu prepositi comitis *Burgundie*. 21. *Item* idem cornerius fideliter debet facere negocia domini de *Vaudre* [F° iv, r°], et jura ipsius pro posse suo obseruare fideliter ; et si aliqua conquestio deuenit ad ipsum cornerium, debet aiornare pro vtraque parte tanquam ille qui communis est in officio suo, et vnusquisque duorum dominorum habet jus suum et emendam suam super illum a quo debet habere. Preterea idem cornerius debet apponere et clamare bannum pro vtraque parte. 22. *Item* idem cornerius, si in aliquo aliunquid aduersus dominum de *Vaudrey* (1), hoc debet in melius emendare. Si autem dominus de *Vaudre* (2), pro parte sua potest ipsum expellere a corneria sua et contradicere illi cornerio ne intromitat se de negocio suo, donec culpam suam emendauerit et excessum. 23. *Item*, ad requisicionem domini de *Vaudre*, idem cornerius debet ire eo quo missus fuerit pro negocio domini de *Vaudre*, et pro negocio suorum hominum, uel de justicia sua, saluis tamen ipsius expensis competenter. 24. *Item* fuit reportatum et cognitum quod quando duo domini voluerint yre super inimicos suos, ipsi debent apponere bannum suum ex parte comitis et domini de *Vaudreio*, et vexilla ponere in loco publico, ut omnes videant, et timpana sonare, ita quod omnes sciant, et melior domus et forcior debet sequi dominum et vexillum, et quando sunt ad locum destinatum, domini debent, vel ballivus, vel prepositus, de consilio subiectorum suorum [F° iv, v°] considerare si sint forciores inimicorom suorum, si sunt, bene quidem, et si non sunt forciores, dominus potest mandare secundo bannum, et si in hospicio remanserint tres uel duo, fortior illorum debet sequi secundum bannum : et si remanserit solus, sequitur, nisi habuerit optimam excusacionem causa seneclu[ti]s uel infirmitatis. 25. *Item* dum femina iacet pregnans, homo non tenetur solus in istis mandatis, dum ipsa jacet tempore debito jacendi. 26. *Item* fuit reportatum et cognitum, si dominus mandat feodales, ipsi debent sequi dominum cum almis et vexillum suum secundum quod se habent et ille qui non sequitur contumax est, et dominus in reditu suo potest assignare ad feodum suum, nisi erga dominum legitimam habuerit excusationem. 27. *Item* fuit reportatum idem emende in prepositatu in die fori pertinent solummodo comiti *Burgundie* et justitia. 28. *Item* fuit reportatum quod si aliquis inue-

(1) Lacune, Fecerit
(2) Lacune, Velit?

nit aliquam rem in via uel extra, ipse debet ferre illam rem ad ecclesiam, et presbiter debet denunciare generaliter et seruare per annum, et si amissor non venerit, illa res debet poni in opere ecclesie. 29. *Item* et si aportata fuerit domino seculari, elapso termino dicto, dominus potest de re sua facere voluntatem inter ipsos duos dominos de re inuenta extra diem fori Veneris. 30. *Item* fuit reportatum, quocienscunque dominus mutatur, quod superveniens debet jurare super sancta Dei euuangelia quod ipse istam paginam tenebit et ea que continentur in ipsa, sine aliqua lesione uel corrupione, pro se et suis [F° v, r°]. 31. *Item* reportatum fuit quod si aliquis vult sasire aliquam rem, ipse debet ostendere illam rem oculo ad oculum, uel non est sasita. 32. *Item* prepositus non potest suum justiciarium accusare, nisi venerit accusator et ipsum fecerit citari coram ipso ad certam diem. 33. *Item* tabernarii non debent permitere luxores vltra horam campane, et si fuerint inventi, dominus habet emendam de tribus solidis. 34. *Item*, in villa non debent sustineri illi qui sunt *oquelors*, sed debent proib[er]i a villa, et si aliquid extorserint, dominus debet reddere illi cui res est. 35. *Item* fuit reportatum quod villicus prepositus non potest accusare justiciarium suum, sed debet ipsum convenire coram ballivo uel coram sunpersyore pro jure suo. 36. *Item* fuit reportatum, quod quilibet potest vnum alium facere convenire coram domino uel mandato suo, prima die potest super sedere sine emenda, et secunda die viua voce fecerit illum citare, oportet quod ipse firmet peticionem suam; et si noluerit petere, ipse remanet in culpa de tribus solidis et in expensis ad respectum judicis. 37. *Item* fuit reportatum quod si aliquis fecerit dampnum, ipse tenetur emendare, nisi in deffensione sui corporis; et si animal fecit dampnum, uel custos eius, si culpa sua fuerit in custodia sua, uel dominus cuius est animal, uel animalem relinquere illi cui fecerit illud dampnum, et si uoluerit retinere animal et dampnum emendare, nisi fuerit mortale alicuius creature, retinere potest, ipso dampno emendato; et de omicidio malum esset domino, retinere si fecerit. 38. *Item* fuit reportatum quod nobilis persona non tenetur [F° v, v°] in emenda de tribus, nisi dampnum emendare si fecerit, scelicet miles, armiger, cliens francus, et clerici tunsurati. Et si aliquis de nobilibus fuerit citatus ab aliquo, ipse debet comparere coram domino, et si defficerit per tres dies, dominus pòtest emendam suam leuare propter vituperium, sed vna vice quilibet potest supersedere de causa sua una vice, sicut superius est dictum et reportatum. 39. *Item* fuit reportatum quod homo francus uel nobilis mulierem quam ducit in vxorem seruilem, facit eam liberam. Et mulier nobilis que ducit hominem seruum, non potest ipsum facere francum nec liberum. 40. *Item* fuit reportatum quod homo francus uel nobilis ducit vxorem qualencunque vult, et habet pueros plures, postea vxor moritur, ipse ducit alteram et habet solum puerum, ipse moritur primus : puer in bonis paternalis et in successione patris querit jus suum, reportatum fuit quod ipse solus tantum percipit quod omnes alii percipiunt. 41. *Item* de talibus fuit reportatum quod omnes pueri de pluribus personis, siue de hominibus quam de mulieribus debent diuidi tam vnus quam alter de seruilibus personis in omnibus suscexionibus superuenientibus, siue a latere, sive non, si sunt de legitimo thoro nati. 42. *Item* fuit reportatum et cognitum per supradictos quod quocienscunque dominus mutatur, quod primus veniens duorum dominorum superveniens debet jurare super sancta Dei euuangelia, antequam recipiatur pro domino omnia que continentur in ista pagina tenere et manutenere, sine aliqua violencia, et alias consuetudines supradicte ville approbatas per bonos viros dicte ville supradicte. Datum et actum per supradictos [F° vj, r°] viros, anno Domini millesimo cc° l septimo in ecclesia Sancti Justi, coram omni communi totius ville de *Arbosio* et supra dictis dominis comitis *Burgondie* et domini *Vullermi*, domini de *Vaudrey*.

2

Copie des bois, des fors, molins et autres libertez et franchises données et outroyés à la communaltel d'*Arbois* par le conte *Olhe* de *Bourgoigne* (1).

1282 mai.

Nous *Othes*, cuens palatins de *Bourgoigne* et sires de *Salins* façons savoir à tous cex qui verront ces présentes lactres que nos dessieranz que nostre ville d'*Arbois* soit cratle, multeplié et amendée, pour le profit de nostre dicte ville et pour le nostre profit, assi que nos i avons vehuz et regardez appertement, auons donné, donnons et outroions permeignablement pour nos, pour nos hoirs et pour nox suscessours, pleinne puissance et espicial comandement au comunal de nox gens de nostre dicte ville d'*Arbois* que il puissent eslire quatre proudomes de lour comunal chascom ans, le jour de la feste de la nativitez Saint Jehan Batiste ou le diemenge après [F° vj, v°]; et doyuent nos genz de *Arbois* et ly communalx torner et venir chescum anz en l'église de *Arbois* le jour de la dicte feste de la nativitez saint Jehans ou le diemange après quant om sonera la grosse cloiche. Et cil qui seroient venuz en ladicte églisse ont poissance de eslire les dit quatre proudomes chescum an senz cex qui ne saroient venuz en ladicte églisse, et les pouent chescom ans chaingier et remuer tout quatre ou l'onz ou les doux ou les trois, s'il lour plait. Et doyuent estre ly diz quatre proudomes juriez. Et cil qui seroit eslit pour lou communal ne lo puet ne doit refusser; et çou qui seray accorder et ordenez pour

(1) Il y a en outre aux archives d'Arbois: 1° DD, 530, un vidimus de Hugues, curé d'Arbois, du mois d'août 1309. Etait scellé sur double queue du sceau du curé. La partie droite du parchemin a été rognée. 2° AA, 31, six copies de cette charte, anciennes pour la plupart, mais toutes postérieures au Cartulaire et une copie partielle de 1374 (clauses relatives à la donation des fours), AA, 2. Cette copie a été faite par Humbert du Champ d'Arbois, chapelain, garde du scel de la comtesse de Flandre. Elle a été signée et collationnée par Guillaume Brenier, clerc, tabellion général au comté de Bourgogne. Elle était scellée sur double queue du sceau de la comtesse. Le sceau manque.

les trois des diz quatre proudomes de la poissance que nos lour donons et outroions en cestes lectres serait tenuz et gardé, se li quart ne se voloit acorder à lour ordenement assi come se il estoit acordez pour tous les quatre proudomes. Et se li om ou ly duy des dit quatre proudomes estoient deffaillant pour aconz quas aventurox, nox genz et ly comunals de nostre dicte ville pouent eslire en touz temps autres proudomes pour cex qui seroient deffaillant. Après nos donons et outroions permagnablement pour nox, pour nox hoirs et pour nox sucessours, pleinne poissance et espicial comandement a communal de nox genz de nostre dicte ville de *Arbois* et ès quatre proudomes que jay ly sont et à touz autres que ils seront mis pour le commom, que il haient lour vsaige au bois des *Costes Pendantz* et à bois dou *Chamois*, tant comme au préuosté de *Arbois* appertient, pour faire des dit bois lour proflt et toute lour volunté, sal ce que nox en retenons les bois qui sunt deffuer [F vij, r°] *les Costes* et et defuer *le Chamois*. Et pouent ly dit quatre proudomes mettre les bois en bant en tout ou en partie quand lour plarat, et abandoner assi quant lour plaray, senz nox et senz nostre comandement, senz nulle accusson. Et puent assi mectre les forestiers por les bois garder, et receuoir les soirement des diz forestiers, senz comandement de justisse et de seignour, en tel menière que cil que saray trouez à bois trainchant les bois mort paierai trois souz d'amende, et cil qui hi seray trouez trainchant lou chaigne paieray sept souz d'amende, et cex amendes saront à comunal, et se par auenture acuns troioit les dit bois et mectoit de bois à plain, ly amende seroit nostre. Encour auons nos donnez et donons permaignablement, pour nos, pour nox hoirs et pour nos suscessours, audit communalx de nox gens de *Arbois* et ès dit quatre proudomes nox forz cy après deuisez : c'est assauoir le fort que nox tenons (1) de *Hombert* d'*Arbois*, ly quex fort siet hu

(1) En marge, écriture du XVIe siècle : donation des forts d'Arbois. Il y avait à Arbois trois fours, celui du bourg, celui de Mesnay et celui de la rue

bourc d'*Arbois*, selom la maisom *Huguenin* dit *Moinne*, d'une part et selon la maison mon seignour *Hechart* de *Vaudens*, chevalier, d'autre part; lou fort de *Mennay* que nos tenons dou dit *Hombert*, li quex fort siet près de l'*église de saint Oyant*, et le fort de la *ruhe de Faremant* qui fut ès *Joncatz*, ensamble le mex et les appertenences des diz fors. Les quex fort, ensamble les mex et les appertenances que nos lour hauons donnez et donons, ainsim comme dessus est dit, nos leur prometons guarandi contre toutes genz et en tout lues, sal ce que se nos ne lour porriens garantir le fort que nos tenons [F° vij, v°] de *Hombert* d'*Arbois*, li quex fort siet ou boro d'*Arbois*, nos leur deuons donner place autre part, et faire fort, à nostre, vne foiz, em assi bom lue come li dit fort siet. Encort volons nous que li comunals de nox gens d'*Arbois* et li quatre proudomes que jay hi sont et saront mis pour le commun, puissent aquerre mex et places pour faire fort lay où leur plairay, pour la aise et pour le profit de lour et dudit commum; li quex fors seront lour perpétuement. Ne nos, ne autre pour nox, ne aucuns de nox genz ne pouons ne deuons jamais hauoir ne faire fort en la ville d'*Arbois* em aucune menière qui ne fut à commun d'*Arbois*, ne ne devons soffrir que autre li faist. Et se acuns i façoit fort, nos le deuons faire oster. Se acuns de nox gens d'*Arbois* cuioit son pain à autres fors que ès fors dou communalx, nos volons et comandons que il perde le pain ou la peste,

de Faramans appelé au XIV° siècle *four quatre sous*, et les cinq moulins du Gillois, de Crosot, de Courcelles, du Château et des Terreaux. Au XIII° siècle la plupart de ces établissements n'appartenaient pas aux comtes. Ils n'étaient propriétaires que des moulins de Gillois et de Courcelles. Le moulin des Terreaux était au prieuré, le four de Faramans appartenait à une famille Joncat, les fours du bourg et de Mesnay, les moulins de Crosot et du Château étaient la propriété de la famille d'Arbois. Le prieuré avait sur le moulin de Crosot une rente foncière de six quartaux de froment (*Inventaire des titres du prieuré*, XII, premièrement). Les comtes acquirent presque tous les établissements rivaux. En 1282, Otton IV avait déjà tous les fours. Le moulin du Château et le moulin de Crosot tombèrent également dans le domaine des comtes, sous réserve pour celui-ci de la rente du prieuré qui subsistait encore en 1388 (Pièces annexes, 4, 1327). En somme la concurrence du moulin des Terreaux restait seule à combattre.

et trois souz d'amende, et li pain ou la peste saray au communalx, et li trois souz d'amende seront nostres. Et pourtant volons nos que li dit fors soient conduit sal alant et sal venant, et que om ne puisse gaigier de pain ne de peste en pourtant ou en raportant des dis fors ne deanz les dit fors ; et se ly forniers ou les portariz font faute en cuire les pains, en saichier les aueinnes ou en autre chose qui appertienne ès fors, ly dit quatre proudomes les pouent oster de l'office des fors senz parler à nos ne à nostre commandement, et nos ne nos en deuons entrematre. Pour cex couenences et pour cex bontez que nos façons à communal dou commun [F° viij, r°] de *Arbois*, et ès dit quatre proudomes, il doyuent tuit modre à nox (1) molins d'*Arbois* froment, orge, mil, peniz et toutes autres menières de blef pour trois deniers et vne maille de menoie corrant *Arbois* lou quartal à la messure d'*Arbois* ; et l'aueine assi le quartal, pour cel meimme pris, modre et gruer ainsim cum cil voudra cuy l'avoine saroit ; et nous lour deuons seignier molins et mugnier soffisant et quant qu'il i affiert. Et ly monniers ou ses comandements lour doit pourter lour blef dois lour ostex au molin et raporter la farine dois le molins à lour hostex, senz nulle autre exaction demander ne prandre. Et cil dou commun qui moudroit à autres molins que ès nos, nos deuroy sexante souz d'amende, et pour tant volons nos que ly diz molins soient conduit sal alant et saul venant, et que on ne puisse gaigier deanz les dit molins ne deffuer assi, de blef qu'on portoit es dit molins, ne de farinne qu'on en raportoit. Et ès diz molins d'*Arbois* doit estre la messure d'*Arbois* ; c'est assauer boisial et quartrenche ; et paieray chescom selom ce que il moudray de blef, et se ly monnier ou ses commandement feçoient acune faute par quoy nos genz fuissent domesgiez de lour blef, ly quatre proudomes doyvent conoistre dou fait ; et nostres comandement les doit croire deu faire à amender à celuy qui tort hauroit, salue nostre amende et

(1) En marge, même écriture que ci-dessus : moltures et moulins d'Arbois.

nostre henour. Et pour ce que nos volons que ceste lactre soit guerdée et mantenue permaignablement, nos hauons promis et promectons [F° viij, v°] en bone foy, por nos et pour nos hoirs, à communal et ès quatre proudomes de nostre deuant dicte ville d'*Arbois* que nos cex couenences et toute la tenour de cex lactres lour tanrons et guerderons fermement et permaignablement, senz venir jamais encontre per nos ne per autruy em jugement ne deffors. Et comandons à nox baillif, à nox préuost et à tout nos autre comandement que il, deuant ce que il entroient en la ville d'*Arbois*, en soignerie ne en justisse de part nos, juroient per lour soirement donnez sur saint euuangilles tenir et guerder fermement toute la tenour de cex lactres, quart nos volons et comandons que il la gardoient et tiennent fermement senz receuoir autre comandement de nos ne de nox hoirs. En tesmoignage de véritez nous hauons fait baillier au communalx et ès quatre prodomes dessus diz ces présentes lactres sellées de nostre grand seel, faites et données l'am Nostre Seignour corrant per mil doux cenz octante et doux, ou moy de may (1).

3

Lettres de vingt et viij liures de petit tornois pour acheter robes et soulers pour les poures d'*Arbois*, per la menière que s'ensuet.

1320, 20 décembre

Nos *Mathildis*, comitissa *Actrebatensis* et *Burgundie*, palatina ac domina *Salinensis*, notum facimus uniuersis quod nos de summa trecentarum librarum paruorum turonensium annui et perpetui redditus quas excellentissimus princeps et dominus noster carissimus *Philippus*, Dei gracia *Francie* et *Nauarre* rex illustris, ac

(1) Collacion des dictes lettres est per moy notaire cy subscript faicte au vray original sains et entier en seel et en escripture le ix° jour de décembre l'an mil iiij c et quatre. *Demolain*.

carissima filia nostra [F° ix, r°] *Johanna*, eadem gracia dictorum regina regnorum, nobis imperpetuum dederunt et concesserunt, admortizatas omnino super puteum *Salinensem*, pro omnimoda voluntate nostra facienda, volumus, disponimus et ordinamus pro remedio anime nostre et carissimi domini nostri bone memorie, domini *Othonis*, comitis *Burgundie*, et antecessorum nostrorum, ad egenorum et pauperum de *Arbosio* releuandas in parte miserias; quod singulis annis imperpetuum curati de *Arbosio* et de *Poloigniaco* qui pro tempore fuerint, insimul, aut alter ipsorum, alio impedito, vocatis tamen secum duobus de probis hominibus dicti *Arbosii*, percipiant, recipiant et habeant ad festum sancti Michaelis viginti et octo libras paruorum turonensium, vel equiualentis monete; de qua summa pecunie tercia pars conuertatur per eosdem in emptionem pannorum simplicium, quantum se poterit extendere dicta tercia pars; de quibus pannis per eosdem, quolibet anno, per quindecim dies ante festum omnium sanctorum dentur pauperioribus ingenuis mulieribus de dicto *Arbosio*, videlicet cuilibet una tunica continens quatuor vlnas cum dimidia, ad vlnam *Bisuntii*. De residuis vero duabus partibus dicte pecunie summe similiter emantur et distribuantur, quantum sufficere poterunt uel se extendere dicte due partes, pauperioribus egenis dicti *Arbosii* tunice de burellis similiter et sotulares fidelius et vtilius quam poterunt secundum Deum et eorum consciencias quas super hoc oneramus; ita quod de dicta summa distributores predicti pro expensis faciendis in poscendo et recipiendo dictam summam (1) [F° ix, v°], et in emendo et distribuendo pannos et sotulares predictos, percipiant et habeant singulis annis viginti solidos parvorum turonensium; volentes et ordinantes, cum omnibus pauperibus *Arbosii* et castellerie eiusdem predicta nequeant sufficere, quod illi pauperes tam nobiles quam ignobiles qui vno anno habuerint de predictis tunicis et sotularibus, anno imme-

(1) Au bas du feuillet à droite : secundus.

diato sequenti nichil habeant, constituentes tenore presencium predictos distributores qui pro tempore fuerint receptores dicte summe pecunie singulis annis imperpetuum, ita quod si non omnes insimul semel uel pluries premissis vacare noluerint aut non potuerint, tres uel duo ipsorum predicta nichilominus fideliter exequantur, vt in dictis eleemosinis participes sint et consortes. Obligantes ex nunc dictis receptoribus qui pro tempore fuerint imperpetuum pro dicta pecunie summa dicto termino anno quolibet persoluenda dictam saunerіam, receptores ac fructus, prouentus, redditus et exitus eiusdem saunerie specialiter et expresse, ac promittimus bona fide et sub expressa obligacione heredum et bonorum nostrorum omnium et singulorum, mobilium et immobilium, presencium et futurorum, dictam summam pecunie singulis annis imperpetuum reddere et soluere quibus supra termino memorato, ac eisdem garentizare, pacificare et deffendere semper contra omnes et vbique. In cuius rei testimonium presentes licteras sigilli nostri munimine fecimus roborari. Datum et actum vicesima die mensis decembris, anno Domini millesimo trecentesimo vicesimo (1).

4

[F° x, r°]. C'est lez copie des lettres de quatre liures et dix solz de petit tournois pour acheter robes et soules pour les poures de la *Chestellaine*.

1320, 20 décembre.

Nos *Mathildis*, comitissa *Atrebatensis* et *Burgundie*, palatina et domina *Salinensis*, notum facimus vniuersis quod nos de summa trecentarum librarum paruorum turonensium, annui et perpetui redditus, quas excellentissimus princeps et dominus noster carissimus *Philippus*, Dei gracia *Francie* et *Navarre* rex

(1) Collacion des lettres précédans est per moy notaire cy subscript faicte au vray original le ix° jour du mois de décembre l'an mil iiij c et quatre. *Demolain*.

illustris ac carissima filia nostra *Johanna*, eadem gracia dictorum regnorum regina, nobis imperpetuum dederunt et concesserunt admortizatas omnino super puteum *Salinensem* pro omnimoda voluntate nostra facienda, voluimus, disposuimus et ordinavimus, volumus, disponimus et ordinamus pro remedio anime nostre et carissimi domini nostri bone memorie domini *Othonis*, comitis *Burgundie*, et antecessorum nostrorum, ad egenorum et pauperum de *Castellana*, et de domibus desuper existentibus, relevandas in parte miserias, quod singulis annis imperpetuum curatus dicte ville qui pro tempore fuerit, vocatis tamen secum duobus de probis hominibus eiusdem loci, percipiant, recipiant et habeant ad festum sancti Michaelis, quatuor libras cum decem solidis paruorum turonensium, uel equivalentis monete, de qua summa pecunie tercia pars conuertatur per eosdem in emptionem pannorum simplicum, quantum se poterit extendere (F° x, v°) dicta tercia pars. De quibus pannis per e[o]sdem quolibet anno, per quindecim dies ante festum omnium sanctorum, dentur pauperioribus ingenuis mulieribus predicti loci, cuilibet vna tunica, continens quatuor vlnas cum dimidia ad vlnam *Bisuncii*. De residuis vero duabus partibus dicte pecunie summe similiter emantur et distribuantur, quantum sufficere poterunt vel se extendere dicte due partes, pauperioribus egenis loci prefati, tunice de burellis similiter et sotulares fidelius et vtilius quam poterunt, secundum Deum et eorum consciencias quas super hoc oneramus. Ita quod de dicta summa distributores predicti pro expensis quas facient in petendo et recipiendo dictam summam, et in emendo et distribuendo pannos et sotulares predictos, percipiant et habeant singulis annis quatuordecim solidos paruorum turonensium. Volentes et ordinantes, cum omnibus pauperibus dicte ville predicta nequeant sufficere, quod illi pauperes tam nobiles quam ignobiles qui vno anno habuerint de predictis tunicis et sotularibus, anno immediate sequenti nichil habeant; constituentes tenore presencium predictos distributores qui pro tempore fuerint receptores dicte summe pecunie singulis annis imperpetuum; ita quod, si non omnes insimul semel uel pluries vacare noluerint aut non potuerint, duo ipsorum predicta nichilominus fideliter exequantur vt in dictis elemosinis participes sint et consortes. Obligantes ex nunc [F° xj, r°] dictis receptoribus qui pro tempore fuerint imperpetuum pro dicta pecunie summa dicto termino anno quolibet persolvenda dictam sauneriam, receptores ac fructus, prouentus, redditus et exitus eiusdem saunerie specialiter et expresse ac promictimus bona fide et sub expressa obligacione heredum et bonorum omnium et singulorum, mobilium et immobilium, presencium et futurorum, dictam summam pecunie singulis annis imperpetuum reddere et soluere quibus supra termino memorato, et eisdem guarentizare, pacificare et deffendere semper contra omnes et vbique. In cuius rei testimonium presentes licteras sigilli nostri fecimus munimine roborari. Datum et actum vicesima die mensis decembris, anno Domini millesimo trecentesimo vicesimo (1).

5

Lectres de reconfirmacion de Madame de *Flandres* de l'argent pour les robes pour les poures d'*Arbois* et de la *Chestellaine*.

Arras, 1370, 22 août.

Marguerite, fille de Roy de *France*, contesse de *Flandres*, d'*Artoiz* et de *Bourgoigne*, palatine et dame de *Salins*. A nostre trésorier [F° xj, v°] en nostre saunerie de *Salins*, qui est ou sara pour le temps, salut. Comme nostre très chière dame et ayoule, madame la contesse *Mahaut*, cui Dieu perdoint, ordenast et assignast à son viuant sur la dicte trésorerie certene aumosne de trois cens liures esteuenans pour donner et distribuer aus poures de certains lieux de la contée de *Bourgoigne* chescun an, nous volons et vous mandons que ladicte aumosne vous paiez et deliurés doresenauant des deniers de vostre recepte, nonobstant

(1) Collacion des deuant dictes lettres est faicte à vray original par moy notaire cy subscript le ix° jour du mois de décembre l'an mil quatre cens et quatre. *Demolain*.

quelconques assignacions, ordenances ou deffenses faites ou faire au contraire, et tous autres paiemens arrière mis; et ce faites ainsi qu'il estoit acostumé avant que la contée venist en nostre main, par telle manière que deffaut n'y ait, car vraiement il nous en desplairoit formellement : et ce que ainsi en aurés paié nous volons et mandons estre alloué en vos comptes sens contredit aucun. Donné à *Arras* le xxiie jour d'aoust, l'an de grace mil ccc sexante et dix. Par madame, présens mess. de *Saint Valier*, de *Ray*, maistre *Pierre Cuiret* et mess. *Humbert* [*de la Platière*] (1). Et est soignié par *Jehans d'Esparnay* (2).

6

Hesdin, 1378, 31 août.

[F° xiiij, r°] autres officiers et subgiez quéconques de nostre dicte conté de *Bourgoigne* ou lour lueftenant présens et aduenir et à chescun d'eulx, si comme à li appartenrroit que nostre présente ordenance tiegnent et gardent et facent tenir et garder par la manière dessus dicte et les diz habitans et chescun d'eulx facent et laissent joïr et vser paisiblement de nostre présente grace sanz lour faire destourbier ou empeschement au contraire. En tesmoing de ce nous hauons fait mectre nostre seel à ces lectres. Donné à *Hedin* le darnier jour d'aoust, l'am de grace mil ccc seixante dix huit. Par madame, présens messire *Cherles de Poitiers*, maistre *Jaques Hanin* et autres. Et est seignié par *Robert Théroude* (3).

7

Lectres de l'usage que la ville d'*Arbois* a en bois *Mouchay* pour la réparacion de la forteresce.

Troyes, 1371, 27 avril.

Marguerite, fille de Roy de *France*, contesse de *Flandres*, d'*Ar-*

(1) Bâtonné.

(2) Collacion des deuant dictes lettres est faicte au vray original le ixe jour du mois de décembre l'an mil iiij c et quatre. *Demolain.*

(3) Collacion faicte est à vray original des lettres deuant dictes par moy notaire cy subscript le ixe jour du mois de décembre l'an mil iiij c et quatre. *Demolain.*

tois et de *Bourgoigne*, palatine et dame de *Salins*, à nostre gruier d'*Aual* en nostre contée de *Bourgoigne*, qui est ou saray pour le temps, salut. Comme nous aiens entendu que pour les empairemens, pons, portes et fortificacions de nostre ville d'*Arbois*, [F°, xiiij, v°] les habitans du lieu aient nécessitey de merrien, et nous haient supplié de lour outroier qu'il en puissent prendre ce que mestier lour sara en nostre forest de *Mouchay*, nous volons et vous mandons que, à la requeste des escheuins et habitans de la dicte ville, vous en nos dictes forès, en leu meins dommagable à nous et plus aisié pour eulx, balliez et déliurés bois et merrien ores autrefois pour le temps aduenir, toutes fois que mestier en sara, tant et telle quantité que il conuiendra, sens fraude, afin que il puissent faire les dictes fortificacions de lour ville soustenir et maintenir en bon estat, car ainsi lour auons outroié et octroions pour le temps présent et auenir par ces présentes. Donné à *Troies* le xxvii° jour d'auril l'am de grâce mil ccc lx et vnze. Par ma dame en son conseil où estoient maistre *Cuiret*, messire *Humbert*, maistres *J. Biset*, *J. Blarie* et autres. Et est seignié par *Jehans d'Esparnay* (1).

8

Lectres du pastoraige et vsaige que la ville et habitans d'*Arbois* ont ou bois dou *Cepoy*, autrement de *Glenom*.

Maison du Temple dessous Arbois, 1341, 28 juillet.

In nomine Domini, amen. Per ces présent publique instrument et per ces lectres à touz apparisse éuidamment que l'am [F° xv, r°] Nostre Soignour corrant mil trois cent et quarante vn, le sambadi après la feste de la Magdeleinne, hore de tierce, en la

(1) Collacion est faicte au vray original des lettres précédans par moy notaire cy subscript le ix° jour de décembre l'an mil iiij c et quatre. *Demolain.* — Le texte de cette charte est reproduit dans la confirmation qui en a été faite par Jean, duc de Bourgogne, à Dijon, le 3 décembre 1412. Original, Arch. d'Arbois, AA, 38. Variante : ores et autreffoiz.

maison de Saint Jehan, jadis *dou Temple* desos *Arbois*, en la nuemo indiciun dou pontificat nostre sain père en Jhesu Crist nostre soignour *Benedit*, per la diuine promissiun pape douzainme, en la septime année, en la présence de moy tabellion publique desos escript et des tesmoins desos nommez, en droit personelment establiz et à ce espéciament venant religiouse persone et honeste frères *Jehans*, abbés de *Balerne* (1), de l'ordre de *Citelx*, de la diocèse de *Besençon*, en nom de luy et de son dit couent, d'une part; et li quatre eschephis et gouuernours de la ville et communatez d'*Arbois*, à cel temps, en nom de lour et de ladicte communatey, c'est assauoir *Jehans*, dit *de Molain*, clers, *Jehanins* dit *Botebin*, *Jehannins dou Pon* et *Guillermins de Larnay*, ensamble *Nycholat d'Yuoirey*, prévost d'*Arbois*, *Renaudin de la Porte*, *Esteuenon* son frère, *Girar Petit Valat*, *Aymonin le Cheurier*, *Jehanim Faconier* et plusours autres desdiz habitant d'*Arbois*, d'autre part. Sus ce et pour ce que plaiz, contemps, dissension, controuerse et [F° xv, v°] discorde estoit et esperoit estre entre le diz abbey, en nom que dessus, et les diz eschephis, en nom que dessus; sus ce et pour ce que li diz abbey disoit et afermoit que li diz habitans d'*Arbois* présent et auenir deuoient cesser et retarder de enuoier et faire aler lour bestes grosses et menues à la vainne pasture ès bois de la dicte abbaïe de *Balerne* que l'on appele les bois du *Cepoy* et de *Montanfroy* per dessus le biez de *Glannun*, encontre *Groson*, atoychant ès vignes et ès terres de ladicte abbaïe, per ensint come li diz bois s'estendent de lonc et de large, et encontre *Vaudens*, tan que à la terre à *Donzelet de Grosum*, escuier, et ès apertenances desdit bois deuoient cesser et retarder de enuoier lour dictes bestes ès dit bois, c'est à sauoir à la reuenue et à la tondue des dit bois, toutes foies que li cas ou li temps de la dicte tondue il auenoit, pour ce que les dictes bestes il façoient dommaige en destruiant et en paturant les brendons et les fuilles et la reue-

(1) Jean d'Arbois, abbé de 1306? à 1349.

nue des diz bois à temps de la dicte reuenue. Les diz eschephis et habitant d'*Arbois* disant et afermant tout à contraire, et que li diz abbex ne lour pohoit ne deuoit faire ceste deffense, ne ceste demande, et que cesser ne retarder ne deuoient de enuoier lour dictes bestes ès diz bois en aucuns temps ou per aucun terme à la dicte vainne pasture toutes foies et en [F° xvj, r°] touz temps que lour plaisoit, nonhostant la dicte tondue ou reuenue des diz bois et que onquex mais ne lour hauoit estey fait empaichement en la dicte venne pasture, tamque ores max est lour vsaiges et lour pastoraiges per loyaul et juste cause et per bon titre prescript et notoire de sy lonc temps que il n'est mémoire dou contraire, et lour doit soffre per droit et per costume et demorer ensint perpétuelment come lour droit, vsaiges et pasturaiges, senz contredit et senz acons enpaichement, come dessus est dit. Sus lequel contens et dissensiun hont fait compromis et arbitraiges les dictes parties, en nom que dessus, à jour et ou luef dessus escript sus *Richer de l'Abergement*, saige en droit, pour ledit abbey et couent, et sus *Thyebaul* dit *dou Molin d'Arbois*, clerc, pour ces d'*Arbois*. A quel jour, les dictes parties et les dit arbitres présenz, li dit abbex, de sa pure voluntey, cognuz et confessa en sa persone les raisons et les deffenses des diz habitant d'*Arbois* en tout et pour tout estre véritables sen riens excepter, et lour cognuz havoir lour dit vsaige à la dicte venne pasture, come dessus est dit; et dit encour li dit abbex, come dessus, que il ne hauoit mie gaigié, ne fait gaigier, ne entendoit gaigier en aucons temps les dit habitant d'*Arbois* à la dicte venne pasture, ne pour la dicte pasture ne les hauoit gaigiez. Et li quelx abbex promit et se obliga à ce que il tendroit, en nom que dessus [F° xvj, v°] à bon, afert, estable et agréable perpétuelment le raport et la pronunciacion des dessus dit arbitres. Sus tout le fait dessus dit li quelx arbitres hont enquis dou dit vsaige per bon tesmoins, et per bon consoy hont raportey et pronunciet a dit jour, en la présence des dictes parties, en leur confermant et consentant à la confessiun dou dit abbey, que li dit vsaiges et pasturaiges à la dicte vainne pasture, ès dit bois et appertenences, doit estre et demorer perpétuelment et frainchement ès dit habitant d'*Arbois*, pour lour dictes bestes, senz aucons contredit dou dit abbey ou de autre persone, non obstant la dicte tondue ou reuenue dou dit bois, ne autre empaichement mettre per aucune occasion en aucons temps présens ou auenir, et que bone et juste cause hont et hauoient li dit habitant d'*Arbois* de lour deffendre de la demande et imppéticion que li dit abbey ou suy subget lour façoient à la dicte vainne pasture, et hont fait en lour gaigant de nouel. De laquele conffession et recognissance dou dit abbey et de laquelle pronunciacion des dit arbitres hont demandey à moi tabelliun publique li dit eschephis et habitant d'*Arbois*, en nom que dessus, à lour per moy estre fait et donney publique instrument desos mon soignaul publique acostumey, ensamble les seaulx des dit arbitres mis en pendant en ces présentes lettres. Et nous li dessus dit *Richars* de l'*Abergement* et *Thyebaux d'Arbois*, diz *dou Molin*, qui cognoissons en véritey toutes les choses dessus contenues estre uerais per ensi come nous sumes certains et bien enformez dou fait [F° xvji, r°] per bon tesmoins dignes et de foy et per la confession dou dit monseignour l'abbey, en signe, en force et en tesmoingnaige de ceste nostre pronunciacion et déclaracion faite à la requeste et de la voluntey des dictes parties, à perpétuel mémoire de cest fait et à la conservaciun dou droit vsaige des dit habitant d'*Arbois*, hauons mis nous seaulx en ces présentes lectres le jour dessus dit. — Item sequitur tenor subscriptionis notarii : Et ego *Guido Bonete* de *Monte*, presbyter, auctoritate imperiali publicus notarius et curie *Bisuntinensis* juratus, omnibus et singulis premissis confessatis et pronunciatis interfui, anno, die, hora, loco, indictione, pontificatu predictis, una cum supradictis, et cum *Guioto* de *Monte Rotondo*, armigero, et *Petro* dicto de *Malpertus*, de *Salinis*, et pluribus aliis testibus ad hoc vocatis, et inde presens instrumentum confeci, publicaui et in hanc formam redigi signo meo solito signaui, a dictis scabinis *Arbosii* super hiis requisitus specialiter et rogatus (1).

9

Lectres come la ville et habitans de *Pupillin* sunt tenuz de paier de toutes les missions qui se font pour la ville d'*Arbois*, exceptez pour l'église.

Arbois, 1327, 29 septembre (2).

Nous *Guiz*, sire de *Villefrancon*, bailliz en *Bourgoigne* pour ma dame la contesse d'*Artois* et de *Bourgoigne*, façons savoir à touz que, comme descors fust mehuz entre les prodomes et la communaltey d'*Arbois*, d'une part, et les prodomes de *Pupelin* d'autre part, sus le fait des missions des communaltey d'*Arbois*, desquielles missions li dist prodomes d'*Arbois* demandoient à ceux de *Pepelin* vne grant some d'argent que il deuoient [F° xvij, v°] paier si comme il disoient pour le plaist qui auoit esté entre lour, sur ce fuy jurié sus senz euuangiles de ces ci après nommez, tant pour leur comme pour les dictes communaltez d'*Arbois* et de *Pepelin*, que il auroient et tenroient fermement, ou nom que dessus, tout ce que nous dou dist descort voudriens dire, ordener ou deuiser per droit, per volontey, per assentement de parties ou per pais, tout de plain comme chose aingie, cognehue, et faite en jugement. Nous, sus le dist descort oy les dictes parties diligemmant, et heu conseil a bones genz et prodomes sus les raisons proposées des dictes parties, auons dit, prononcié et ordené, et de l'assantement et de la volontey de ces ci desouz contenuz en

(1) Collacion dudit instrument est faicte à vray original per moy notaire cy subscript le ixe jour de décembre l'an mil iiij c et quatre. *Demolain.*

(2) Arch. d'Arbois : 1° BB, 148, original. Scellé sur double queue d'un sceau en cire verte de la comtesse Mahaut, avec contresceau. Ce sceau à demi brisé porte encore les lettres [co]mitisse *Burgu* ; 2° EE, 4, vidimus de Vuillemin, chapelain d'Arbois, clerc, notaire de la cour de Besançon, du lundi devant la feste de la nativité saint Jean-Baptiste (18 juin) 1358. Signé avec paraphe : *Villermus* de *Arbosio.* A la suite cette mention *copia est.* Etait scellé sur simple queue. — Je donne le texte de l'original.

la mennière qui ainsuit; c'est assauoir que li prodome de *Pepelin* paieront ès prodomes d'*Arbois* cent soulz vne foiz pour les missions faites oudit plait, et auxi que pour toust le temps à auenir, lidist prodome de *Pepelin* ne seront tenu de paier des missions d'*Arbois* faites pour le commun d'*Arbois*, dès la some de dix liures en auaul, néant. Et se les dictes missions sourmontoient plus de dix liures, li dist prodomes de *Pepelin* seront tenu de paier par entier, selon ce qu'il sera ordené per le baillif en lour porcion de toute ladite some d'argent que sera gelée pour les diz communs, et deuront estre apelez li prodome de *Pepelin*, duy ou troy, au faire heure et à doner en tache pour sauoir la some et la value de l'ouraige et le fait dou dit communal. Et est assauoir et à entandre que li dit prodome [F° xviij, r°] de *Pupelin* sont tenuy de paier si come dessus est dit de toute la fermeté d'*Arbois*, des murs, des terraux, des tours, des ponz et des chemins, et des missions que se feroient en maintenir et en deffendre le bois et les *Chamois* des communalx d'*Arbois* et de *Pepelin*, exceptey de l'église, des fours et des molins d'*Arbois*, en quoy cil de *Pepelin* ne seront mie tenu de riens paier. Et deuent joyir des bois auxi comme cilz d'*Arbois*, per abandonement, ou senz abandonement, ou autrement. Et ces choses, prononciacion ansin dicte, rapourtée, ordenée et deuisée louarent, agréarent et promistrent tenir à touz jours per leur sairemenz jurez sus senz euuangile corporelment, *Girars Liclers*, *Odoz* de *Vaul*, *Huguenins Boucz*, *Regnauz Bailloz*, à celuy tems prodomes et escheuins de la ville et communaltey d'*Arbois*, pour leur et pour toute la dicte communaltey d'*Arbois*. Et auxi messire *Besençons* de *Assonges*, chanoines et procureur des chanoines et dou chapistre de *Dole*, messire *Jehanz* de *Boulet* et *Jourdains* de *Changins*, chanoine de *Dole*, ou nom de leur et de toust le dit chapistre, comme signours de *Pepelin*, *Huguenin Sargenal*, *Perrin Jocier*, *Crestym Jaillon*, *Esteuenin Meredieu*, *Perrin* de *Fonteinne*, *Junet li Roys*, *Humbert* de *Thorrier*, *Lambert Lauidost*, *Girart Malnurry* et *Le-*

giers la Dohe, ou nom de leur et de leur hoirs et pour toute la communalté et habitanz de *Pepelin*, tenir et maintenir le dist, la pronunciacion et l'ordenance dessus dicte. Ou tesmoignage de laquel chose nous auons fait seeller ces présentes lectres dou seel ma dicte dame dou quel l'on huse en la court d'*Arbois ;* [F° xviij, v°] ensemble lequel seaul nous auons mis le nostre pendant en ces lectres; qui furent faites et données présent mastre *Humbert*, dist *Chapuset*, *Huguenin* de *la Grange*, *Jehanin* dit de *Pepelin*, *Richart* de *Monnet*, *Pierre le Grant*, *Guiot de la Pierre*, *Odet de la Platière* et *Jehanz Soignaul*, le jour de la feste Saint-Michel, l'an mil trois cenz vint et sept (1).

10

Autres lectres comme la ville et habitans de *Pupellin* sunt tenuz de paier siex deniers per j liure de toute les missions que se font pour la ville d'*Arbois*, exceptez pour l'église.

Arbois, 1359, 11 mai et 1362, 14 juin.

Nous official de la Cour de *Besençon* façons sauoir à touz que perdeuant *Vienet* dit *Grosset* de *Pouloigney*, et *Bernart* de *Saint-Oyant*, clers, notaires jurez de nostre dicte cour de *Besençon*, nostres commandemenz, esquelx et à chescun d'yceux, quant à ce et à plus grant choses, nous auons commis noz voiez et commectons per ces présentes lectres en ceste partie, pour ce en droit personelment estaubliz et à ce espicialment venans *Oudet* de *Larnay*, clers, *Huguenins*, fils caynerrers *Justoz* dit de *Larnay*, *Humbert* dit *Blainche*, tuiz d'*Arbois*, proudomes escheuins à ce temps de la ville et communalté dou dit leu ; messire *Jehans li Blanc*, prestres, *Guillames du Vernoy*, *Guillames le Brons*, *Guillames* de *Pupellin*, escuier, *Bernars de Saint Oyant*, nostre notaire dessus nommez, *li grant* [F° xix, r°] *Jehans Seignal*, *Guiot*

(1) Collacion est faicte à vray original des dictes lettres per moy notaire cy subscript le ix° jour de décembre l'an mil iiij c et quatre. *Demolain*.

Ligiers, clers, *Huguenins de* [*F*]*rontenay*, *Perrenins Inglais* et *Jehan* dit *Poliet*, tuiz d'Arbois, pour et en nom de toute la dicte communatey et de tout les habitans de la dicte ville d'*Arbois*, d'une part; et *Perrenins* dit *Ligiers*, *Jehannins Meredeu* et *Humbers* dit *Jaillon*, tuiz de *Pupellin*, proudomes à ce temps dou dit leu, *Perrot* dit du *Penot*, *Poncet Baugier*, *Humbers Torier*, *Renaut Guynans*, *Hemeris Cherins*, *Perrins Jordenne*, *Guienet Baillaz*, *Jocier Coitier*, *Humbers Oygiers*, *Jehans Abonet*, *Estevenins Seignerot*, *Hemeris Ligiers*, *Jacquiers Perriers*, *Huguenins Saillars*, *Vuillemins Fainal*, *Tomas Jocier*, *Juenet Croichons*, *Huguenins li Roy*, *Jehans li Clos*, *Humbers Landoz*, *Girars Gruet*, *Paris* de *Lielle*, *Vauchiers Buleron*, *Humbers* de *Cessenay*, *Garins* de *Chamole*, *Vuillemins Chassaignet*, *Huguenins Seignerot*, *Richars Abonet*, *Vuillemins Gourars*, *Girers d'Arguhel*, *Esteuenins Viuians*, *Perrenot Baillaz*, *Perre* de *Wonnoz* et *Renaut* ses frères, tuiz de *Pupellin*, en tant comme il lour touche ou pourroit touchier ou appertenir, et pour et en nom de la communatey et de tout les habitans de la dicte ville de *Pupellin*, d'autre part, comme plait, controuerse, débat, contens et discors fut ou fuissiens mehuz, et en espérance de mouoir entre les dictes parties, en nom des villes et communalley dessus dictes et de tout les habitans des diz leux, sur et de ce que les dessus nommez escheuins et persones de la ville d'*Arbois*, pour et en nom de toute la dicte communalley d'*Arbois* et des habitans du dit leu demandoient et requéroient ès dessus nommez proudomes, habitans et communalley de la dicte ville de *Pupellin* [F° xix, v°] que il lour paiassiens et rendissiens vne certenne grant some de pécune, laquelle li dit escheuins d'*Arbois*, en non que dessus, hauoient imposée et nuncié à la dicte communalley et habitans de *Pupellin*, pour ce que lours appartenoit de contribuer et paier de plusours missions que les dit escheuins d'*Arbois* et lour prédécessours hauoient et ont faites en plusours ouraiges et édifices fait pour la fermeley et forteresce dou bourg d'*Arbois*, et pour la réparacion des terralx dou dit bourg, les diz escheuins d'*Arbois*, en non que dessus, disens et affermans que à ce estoient et sunt à lours, en non que dessus, tenuz et obligiez les dessus nommez proudomes et habitans de *Pupellin*, lesquelx proudomes de *Pupellin* disoient et affermoient le contraire, en non que dessus. A la perfin, amis sur ce entreuenant et per grant délibéracion sur ce ehue, les dictes parties en droit per deuant noz dit commandement en leu de nous, et les persones dessus nommées ont composez entre lours ensemble à vne fois traictiez et accordez chescune partie, en nom que dessus, de tout les débat, contens et discors dessus dit, et de toutes les déppendences, en la forme et menière que s'ensuet. C'est à sauoir que tout les habitans de la dicte ville de *Pupellin* qui à présent il sunt résidens et qui per le temps auenir y saront, doiuent et deuront paier, contribuer et rendre, contribueront, rendront et paieront dés ores en auant à touz jours mais éz diz escheuins de la dicte ville d'*Arbois* qui présent y sunt et qui per le temps auenir y saront, de touz ouraiges, édifices et réparacions [F° xx, r°] que l'on fera deis cy en auant per le temps auenir pour et en la fermetez et forterece dou dit bourg, pour et de chasque liure de missions, deis diz livres en amont, siex deniers de chesque liure, et deis dix livres en aual il ne pairont riens, et deuront les dit proudomes d'*Arbois* appelez dehuement doux ou trois des proudomes de *Pupellin* à donner en taiche ou à faire les dit ouraiges, édifices ou réparacions, pour sauoir la some et la value d'ycex missions dessus dictes. Item paieront et rendront les dit proudomes de *Pupellin* ès diz escheuins de la ville d'*Arbois* doit cy en auant de la réparacions des terralx du dit bourg, de toute la dicte fermetez, des tours, des pons, des chemins et de toutes missions que les dit proudomes d'*Arbois* faront en maintenant et en deffendant les bois et les *Chamois* de la communalley d'*Arbois* et de *Pupellin*, et de chesque liure siex deniers selonc ce que les escheuins d'*Arbois* en lour léaultez et per seremens lour imposeront, exceptez des missions de l'église, des fors et des molins d'*Arbois*, desquelx ne paieront riens li dit habitans de *Pupellin*, et pour ce doiuent et pehuent, deuront et porront dois cy en auant les diz habitans de *Pupellin* johir et vser des bois dessus dit auxi comme cilx d'*Arbois*, per abandonement, ou senz abandonement, ou autrement, en quelque menière que ce soit. Et per my ces choses dessus dictes, les diz habitans de *Pupellin* sunt et demorent quictes et déliurés perpétuelment envers les diz prodomes et communaltez d'*Arbois* de tout les ouraiges et édifices fait du temps passez pour le dit bourg et de toutes missions sur ce faites per cause du débat et discort dessus dit, et auxi d'yces missions [F° xx, v°] pour ce faites per les diz habitans de *Pupellin* demorent quictes les dit habitans et communaltey d'*Arbois* enuers les dit habitans de *Pupellin*. Item est à savoir que per my les acort dessus dit pehuent et porront les diz habitans de *Pupellin* dois cy en auant entrer, recepter et mettre lour corps, lour biens et lour chatalx toutes fois et quantes fois qui lour plaira ou que besoing lour sara ou bourg dessus dit. Lesquelx acors, traictiez et composicions dessus dictes, ensamble les dictes quitances et toutes les choses contenues et escriptes en ces présentes lettres, ont louez, agréez, conformez et ratiffiez, louhent, agréent, conforment et ratifflent et approuent les dictes parties, chesque partie en nom que dessus, et les ont tenues et tiegnent pour fermes, estaubles et agréables entièrement à tout jours mais, et les ont confessez et publiement recognuz en droit per deuant noz dit commandement les dictes parties, chescune en non que dessus, estre veraies et aussi estre justement et léaulment faites, traictiés et acordées entre lours, ensamble à vne fois et per amis sur ce entreuenant comme dit est en nom que dessus. Et les ont promis et promecte l'une partie à l'autre, chescune en nom que dessus, fermement et entièrement, à touz jour mais tenir, mantenir, acomplir, garder et obseruer per la forme et menière deuant dicte, senz corrumpre et senz jamais venir ne actempterà contraire des choses deuant dictes ou d'aucune d'ycelles per lours, ne per autres, ne consentir que autres y viegne, en appert ou en resconduz, per lours seremens pour ce donnez et touchiez corperelment sur saint euuangiles de Dieu ès mains de nos diz commandemenz, per sollempne, ferme et légitime stipulacions sur ce entremise ; sur la expresse obligacion et ypothèque faicte de [F° xxj, r°] l'une partie à l'autre, en non que dessus, de lours et de lours successors et de tout les biens mobles et héritaiges présens et auenir des dictes communaltey et de tout les habitans dessus dit, toutes excepcions, décepcions, raisons, allégacions, circumuencions et opposicions de fait, de droit et de costume tant général quant espicial, de lueu et de pahis, et toutes autres chouses que contre ce fait ou contre aucune chose contenue en ces présentes lettres porroient estre dictes ou opposées cessans en ce fait et arrers mises et renunciés d'une partie et d'autre en non que dessus, per lours deuant donnez soirement, en renunçant à la excepcion de droit disant que général renunciacions ne vaut, vuillens et expressément consentans les dictes parties, chescune en non que dessus, lours et lours successors et les habitans des villes et communaltey dessus dictes les façens ou venans au contraire des dit acors ou composicions, ou d'aucune chose contenue en ces présentes estre per nous contraint per l'une et per l'autre de nous juridicions spirituel et temporel. Et auxi ont voluz et vuillent estre contraint lours et lours successeurs et les habitans dessus diz des dictes communaltey per la cour et juridictions de très noble et puissant prince monss. le conte de *Bourgoigne*, de sa ville de *Salins*, et per la cour et juridiction de très noble dame et puissante ma dame la contesse de *Flandres* de sa ville d'*Arbois*, per toutes les dictes cours et juridicions tout ensamble, ou per chescune per soy, et per toute autre cour et juridiction d'église et séculaire, à la plénière observacions et tenour de toutes les choses deuant dictes et contenues en ces présentes lectres, si comme plairoit à la partie tenant et gardant les choses deuant dictes contre celuy qui ne les tanroit ou que faroit ou vanroit à contraire, soubs lesquelx cours et juridicions deuant dictes ont sub [F° xxj, v°] mis quant à ce et soubmectent les dictes parties lours et lours successours des dictes communaltex et habitans, chescune en non que dessus, et tout lours biens présens et auenir. Et pour ce que ces choses soient plus fermes, et estaubles à tout jours mais, nous ont priez et requis les dictes parties que nous williens faire mectre en ces lettres le seel de nostre dicte cour de *Besençon*, ensamble le seel du dessus nommez monss. le conte de *Bourgoigne*, duquel lon use en sa cour de sa dicte ville de *Salins*, louquel seel ont auxi requis les dictes parties et fait mettre en ces présentes per monss. *Jehan Quallat* de *Choysey*, prestre, et per ses compaignons à ce temps gardes du dit seel. Et ont encore requis et fait mettre en ces présentes lectres les dictes parties le seel de ma dicte dame la contesse de *Flandres* duquel lon vse en sa ville d'*Arbois*. Et comme li dessus nommez *Vienet Grosset* de *Poloigney*, jadis nostre commandement, jurez de nostre dicte cour de *Besençon*, soit trépassez de ce monde deuant ce que ces présentes lectres fuissient faites ne grossées, nous, équitez pour ce considérée, auons mandez et fait grosser ces presentes lectres, avec le dessus nommez *Bernart* de *Saint Oyant*, nostre commandement dessus dit, per *Jehans d'Ornans*, clerc, notaire jurez de nostre dicte cour de *Besençons*, nostre commandement espicial; auquel quant à ce et plus grant choses nous auons donné et outroiez plénière puissance et auttoritez et li auons commis sur ce nous voies, et commectons per ces présentes, lesquelles présentes lectres furent louhées per deuant les dit *Vienet Grosset* et *Bernart* de *Saint Oyant*, nous commandement dessus dit le vnzime jour du mois de may l'am Nostre Soignour corrant mil [F° xxij, r°] trois cent cinquante et nuef et furent grossées et mises en ceste forme, per le dit *Jehan d'Ornans*, ensamble le dit *Bernart*, le mardi apprès la feste Saint Barnabés, apostre, l'am Nostre Soignour corrant mil trois cent sexante et doux. En tesmoignaige desquelles chouses deuant dictes, nous official dessus dit, à la prière et requeste des parties dessus dictes à nous faicte et rapourtée per nous diz notaires et commandemens dessus dit, auons interposez et mis nostre décret et nostre auctoritez et fait mectre le seel de nostre dicte cour de *Besençon*, ensamble les seel du dit comte de *Bourgoigne* de la cour de *Salins* et de madame la contesse de Flandres de sa cour d'*Arbois* en ces présentes lectres doublées de la voluntez des dictes parties, faictes et données comme dessus (1).

11

Lectres de ma dame de *Flandres* come cil de *Ménay* sunt ostez dou gait de *la Chestellaine* et remis ou bourg d'*Arbois*

Troyes, 1374, 13 juin.

Marguerite, fille de Roy de *France*, contesse de *Flandres*, d'*Artois* et de *Bourgoigne*, palatine et dame de *Salins*, façons savoir à touz que combien que les habitans de *Menay* aient estez de touz temps, soient et doient estre du guait et garde de nostre bourg d'*Arbois* et non d'aillours, nyant moins noz gens et officiers les ont de fait [F° xxij, v°] contraint et vueillent contraindre à aler gaitier en nostre chestel de *la Chestellanne*, dont il ont estez et sunt moul greuel et demagiez en corps et en biens, maismement comme li dit chestel de *la Chestellanne* soit si haul et en luf si greuable que, quant les bones gens du dit *Menay* y sont asseoir venuz de lour labour faire le gait, yl sunt si trauailliez de la poine qui ont recehuz pour jour et du traual de monter la montaigne du dit chestel qui est moult haul, que bonement il ne puent entendre au dit guait faire, mais couient, et nature le requier,

(1) Collacion des dictes lettres tant seulement signiés de *Vuillemin*, chapellain et sellées du seel de feu madame de *Flandres* duquel l'on vsoit ad ce temps *Arbois*, est faicte per moy *Christofle Demolain*, coadiuteur ou tabellionez d'*Arbois*, le ix° jour de décembre l'an mil iiij c et quatre. *Demolain*.

qu'il dorment, dont grant perilz et inconvéniens s'en pourroit ensuir à nous et à nostre dit chestel, et ontestez morts plusours des diz de *Mennay* pour ceste cause. Pour quoy nous volons à ce pourveoir, considérez les chouses dessus dictes, sur lesquelles nous sumes soffisament enformée per les gens de nostre conseil estant en *Bourgoigne*, et plusours autres causes qui à ce nous meuuent, per déliberacion de nostre consoil, et auxi per my la some de cent frans d'or, laquelle nous hauons ehue et recehue comptant et mise per deuers nous des dit habitans d'*Arbois* et de *Mennay*, auons ostez et de nostre certeinne science et grâce espicial ostons, pour nous, nos hoirs et successours, perpétuelment à touz jour mais, les diz habitans de *Mennay* du gayt et garde de nostre dit chestel de *la Chestelleinne*, et les auons remis et remectons au gayt et garde de nostre dit bourg d'*Arbois* per la menière que estre y soloient. Et d'abondant grâce volons que per ceste [F° xxiij, r°] nostre présente rémission et ordenance ne soient anullées ou rompues certaines lectres, acors et conuenances qui jà furent faictes entre les diz habitans d'*Arbois* et de *Mennay*, mais soient et demorent en lour force et valour. Si donnons en mandement à touz nos justiciers, officiers et subgiez présent et auenir ou à lours luetenans et à chescuns d'eulx, si comme à luy apperlendra, que de nostre présente grâce et des chouses dessus dictes facent et laissent joïr et vser pasiblement à touz jour mais les diz d'*Arbois* et de *Mennay*, sen aucuns empaichement ou contredit. En tesmonaige de ce nous auons fait mectre nostre seel en ces présentes. Donné à *Troyes* le xiij^e^ jour de juing, l'an de grace mil troit cent seixante et quartoze. Et sont aussi singniés per ma dame en son consoil où estoient li soignour de *Montferrant*, messire *Humbert de la Platière*, maistres *Jehans Biset* et *Jehans Blarie*, *P. Christiain* (1).

(1) Collacion des dictes lectres est faicte à vray original per moy notaire cy subscript le ixe jour de décembre l'an mil iiij c et quatre. *Demolain*.

12

Lectres cotenant et la menière li habitans de *Ménay* doiuent paier de missions faictes per les proudomes et escheuins d'*Arbois*.

Arbois, 1339, 21 mai.

Nous *Thiebaul* dit *Vannerret*, clerc, *Renaudin* dit *Bernart*, *Pierre* dit de *la Rauière* et *Girart* dit *Petit Valet*, à ce temps proudomes et escheuins de la ville et communalley d'*Arbois*, façons sauoir à touz que comme [F° xxiij, v°] discorde et controuersie fut mehue et espérée de mouoir entre nous, en non de nous et de toute la communalley d'*Arbois*, d'une part, et *Jehannins le Betoux Girard* dit d'*Arèche*, *Justo* filz cay en arrier *Vuillemot* dit d'*Axouille* et *Vuillmin* dit *Pelocart*, de *Manay*, à ce temps proudomes et escheuins de *Ménay*, en non de lour et de toute la communalley de *Ménay*, d'autre part, sus ce que nous, en non de la dicte communalley d'*Arbois*, leurs demandoiens que paiessiens, baillasseins et deleurasseins, en non de lours et de ladicte communalley de *Ménay*, de la reffection et ouraiges fait ès murs du bourg d'*Arbois*, que furent reffait l'année de la garre de monss. le duc de *Bourgoigne* et de monss. *Jehan* de *Chalon*, tanque à la some de cinquante solz de gros tornois, le gros tornois d'argent comptez pour on denier, quar tant lour en pouhoit bien appertenir et auenir de la dicte mission faicte ès diz murs, les dit prodomes de *Ménay*, en non de lours et de lours dicte communalley, disant au contraire per plusors raisons qui disoient et proposoient à contraire et contre les diz proudomes d'*Arbois*. Et sur ce acort est eheu entre les dictes parties per monss. *Guillame le Galois Dalley*, cheualiers et gardiens pour monss. le conte de *Flandres* en sa terre de *Bourgoigne*, à ce temps, per frère *Renaut* de *Prussellier*, priour d'*Arbois*, per maistre *Humbert le Choppuset*, *Aymonet* de *Cerdon*, à ce temps prouost d'*Arbois*, *Renaut* de *Mion* et monss. *Estienne du Perier*, curez de *Ménay*, en la manière que s'ensuet. C'est assauoir [F° xxiiij, r°] que lidit proudomes et escheuins de *Ménay*, pour lours et pour lours dicte communalley, paieront à nous diz proudomes et escheuins d'*Arbois*, en non de nous et de nostre dicte communalley d'*Arbois*, des dictes missions faites ès diz murs, siex liures d'estevenans; et pour tant nous li deuant dit prodomes et escheuins d'*Arbois* avons quictez et quictons, pour nous et pour nostre dite communalley, les diz prodomes et escheuins de *Ménay* et lours dicte communalley des dictes missions, per tel manière que dois ores en auant, per tout le temps auenir, li dit proudomes de *Ménay* ne seront tenuz de paier de nulles missions que li dit prodomes d'*Arbois* fehisseins pour ladicte reffection des dit murs d'*Arbois*, se la missions que seroit faicte ès dit murs ne montoit plus de dix liures d'estevenans; et se la mission faite ès dit murs montoit plux de dix liures d'estevenans, li dit prodomes de *Ménay* et la communalley dudit lieuf seront tenuz de paier ce que lour en appertendrat ou deurat appartenir; en tel menière que à faire les dictes missions liz prodomes d'*Arbois* seront tenuz de appeler avoic lours pour veoir faire la dicte mission vng ou doux des proudomes et escheuins de *Ménay*, et se il ne les appelloient, il ne seront tenuz de riens paier de la dicte mission. Et pour tant li dit proudomes et escheuins de *Ménay* et lour dicte communalley seront quictes de toutes autres missions et communes que li dit proudomes et escheuins feront pour le temps auenir *Arbois* ou autre part ou geteroient entre lours, et de toutes [F° xxiiij, v°] courvées appertenant à la dicte communalley d'*Arbois*, exceptez missions, se faites estoient, des communes, des bois et pastoraiges d'*Arbois* ou de *Ménay*, desquelx missions li dit prodomes de *Ménay* et lours dicte communalley seront tenuz de paier ce que lour en deurat appartenir. Lequel acort dit et pronunciez per les dessus dit, li diz proudomes et escheuins d'*Arbois* et de *Ménay*, en non de lour et de lour dicte communalley, ont acourdez et si sunt consentiz et promis tenir, nous li diz proudomes d'*Arbois* et de *Ménay* per nous soiremenz de nouz corps pour ce jurez sur saint euuangiles, sen venir à contraire. En tesmonaige de laquel chouse nous hauons requis et fait mectre en ces présentes lectres le seel de nostre chiers et redoubley signour monss. le conte de *Flandres* duquel l'on vse en *Arbois*; ensamble lequel seel nous avons requis et fait mectre en ces lettres le seel dudit monss. *Guillame Galois*, gardiens pour nostre dit seignour. Et nous *Guillame* dessus dit, à la preire et requeste des deuant dit proudomes d'*Arbois* et de *Ménay*, avons mis nostre seel pendant en ces présentes lectres, ensamble le seel de nostre dit seignour. Ce que fut fait présent *Nycholaux* de *Laye*, *Humbert* de *Cromary*, *Huguenin* du *Champ*, clers, et plusours autres, le venredi apprès Penthecoste, l'an de grâce corrant mil trois cent trente et nuef (1).

13

Lectres comme la ville et habitans de *Chaingins* sunt et doiuent paier de la forteresce du bourg d'*Arbois*.

Arbois, 1301, 27 avril, 2 mai.

[F° xxv, r°]. L'an m iii c et on, lou juedi après les trois semeines de Pasques, à l'essise d'*Arbois*, per devant nos, *Jehan* de *Hayronual*, bailli de la conthé de *Bourgoigne*, de par nostre soignour lou Roy de *France*, fut mehue querele entre les proudomes de la communalté d'*Arbois* de vne part, et les proudomes de la communaltey de *Chaingins* d'autre, sus ce que li dit proudomes d'*Arbois* hauoient demandez ès proudomes de *Chaingins* que ils estoient et deuent estre de la communalté d'*Arbois*, per plusors bones raisons que il metoient auant, se lour demandeuent que ils paiassent vint et cint liures que li dit proudomes d'*Arbois* lour auoient getées de on communal que auoit esté getez à *Arbois* à ce tens pour la fermeté dou bourc d'*Arbois* que auoit esté faite ou

(1) Collacion de ceste est faicte à vray original per moy notaire cy subscript le vij° jour du mois de mars l'an mil iiij c et quatre. *Demolain*.

temps de la guerre. Et d'autre part, li dit proudomes de *Chaingins* disoient aucunes raisons per que il ne voloient estre de lour communal. Sus ce, acraite fut faite per la volunté des parties sus mon soignour *Girart*, curiez de *Chaingins*, et sus *Humbert Barroillet*, qui nos dauoient raporter lou mardi après Saint Phelipe et Saint Jaque, per lour loylté, si lidit proudomes de *Chaingins* estoient, ne hauoiont esté de la communaltó d'*Arbois*, en tout ne en partie;au quel jour li dit messires *Girars* et *Humbers Barroillet* venirent et comparurent personelment et nos raportarent que li dit proudomes de *Chaingins* estoient bien de la communaltey d'*Arbois*. Et acordèrent que des vint et cint liures que li dit proudomes d'*Arbois* auoient gelées sur les dit proudomes de *Chaingins*, que li dit proudomes de *Chaingins* em paiessent tant soulement vint livres; saul ce que li dit proudomes de *Chaingins* ne sunt tenuz de riens paier de la réfection des ponz d'*Arbois*, des chemins, ne de lour héglises. Laquel acraite et l'acort les dictes parties hont tenuz per bon et per fait (1), [F° xxv, v°] et nos moymes lou conformons et tenons per bon et per fait de la volunté des parties. Tesmoins de ce nous auons selées ces lettres de nostre seal pendant. Donné en *Arbois*, l'an et lou mardi dessus dit (2).

14

Lectres comme la ville et habitans de *Montaigney* ont paiez et sunt tenuz de paier de la réparacion et fortificacion du bourg d'*Arbois*.

Dole, 1380, 23 avril.

Les gens du consoil de ma dame la contesse de *Flandres*, d'*Artois* et de *Bourgoigne* estant en son parlement à *Dole*, sauoir faisons que, comme débast fut entre les habitans d'*Arbois*, d'une pars, et les habitans de *Montaigny* d'autre, sur ce et de ce que les

(1) Au bas du feuillet, à droite : quartus.

(2) Collacion de ceste faicte est per moy notaire cy subscript le x° jour de décembre l'an mil iiij c et quatre. *Demolain*.

dit d'*Arbois* demandiens ès diz de *Montaigny* certaine some d'argent que gestée et imposée lour auoit estez pour la rélection et fortificacion du dit bourg, et auxy pahaissiens de la gabelle que de nouel est ordenée pour la réparacion d'ycelluy bourg et forteresce, come tenuz y estoient, tant pour ce que autrefois en tel cas il ont paiez de la dicte fortificacion, que pour ce que ou dit bourg d'*Arbois* il retraient lours corps et lours biens toutes fois que nécessitez est, les dit de *Montaigny* disant à ce les non estre tenuz, tant pour lectres qu'il en dient auoir que autres raisons que y li assignent. Et duquel debbast se sont les dictes parties appointiés sur nous de lour volunté [F° xxvj, r°] pour les en mectre en acort et déterminer selon que nos verriens que faire se devroit. Nous, oy les débat d'une part et d'autre et tout ce que vne chescune des dictes parties ont voluz proposer, considérez que pour le péril des garres que vn chescum jour naissent et sont ès confins et lieux voisins de la contée de *Bourgoigne*, comme en *Lorainne*, en *Sauoye* et autre part, ésquelles se aident et pensent aidier les aucunes des parties de gens de compaignes que entrer porroient ou dit contée pour ycelluy domaigier, il soit nécessitez de enforcier les bones villes du dit contée de *Bourgoigne*, pour la sehurtez et tuiction des habitans d'ycelles et des gens d'enuirons, avons voluz, ordenez et acorder amiablement, senz procest et senz ce que ceste nostre présente ordenance grièue ou puisse greuer, ou estre préiudiciable pour le temps a uenir ès diz d'*Arbois* et de *Montaigny*, mais que vng chescun de lour demoroit en son droit entier et tel qui estoit per auant, les diz de *Montaigny* pahioient per ceste fois ce que imposez lour a estez pour la cause que dessus, et paient la gabelle que de présent est ordenée pour le fait que dessus. Et en tesmoing de ceste nostre présente ordenance, en hauons bailliez ces noz présentes ès diz d'*Arbois* seellée de nos seelx. Faictes et donnés à *Dole* le xxv° jour du mois d'auril, l'an de grace mil trois cent et quatre-vingt. Et sunt seelées des seel l'abbés de *Balmes*, monss. *Anxel* de *Salins*, sires de

Monferrant, monss. *Thiébaul*, sire de *Rie* et che [F° xxvj, v°] telain de *Bracon*, monss. *Eude* de *Quingey*, cheualier, et maistre *Gile* de *Montagu*, licencié en lois, tuit consoiller et président du dit parlement de *Dole*.

15

Lectres comme li escheuins d'*Arbois* poubent lassier et accensir perpétuelment pour le profit de la ville les tours et les chaffault de la fortaresce d'*Arbois*.

Troyes, 1374, 14 novembre (1).

Marguerite, fille de Roy de *France*, contesse de *Flandres*, d'*Artois* et de *Bourgoigne*, palatine et dame de *Salins*, à touz ceuls qui ces lectres verront, salut. Comme les habitanz d'*Arbois* aient refait et rappareillé pluseurs tours et chaffaux et entendent à continuer à faire en nostre bourc et fortarece d'*Arbois*, sauoir faisons qu'il nous plaist et voulons que pour le temps présent et auenir, les quatre escheuins de nostre ville d'*Arbois* puissent laissier et acensir à touz jours, dès les alées des murs du dit bourc et fortarece en aval, pour le prouffit qui en ystrat conuertir par euls ès dictes tours et chaffaux et effiches (2). Si donnons en mandement à touz noz justiciers et officiers présenz et auenir ou à leurs lieuxtenans et à chascun d'euls, si come à lui appartendra que de nostre présent octroy facent et laissent joïr et vser paisiblement les diz escheuins per la fourme et manière que dit est. En tesmoin de ce, nous auons fait mettre notre seel à ces présentes. Donné à *Troyes* en [F° xxvij, r°] *Champaigne* le xiiij° jour de nouembre, l'an de grâce mil ccc soixante et quatorze (3). Par ma dame en son conseil où estoient messire *Charles* de *Poitiers*, le

(1) Texte revu sur l'original aux archives d'Arbois, AA, 37. Scellé sur double queue d'un sceau de cire rouge dont il ne reste plus que des traces.

(2) Cartulaire : eschiffes.

(3) Ce qui suit est écrit sur le repli de l'original.

sire de *Montferrant* et messire *Humbert* de *la Platière*. [Et est soignié per] (1) *P. Christiain*.

16

Lectres come li proudomes et eschevins d'*Arbois* pouent toutes fois qui lour plait, perpétuelment, geter common et mectre gabelle sus les vins tel qui lour plaira et oster toutes fois qui lour plaira.

Hesdin, 1378, 28 aoùt.

Marguerite, fille de Roy de *France*, contesse de *Flandres*, d'*Artois* et de *Bourgoigne*, palatine et dame de *Salins*, à tous ceulx qui ces lettres verront, salut. Come nous amez les habitans et communaltey de nostre ville d'*Arbois* deissent et mantenissent nous estre tenue à faire réparer et soustenir la forteresse, murs, eschaufaus et eschiffes de nostre dicte ville, et ainsi estre et auoir esté vsé de longtemps, fours depuis nagaires, qui l'ont fait de lour bonne et libéral volonté, et noz gens en nostre non et pour nous deissent et mantenissent le contraire, c'est assauoir lesdiz habitans estre ad ce tenuz, sauoir faisons que nous ne vueillons que pour le débat en ceste partie de noz dictes gens et de ceuls de nostre dicte ville d'*Arbois* le fait de la fortifficacion et emparement d'icelle soit ou puist estre aucunement retardé ou délaié en cas de besoing, ne autrement, et afin auxi que nous et nos hoirs et successours de cy [F° xxvij, v°] en auant en soions et demorions quictes et deschargiez plainement, sans ce que jamais nous, noz dit hoirs, ne successours y soyons tenuz, aus dit habitanz et communalté de nostre dicte ville d'*Arbois*, à lour requeste, de nostre grace espicial et certeinne science, auons outroié et outroions per ces présentes que de cy en auant à touiours mais, toute foiz et quante fois que besoing sera pour la forteresse et emperement de nostre dicte ville, et pour là etre torné et conuerti et non aillours, eulx puissent faire et mectre et hoster et leuer auxi, selon que le besoing en sara, sur le vin qui sara vendu en gros ou à

(1) Ne se trouve pas dans l'original. — Collacion des dictes lettres est faicte au vray original per moy notaire cy subscript le ixe jour de décembre l'an mil iiij c et quatre. *Demolain*.

broche par queque personne en nostre dicte ville et ès appartenances, imposicion tele que par la plus grant et plus saine partie des diz habitans et communalley sera aduisé. Et por mi ce, yceulz habitans et communalley sont, seront et demeurent chargiez et tenuz de cy en auant à touiours mais, à lour mission, faire, soustenir et maintenir en bon et souffisant estat, tel que mestier sera selon le temps, la dicte forteresse, et tout ce qui s'y appartient ou appartendra, sanz ce que nous, noz hoirs ou successours soions en aucune manière tenus à la mission. Et en outre, de nostre dicte grace nous plest, volons et outroions aus diz habitans et communalley que, pour les dons et autres neccessitez de la dicte ville, il puissent de sy en auant faire entre eulx et oster auxi vng giet ou taille raisonnable, selon que en tel cas autrefoiz a estez fait, et est acostumer pour tourner et conuertir ès dons et autres neccessitez dessus dictes, et non autrement. Si donnons en mande [F° xxviij, r°] ment à nostre bailli et autres officiers et subgiez quéconques de nostre dicte conté de *Bourgoigne*, ou lours lieuftenans présens et auenir, et à chescuns d'euls, si come à li appartendroit, que les dit habitans et communaté de nostre dicte ville d'*Arbois*, facent, souffrent, et laissent joïr et vser paisiblement de nostre présente grâce, per la manière dessus dicte, en contraignant par voies deues en ces choses touz ceulx qui en feront et seront à contraindre raisonablement. En tesmoing de ce nous auons fait mectre nostre seel à ces lectres, faites et données à *Hédin*, le xxviij° jour d'aoust l'an de grâce mil ccc soixante dix-huit. Touteuoies est nostre entente que pour ce présent otroy nous, noz hoirs ou successours n'y soions pour la vendue de nos vins aucunement comprins. Donné come dessus. Par ma dame, présens messire *Cherles* de *Poitiers*, messire *Humbert* de *la Platière*, maistre *Jaque Hanin* et maistre *Jehans Blarye*. Et est soignié per *Robert Théroude* (1).

(1) Collacion de ceste est faicte à vray original per moy notaire cy subscript le x° jour de décembre l'an mil iiij c et quatre. *Demolain.*

17

Lectres de la grant alne mise Arbois.

Quingey, 1355, 16 juin (1).

Nous, *Marguerite*, fille do Roy de *France*, contesse de *Flandres*, de *Neuers* et de *Rethel*, faisons sauoir à touz. Come noz prodomes et habitans de nostre ville d'*Arbois* et de nostres villes voysines appartenant à ycelle [F° xxviij, v°] nous haient humblement supplié et requis, que nous de grace espécial leur voussissiens donner et ottroyer puissance de vendre, acheter et mesurer en nostre dicte ville et ès appartenences, à la grant alne, tele comme nos gens leur tailleront à l'estalon que il hont par deuers eulz, touz draps, toutes toilles et toutes autrez danrées qui à alne se doiuent mesurer et alner, et que à nulle autre alne nulz ne vende, achetoit, alnoit et mesuroit pour le temps avenir, et sur la poyne de l'amende de sexante soulz à nous acquise, pourquoy nous leur auons donné et ottroié de faire les choses dessus dites et vne chescune d'icelles. Sy mandons et comandons à touz nos officierz et à chascun d'eulz qui sur ce sera requis, que les choses dessus dictes leur maintengnent perpétuelment, et que la dite grant alne à l'estalon leur taillent, et nous leur en auons donné et donnons ces présentes lectres seelées de nostre seel pendant. Faites et données à *Quingey* nostre chastel, le xvj° jour du moys de jung, l'an de grâce mil troiz cenz cinquante cinq (2). — Par ma dame la contesse en son conseil ouquel estoient messire *Houde* de *Choys*, messire *Jehans* d'*Augerant*, le seignour de *Vaudry* et messire *Jehan* de *Chessy*. [Et est soigné per] *M[anhet] Flory* (3).

(1) Revu sur l'original aux archives d'Arbois, AA, 4. Etait scellé sur double queue.

(2) Ce qui suit était écrit sur le repli de l'original.

(3) Collacion de ceste faite est à vrai original par nous tabellion et notaire subscrit le x° jour de décembre l'an mil iiij c et quatre. *Demolain*. Ita est. *J. Mercier* (paraphe). — Ce qui est placé entre crochets ne se trouve pas dans l'original.

18

Lectres come les proudomes d'*Arbois* peuent faire prendre le pain toutes fois qui lour plait et tauxer à telle amende ou amendes qui lours plairat, [F° xxix, r°] et auxi come il puent deboner auec le prevost les terralx, et les emendes des désobaïssant sunt à la ville.

Troyes, 1371, 27 avril.

Marguerite, fille de Roy de *France*, contesse de *Flandres*, d'*Artois* et de *Bourgoigne*, palatine et dame de *Salins*. Faisons sauoir à touz que, à la supplicacion des escheuins et habitans de nostre ville d'*Arbois*, nous loura uons octroié et octroions que per nostre préuost d'*Arbois*, ou les sergens du dit lieu qui sunt ou seront pour le temps, il puissent faire panre tout le pain qui sera fait à *Arbois* pour vendre, touteffoiz qui ne sera souffisant et conuenable selon le pris et le marchié du bló, non obstant toutes costumes, ordonnances ou autres choses au contraire, et que les dit pains soient tauxez per les diz escheuins qui sunt ou seront pour le temps, et condempnez à telle amende ou emendes comme bon lour samblera selon la qualité du fait, lesquelles amendes seront à nous acquises. Et auecques ce lour octroions et consentons que per nostre préuost et les dit escheuins les terraux et fossez de la dicte ville soient boonez, et il soient mises et fichiées boones apparans au dehors des dit terraux, en faisant croi et deffense de par nous que entre les dictes boones et les murs de la dicte ville aucun ne s'i acroisse, ne face édiffice, ne n'y praigne terre ou autre chouse qui soit en l'empirement des diz terraux et fossez, sur amende de sexante sols à prendre sur ceuls qui feront au contraire, lesquelles, se elles y eschieent, nous voulons estre conuerties ès ouurages et fortificacion de la dicte ville, et en seront tenuz les diz [F° xxix, v°] escheuins de rendre compte à nous gens, quant requis en seront, et ne panra riens li préuost en icelles emendes. Si mandons à touz nos justiciers et officiers, et à chescuns d'eulx présent et auenir, si come à lui appertendra, que de nos dit grace et octroi laissent et fecent les dits escheuins joïr et vser paisiblement dorresenauant sens contredit. Donné à *Troies* le xxvij[e] jour d'auril l'an de grâce mil ccc sexante et vnze. Par ma dame et son consoil où estoient maistres *P. Cuiret*, messire *Humbert*, maistres *J. Blarie*, *J. Bisel* et autres. Et est soignié par *Jehans d'Esparnay* (1).

19

Lectres de la diuision et séparacion des bois d'*Arbois* et de *Poloigny* et de l'usage et pasturaige que li vns ont sus les autres.

Poligny, 1299, 10 juin.

Nos, messires *Jehans li granz*, messires *Pierres Galaphins*, messire *Aymes* dit de *Monront*, messires *Estaynes* et messires *Jehans* dit *Gelins*, messires *Nicholes* et messires *Renaut*, dit de *Falatains*, de *Poloigney*, cheuaillers, et je *Conrals*, préuost en ce temps, du dit lieu; et nos *Jehans*, diz *Brainche*, *Vienaz Valons*, *Willemins* fils *Forfuyne* et *Renauz Bon ami*, esliz et establiz en ce temps à quatre proudomes en la dicte ville de *Poloigney*, façons sauoir à touz, que, comme discorde fut mahue entre nos, pour nos et pour la communalley de *Poloigney*, d'une part, et entre la communalley de ces d'*Arbois* [F° xxx, r°] d'autre part, suz vn petit discort qui estoit entre nos de la deuision de noz bois et des lours des bois dou *Chamois*, nos suz ce auons donné et donnons plénière possance et espicialx commandement à noble et saige chevailler, mon seignour *Renaut*, soignour de *Saint-Aigne*, chestelain de *Poloigney* en ce temps, de faire la deuision des diz bois, et dou perlir pour nous et pour cex d'*Arbois*; et auons promis et promectons, pour nos et pour le communalley de *Poloigney*, et pour toutes menières de gens, tenir et garder à tout jour mais tele diuision et tel partie comme li dit messire *Renauz* en fara en bone foiz et senz nule corruption; et pour ce fermement tenir nous auons re-

(1) Collacion de ceste faicte est per moy notaire cy subscript le xe jour de décembre l'an mil iiij c et quatre. *Demolain*.

quis et fait mectre en ces lettres le seel nostre soignour et redoutey le Roy de *France* dou lequel on vse en la court de *Poloigney*. Donné l'an Nostre Soignour corrant per mil cc nonante et nuef, le mescredi après Penthecostes (1).

20

Autres lectres de la diuision et séparacion des bois d'*Arbois* et de *Poloigney* et de l'usage et pastoraige que li vns ont sus autres.

Poligny, 1300, mai.

Nos *Renauz*, sires de *saint-Aigne*, chastelain à ce temps de *Poloigney*, façons sauoir à tout cex qui verront ou orront cex lettres, que come grant discorde fut mahue entre la communaltey de cex de *Poloigney*, d'une part, et entre la communaltey de ceux d'*Arbois*, d'autre part, suz ce que li vne des parties et li autre disoient li vns contre les autres, que il auoient [F° xxx, v°] faite grant iniure et grant entreprise li vns ès autres ès bois et en lour communaltey dou *Chamoys*; en la fin, cil de *Poloigney* et d'*Arbois* nous donèrent plénière puissance et auctoritey que nos cedit discort sehussains, et que nos ladicte chouse desbognesains selon ce que bien et auenant nous sambleroit, et nos, per bien de pais preisme cele besoigne sore nos, et auons estez sur le lius deligannent et appelez proudomes d'une part et d'autre, et avons desseurées et départies les dictes communaltey des diz lues l'une de l'autre, per buegnes de pierres que nos i auons fait mectre, ensamble aucunes que jay i estoient deuant. Et volons et ordenons que le desbognement que fait en auons soit tenuz et gardez fermement dois ores en auant entre les parties, senz corrupcion, par einsi comme li termes et les buegnes que mises y sont le mostrent et desclairent, en tel menière que se aucons de *Poloigney* et de la

(1) Collacion de ceste est faicte à vray original per moy notaire cy subscript le x° jour de décembre l'an mil iiij c et quatre. *Demolain*.

justice auoit traffons de hérietaiges dedanz le desbugnement de cex d'*Arbois*, bien en joïe, et esplatoit, sal ce que bois ne il tailloit; et se il i tailloit bois, se empaioit l'esmende tele comme elle est acostumée à paier caienarrers à cex d'*Arbois*. Et en ceste meisme menière le volons nos, ausi ordenons et commandons et entendons de ces d'*Arbois* et de la justiese, se il auoient aucons héritaiges dedanz lo deuis et le desbugnement de cex de *Poloigney*, salue la justice adès dû soignour de cele partie ou desbognement de laquel partie li diz héritaiges saroit, et des pastoraiges vsoient li vns sus les autres, ensi con il l'ont acostumé caienarrers. Et pour ce que ceste chose soit certaine et estable à touz jours, nous li dit *Renauz* avons mis nostre seel en ces lectres faites et données en l'an de l'incarnacion [F° xxxj, r°] Nostre Soignour Jhésu-Crist corrant per mil et trois cenz ou mois de may (1).

21

Lectres de cinq solz censal dehuz à la ville sur le champ de *Morcial* que fut à *Quacel* et sur le champ d'encoste.

Arbois, 1338, 9 juin.

Je *Jehans* dit *Merceret* de *Corcelles* d'*Arbois* fais sauoir à touz que je ay retenuz, accensiz et amoisenez perpétuelment pour moy et pour mes hoirs, de *Jehan* dit *Greuellet*, de *Guiot* dit *Bartier*, de *Vuillemin* dit de *Larnay* et de *Esteuenom* dit *Bernart* d'*Arbois*, à ce temps proudomes et escheuins de la ville et communaltey d'*Arbois*, vng champ que est dou communal d'*Arbois* et siet en la fin d'*Arbois* ou luef que l'on dit *a biez de Morcial*, delez ma terre d'une part et delez *la terre dou Temple* d'*Arbois* d'autre, c'est à sauoir pour cinq soulz d'estevenans censaulx, loux lois, emende et soignerie portant. Les quelx cinq soulz d'esteuenans censaulx je,

(1) Collacion de ceste faicte est per moy notaire cy subscript le xe jour de décembre l'an mil iiij c et quatre. *Demolain*.

pour moy et pour mes hoirs, per mon soirement pour ce juriez et tochiez corperelment sus saint euuangile, promet paier et rendre en pais, senz tençon mouoir, ès dit proudomes et escheuins de la dicte ville et à lours successours que il saront pour le temps auenir, chescun anz à tout jours mais, censalment le jour de la feste saint Mertin d'iuer. Et en acressement de la dicte cense, je ay assiz, assignez et asselez les diz cinq solz d'esteuenans censaul, assise, assignois et asselois, ensamble le dit champ, sus mon autre champ que siet en ce maisme luef delez le dit champ que je ay retenuz d'une part et delez le champ que fut *Boichert* de *Mont* d'autre part, lequel champ je pour moy et pour mes hoirs [F° xxxj, v°] promet garandir, deffendre et appasier ès dit proudomes et à lours successours contre toutes gens, et wils et outroy que toutes les foiz que je ou li miens fariens deffaut de paier les diz cinq soulz d'esteuenans censalx a dit jour, que li dit proudomes et escheuins de la dicte ville et cy que il saront pour le temps avenir puissent assigner ès doux diz champs et ès fruiz d'ycellours, selon les hux et costumes dou *Vaulx d'Arbois*, senz contredit de moy, ne de mes hoirs, per mon deuant donney soirement, et pour ce fermement tenir je enloie moy et mes choses en la court et en la juridicion mon soignour le conte de *Flandres*. En tesmoignaige de vérilez j'ay requis et fait mectre en ces lectres le seel de sa dicte cour dou quel on vse en *Arbois*. Donné le mardi deuant la feste de saint Bernabey appostre, l'an mil trois cenz trante et huit. [Ainsi signé : *R. B.*] (1).

(1) Addition de la main du notaire Demolain. Collacion de ceste faicte est per moy notaire cy subscript le x° jour de décembre, l'an mil iiij° et quatre. *Demolain.*

22

Lectres de dix huit solz estevenans censalx dehuz à la ville sus vne partior de la tourt dou cemetière (1).

Arbois, 1380, 8 avril.

Nous, *Vuillemins* dit *Berder d'Arbois*, *Perrenet* de *Mymeriey* et *Huguenins* dit *Goudal* de *Dumpierre*, près de *Mornans*, façons sauoir à touz que nous, pour nous et nos hoirs, auons retenuz et accensit

(1) Cpr. la contre partie de cet acte destinée à être remise aux censitaires : Nous, *Guillame* de *Papillin*, escuer, *Humbers* de *Larnay*, clerc, *Guienet* de *Serox* et *Perrenins des Planches*, prodomes et escheuins de la ville et communatey d'*Arbois* et en non d'icelle, façons sauoir à tout que nous, en non que dessus, auons laissiez et accenssi perpétuelment à *Vuillemin* dit *Berderet* d'*Arbois*, *Huguenin Goudal* de *Dampierre* près de *Mornans* et *Perrenet* de *Mymeriey*, demorant *Arbois*, pour lours et pour lours hoirs, à tout jours mas, le premier estage desos durant à contremont, tanque a secun estaige, ou quel estage l'on tient l'atit de la ville d'*Arbois*, d'une tour des murs du bourg d'*Arbois*, séant la tour à querre dessus la riuière de *Coisance*, entre le cemetière de l'église d'*Arbois* et la dicte reuière, per ainssi come le grox du mur de la dicte tour l'enporte et non outre, et y puent faire vote ou celier, si lour plet, sen domagier la dicte tour, franchement, pour dix et huit soulz esteuenans censsalx, loux emende et soignorie pourtant, à paier per les diz retenam et lours hoirs dois ores en auant, à nous et à noz successours prodomes et escheuins de la dicte ville et en non d'ycelle, le jour de feste Tout Sains. Et ou caux que la dicte tour vendroit en ruyne sen la corpe des diz retenant, per ouale que Dieu ne vuile, les diz retenans ne dauront riens paier de la dicte censse jusque atant qu'elle fut remise en estet dehuz et soffisant. Et per ainssi nous, pour nous et en non que dessus, de la dicte chouse ainsi à lours laissié nous sumes deuestit et deuestons de tout droit, propriétez et possession, et les dit retenans pour lours et pour lours hoirs en auons envestit, mis et mettons en veray sasine et corperel possession, ou aussi per la tradicion de ces présentes lectres. Et en retenant à nous la dicte censse et li dit premier estaige, nous, pour nous et en non de la dicte ville et pour nos successours escheuins d'*Arbois*, lours auons promis et promattons garrandir, deffendre et apaisier contre tout, en tout luef, en toutes cours, et per deuant tout juges, ès propres deppens et missions de la dicte ville, et non venir à contraire, per nous ne per autres, ne consentir autruy venir, tacitement ne en appert, per noz soirement pour ce juriez et toichiez corperelment sus saint euuangille de Dieu. Et pour ce fermement tenir nous enloions nous et noz successours prodomes et escheuins de la dicte ville d'*Arbois*, et tous les biens de la dicte ville, meubles et non meubles, présent et avenir, en la cour, juridicion et cohercicion ma dame la contesse de *Bourgoigne*. En tesmoignaige de la quel chouse nous auons fait mettre en ces lectres le seel de ma dicte dame douquel l'on vse en *Arbois*. Faites et données le huitième jour du mois d'auril apprès Pasques, l'an Nostre Soignour corrant mil trois cent et octante. J. M. (Paraphe). Archives d'Arbois, EE, 3, original. Scellé sur double queue. Le sceau manque.

perpétuelment de *Guillames* de *Pupellin*, escuiers, *Humbers* de *Larney*, clerc, *Guienet* de *Siros* et *Perrenins* des *Planches*, proudomes et escheuins de la ville et communalley d'*Arbois* [F° xxxij, r°] et en non de la dicte communallez, le premier estaige desos durant à contremont tanque a secum estaige, ouquel estaige l'on tient l'actit de la ville d'*Arbois*, d'une tour des murs du bourg d'*Arbois*, séant la dicte tour à querre dessus la reuière de *Coisance* entre le cemetière de l'église de *saint Just* d'*Arbois* et ladicte reuière, per ainsi comme li grox du mur de ladicte tour l'emporte et non outre, et y pouhons faire vote ou celier, se nos plait, senz dommaigier la dicte tour, franchement, pour dix et huit soulz esteuenans censalx, loux emende et soignerie portant, à paier dois ores en auant per nous et noz hoirs ès diz escheuins et à lours sucessours prodomes et escheuins de ladicte ville et en non d'icelle, le jour de la feste Tout Sains. Et ou caux que ladicte tour vendroit en ruynne, senz nostre corpe, per ouale que Dieu ne vuille, nous ne deurons riens paier de la dicte censse jusque atant qu'elle fut remise en estat dehuz et soffisant. Et per ainssi nous, pour nous et pour noz hoirs, auons promis et promectons paier la dicte censse et tenir toute la tenour de ces lectres et non venir à contraire per nous ne per autres, ne consentir autrui à venir tacitement ne en appert, per nos soirement pour ce jurez et toichiez corperelment sur saint euuangile de Dieu. Et pour ce fermement tenir, nous enloions nous et noz hoirs et tout nos biens et les biens de noz hoirs, moubles et non moubles, présent et avenir, en la court, juridicion et cohercicion madame la contesse de *Bourgoigne*. En tesmoignaige de la quel [F° xxxij, v°] chouse nous avons fait mectre en ce lectres le seel de ma dicte dame douquel l'on vse en *Arbois*. Faictes et données le huitième jour du mois d'auril apprès Pasques, l'an Nostre Soignour corrant mil trois cent et octante [Ainsin signé : Jo. M.] (1).

(1) Addition de la main du notaire Demolain. Collacion de ceste faicte est à vray original per moy notaire cy subscript le x° jour de décembre l'an mil iiij c et quatre. *Demolain*.

23

Lettres de trois solz esteuenans censalx que *Huguenins Sagontel* doit sus une pièce de terre séant en *Corbires*.

1379, 16 octobre (1).

Je *Huguenins* dit *Sagontet* d'*Arbois* fais sauoir à touz que je, pour moy et pour mes hoirs, ay retenuz et accensit perpétuelment et à tout jours mais, de *Guillame* dit de *Pupellin* d'*Arbois*, escuer, *Humbert* de *Larnay*, *Guienet* de *Serox* et *Perrins* des *Planches*, proudomes et escheuins de la ville et communaltez d'*Arbois*, et en non d'ycelle, vne pièce de terre de ladicte communaltez séant ou territoire d'*Arbois*, ou luef que l'on dit *en Corbières*, delez la vigne *Odate*, fame *Robert* de *Bougaille* d'une part et delez *la Coste de Corbières*, et toiche per dessus à la terre de l'ospital, et per desos toiche a grant chemin common, franche de tout seruituz, pour trois soulz esteuenans censsalx, loux emende et sougnerie pourtant, à paier dois ores en auant per moy et les miens à la dicte communaltez perpétuelment, le jour de feste saint Martin d'yuert. Et per ainssi je pour moy et les miens ay promis et promacte paier la dicte censse ès diz prodomes et lours successours prodomes et escheuins de la dicte communaltez et en non que dessus, et non venir à contraire de la tenour de ces présentes lectres, per mon soirement pour ce jurez et toichiez corperelment sus saint euuangile de Dieu. Et pour ce fermement tenir [F° xxxiij, r°] (2), je en loye moy et mez hoirs et tout mes biens et les biens de mes hoirs, meubles et non meubles, présent et avenir, en la cour, juridicion et cohercion ma dame la contesse de *Bourgoigne*. En tesmoignage de la quel chouse, j'ay fait mectre en ces lectres le

(1) Archives d'Arbois, DD, 295, original. Paraît avoir été scellé sur simple queue. Texte revu sur l'original.

(2) Au bas du feuillet à droite : quintus.

seel de ma dicte dame duquel l'on vse en *Arbois*. Donné le sezaimme jour du mois d'octobre, l'an Nostre Soignour corrant mil trois cent sexante dix et nuef [Ainsin signé : Jo. M.] (1).

24

Lettres de l'assie faite per les escheuins d'*Arbois* à *Vuillemin Gouuernal* d'une partie de mais du fourt iiij solz pour xx solz esteuenans censalx le jour de saint Martin d'iuert.

Arbois, 1377 (n. st.), 22 février.

Je *Vuillemins* dit *Gouuernal* d'*Arbois* fais sauoir à touz que je, pour moy et pour mes hoirs, ay retenuz et accensit perpétuelment à touz jours mais de *Guillame Gaiscognet*, *Guillame* de *Verruex*, *Vuillemin Bernart* et *Huguenins Justoz*, proudomes et escheuins de la ville et communalley d'*Arbois*, et en non d'ycelle, vne partie de maison, le fond et appertenences d'ycelle, du maisonnement du fourt quatre solz, de la dicte communaltey, séant en la rue de *Faramant*, c'est asauoir la partie toichant à la maison *Perrenate* ma feme et ses enfans tout a long, et toiche per darrer à la terre du priorey du monte, et toiche d'autre part à la perroit deuers le dit four per la forme et menière que les bones que mises y sunt tant a long come a travers, le deuisent. En tel menière que je doy faire dehant doux ans prouchainement venant ung mur de doux piez le [F° xxxiij, v°] conte de gros et d'une toise d'aul, ou de plux s'il me plet, à trauers, dois l'une des columpnes friétalx tanque à l'autre, et se deura prendre et se commencier sus le gros de la dicte columpne friétal deuers le dit four et acomplir sus la terre de la dicte communaley, et acomplie à ce long, tanque à l'autre columpne en suege. Item doiue faire hun autre mur deant le dit terme et du dit grox et haul dois la columpne friétalx deuers

(1) Collacion de ceste faicte est a vray original per moy notaire cy subscript le x° jour de décembre l'an mil iiij c et quatre. *Demolain*.

la maisom ma dicte fame tanque a grant chemin, liquel mur se comencera per my le gros de la dicte columpne friétalx, en acomplissant le demerant sus la terre de la dicte communalley deuers la grainge et place dudit fourt, liquelx murs saront demy à la dicte communalley et demy miens. Et se il me plet faire murs dois la columpne friétalx deuers le fours tendant per derrer la terre du monte, je li puis faire quant moy plaira per la manière que li autre murs. Ceste retenue ay je faite pour vint soulz esteuenans censsalx, loux emende et soignorie portant, à paier per moy et mes hoirs dois ores en auant à la dicte communalley le jour de feste saint Mertin d'iuers, franchement de tout autres seruituz, per tel menière queje et li miens doiuent mantenir la dicte maisom en estat dehuz et soffisant. Et per ainssi je, pour moy et les miens, ay promis et promecte paier les dit vint soulz, faire les diz murs, mantenir en estat dehuz la dicte maison, tenir fermement [F° xxxiiij, r°] et acomplir toute la tenour de ces présentes lectres et non venir à contraire per moy ne per autres, ne consentir autruy venir, tacitement ne en appert, per mon soirement pour ce jurez et toichiez corperelment sus saint euuangile de Dieu. Et pour ce fermement tenir, je en loie moy, mes hoirs et tous mes biens et les biens de mes hoirs, moubles et non moubles, présent et avenir, en la cour, juridicion et cohercion ma dame la contesse de *Bourgoigne*. En tesmoignaige de vériley j'ay fait mectre en ces lectres le seel de ma dicte dame duquel l'on vse en *Arbois*. Faictes et données le demanche jour de feste de la kathedre saint Pere, l'an Nostre Soignour corrant mil trois cent sexante et seze. [Ainsin signé : Jo. M.] (1).

(1) Addition de la main du notaire Demolain. Collacion de ceste faicte est per moy notaire cy subscript le x° jour de décembre l'an mil iiij c et quatre. *Demolain.*

25

Lectres des conuenences faites entre les escheuins d'*Arbois* et *Guillame le grant* sur le fait de la tours derrier la mayson du dit *Guillame* (1).

Arbois, 1375, 27 juillet.

Nous, official de la cour de *Besençon*, façons sauoir à touz que per deuant *Jehans* dit *Mutin* d'*Arbois*, clerc, notaire et jurez de nostre dicte cour de *Besençon*, nostre comandement espicial [F° xxxiij, v°] aquel quant à ce et à plus grant chouses nous auons commis noz voies et commactons per ces présentes lectres, pour ce en droit personelment estaubliz et à ce espicialment venanz *Guillames li Grant* d'*Arbois*, escuers, d'une part, et *Guillames* dit *Gaiscoignet*, escuers, *Vuillemins Bernart*, *Guillames* de *Verruex* et *Huguenins Justoz*, prodomes et escheuins de la ville et communalley d'*Arbois*, de la voluntey et consentement monss. *Humbert de la Platière*, cheualier, *Guillames* de *Pupellin*, escuer, *Perrenet* de *Malliat*, en non de lour et de la dicte communalley, d'autre part, les diz *Guillames le grant* et escheuins ont cognuz et confessez, en non de lours et de la dicte communalley, en droit, per deuant nostre dit commandement, cognoissent et confessent auoir fait entre lours les pactions, acort et traictiey que s'ensuegent et per la manière cy apprès deuisée. C'est à sauoir que les diz escheuins doiuent murer ès murs de la ville que font tour en droit de la maison du dit *Guillame le Grant*, c'est asauoir ce de la dicte tour que saul fuer contre la reuière de *Coisance*, outre les diz murs tendant à querre de *Gloriate* d'une part, et les

(1) Archives d'Arbois, EE. 2. Original. Au revers : lettres des convenances faites entre les escheuins d'*Arbois* et *Guillame le Grant* sur le fait de la tourt derrier la maison du dit *Guillame*. Scellé sur doubles queues du sceau de l'official de Besançon et du sceau de la comtesse de Bourgogne. Le premier sceau manque. Le second sceau en cire verte avec contrescel est à peu près intact. Légende du sceau : Sigillum *Ludouici* comitis — *Nivernensis* et *Registarcensis* in *Arb*[osio]. Legende du contrescel : ✝ Contrasigillum curie de *Arbosio*.

murs landant contre la *Porte des Masialx*, de l'aul dou friete du loy, quil est à présent sus les dit murs ou plus haul, si comme bon semblera ès diz escheuins, maintenant ou autrefoy. Et farunt les diz escheuins quant lours plera et bon lours semblera ou dit luef [F° xxxv, r°] doues poitalles, c'est à sauoir vne per quoy l'on entrera et saudra sus les diz murs, per deuers l'esquerre de *Gloriate*, et d'autre part, vne autre poitelle per quoy l'on entrera et saudra sus les diz murs per deuers la dicte *Porte des Masialx* tandant, alant et venant, pour l'aisance et neccessitey de la dicte ville et communaltey, dois l'une des dictes poitalles à l'autre per la dicte maison du dit *Guillame le Grant*, et faire archures pour la deffense de la dicte ville lay où elles appertanront, à l'ordenance des diz escheuins. Et se l'on y fait acunes fenestres ou fenestre, elles se doiuent faire à l'ordenance des diz escheuins. Et li diz *Guillames le Grant* les doit faire ferrer à ses missions bien et soffisamment. Et encores doit soignier li dit *Guillame le Grant* à sa mission en place pour tout le dit mur qu'il s'i fara comme dist est, pierre, arenna et aigue et charoier la chaul, et les dit escheuins doiuent soignier la dicte chaul ou raffour de la ville séant a touf dessus *les Planches*, et faire le demorant du toyt et de la rainure de bois à lours missions, si comme bon lours semblera pour l'aisance et neccessitey de la dicte ville et communaltey. Les quelles conuenances et toute la tenour de ces présentes lectres li diz *Guillames*, pour luy et pour les suens, les dit escheuins pour lours et en non que dessus, ont promis et promattent tenir, mantenir, garder et osseruer fermement, et non venir à contraire per lours ne per autres, tacitement ne en appert [F° xxxv, v°], pour le temps présent ne pour le temps avenir, per lours soirement pour ce jurez et toichiez corperelment sus saint euuangille de Dieu, per stipulacion sollempnez sus ce en'remise en la main de nostre dit commandement et sus la poinne de excomeniement de nostre dicte cour, et sus la expresse obligacion de tout lour biens moubles et non moubles, présent et avenir, et des hoirs du dit *Guillame*, et les diz escheuins de tout les biens meubles et non meubles, présent et avenir et de la dicte communaltey. Submattans li diz *Guillame le Grant*, quant à ce, luy, ses diz biens et ses hoirs, et les diz escheuins lours et lours successours escheuins du dit luef et les diz biens de la dicte communaltey sob l'une et l'autre de noz cours, juridicion et cohercion spirituel et temperel, et soub la cour, juridicion et cohercion ma dame la contesse de *Bourgoigne*, et soub toutes autres cours, juridicions et cohercions d'église et séculaire, ensamble et chescune per soy, pour estre controint la partie non tenant ou façant au contraire de la tenour de ces présentes lectres en tout ou en partie et pour les despens sus ce fait, la sentence de escomuniement non obstant. Renuncianz les dictes parties à toutes excepcions de fait, de droit, mal baret, lésion, circonuencion, déceuance, à tout droit escript et non escript, à la chouse non ainsi estre faite, à droit disant que général renunciacion ne vault, à la copie de ces présentes lectres et à toutes autres renunciations, allégacions, opposicions et deffense que contre la tenour d'ycelles [F° xxxvj, r°] porroient estre oppousées, toutes autres excepcions non obstant. En tesmoignaige de la quel chouse, nous, official dessus dit, à la preière et requeste des dictes parties et à la relacion de nostre dit commandement, auons fait mectre en ces lectres le seel de nostre dicte cour ensamble le seel de ma dicte dame duquel l'on vse en *Arbois*. Faictes et données présent monss. *Humbert* de *la Platière*, chiualier, monss. *Guy* du *Vernoy*, chiualier, monss. *Pierre Vauchier*, monss. *Jehans Branche*, prestres, *Jehan Fauquier* et *Jaquet Feure*, le vanredi apprès la feste de la Magdelaine, l'an Nostre Soignour corrant mil trois cent sexante et quinze (1).

(1) Collacion des dictes lectres signées per *Jehan Mulin* et sellées tant soulement du seel de feu ma dame de *Flandres* duquel l'on vsoit ad temps *Arbois* est faicte par moy *Christofle Demolain*, coadiuteur ou tabellionez dudit *Arbois* le ixe jour du mois de décembre l'an mil iiij c et quatre. *Demolain*.

26

Lettres come la duchesse *Jehanne* de *Bourgoigne* en son droit et partaige fut recehue à *dame Arbois* et comme elle jura les franchises et costumes d'*Arbois* escriptes et non escriptes tenir et garder senz corrupcion.

Arbois, 1330 (n. st.), 3 février.

Nous, official de la court de *Besençon*, façons sauoir à tous que en présence de *Huguenin* dit *Bonot* de *Chessey*, clarc, *Guienot* de *Mont*, clarc, *Girart* dit *Preuencal*, clarc, *Esteuenin* dit *Quacce*, clers, et *Jehans* de *Lyon*, clarc, notaires jurez de nostre dicte court de [F° xxxvj, v°] *Besençon*, noz commandement espiciaulx ès quel et à hun chescon per luy nous auons commis noz voies quant ès choses que s'ensuegant et quant à plus grant choses lour comectons et à hun chescun de lour per soy, per ces présentes lectres, pour ce personelment estaubliz, très noble, haute et puissant dame, dame *Jehanne*, duchesse de *Bourgoigne*, fille de très noble, haute et poissant dame *Jahanne*, raygne de *France*, contesse d'*Arthois* et de *Bourgoigne*, palatine et dame de *Salins*, messires *Robert* de *Bourgoigne*, conte de *Tonnerre*, luy disant et appellant estre procureur généraulx et espicial de très noble home monss. *Huedes* le duc de *Bourgoigne*, son frère, d'une part, et *Nycholet* dit d'*Yuoiriez*, escuier, *Jehanz* dit *Greuillez* d'*Arbois*, *Vienot* dit *Quacce* d'*Arbois*, à celluy temps proudomes et escheuins de la ville et communalley d'*Arbois*, d'autre part, à ce appellez, et de part les diz proudomes, les gens de ladicte ville et communalley d'*Arbois*, en la maison de pierre, que fut jadix *Otthonin*, filz à bailiz de *Bourgoigne* (1) en la ville d'*Ar-*

(1) Cpr. *Cartulaire du comté de Bourgogne*, f° clxvj. Lettres de l'achat d'une maison séant à *Arbois* assise ou lieu que l'on dit *Monforz*. Ego *Othoninus* filius quondam *Jaqueti*, baillivi de *Arbois*, dicti *le Francois*, notum facio... quod ego illustri domine *Alis Sabaudie* et *Burgundie* comitisse vendidi... domum meam apud *Arboix*, in loco qui dicitur *Monzforz*, et casale dicte domus contiguam ex una parte curtillo *Jaqueti* dicti de *Villeta* et durantem usque ad clausuram murorum de *Arboix*... Die Jovis post festum Beate Marie Magdalene, anno gratie millesimo ducentesimo septuagesimo sexto (23 juillet 1276). Cette maison avait été achetée en 1273 par Othenin à Guillaume d'Arbois, dit Brun, chevalier (Arch. du Doubs, B. 316).

bois, à hore de mydi ou en qui entour, cognehurent en droit et confessarent publiement la dicte *Jehanne*, duchesse de *Bourgoigne* et li diz messire *Robert* come procureur en nom que dessus, et jurarent anduy ensamble, et chescum per soy, que il tendront et mantendront, fairont tenir, garder et mantenir à leur pehoir toutes les costumes de *Bourgoigne*, générals et loquals, en la dicte ville d'*Arbois* et ès appertenences de ycellie, tant les escriptes quant les non escripte, toutes les libertez, frainchises, graces, priuilièges, bénéfices, les quar[F. xxxvij, r°]tes en lour tenour données et outroies, et les establissement fait et ouctroiez du temps paissez pour touz temps mais, de très haute, noble et excellant dame, la contesse *Aulix*, de très noble et puissant monsignour *Otthe*, conte de *Bourgoigne*, de dame *Mehaut*, contesse d'*Arthois* et de *Bourgoigne*, palatine et dame de *Salins*, de la dicte dame *Jehanne*, raygne de *France*, contesse d'*Arthois* et de *Bourgoigne*, palatine et dame de *Salins*, mère de la dicte duchesse, et aussi jurarent la dicte duchesse et li dit conte de *Tonnerre*, en non que dessus, tenir et faire tenir toutes les ordenances et graces de la dicte *Jehanne*, roigne de *France*, mère de la dicte duchesse, senz aucune corruption, en touz les quas que les dictes ordenances, graces, priuilièges, quartes, costumes générals et loqualx, statuz et frainchises de la dicte ville d'*Arbois* et communaltey, seront mostrez, auquel luef et à la dicte hore, lidit proudomes et escheuins appellez, la dicte ville et communaltey d'*Arbois*, et de lour plaine voluntey, en la présence de noz dit notaires pour ce requis et appellez, des dit proudomes et de touz ces de la dicte ville à cui il appertient instamment, recehurent la dicte dame *Jehanne*, duchesse de *Bourgoigne*, en la dicte ville d'*Arbois*, come dame de la dicte ville d'*Arbois*, de la justise en tout ce que ses droit il appertendra ou puet appertenir, saul le droit d'autruyl, espicialement de ses serours et d'une chescune per soy. A ce furent présent personelment mess. *Richard* d'*Anteni*, chyualiers, mss. *Alixandres*, soignour de *Blaisi*, chyualiers, mess. *Jehan* de *Thic* [F° xxxvij, v°] cheualiers, mess. *Jehanz* de *Belenor*, chyualiers, mess. *Pierre* d'*Esparnay*, chyualiers, mess. *Guy*, sires de *Villefrancon*, chyualiers, *Bartholomier* de la *Balme*, à celuy temps chestelain de *Bracum*, *Esteynne*, dit de *Belfort*, escuier, *Esteuenin* dit *Bonecte* de *Salins*, à celuy temps tresorier de *Bourgoigne*, mess. *Jehan* de *Laiz*, préuoires, *Esteuenin* dit *Boicherne* de *Salins*, *Esteuenin* filz *Symonet* de la *Loye*, clarc, et *François* dit *Mairoz* de *Salins*, pour ce tesmoins requis et appellez. En tesmoignaige de laquel chose, à la relaction de noz ditz notaires, ès quel et à hun chescun per luy nous auons foy plenière, auons fait mectre en ces présentes lettres le seel de nostre dicte court de *Besençon*, en signe de veritey des choses toutes dessus dictes. Faictes et données le sambedi apprès la feste de la Purificacion Nostre Dame l'an Nostre Soignour corrant mil trois cent vingt et nuef (1).

27

Lettres comme monss. et ma dame de *Flandres* furent recehus à soignour et dame en la ville d'*Arbois*, et comment monss. *Eude* de *Cromary*, quant il fut recehut *Arbois* à gardien et à baillif, fit le serement de tenir et garder les preuelèges du dit leu, escrip et non escrip, et outroiez [F° xxxviij, r°] du cuens *Othe*, cuens de *Bourgoigne*.

Bruges, 1331, 3 mars; Paris, 1330, 23 décembre; Arbois 1331, 7 juin (2).

† In nomine Domini, amen. Per presens publicum instrumentum appareat omnibus euidenter, quod anno Domini millesimo trecentesimo tricesimo, die Jovis post festum beati Hylarii, videlicet decima septima die mensis junii, indicione quarta decima

(1) Collacion de cestes faicte est à vray original per nous notaires cy subscripz le xj° jour du mois de januier l'an mil quatre cens et quatre. *Ste Marceret. Demolain.*

(2) Cet acte daté d'Arbois, le 17 juin 1330, est en réalité de 1331. On remarquera que la charte française dont il renferme la copie a été donnée le dimanche avant Noël (23 décembre) 1330. Il y a donc une antinomie de dates qui ne peut être résolue qu'en avançant d'un an la date de la charte apportée de Paris ou en reculant d'un an la date du titre rédigé à Arbois. Or deux données chronologiques de ce titre montrent que c'est le second parti qu'il faut prendre. La 14° indiction correspond à l'année 1331. D'autre part, Jean XXII ayant commencé à régner le 5 septembre 1316, la quinzième année de son règne va du 5 sept. 1330 au 4 sept. 1331.

pontificatus sanctissimi in Christo patris ac domini nostri, domini *Johannis*, diuina prouidente clemencia, pape vicesimi secundi anno quinto decimo, in presencia mei notarii infrascripti et testium subscriptorum ad hoc vocatorum et rogatorum propter hoc, nobilis ac venerabilis vir dominus *Odo* de *Cromary*, miles, personaliter constitutus et ad hoc specialiter veniens in villa de *Arbosio*, vocatis quatuor cabinis electis et probis hominibus predicte ville *Arbosii*; scelicet *Nycholetus d'Yuoryez*, *Johannes Greuilleti*, *Guillelmus Gascoigneti* et *Renadinus* de *Porta*, vna cum pluribus bonorum et sapientum dicte ville, ipsorum nomine totiusque communitatis dicte ville, mandato, potestate et autoritate, ipsi domino *Odone* predicto fongente, et data a illustrissimo et potentissimo domino *Flandrie*, *Nauarre* et *Retheli* comite, ac domine *Margarite* filie quondem Regis *Francorum*, socie dicti domini comitis, virtute licterarum suarum, omnibus quorum interest seu intererit directarum, necnon licterarum illu [F° xxxviij, v°] strissimi ac potentissimi domini *Odonis*, ducis *Burgundie* et *Johanne*, filie quondam regis *Francorum*, socie sue, quarum licterarum predictorum dominorum, per modum copie seu transcripti, nichil addito uel remoto tenores secuntur per hec verba : A touz ceux qui ces présentes lectres verront, *Loys*, cuens de *Flandres*, de *Nauers* et de *Réthel*, et *Marguerite*, fille dou Roy de *France*, sa compaigne, contesse des dictes contrées, salut et cognossance de vériley, saichent touz que nous hauons mis et mectons en nostre luef et pour nos nostre amez cheualiers, monss. *Huede* de *Cromari*, pour prandre et accepter la possession héritauble et passible saisine du chestial de la *Chestelainne*, d'*Arbois* et de *Quingey*, des chesteleries, appertenances et appendances d'icelles, dusque à la value et juste presie de trois mille leurées de terre à torner chescun an, et dusque à la dicte some des trois mille leurées de terre héritauble es dit luef et chesteleries (1), et en mille leurées de rente héritauble sur le pois de

(1) Parmi les éléments compris dans l'assielte de celte somme se trouvaient le droit de gîte dans le prieuré d'Arbois et le four de Mesnay. Il en résulta

Salins, prandre et receuoir droicturier et veray habitement et propriétey à toutes les apperlenances, droitures et redeuances qui affiérent selon la forme et acort fait entre très haut prince, nostre cher frère, monsignour *Eude*, duc de *Bourgoigne*, conte d'*Artois* et de *Bourgoigne*, palatins et sire de *Salins*, et nostre très chière suer, ma dame *Jehanne* [F° xxxix, r°], sa compaigne, duchesse, contesse et palatine, et dame des dit luef d'une part, et nous d'autre, come de la suscession dehue et auenue à nos de la mort nostre très chière dame et mère jadis ma dame *Jehanne*, roine de *France*, contesse des dictes contées d'*Artois* et de *Bourgoigne* et dame de *Salins*, touz si auant que ès lectres sus ce faites, seellées des seal de nos dictes parties est contenuz et espressément acordez, nos dit biens prandre, leuer et esploitier ensi come à nos appertient ou porra appertenir, gouuerner, aministrer, oster et demettre pour nos baillif, sergant, justicier, escheuins, lois, justises et touz autres officieur, de les renoueller et mectre tel come bon lui samblera, et eois donner plain pouor affaire ce

plus tard des difficultés de la part du prieuré et de la ville d'Arbois. Arch. du Doubs, B, 511 : 1° Procédure intentée devant le duc de Bourgogne par le prieur d'Arbois contre les gens de la comtesse de Flandre au sujet du gîte prétendu dans son prieuré (1337, n. st., mardi après la feste de l'apparicion Nostre Seigneur, 7 janvier). 2° Mandement du duc Eudes IV daté de Gigny le 5 janvier 1349 (n. st.). *Eudes*, dux et conte de *Bourgoigne* à nos amez et feauls monss. *Foulque* de *Villefrey*, nostre bailli en nostre conté de *Bourgoigne*... Depar les gens... la contesse de *Flandres* nous est supplié... que comme en l'assiete de terre que faite li auons en nostre conté de *Bourgoigne*, nous li aiens prisié et déliuré... Item le gite dou priorey d'*Arbois* pour sept liurées de terre et le four de *Mannay* ou pris de quatorze liurées de terre. Et nostre dite suer et ses gens en non de li soient empechiez ès chouses dessus dictes et ne se en jouent ne exploitent en aucune manière... pour ce que à paier ledit gite le prieur d'*Arbois* dit que il n'i est tenuz et que onques n'an heumes, ne nos deuantriers, la possession, et ausi pour ce que les escheuins d'*Arbois* maintaignent le dit four de *Mannay* à eux deuoir appartenir, nous à nostre dicte suer veuilliens des chouses dessus dictes faire ioir paisiblement ou li en faire récenpensacion conuenable, nous enclinans à sa supplicacion comme juste vous mandons... que vous veez et examinez diligemment l'assiette et la prisie dessus dicte... et vous enformez diligemment des diz fours, qui les tient et les possède,... et aussi du gite du priorey d'*Arbois*, et se nous et nos deuantriers en heumes onques la possession, et per quel cause et manière le dit prieur s'en veult franchir...

que à office ou à la besoigne qu'il lour sara commise affaira, de les appeler et autres remectre, de prandre et de receuoir les flalteis et obaïssances qui à nos sunt dehues pour cause des dit biens ou des apperlenances, et de fairo en toutes ces besoignes et en quanque il en despent tout ce qu'il y besoiguera à faire et que nous maisme porriens faire, se present estiêmes, et tenrons forme et estable, nous, *Marguerite*, comme propriétaire, et nous *Loys*, comme bail, ce que per nos diz cheualiers sara fait, ordener et dispousez ès chouses dessus dictes et en chescune d'elles, saue nostre heritaige et dusques à nostre rapial [F° xxxix, v°]. En tesmoignaige de ce nous auons fait mettre noz seal en ces lectres faictes à *Bruges* et données l'an de grace mil trois cent et trancte, le dyemanche après le jour de la saint Mathial, apostre. — *Eudes*, duc de *Bourgoigne*, conte d'*Artois* et de *Bourgoigne*, palatins et sires de *Salins*, et nous, *Jehanne*, fille de *Roy* de *France*, duchesse et contesse des dit lieu, à noz chiers et bien amez les escheuins, les proudomes et toute la communaltey de la ville d'*Arbois*, salut et dilection. Come *Guillaume* dit de *la Grange*, d'*Arbois*, et *Aymonet*, dit de *Cernon*, escuier, demorant *Arbois*, procureur de vous et de toute la communaltey per la vertuz dou instrument fait et escript per *Odet Galebon*, publique notaire, de l'auctoritey l'emparour et de la cour de *Besençon*, lequez nous hauons retenuz per deuers nous, nous orent humblement suplié et requis, ou non que dessus, que nous lours déclerassiens et disissiens nostre veluntey et entention, si nous plaisoit qu'il obaïssent à noz très chier et amez frère et suer le conte et la contesse de *Flandres*, sauoir vous faisons que nous lour hauons responduz de boiche, et nonmie moins vous mandons et comandons estroitement que li dit procureur, vous escheuins et toute la communaltey de la dicte ville d'*Arbois* obaïssent et [F° xl, r°] obaïssiez à noz dessus nommez frère et suer le conte et la contesse de *Flandres* entièrement, et des rentes de la dicte ville et appertenences d'ycelle respondez à noz dessus dit frère et suer, si come bones gens doiuent faire et obaïr à lour bon soignour. Et nous *Eudes*, duc dessus nomez, cognoissons hauoir donnez auctoritey, licence et mandement especial à nostre très chière et amée compaigne *Jehanne* dessus dicte, ès chouses dessus dictes et en chescune d'ycelles. En tesmoignaige desquelles, nous, duc et duchesse dessus dit, hauons fait mectre nos seel en ces présentes lettres qui furent faites et données à *Paris* le diemanche deuant Noël, l'an mil trois cent et trante. Predicto domino *Odone* de *Cromari* dictos probos homines, nomine suo et omnium quorum interest seu intererit in dicta villa et appendiciis de *Arbosio*, requirente et dicente, nomine et auttoritate quibus supra, ipsum dominum *Odonem* de *Cromari*, personas dicti domini comitis et comitisse *Flandrie*, *Nauere* et *Retheli*, et ipsorum proprio nomine, ut in verum dominum agnoscerent fideliterque legitime reciperent, qui autem predicti probi homines, cum pluribus bonorum et sapientum dicte ville *Arbosii*, ut dictum est, super hiis consilio et deliberacione habita inter ipsos competenti, responsum dederunt per *Girardum Clericum*, videlicet quod predicti unanimiter, tam nomine suo quam totius communitatis dicte ville de *Arbosio*, [F° xl, v°] virtute et auctoritate mandatorum predictorum dominorum dicti dominii ducis et comitis *Flandrie*, et dictarum sociarum suarum, contentarum in principalibus licteris, prout in predictis copiis declaratur, ipsos dictum dominum *Ludovicum* comitem et *Margaritam* eius sociam in veros et puros dominum et dominam agnouerunt et omnino legitime receperunt, hoc excepto specialiter et expresse protestanto de jure juris uel facti domino Dalphino ac domine *Ysabelle* filie quondam Regis *Francorum*, sue socie (1), in dicta villa de *Arbosio* et appendiciis competente seu competere debente reseruato. Quo-

(1) Sans parler d'un fils mort en bas âge, Jeanne Ire avait eu de son mariage avec Philippe le Long quatre filles : 1° Jeanne II qui succéda à sa mère dans la souveraineté du comté de Bourgogne, mariée en 1318 au duc de Bourgogne, Eudes IV; 2° Marguerite, mariée en 1320 à Louis II, comte de Flandre; 3° Isabelle, épouse en premières noces du Dauphin du Viennois, Guigues VIII et en secondes, de Jean, baron de Faucogney, en Franche-Comté; 4° Blanche, religieuse à Longchamp.

rum protestacionem seu excepcionem, nomine quibus supra, concessit concorditer et totaliter acceptauit et dixit quod nollet prejudicium nec grauamen aliquatenus domini Dalphini nec *Ysabelle* filie sue procurare. Demum dictus dominus *Odo*, nomine quibus supra, ad requisicionem dictorum proborum hominum, omnia et singula priuilegia, generalia et localia, scripta et non scripta, predicte ville *Arbosii*, nec non et concessa a domino *Othone* bone memorie, quondam comite *Burgundie*, fide sua, ad sancta Dei euuangelia tacta corporali promisit manu tenere, et inui[o]labiliter obseruare et non contrauenire in futurum. Qui vero predicti probi homines ipsum dominum *Odonem* de *Cromari* in cardianum et baillivum, nomine dictorum comitis et comitisse, ratione commissionis seu lictere prelibate receperunt [F° xlj, r°] (1). Supra quibus predicti probi homines pecierunt a me notario infrascripto sibi fieri publicum instrumentum. Acta sunt hec *Arbosii* in *ecclesia sancti Justi*, ante magnum altare, anno, die, mense, indicione et pontificatu predictis, presentibus ibidem domino *Simone* de *Vadreyo*, priore de *Sirot*, domino *Johanne* de *Grangia* et *Guillelmo* de *Vaudreyo*, militibus, *Haymone* de *Cerdem*, preposito *Arbosii* et *Guillelmo* de *Grangia*, cum pluribus aliis testibus ad premissa vocatis specialiter et rogatis. Item sequitur subscriptio notarii per hunc modum : Et ego *Odetus Galebon* de *Arbosio*, clericus, publicus auttoritate imperiali notarius et curie *Bisuntine* juratus, omnibus et singulis ut premictuntur, videlicet proborum hominum requisicioni, receptioni, protestacioni seu etiam ecepcioni et licterarum copiacioni, anno, die, loco predictis, hora prime, vna cum dictis testibus interfui, presensque publicum instrumentum inde propria manu mea scripsi et in hanc publicam formam redegi, signoque meo solito signaui rogatus (2).

(1) Au bas du feuillet à droite : sextus.

(2) Collacio huius facta est per me notarium subscriptum decima die mensis decembris, anno Domini millesimo quatercentesimo quarto. *Demolain.*

28

Lettres du serement fait en nom de monss. de *Flandres* par monss. de *Montferrant*, monss. *Ioce d'Aluuym*, monss. *Humbert* de *la Platière* et *Henriet* chainbellent de mon dit soignour à ce commis sus le fait du preuilèges et costumes d'*Arbois*.

Arbois, 1382, 12 juin.

[F° xlj, v°]. Nous, *Ancel* de *Salins*, sire de *Montferrant*, *Josse* de *Alwin*, *Humbert* de *la Platière*, cheualiers, et *Henry* de *Donzi*, tous consoilliers de monss. le conte de *Flandres*, duc de *Brabant*, conte d'*Artois*, de *Bourgoigne*, palatins et sire de *Salins*, conte de *Neuers* et de *Rathel* et sires de *Malines*, et de par nostre dit Signour commis sur la visitacion, gouuernement et ordonnance de ses terres et païs de *Bourgoigne*, de *Champaigne* et de *Niuernois*, faisons sauoir à touz que au jour dui auons veuz et oy lire les franchises et preueliges de la ville d'*Arbois* qui ont esté donnés et ouctroiez per les prédécessour de nostre dit soignour, conte de *Bourgoigne*, aus bourgois et habitans d'icelle ville d'*Arbois*. Et aussi auons vehues lectres seellées et données de feu nostre très redoublée dame de bonne mémoire ma dame la contesse de *Flandres*, d'*Artois* et de *Bourgoigne*, darrenement traspassée, cui Diex pardoint, mère de nostre dit soignour, per lesqueles nous a apparu que nostre dicte dame a ratifflé, conformé et aprouué les preuelèges dessus dit, esquels est contenu que toutes fois que li contes de *Bourgoigne* vient nouuiaux sires au païs, il est tenuz de jures et promectre à tenir les dit preuilèges. Pour quoy nous, à la supplicacion des proudomes, bourgois et habitans de la dicte ville d'*Arbois*, les dit preuelèges, pour et ou non de nostre dit signeur, auons jurez, louez, ratifflez et confermez en tant que en nous est et que faire le poons per la puissance [F° xlij, r°] à nous donnée de nostre dit signour, et aus diz proudommes, bourgois et habitans auons promis et promectons à ce faire confermer et auoir lectres de nostre dit signeur, quant nous serons per deuers li, et de faire faire per nostre dit signour le serement, quant il venra au païs de *Bourgoigne*, par la menière que par nostre dicte dame, sa mère, et ses deuantiers a esté fait du temps passez. Liquels proudomes, bourgois et habitant ont promis et jurez à nous pour nostre dit signour que il seront bons et loiauls subgiez à icelui et à lui obaïssans come à lour droit signour naturel. En tesmoing de ce nous auons mis nous seaulz en ces lectres faites et données à *Arbois* le xij[e] jour de juing, l'an de grace mil ccc quatre-vins et deux. Par mess. du conseil dessus diz. Et est soignié per *Jehans d'Esparnay* (1).

29

Lectres come l'on puet oster les maisons et les édiffices de censies senz le consentement des soignours dou cens, se il n'estoit obligiez per espicial.

Arbois 1349 (n. st.), 11 mars, 1371, 16 décembre.

L'am de Nostre Seignour corrant mil trois cent et quarante nuef, le mescrediz apprès sainte Lucie, en la court d'*Arbois*, per deuant moy *Emonet* de *Cerdon*, baillif pour ma dame de *Flandres* en sa terre de *Bourgoigne* [F° xlij, v°] estoit aiournez en cause de apial *Guillames* dit de *Pipillin* d'*Arbois*, en contre *Renaud*, filz fut *Renaud Aguier* du dit luef, clers, sus ce que li dit *Guillames* hauoit demandez au dit *Renaud*, en la cour d'*Arbois*, per deuant *Guillaume le Brom*, prouost du dit luef, que véritez estoit qu'il le trouoit tenant du chasaul séant à *Nessey*, liquel chasal, ensamble les appertenances et la maison qu'estoit sus, estoit de sa censie, et li dit *Renaud* la dicte maison hauoit desrochiez et ostez desus le chasement, ce qu'il ne pooit faire, pour ce qui empiroit sa censie, si comme il disoit. Se hauoit requis au dit *Renaud* lit dit

(1) Collacion de ceste faicle est per moy notaire cy subscript le xe jour de décembre l'an mil iiij c et quatre. *Demolain*.

Guillames per deuant le dit préuost, que la dicte maison remist arrier en estet et que le lox li paiast de tant vaillant come la chose que ostez en hauoit pohoit valoir. Liquelx *Renaud* hauoit reppondu per deuant le dit préuost que, selon la costume du *Vaul d'Arbois*, il n'estoit tenuz, quar li maison que il ou suis deuantiers hauoient faite ou édiffier sus la censi du dit *Guillame* ou sus censie d'autruy, il et tuiz li autres bourgois d'*Arbois* les pohent oster dessus le chasal, combien qui doigent censie, quar maison sus soule de bois est mobles, et tout mobles se pohent mectre, édiffier, hoster et remuer dessus terres que doiuent censie, et arbres, senz ce que li seignour du cens il puisse riens demander ne empegier per la dicte costume, se ce n'estoit [F° xliij, r°] que li sires du cens mostrat que li maison ou li édiffice que fait saroit sus la dicte censie, li fut obligiez par espicial, ensamble la terre et le chasement. Et li dit *Guillames* dit a contraire, et sus ce se mirent les dictes parties en droit. Se fut rapourtez et sentencié per le dit préuost que li dit *Renaud* ne pouhoit oster la maison dessus la censie, pour ce qu'il empiroit la dicte censie, et que le lox deuoit payer de à tant vaillant come li chouse vaudroit qu'il en hosteroit, combien que li dit *Guillame* ne mostrast point que li dicte maison li fut obligié per espicial en la censie, ensamble le chasement. De la quel sentence hauoit apellez li dit *Renaud*, ensambles *Guiot Ligier*, *Perrenin Jegler* et *Willemin de Larnay*, escheuins d'*Arbois*, liquelx en apellarent de la audience du dit préuost à ma audience, en nonz de lour et pour toute la communaltey d'*Arbois*. Et dirent et proposèrent les rasons dessus dictes, ensamble plusours autres encontre le dit *Guillame* et en contre le dit préuost, en tant come il li toichoit, en disant et affermant la dicte sentence estre donnée contre droit et contre raison et mal sentencié; et li dit *Guillames* et préuost disant la dicte sentence estre bien donnée per les raisons dessus dictes, et moy requérant instament li dit *Renaud* et li dit escheuins que la dicte sentence rappellasse et anul [F° xliij, v°] lasse. Desquelx chouses se mirent en droit les dictes parties, et je, sus ce, grant délibéracion heue, à consoil de bon et de saiges, hay pronuncié per ma sentence deffinitive le dit préuost hauoir mal sentenciez et le dit *Renaud* et escheuins hauoir bien appellez, pour les choses dessus dictes, et pour ce que li dit *Guillame* ne mostroit pas que la dicte maison fut obligié en sa censie par espicial, ensamble le chasement. Et en hay donez et done au dit *Renaud* et ès dit escheuins cest present passement fait et donnez soub mon seel pandant l'am et le jour que dessus. Item sequitur tenor lictere annexate in hec verba. *Guy* de *Cicon*, cheualier, sire de *Chauigney*, bailli en *Bourgoigne*(1), faisons sauoir à touz, que à la requeste des quatre proudomes et escheuinz de la ville et communaltey d'*Arbois*, nous hauons conformez, ratiffié et approuuez, conformons, ratiffions et approuuons per ces présentes la sentence per mey laquelle ces noz présentes sont annexées. Donnée per *Emonet* de *Cerdon*, loiz bailli pour ma dame la contesse de *Flandres* en sa terre d'*Arbois*. Donné à nos assises, tenues *Arboix*, le xj^{e} jour de mars, l'an de grâce mil ccclxx. [Ainsin signées les dictes lectres annexées: *Odet* de *Branc* [*on*].] (2).

30

[F° xliiij, r°] Lectres como aucunx ne puet ou doit estre pris ne arester ou bourg d'*Arbois*, se n'est en caux criminel, pris à fait présent, et per les sergant ou officiers du dit bourg.

Arbois, 1353, 9 mai.

In nomine Domini, amen. Per cest présent publique instrument à tout apparisse euidamment, que l'an d'icelluy corrant mil trois cens cinquante et trois, le juedi deuant la feste de Pentecoste, houre entre mediz et none, ou bourg d'*Arbois*, deuant la maison

(1) Sur Guiot de Cicon, chevalier, seigneur de Gevigné, v. Dunod, *Mémoires pour servir à l'histoire du comté de Bourgogne*, p. 99.

(2) Addition de la main du notaire Demolain. Collacion des dictes lectres est faicte per moy notaire cy subscript le ixe jour de décembre l'an mil iiij c et quatre. *Demolain*.

Legier de la Mercerie, en la vj^e indicion dou pontiffiement de nostre sainct père en Jhésucrist *Ignocens*, per la prouision de Dieu, pape vj^e, ou secum an, en la présence de monss. *Jehan Méuilloz*, cheualier, *Guillame* dou *Vernoy*, *Guillemin* de *la Pierre*, escuiers, *Jehan Segnal*, *Humber Lancellet*, *Fromont Ynglois* et de plusours autres tesmoins à ce appellez et requis, pour ce personelment venant *Guiod* dit *Légier*, *Girart Lombart* et *Perrenins Jeglers*, à ce temps proudomes et escheuins de la ville et communaltey d'*Arbois*, li dit proudomes, en nom de lour, de *Guillame* de *Pupellim* [F° xliiij, v°], lour compagnon, et de toute la communaltey d'*Arbois*, requirent à monss. *Eude*, sire de *Vaudrey*, cheualier, baillif ma dame de *Flandres*, et feyrent requeste per les paroles que s'ensueguent ou per les samblables en substance : « Messire le baillif, « il est veritey chouse que messires *Guillame* d'*Esternoz*, cheua- « lier, chestelain de *la Chestelaine*, per luy ou per ses sergant a « pris ou fait prandre ou bourg d'*Arbois*, *Esteuenon*, filz *Nicholier* « de *Villate*, ly quelx ha auouhez et auouhe son corps et ses biens « per ma dicte dame, et ce il ha fait ou grant grief, domaige, lé- « sion et vilupère de toute la communaltey et de nous, come en « brisant la frainchise du dit bourg, liquelle est que nulx ne doit « ne puest estre pris, ne restez ou diz bourg, se il ne s'i obligoit « per espicial, pour traire du dit bourg et pour autre part mener « ou enuoier, se il n'estoit per la justice d'*Arbois* officiant ou dit « bourg, que en caux criminel porroit ou deuroit prandre la per- « sone que meffait se saroit en caux criminel. » Et sur ce, en la présence du diz bailliz et du dit monss. *Guillame*, li dit proudomes feyrent bone informacion de la dicte frainchise estre véritauble, si come dessus est proposée, et adonques li dit mess. *Guillames* qui le dit *Esteuenons* hauoit pris, bailla et deliura le dit *Esteuenon* a dit baillif, en resaisisant le dit bourg et les [F° xlv, r°] dit proudomes pour la dicte frainchise, et promit li dit mess. *Guillame* au dit baillif de amender ès dit proudomes, ce que il et suis sergant de *la Chestelaine* hauoient pris le dit *Esteuenon* ou dit bourg. Et li dit baillif promit de ballier ès dit proudomes sa lectre de la proue ou information qu'il hauoient fait de la dicte frainchise et dou dit fait. Et nous, baillif dessus dit, hauons bailliez ès diz escheuins, à lour requeste, en signe de vériley la dicte frainchise estre bien prouée et informée per deuant nous, et les choses dessus dictes estre véritaubles et mostrées en jugement, pour quoy nous lour en hauons bailliés ces présentes lectres selées de nostre seel pendant, mis ensamble le soignet dou notaire publique cy desoz escript. Donné l'an et le jour dessus dit.

Item sequitur tenor subscriptionis notarii in hec verba.

Et je, *Bernard* de *Saint Oyant*, clers, de l'auctoritey l'emperaour notaire publique et jurez de la cour de *Besençons*, à toutes les choses dessus dictes et à vnne chescune d'ycelles hay estez présent, et cest présent publique instrument en hay espédit escript de ma propre main et signiez de mon soignet acostumez, ensamble le seel dou dit baillif, des diz escheuins requis.

31

[F° xlv, v°]. Lectres come li gaiges per le fait dou signour et auxi de partie à partie se doiuent vendre.

Item comme cis qui a abandonez ses gaiges pour ce que l'on li demande, où jurez de paier, l'on ne le doit plus raiourner.

Item come le préuost ne puet ou doit refuser de donné la court du ballif, en plaigant ou jurant d'ester à droit, et paié la chose aingié.

Item, quant aucuns a desregnié ce que l'on li met en son serement, l'en ne puet plux receruer à prouer contre luy.

Arbois, 1354, 21 juin.

Nos *Eudes*, sires de *Vaudrey*, cheualiers, baillif ma dame de *Flandres* en sa terre de *Bourgoigne*, façons sauoir à touz que ès assises d'*Arbois* tenues per nous, le sambadi deuant la feste de la Natiuitey saint Jean Baptiste, l'an mil trois cent cinquante et quatre, en jugement venirent per deuans nous en suppliant *Guiod Légier*, *Girard Lombert*, *Renaud* de *Larnay* et *Lambellet Bernard*, à ce temps proudomes et escheuins de la ville d'*Arbois*, et nous requérirent en non de la dicte communalley et de lour, que, come il ſut acostumez per longtemps et per tant de temps que mémoire n'est dou contraire que se aucunx vendoient gaiges ou merchiez d'*Arbois* [F° xlvj, r°] pris *Arbois* sus aucune personne demorant en la dicte ville, li diz gaiges deant huitaine deuoient estre renduz à celuy sux cui l'on les vendoit, se il présentoit la somme d'argent pour quoy il estoient venduz à celluy qui achestez les hauoit, per paiant la dicte some ; et pour le rachet de chescun sol hun denier ; et se aucuns estrainges les acheloit, il ne le doit point traire de la ville tanque huitane soit passée, mais les doit lassier en certain leu en la dicte ville pour yceulx rainbre per la dicte costume. Et li gaiges pris et vendus pour la rente et la debte dou soignour ont hun anz et hun jour de rachet, et cilx qui achetez les hauroient les doiuent rendre deant l'an et le jour à celuy ou à ces sus cuy il saroient venduz, se il les demandent pour racheter, per lour paiant la somme que achetez les hauroient, sen paier ne faire nulx proffit, fuer que tant que cilx qui les hauroient acheter en puhent faire lour aisance, senz yceulx vendre ne despecier per la dicte costume. Et come ensin fut que plusours gens d'*Arbois* heussent achetez les gaiges vendus sus lour vesins et les gaiges venduz sus plusurs d'*Arbois*, pour les rentes et debtes de ma dicte dame, et li achetours [F° xlvj, v°] estoient rebelles dou randre per lour paiant et rendant la somé que costez lour hauoient per la dicte costume, pour lesquelx estoient plaintiz à nous li dit escheuins. — Item es dictes assises se blamoient à nous li dit proudomes et escheuins, en non que dessus, de *Guillame* de *Pupellin*, adonques préuost d'*Arbois*, de ce que se aucunx des diz habitant d'*Arbois* li deuoient acunes emendes, il les façoit aiourner per deuant luy chascun jour pour lour greuer et mectre en deffaut pour hauoir autres emendes à son proffit, et il haient vsez et acostumez per longtemps, si come dessus est dit, que se cilx qui saroit aiournez vne foiz contre le préuost d'*Arbois*, venoit à la journée, et li préuost li demandoit ses emendes, et il li respondoit :

« Sires, je vous abandonne mes gaiges, et suis prest de jurer sus « saint éuuangile de vous paier à mon pouhoir et a plus tost que je « pouray ce que je vous dois de vous emendes, » li préuost à plus ne les pouhoit ou deuoit persuedre ne contraindre, si come il disoient. — Item plux dou dit préuost li diz escheuins, en nom que dessus, se blamoient de ce que il hauoient vsez et acostumez, si come dessus est dit, per long [F° xlvij, r°] temps, que si li préuost d'*Arbois* demandoit aucunes emendes à aucunx des dit habitans d'*Arbois*, lesqueles montaissent à plux de trois soz, et il en demandassent la court et le droit dou baillif, et présentassent le droit dou baillif plaigier ou de jurer d'ester à droit, et de venir ès journées dou dit baillif pour faire raison à dit préuost, le dit préuost à plux ne les pouhoit ne deuoit contraindre, mais lour deuoit donner la court du baillif, lesquelx chouses ne voloit faire le dit *Guillames*, adonques préuost, ains façoit le contraire. — Item dou dit *Guillames* adonques préuost d'*Arbois* se duelloient et blamoient li dit escheuins, en nom que dessus, de ce que, quant il hauoit acune personne trait en cause per deuant nous et il hauoit demendez l'aiudicacion de ses emendes, desquelles jugement estoit recehuz encontre partie, et il ne produoit nunlx tesmoignaiges, ne ne voloit produire, fuer que oïr le deraigne de partie, et sur ce partie déraignoit la demande dou dit préuost non estre véritauble, combien que partie n'y fut tenue, si come il allegoit et disoit. Et sur ce li dit préuost la dicte partie raiournoit et voloit hauoir secunde production pour prouer contre partie ce que il hauoit déregniez, si comme il disoit espicialment *Renaud*, filz fut *Vienet* de *Larnay*. Liquelx prodomes [F° xlvij, v°] disoient que per la costume dessus dicte, il ne le pouhoit ne deuoit faire, mais cilx qui hauoit deraigniez deuoit estre passez de la dicte cause et point n'estoit tenuz de déraignier, et li dit préuost disoit à contraire. Pour quoy nous suppliarent li diz escheuins, ensamble plusours plaintiz sur ce venant perdeuant nous, que nous de la dicte costume des chouses dessus dictes et de vne chescune d'ycelles nous voulsissiens informez et voulsissiens tenir et faire tenir pour le temps présent et pour le temps avenir, en disant que nous et nostre devantiers baillif entrant en l'office dou bailliage auons jurez de tenir et faire tenir point de chertre et les bones costumes anciaines. Pour quoy nous des chouses dessus dictes et de vne chescune d'ycelles feymes informacion per monss. *Guillaume d'Esternot*, per monss. *Jehans Méuilloz*, chevaliers, per *Emonet* de *Cerdon*, à ce temps receuour ma dicte dame, per *Jehans* de *Bonay*, son procureur, per *Guillame* le *Bron*, escuier, per *Humbert* de *Cromary*, liquelx mess. *Jehans Mévilloz*, *Emonet* de *Cerdon*, *Guillame le Bron*, *Humbert* de *Cromari* estoient heuz préuost d'*Arbois*, et per plusours autres gentilx homes, clers, bourgois et autres bones gens, liquelx estoient heuz en l'office ma dicte dame et de ses deuantiers per lesquelx nous fut raportey en loiatey que nous [F° xlviij, r°] deuoiens incliner à la dicte supplication faite à nous per les diz escheuins des chouses et causes dessus dictes, quar elles estoient véritables, et que, ainsi come li diz escheuins le disoient, l'on les hauoit acostumez dou faire et tenir *Arbois* per tant de temps que mémoire n'estoit dou contraire. Et nous, vehue la dicte informacion et deligamment examenée, sur ce grant déliberacion heue à consoil de bons et de saiges, hauons ordenez et commandez, ordenons et commandons que li faiz et causes dessus dictes et vne chescune d'ycelles, per la menière et forme dessus dicte, si come li dit escheuins le nous hont suppliez, soient tenues et gardées perpétuelment ès dit escheuins et proudomes d'*Arbois*, à la dicte communalley et habitant de la dicte ville d'*Arbois*. En tesmoignaige de veritey nous hauons mis nostre seel pendant en ces présentes lettres, faites et données l'an et le jour dessus dit. — Item s'ensuet la subscription dou notaire en ceste menière : Et je *Bernard* de *Saint Oyant*, clers, de l'auttoritey l'emperaour notaire publiques et jurez de la court de *Besençon*, à toutes les choses dessus dictes et à vne chescune d'ycelles, si come dessus sunt dictes, pronunciés, enformées ordenées et comandées per le dit baillif, hay estez présent, ensambles les dessus dit, per lesquelx la dicte informacion fut faite, et ensamble plusours autres tesmoins à ce appellez et requis [F° xlviij, v°], et cest présent publique instrument en hay fait escripre de ma propre main et soigniez de mon soignet acostumez, des dits escheuins à ce appellez et requis, l'an et le jour dessus dit, houre environ none, en *l'aule d'Arbois*, ou leu que l'on a acostumez de tenir les journées, en la septime indicion dou pontiffiement de nostre saint père en Jhésu Crist *Innoçans*, per la prouision diuine pape vj°, ou secun an (1).

32

Lettres come l'on ne puet ne doit gaigier des bestes, pour que l'on trouoit autres gaiges, et come li gaigement est nuulx qui ne les exécute deanz huitane.

Salins, 1375, 4 décembre.

Girars de Myon, escuier, leutenant de noble homme monss. *Guillame le Bastart de Poitiers*, cheualiers, baillis du contez de *Bourgoigne*, au préuost d'*Arbois* que ores est et que par le temps avenir sara ou à son leutenant, et à touz autres sergant et officiers du dit leu, et à chescun de vous, salut. A la supplicaciun et requeste des proudomes escheuins et de toute la communaltey d'*Arbois* faicte à mess. dou consoil de ma très redoublée dame, madame la contesse de *Flandres* et de *Bourgoigne*, estant à *Salins*, le mardi apprès feste saint Andrey, apostre, [F° xlviiij, r°] (2) per l'ordenance et exprest commandement de mes dit signours faite à moy, je vous mande et per ces présentes lettres commende que vous dès ores en auant ne gaigier, ne soffrez gaigier aucunement les habitant de la ville d'*Arbois* d'aucunes bestes, quelles qu'elles soient, per quelque personne qui les vuille gaigier ou faire gaigier se ensi est que l'on puisse trouez autres gaiges vaillant la somme

(1) Collacion est faicte des dictes lectres per moy notaire cy subscript le ix° jour de décembre l'an mil iiij c et quatre. *Demolain.*
(2) Au bas du feuillet à droite : septimus.

d'argent ou ce pourquoy l'on voudra gaigier. Et se per deffaut d'autres biens conuieigne gaigier des bestes, je vuil et ordene que les dictes bestes ne soient, ne doigent estre prises, berrées, empêchiés ne détenues aucunement tanque le jeudi veille du merchiez d'*Arbois* qu'est le vanredi, auquel merchiez les dictes bestes ensi gaigies seront et deuront estre vendues vénalment, selon la costume du leu. Et ou caux que cilx que gaigiez les aurat ne les exploite et vent à celluy jour de merchiez, li gaigement per celle foy sara nuulx de luy et seront vendues les bestes toutes despechies à celluy que gaigiez en estoit. Sy vous mande à vous préuost dessus diz et tous autres officiers du dit leu d'*Arboix* que ceste dicte ordenance et commandement vuillois tenir et garder, faire tenir fermement à touz jours, senz y faire le contraire acunement, en tant come vous vous pouhez meffaire enuers ma dicte dame, mande et commande à touz les subget de ma dicte dame, [F° xlviijj, v°] prie et requier touz autres, que en façant les chouses deuant dictes dont vous auez et baille auctoritez et puissance et ès apertenences, vous obaïssent et entendent diligament, donnent confort et aide, se mestier vous est, et il en sont requis. Donné à *Salins* le mardi dessus diz l'an mccclx et quinze, et soient rendues cex lettres ès escheuins d'*Arbois*, en retenant copie que la voudra avoir. [Enssin signié : *G. Brenier*] (1).

33

Lettres comme li escheuins d'*Arbois* pouhent et ont acostumez mectre en l'ospita[l] d'*Arbois* gouuernour tel qui lour plait. Et est à sauoir que auec les lectres de la ville a plusours telles ou semblables que ne sunt point copiés en ce présent liure.

Arbois, 1301, 3 novembre.

Nous *Crestins* dit *Champonz*, *Juhenet* fils *Guillet* de *Verrux*, *Girarz*, dit de la *Tespe* et *Oliuiers* de *Faramant*, ellit à ce temps li qua-

(1) Collacion faicte est des dictes lettres per moy notaire cy subscript le ix° jour de décembre l'an mil iiij c et quatre. *Demolain*.

tre proudomes d'*Arbois* en la justise madame la contesse de *Bourgoigne*, et nos *Jehannins* de *Villate*, *Arduet* fil *Vigour*, *Jaquet* fil *Sauour* (1) et *Humber* dit *Sopience*, ellit à ce temps [F°I, r°] li quatre proudomes d'*Arbois* en la justise monseignour de *Vaudre* de *Thoyre* façons sauoir à touz que nous, regardant le profit de nostre maison Dieu de l'opital d'*Arbois*, et dou loux et dou consoil de moult de bones gens et de proudomes d'*Arbois*, hauons fait, mis et establiz *Pierre* dit *Treffort*, clerc, demorant *Arbois*, gouernour et aministrour général de la maison dou dit hopital, de toutes les choses, soient mobles ou soient héritaiges, que appendent et appertiennent audit hopital; et li hauons donnez et donnons plaine et libéral puissance dou loux et dou consentement *Ysabel*, femme çayenarrers *Haymonin* dit *Guanlar*, de gouerner, d'aministrer et d'ordener de ladicte maison, de toutes les chouses et de toutes les appertenences d'yceli, moubles et héritaiges, en queque lue que il soient, à sa vie tant soulement, à sa voluntey, selon ce que miez et plus proffaytable li sambleray de faire. Et cestes couenances nous, pour nous et pour tout le communal d'*Arbois* promectons audit *Pierre* tenir, garder, appaissier et garantir bien et loyament à toute sa vie et tout son temps contre toutes gens [F° I, v°] per noz sairement donnez et toichiez corperelment sus saint euuangile. Et je *Ysabel* dessus nommée, loux et outtroy cestes conuenences et toute la tenour de ces lettres senz gemais aler en contre per mon sairement doné et toichiez sus saint euuangile. Et à ce fermement tenir nos *Crestins*, *Iuhenez*, *Girarz*, *Oleuier*, *Jehannin*, *Arduyet*, *Jaquet* et *Humber* dessus dit eulions nous et noz choses en la court et en la juridicion ma dame la contesse de *Bourgoigne* et en la court et en la juridicion de *Toyre*. En tesmoignaige de vóritey nous tuit dessus dit, et je *Yssebel* dessus dicte qui me suis consentie à ce, auons requis et fait mettre en ces lec-

(1) Lettres de *Jaquet* fil *Sauour* de *Vaudrey* de achait de I prest et de IIII s. que li prior doit paier d'anniuersaire. 1293 le jeudi après feste Saint Just ou moix de septenbre (Arch. du Jura, H, fonds du prieuré d'Arbois).

tres les seal des dessus dictes cours, desquel l'on vse en *Arbois*. Donné l'an Nostre Soignour corrant mil trois cent et quatre, le mardi apprès feste Touz Sains (1).

34

Lectres come l'on ne puet faire pledoier acunz des habitans d'*Arbois* fuert du luef, se n'est pour caux de rebellion fait en contre le signour.
Item, come lon ne puet acunz des diz habitans prandre senz acussours ou denuncours persegant, ou s'i n'estoit pris à présent meffait [F° lj, r°].
Item, comme la dicte communaltey n'est tenue de restituit de acunz fuel qui soit heuz boutez ès fuer bourg, ne de autres domaiges fait pour cause des guerres et doubtances, se n'estoit de pierre ou bois pris pour la ville.

Gray, 1368 (n. st.), 2 février.

Thiébaut, sire de *Blanmont*, gardien du comté de *Bourgoigne*, à nostre amé *Huart* de *Rainchenaux*, escuier, bailli du conté de *Bourgoigne*, ou à celuy qui pour le temps sarat bailli ou dit conté, ès parties d'*Avaul*, salut. A la supplicacion et requeste des habitans d'*Arbois*, nous volons et vous mandons que aucuns des diz habitans vous ne contrainez à pledoyer fuer que en lour lieu, se n'estoit en caux de rebellion, car il n'y sunt entenuz, si come il nous en ont informez dehuement. — Item, voulons et vous mandons que les sergent du dit lieu d'*Arbois* puissent faire lour citacions per la menière acostumée, senz impétrer ne panre citacion enuers vous. — Item, voulons et vous mandons que l'on ne prenne nuulx en la dicte ville d'*Arbois*, senz denunçour ou accusour, si n'estoit à présens meffait. — Item, voulons et vous mandons que pour le fait de moss. *Pierre de Montaguz*, touz gentil hommes d'*Arbois*, et autres soient tenuz paisibles; et deffendez à *Philibert le Vulpillet*, à *Jacquet* de *Florence* et ès autres [F° lj, v°] que vous pourez sauoir que en ce fait seront lour aidans, alliez et complices, que en aucunes menières ne les perturbent ou molestent pour le fait du dit monss.

(1) Collacion des dictes lectres est faicte per moy notaire cy subscript le ix° jour de décembre l'an mil iiij c et quatre. *Demolain*.

Pierre de Montaguz. — Item, voulons et vous mandons que pour le feu que fut boutez en la maison de *Jehan Dallay*, les compaignes estant a pais, riens n'en soit demandez aux diz habitans d'*Arbois*. Toutevoie se il hauoient pris son bois et sa pierre, et il le pouhoit monstrer dehuement, nous voulons que les diz habitanz l'amendent per tant come il y seront tenuz raisonablement ; et auec ce voulons et vous mandons que vous contrantes à pahier les nobles d'*Arbois* les sommes à lour imposées pour le depertement des compaignes, quart ainsi fait l'en pahier les autres nobles du dit contey. Si gardé que en cet chouses n'ait aucun deffaut, mais y faites tant que, per vostre deffaut, les dit habitans d'*Arbois* ne retornent mais plaintiz à nous, à vostre deffaut. Donné à *Gray* soubz nostre seel le secum jour du mois de feurier l'an de grâ[F° lij, r°]ce mil trois cent lxvij (1).

35

Lectres contenant auec autres chouses come l'on ne puet ou doit estre pris ne arrestez, ne raiournez pour amendes, ne pour autre chouse lay où il a abandonez ses gaiges.

Chissey, 1356 (n. st.), 22 mars.

Jehans de *Chessey*, cheualiers, baillif ma dame de *Flandres* en sa terre de *Bourgoigne*, a préuost d'*Arbois*, a maire de *Chaingim* et ès serians des diz luef, salut. Venuz sunt à nous li proudomes et escheuins d'*Arbois*, et nous ont mostrez unes lectres seelées du seel à signour de *Vaudrey*, nostre deuantier bailliz (2), èsquelles se contient que, per le consoil de ma dicte dame, ill a ordonez que tuit préuost ou lour comandement, si tout qui haront fait aiourner acons des habitans d'*Arbois* et des appertenences pour demander lour emendes en jugement, et il lur ont responduz vne fois : « Nous « vous abandonons [F° lij, v°] nous gaiges pour paier ce que nous

(1) Collacion de ceste faicte est à vray original per moy notaire cy subscript le x° jour de décembre l'an mil quatre cens et quatre. *Demolain.*
(2) C'est la charte 31 (1354).

« vous deuons, et sumes prest de jurer sus saint euuangile de «, vous paier à plus tout que nous porrons, à nostre pouhoir, » et dois en qui en auant autrefoiz li diz préuost ne lours comandement ne les pouhent plus aiorner, ne arester, ne plus prandre, quar enxi l'ont li dit habitans vsé et acostumez, si come ill ent hont informez nostre deuantier baillif. Et per maintenant *Guillame Chapelaim*, *Guillame* de *Pupellin*, *Jeham Blaysier* et plusours autres font tout lou contraire et ne volent obahir ès lettres de nostre deuantier baillif, si come nous ha estez rapourtez. Se nous est hehuz suppliez, en non et pour les quatro proudomes et escheuins d'*Arbois*, que nous les chouses dessus dictes et vne chescune d'icelles vuillisiens, fehissiens garder, tenir et acomplir, et per nostre soirement, en gardant lour bones costumes ancienes. Pour ce est il que nous vous mandons et comandons à touz ensamble et à hun chescun per soy, que per maintenant gouuernez, et à touz autres officiers que per lou temps avenir gouuerneront, que vous ès quatre proudomes d'*Arbois* et ès habitans du dit luef, et sus quanque vous pouhez meffaire desob ma dicte dame, vous tenois et gardois fermement les chouses dessus dictes, sens riens faire à contrairé. Et se vous ou autres faciez lo contraire, [F° liij, r°] nous ne volons point que li diz habitans ou aucuns d'yceux obaïssent de riens à vous en celx caux, mais aiornez les per deuant nous, à l'esise pour lour faire raison. Donné à *Chissey*, sob nostre seel pendant mis en ces présentes lettres, lou mardi après lou dyemenche que l'on chante en sainte église reminiscere, l'an mil trois cent cinquante et cinq. Et prenez, s'i vous plait, la copie de ces lectres et ès proudomes rendez le original. Donné come dessus (1).

(1) Collacion des dictes lectres faicte est per moy notaire cy subscript le ix° jour de décembre, l'an mil iiij c et quatre. *Demolain*.

36

Lectres pour le debonement dex terralx d'*Arbois*, et come les emendes des désobaïssant sunt à la ville.
Arbois, 1370, 11 juillet.

Guy de *Cicon*, sires de *Cheuigney*, cheualier, baillif ou contey de *Bourgoigne*, faisons savoir à touz que, per la voluntey et ordenance de quatre proudomes et escheuins de la ville d'*Arbois* et de la plus grant et sainne partie de la communaltey, nobles et autres du diz lieux, nous hauons ordenoy et ordenons per ces présentes que les terraulx du diz lieu soient exquantilliés et débonnés, et que entre les bones nulx ne facent rien de nouel ; c'est à dire que nulx ne prenne terre, ne mette aucunes chouses ès diz terraulx, per quoy ils soient rampliz [F° iiij, v°] ou empechiez en aucune menière, se n'est de la voluntey, consentement et licence des diz escheuins. Et en caux que aucunx sara trouez faisant le contraire des choses dessus dictes, ou qu'i occupera ou empeschera aucunement les diz terraulx, nous volons et ordenons celluy que y sara trouez estre amandables à l'amande de sept solz, conuertiz au proffit de la dicte ville, sanz aucun empert ne quictance. En tesmongnaige de ce nous auons mis nostre seel pandant en ces présentes lettres. Donné en noz essises d'*Arbois*, le xj° jour de juillet, l'an de grace mil ccc lx et dix (1).

37

Lettres de mille chasnes donnez par ma dame de *Flandres* à ces du bourg d'*Arbois* pour la réparacion de leurs maisons que furent arses le juedi deuant la Magdelaine, l'an Nostre Seignour corrant mil trois cent quatre vingt et vng (18 juillet).

Hesdin, 1381, 12 aoùt.

Marguerite, fille de Roy de *France*, contesse de *Flandres*, d'*Artois* et de *Bourgoigne*, palatine et dame de *Salins*, à nostre gruyer

(1) Collacion des dictes lectres faicte est per moy notaire cy subscript le ix° jour de décembre, l'an mil quatre cens et quatre. *Demolain*.

[F° liiij, r°] de nostre conter de *Bourgoigne* ou à son lieutenant, salut. Sauoir vous faisons que, à la supplicacion de nous amez les habitans de nostre ville d'*Arbois*, pour le grant feu et arsement qui a estez en nostre dicte ville par caux de meschief, nous, pour aidier à remaisonner et redeffier en nostre dicte ville aux diz habitans, de nostre grâce espicial, ceste fois hauons donné et donnons mile chesnes à prundre et hauoir en nous bois et forest de *Mouchay*, en lieu mains dommagables pour nous et plus conuenauble pour les diz habitans que bonnement se porra aulser, à départir raisonnablement entre les diz habitans, selon ce que vn chescun aura plus perdu de maisonnement ou dit feu, et qu'il en aura à redeffier per raison. Et volons que ceux qui per poureté ou autrement n'aroient bon aisement de sitost remaisonner, que chescuns d'eulx qui ainsi ne seroit aisies ait temps et espace d'un an à traire de nous dit bois et forest ce que pour sa partie li sara baillié, assigné et déliuré des diz chesnes. Si vous mandons que en ceste menière vous bailliés et déliurés, ou faites baillier et déliurer les diz miles chesnes aux dit habitans, et vous en serés deschargés per rapportant [F° liiij, v°] certifficacion de ainsy auoir faite la déliurance des dis chesnes aueuc ces présentes. Donné à *Hedin*, le xij° jour d'aoust, l'an de grâce mil ccc quatre vins et vn. Per madame, présens mess. *Cherles* de *Poitiers* et autres, et est soignié par *Robert Théroude* (1).

38

Lettres come tous habitans *Arbois* et ès destrois et appertenences, et tous siens possessions ès diz leuz, sunt et doiuent paier de la fermetez et cloison d'*Arbois*.

Male près Bruges, 1331, 9 mai (2).

Ludouicus, comes *Flandrie*, *Niuernensis* et *Registercensis*, dilectis nostris gardiano nostro in *Bourgundia*, seu bailliuo eiusdem,

(1) Collacion des dictes lectres faicte est per moy notaire cy subscript le ix° jour de décembre l'an mil iiij c et quatre. *Demolain.*

(2) Cette charte renouvelle, en le modifiant un peu, le titre suivant de la

ac preposito de *Arbosio*, salutem. Mandamus vobis et cuilibet vestrum in solidum, quatenus in missionibus quas vobis constiterit esse necessarias et utiles, factis et faciendis per scabinos et burgenses d'*Arbois*, pro clausura ville d'*Arbois* et custodia eiusdem, omnes habitatores et possessiones habentes in eadem villa et districtu eiusdem, et quos ex defensione sciueritis habere commodum, nisi per speciale priuilegium eisdem a nostris predecessoribus indultum ab hoc onere [F° iv, r°] doceant se exemptos, prout suadebit justitia, compellatis ac mandetis compelli, vocatis tamen ad hoc et auditis qui supra hoc fuerint euocandi. Datum *Malle*, prope villam nostram *Bruges*, ix° die mensis maij, anno Domini millesimo trescentesimo tricesimo primo. Par monss. le conte, présens monss. de *Sombresse*, monss. *J.* de *Bruges*, monss. *Hideus* et *Jaquon* de *Tournay*, nostre cheualier de *Flandres*. Est ainsi soignié : *Tornay* (1).

39

Lettre comme *Symon Quacet* pour luy et pour ses hoirs doit et s'est obligié faire et mantenir perpétuelement le terral de la fin dès le *pontet* tout à long de son champt et terre.

Arbois, 1385 (n. st.), 28 janvier.

Nous, *Vuillemins* dit *Bernart d'Arbois*, clers, *Guienet le Baul* et

comtesse Mahaut : Poligny, 1305 (n. st.), février. Nos [*Mathildis*], comitissa *Atrebatensis* et *Burgundie*, palatina et domina *Salinensis*, dilectis nostris baillivo nostro *Burgundie* et preposito nostro de *Arbosio*, salutem. Mandamus vobis et cuilibet vestrum in solidum, quatenus in missionibus quas vobis constiterit esse necessarias et utiles factas per burgenses d'*Arbois*, pro clausura ville d'*Arbois*, omnes habitatores et possessores terrarum in eadem villa et districtu ejusdem et quos ex ejusdem deffensione sciueritis habere commodum, nisi per speciale privilegium ab hoc onere doceant se exemptos, prout suadebit justitia, compellatis aut mandetis compelli, vocatis tamen ad hoc et auditis qui propter hoc sunt euocandi, conventiones si quidem quas dominum et clarissimum virum nostrum *Othonem*, comitem *Burgundie* per sigillum suum habuisse, coram eisdem ostende[n]t, faciatis eis et prout justicia suadet, obseruari. Datum in *Polignisco*, die sabbati post festum beati Mathiæ apostoli, mense februario, anno Domini 1304. (Arch. d'Arbois, AA, 32. L'original manque. Il ne subsiste qu'une mauvaise copie du XVIII° siècle).

(1) Collacion faicte est des dictes lectres per moy notaire cy subscript le ix° jour de décembre l'an mil quatre cens et quatre. *Demolain*.

Aymonet de *Saint Oyant*, d'une part, et *Symon* dit *Quacet*, d'autre part, façons sauoir à touz que, come ou temps passez, bien ait enuiron quatorze anz, certain acort et traitiez chuz estez fait entre nous dit *Vuillemins Guienet* et *Aymonet* et *Guillame* de *Vernoy*, jadis escuiert, et adonques escheuins de la ville et communaltéz d'*Arbois*, et en non d'ycelle, et le dit *Symon*, d'autre, sur le fait de certain terral que est entremy la *terre dou Temple* d'*Arbois* d'une part, et la terre que lidit *Symon* tient de la ville d'*Arbois* d'autre part, séant vers le pontet de la fin d'*Arbois* per le quel li biey d'*Orgeual* sort, et la quel terre du dit *Symon* dauoit chescum anz à la dicte ville, le jour de la feste Saint-Martin d'iuert, cinq soulz esteuenans loux emende et seignorie pourtant, et auoit estez acordez que la dicte ville dauoit vuidier le dit terral per une foit dou long de la dicte terre per coruée, li quel terral adonques li fut [F° lv, v°] mis en estet. Et après li dit *Symon* davoit et se obligoit de mantenir le dit terral dou long de la dicte terre, afin et tellement que la aigue que est enuiron et a dessus dou dit pontet corrit à vaul per celuy terral contre la reuière de *Coisance* et que l'on pehuz passer, aler, cherroier et cheminer per le mal pas qu'est à dessus du dit pont pour cause de ce que li aigue n'at son cour et essort. Et per my celuy acort fait et louhez entre nous parties dessus dictes, li diz prodomes et eschouins quittoient à touz jours le dit *Symon* et la dicte terre de ces cinq soulz censsalx, et dont lectres à celuy temps furent louhées en la main de *Guillame Brenier*, clerc, que point ne furent leuées. Et ainsi que per la grant ouale et maluaise fortune de feuz que derrer ait estez *Arbois*, li prothocolles ait estez hars chiez le dit *Guillame Brenier* en sa maison, acordez est entre nous parties dessus dictes et de nostre voluntez et per nous *Aymonet dou Chestel*, escuer, *Guillame* de *Verruex*, *Jaquet Bellissent* et *Guienet le Gault*, à présent prodomes et eschéuins de la dicte ville et communaltez, et en non d'ycelle, que nous confessons et cognoissons le dit acort estre fait et ycelluz façons de rechiez, louhons, agréons, confermons et ratiffions en la mellour menière quo nous pouhons, per telle menière que li dit *Symon* doit faire dois ores en auant réparer et mactre en estat dehuz et soffisant le dit terral du long de sa dicte terre et mantenir pour porter la dicte aigue le contreual contre la reuière de *Coisance* et que l'on puisse cheroier et traigier dehuement per celuy maualx chemin à dessus du dit pontet bien et soffisamment à touz jours. Et per ainsi li dit *Symon* demore quicte de la dicte censse perpétuelment. Lesquelx acort, conuenances, pactions, quictances, submissions, promesses et toute la tenour de ces présentes lectres, nous les dit prodomes et escheuins, en non de [F° lvj, r°] nous et de noz successours prodomes et escheuins de la dicte communatez, et je li dit *Symon* pour moy et pour les miens et mes hoirs, auons promis et promectons tenir, mantenir, garder, acomplir et obseruer fermement et estaublement et non venir à contraire, per nous ne per autre, ne consentir autruy à venir, tacitement ne en appert, per noz soirement pour ce donnez et toichiez corporelment sus saint euuangile de Dieu. Et pour ce fermement tenir, nous les dit escheuins en loions nous et noz successours et tout les biens de la dicte communaltez, meubles et non meubles, présent et auenir, et je li dit *Symon* moy et mes hoirs et tout mes biens et les biens de mes hoirs, et meubles et non meubles, présent et auenir, en la cour, juridicion et cohercicion monss. le conte de *Bourgogne*. En tesmoignaige de la quel chose nous hauons priez et fait mettre en ces lectres le seel de mon dit seignour du quel l'on vse en *Arbois*. Donné présent *Guiot* de *Chaingin*, préuost d'*Arbois*, *Jehan Gille* de *Columpne*, *Perrin* de *Cromari*, *Jehanins* de *Serox*, clert, *Girart Préuost*, *Jehan* de *la Tepe*, *Colin Greiet*, *Jehan* de *Verruelx*, le sambedi deuant la Chandelouse en la cour d'*Arbois*, l'an Nostre Soignour corrant mil trois cent quatre vint et quatre. [Ainsin signé : *Jo. Mutin*] (1).

(1) Addition de la main du notaire Demolain. Collacion des dictes lectres faicte est per moy notaire cy subscript le ix° jour de décembre l'an mil iiij c et quatre. *Demolain*.

40

Lectres de trois soulz estoeuens censaul le jour de la feste saint Mertin d'iuers, que *Rober* de *Boujaille* doit sur la terre, dois le *Pont des Maisia* tanque à la *chapelle de Saint-Estiene* du priorez d'*Arbois*.

1383-1384 (1).

Je *Robers* diz de *Bougaile*, escuiers, demorent *Arbois*, fais sauoir à touz que je, pour moy et pour mes hoirs, ay retenus et assensit perpétuelment et à touz jours mais, de *Aymonet* dit *du Chestel* d'*Arbois*, escuiers, *Guillame* de *Verruelx*, *Joquet Bélissent* et de *Guienet* dit *Baul*, prodomes et escheuins de la ville et communaltez d'*Arbois* et en non d'ycelle, vne place de terre de la dicte ville séant et toichant ès murs de la dicte ville d'*Arbois* derrer le priorez, durant dois le pont de la [F° lvj, v°] *Porte des Maisialx* tanque à la *Porte du Bourg* estant soubz la *cheppelle de Saint-Estiene* du priorez d'*Arbois*, et toiche à long de murs du dit priorez d'une part, et toiche d'autre part ès bailet des diz murs, lesquelx bailet deuers le chemin doiue refaire et maintenir je li dit *Robers* et li miens en estat dehuz et soffisant, à touz jours mas. Et ou caux que pour le temps avenir la dicte plaice de terre faroit besoing pour la nécessitez de la ville, la dicte lassie saroit nulle et m'en doiue départir je et li miens. Ceste retenue ay je faicte des dessus dit prodomes et escheuins pour trois soulz esteuenans censsaulx, loux emende et soignorie pourtant, à paiez dois ores en auant per moy et les miens à touz jours mas, touz les ans ès dit prodomes et escheuins et à lours successours prodomes de la dicte communaltez.

(1) Cette charte n'est pas datée, mais les noms des échevins montrent qu'elle est de l'année 1383-1384 (Cpr. f° 1, r°).

41

Ordonnance de Philippe, duc de Bourgogne, sur la procédure [F° lvij, r°]. (1)

Dole, 1386, 20 mai. Paris, 1386, 11 juillet

Phelipe, filz de Roy de *France*, duc de *Bourgoingne*, comte de *Flandres*, d'*Artois* et de *Bourgoingne*, palatin, sire de *Salins*, comte de *Rethel* et signour de *Malines*, à touz ceuls qui ces présentes verront, salut. Sauoir faisons que pour ce qu'il est venu à nostre cognoissance que le païs de nostre dit conté de *Bourgoingne* a esté du temps passé petitement gouuerné ou fait de justice, et que ou dit païs, pour la grant longueur des procès, les causes ne peuent prendre fin, et aussi pour les salaires exessiz que prenoient les officiers et clers du païs, tant pour seauls comme pour escriptures et autrement en plusours manières, les habitans du dit païs estoient moult greuez et domaigiez; nous qui de nostre pooir voulons releuer les diz habitans noz subgiez des griefs et dommaiges dessus diz, desierans noz diz subgiez estre bien gouuernez par bonne iustice, auons commandé à nos amez et féaulx conseilliers les gens qui derreinnement tindrent nostre parlement à *Dole*, qu'ilz eussent aduis et delibéracion ensamble, et appellez auec euls des saiges homes du païs, clers, nobles et coustumiers, sur la réformation du gouuernement de la justice du païs, que ce qui par euls soit aduisié nous rapportassent pour y pourueoir, par la délibéracion de nostre grant conseil, au plus prouffitablement qu'il pourroit estre fait; lesquelles noz gens qui ont tenu nostre dit parlement, appellez auec euls des saiges homes du païs, ainsi que chergié leur auions, ont aduisié certeines ordenances raisonnables et prouffitables pour le gouuernement de la dite justice, qui nous ont esté par

(1) Ces ordonnances ne se trouvent en entier que dans le cartulaire de la ville d'Arbois. Quelques articles ont été imprimés dans la première édition des coutumes du comté en 1510 (Collection Moreau, 883, f° 235, r°, note): — Au bas du feuillet à droite : octauus.

euls rapportées par escript, et lesquelles auons fait veoir et visiter deliganment per nos dictes gens de nostre grant conseil, qui ont mis aucunes modificacions en ycelles ordennances, et depuis nous ont touz rapportez pour y estre per nous pourueu comme il nous sembleroit conuenable ; après laquelle relacion à nous faite, considérez que les dictes ordenances sont raisonnables et prouffitables pour le bon gouuernement de la iustice du dit pais, auons ordenez et ordenons per ces présentes que les dictes ordenances soient tenues et gardées, senz enfraindre, en nostre dit pais, des quelles ordenances la teneur s'ensuit :

Ordenances faites ou parlement tenu à *Dole* qui commença le xxe jour de may mil ccc iiij xx et six, pour le bien et rappaisement de touz les habitans du conté de *Bourgoingne*, ou quel parlement estoient [F° lvij, v°] réuerend pére en Dieu messire *Jehan* de *Molprez*, abbé de *Balme* (1), messire *Anxel* de *Salins*, sire de *Montferrant*, messire *Thiébault*, sire de *Rie*, messire *Eude* de *Quingi*, messire *Humbert* de *la Platière*, cheualiers, maistre *Jehan Couiller*, doyen de la chappelle de *Diion*, maistre *Guillaume* de *Clugny*, bailli de *Diion*, maistre *Gille* de *Montagu*, maistre *Girart Basan*, maistre *Jehan* de *Vennes*, touz conseilliers de monsignour de *Bourgoingne*; *Pierre* de *Chaumaigny*, lieutenant du bailli du conté de *Bourgoingne*; *Aubert* de *Euiller*, son procureur et pluseurs aultres.

Primo que doresenauant le bailli ou les bailliz dudit conté tendront leurs assises en chascun de leurs sièges ordenaires à tenir assises, quatre fois l'an ; et en chascune d'icelles assises feront publier quant l'assise subséquente deura estre tenue, et se pour aucune cause seuruenant ne peuent vacquer à tenir les subséquentes assises ou temps qu'elles soient ordenées, ilz les feroient continuer à vng aultre temps certein et le feroient sauoir par cri là où il appartandroit.

(1) Depuis 1369.

2. *Item* que dès yci en auant, tant par deuant les bailliz, gruiers, comme aultres, ès auditoires ordinaires de monsignour, en toutes les causes don les sommes de la demande passeront cent solz esteuenans, s'il ne appert par lettres, et aussi en touz cas de héritaiges et de possession en cas surannez, demande sera baillie par escript concluant pertinent, se le rée la demande, sur laquelle et sur les deffenses et peremptoires du rée, se aucunne en veult proposer, se fera liticontestacion, et ou cas que le rée proposera péremptoires ou deffenses receuables, il sera tenu de baillier ycelles par escript, concluant à ses fins dedenz certein temps qui par le juge li sera préfiz, et après liticontestacion se assignera journée à premier, s'il est mestier, et se feront les preuues selon la coustume et vs du paîs, ou cas que les juges ne porroient déliurer les parties senz faiz.

3. *Item* et ou cas que le fait don la demande qui se fera en iugement ne sera surannée, la partie rée, se c'est de son fait, sera tenue de respondre, senz ce qu'il y ait demande par escript, laquelle response faite, li acteur sera tenu de baillier sa demande et ses faiz concluans, et le deffendeur baillier ses [F° lvij *bis*, r°] deffenses dedans certein temps qui leur sera préfiz par le juge, pour baillier leurs articles ensemble; sur lesquels demande et response après liticontestacion sera assignée journée à prouuer comme dessus est dit.

4. *Item* ceuls qui doresenavant amoisonneront les préuostez de monsignour de son conté de *Bourgoingne*, seront tenuz de prendre lettres de celli des bailliz de monsignour dessoubz qui leurs préuostez seront, pour officier en leurs offices, lesquelles lettres leur deuront estre bailliées, scellées et escriptes pour iij solz esteuenans, et doresenauant ne sera besoing aux diz préuost de prendre lettres des trésoriers de leurs amoisonnemenz, comme ils faisoient par auant.

5. *Item* que ceuls qui ès villes de monsignour en son conté de *Bourgoingne* ont mairies et sergenteries à héritaiges, ne seront

doresenauant tenuz de prendre lettres des bailliz pour officier, et les maires et sergens qui ne le sont à héritaiges seront tenuz de prendre lettres des bailliz, à la venue d'iceuls bailliz, pour officier, et pour leurs lettres, pour seel et escripture, paiera vn chascun sergent et maire qui ne l'est à héritaige, quatre solz six deniers esteuenans, et tant qu'ilz demorront en leurs offices de mairie et sergenterie, excepté ès nouuelles venues des bailliz, comme dit est, ne seront tenuz de renouueller leurs lettres.

6. *Item* que ès sièges des préuostez de mon dit signour de son dit conté où il n'a sergens ou maires à héritaiges, les préuost nommeront sergens suffisans et ydoines en tel nombre qu'ilz ont acoustumé d'auoir, et les bailliz les institueront, en prenant caucion suffisante d'amender à mon signour et à partie ce qu'ilz mefferont en leurs offices.

7. *Item* est ordonné que aucuns des préuost ne recevront dès ci en auant dons ou composicions per manière de dons, des subgiez de leurs préuostez, et ou cas qu'ilz feront le contraire, monsignour desjà veult que tels dons soient nulz et de nulle valeur, et commande et enjoint à ses bailliz qu'ilz ne seuffrent faire le contraire, et que les diz dons et composicions, quant ilz vendront à leur cognoissance, déclairent nulz et de nulle valeur, et les mettront au néant, se mestier est, en leur faisant faire restitucion à partie et à monsignour amende conuenable pour telle cause [F° lvij *bis*, v°].

8. *Item* que doresenauant les diz préuost ne fer[...] ou pourront faire adiourner d'office, aucuns habitans de ville per manière de habitans, ou autrement, touz ensamble ou la plus grant partie d'iceuls à vne foy, et se ilz font le contraire, ilz sont mis au néant par les bailliz et l'amenderont comme deuant.

9. *Item* les diz préuost de leurs offices ne feront ou porront faire aucun adiourner, se ce n'est à jour compétent qu'ilz tendront leurs journées, et en ce cas ouuerront à la première journée et seront tenuz de ouurir et proposer leur demande d'office à celli

qui sera adiourné, senz continuer la première journée à aultre ; et ou cas qu'ils feront le contraire, tout sera mis au néant et l'amenderont comme deuant.

10. *Item* ne arresteront ou pourront arrester d'office aucuns de leurs subgiez demorant en leurs préuostez, se ce n'est pour cas de crime, de offense ou rebellion, desquels ilz seront premier informez, et les quels cas criminels, offenses et rebellions ilz seront tenuz de rapporter incontinant aux diz bailliz ou leurs lieutenans, ensamble les informacions, pour en ordener selon raison.

11. *Item* et cognoisteront les diz préuost des amendes de lx solz jusques à la diffinitiue, senz adiugier icelles, et remettront les adiudications par deuant les bailliz ou leurs lieuxtenans, et se les diz préuost procèdent à l'adiudication d'icelles amendes, ils l'amenderont comme deuant.

12. *Item* les diz bailliz pouruerront aux subgiez qui seront greuez par les diz préuost contre les ordenances dessus dictes, sommèrement et de plein, senz long procex ou strépite iudicial, et respondront de bouche sur ce, et feront amender à monsignour et aux parties selon raison et coustume du païs, et ou cas que les diz bailliz seront négligens ou deueans de faire raison aux parties complaignans sur les choses dessus dictes, ils en seront pugnis par monseignour.

[F° lviij, r°] 13. *Item* est ordonné que doresenauant aucun sergent ou maire ne gaigeront senz requeste de partie, et per lieutenant de préuost ou maire aiant juridiction et commission du souuvrain et que gaiges per euls prins ne soient mis en tauerne per les diz sergens, sur peinne de lx solz esteuenans, ne prins per les tauerniers, sur peine de ce qu'ilz croiroient sur les diz gaiges.

14. *Item* les préuost fermiers paieront doresenauant les despens de ceuls qu'ilz feront appelez per deuant les bailliz, se ilz sont trouuez en tort de ce qu'ilz leur demanderont, se ilz n'ont juste cause d'auoir commencié le procex.

15. *Item*, pour abrégier les causes, se feront deuant les préuost

doresenauant demandes de cas de héritaiges, et sera l'acteur tenu de baillier sa demande per escript en perchemin concluant pertinent, don copie sera baillie au rée et per devant les prévost seront demandé les délaiz de appensement, monstre et gairant; et ce fait, sera per le préuost renuoié la cause deuant le bailli à ses premières assises, ensamble tout ce qui sera fait par le dit préuost, pour cognoistre en oultre de la cause et en déterminer.

16. *Item* se escripront dès ci en avant ès auditoires des bailliz les parties, et se mettront en présentacion, et vne chascune partie baillera à soy présenter ix deniers esteuenans, et per ainsi les clers des bailliz rendront aux parties leurs mémoriaulx en perchemin escrips et seellez, franchement, se tant n'est que le mémorial contienne commission pour examiner tesmoins, ou quel cas la partie vauldra pour seel et escripture iij solz esteuenans; et se la commission se renouuelle, elle ne vauldra que ix deniers esteuenans; et se aucuns habitans des villes non aians escheuins sont appellez en iugement ès diz auditoires, ilz ne paieront touz ensamble que vne présentacion de xviij deniers esteuenans, viennent ou nom en leurs personnes ou par procureurs, excepté quand ilz seront adiournez particulièrement en cas de délit, ou quel cas chascun paiera ix deniers esteuenans pour sa présentacion, et semblablement se fera de toutes aultres persones qui seront conioins et consors en vne mesme cause, et par la dicte présentacion auront leurs mémoriaulx frans de seel et escripture, comme dit est.

[F° lviij, v°] 17. *Item* touz ceuls qui seront adiournez pour pourter tesmoignage, pour baillier tutelles et voueries à puppilles et meindre d'aus, et aultres qui en cas pareil seront appellez par deuant les diz bailliz, ne paieront point de présentacion, supposé que, pour garder le stille dessus dit, mettre se facent en présentacion.

18. *Item* les clers des diz bailliz seront tenuz de faire, auant qu'ils partent du lieu où le siège de l'assise se tandra, les mémoriaulx des parties qui à la dicte assise auront plaidié, et les ren-

dre touz escrips en parchemin et seellez aux parties, se ils les viennent querre, se non, les lessier à aucun clerc ou aultre de la ville et lieu de la dicte assise, pour les rendre aux parties, quant ilz les requerront. Et ou cas où ilz départiroient du lieu de la dicte assise, les diz mémoriaulx non faiz et renduz ou lessiez en mains d'aucuns pour les rendre comme dit est, ilz seront en l'amende de lx solz esteuenans à appliquer à monseignour pour chascune assise où ilz deffauldroient de faire les choses dessus dictes, et tenuz à reffonder aux parties les missions que à suir leurs mémoriaulx ilz feroient, et les rendront ou feront rendre yceuls clers, comme dit est, touz frans parmi les présentacions dessus dictes.

19. *Item* le commissaire des bailliz ou leurs lieuxtenans et des gruiers ou d'auscuns d'euls, qu'examinera tesmoins hors de son lieu, aura et emportera, pour lui et pour son clerc, se clerc doit auoir, pour la partie pour qui il examinera, pour jour, ix solz esteuenans, pour son salaire et despens, et la minue du jour, et s'il est homme qui doie auoir deux cheualx, xviij solz esteuenans, et s'il examine en son lieu, il aura vj solz esteuenans pour sa minue de jour, et s'il est homme qui doie auoir deux cheualx, xi solz esteuenans. Et se le juge commettant voit que la cause soit si petite, et les parties si poures quelles seroient tropt chargiés de la dicte tauxacion, le dit juge y pouruera et en ordonnera selon ce que bon lui semblera au dessoubz de la dicte somme, et sera tenu le commissaire de vacquer et entendre diligenment à la dicte examinacion tout le jour et iusques à tant que l'enqueste soit confecte, et grossera le commissaire là où mieuls li semblera, à ses despens, la dicte enqueste, et sera paié de la grosse d'icelle par ceste manière, c'est assauoir que d'un chascun pié d'escripture de long et de large escript senz fraude, xviij deniers. [F° lix, r°]

20. *Item* les clers des cours dessus dictes ne prendront et ne porront auoir de la plus grant sentence qu'ils feront que xxvij solz esteuenans et au dessoubz, et le juge qui aura donné la dicte sentence y pouruerra selon sa conscience et sa discrécion, attendu la

grandeur de l'escripture et aussi de la cause, et les facultez des personnes ; et sera tenue la plus grant sentence des diz juges celle qui contendra deux communes peals de parchemin, et supposé que plus en contenist, ne sera point creu le salaire, et le juge qui aura donné la dicte sentence la seellera, et aura de son seel, c'est assauoir de la diffinitiue, ix solz esteuenans, et de l'interlocutoire, iiij solz, vj deniers esteuenans.

21. *Item* de toutes aultres escriptures qui se feront ès dictes cours, c'est assauoir de faiz ou de raisons baillies en cour, de la copie d'icelles, de copie de tesmoins ou d'autres escriptures, les clers qui les escripront se paieront au pié, c'est assauoir que, pour un chascun pié d'escripture de long et de large escript senz fraude, xviij deniers esteuenans, si comme il est dessus dit de la grosse des enquestes, et pour le seel du juge qui y sera mis, iiij deniers obols esteuenans.

22. *Item* vne lettre de sergent vauldra pour seel et escripture, iij solz, vj deniers esteuenans.

23. *Item* vne garde contenant debitis pour faire paier de debtes, seel et escriptures, iiij solz, vj deniers esteuenans.

24. *Item* vne garde senz debitis, pour tout, ij solz, iij deniers esteuenans.

25. *Item* vne simple commission pour faire paier de debtes, pour tout, ij solz, iij deniers esteuenans.

26. *Item* vne main levée à plein ou recréance tranchie, pour tout, ij solz, iij deniers esteuenans.

27. *Item* vne simple citacion d'appel, xviij deniers esteuenans.

28. [F° lix v°] *Item* aux commissaires qui examineront les tesmoins l'en donra puissance de faire appeller les parties ou leurs procureurs pour respondre aux articles par serement, et ou cas que la partie appellée et présente ne vouldra respondre au commandement du iuge ou du commissaire, l'on tendra les articles bailliez contre lui pour cogneuz, et est à entendre que la partie citée soit citée deuement par certeinne interuale et que le lieu

et jour de l'aiournement soit comprins en la relacion du sergent, et ou cas que la partie appellée, comme dit est, ne comparroit souffisamment deuant le dit commissaire, le commissaire donra deffault et exploit deu à la partie aduerse, le prouffit du quel sera eclarsi par le juge commettant, partie sur ce appellée, tel comme il appartandra, et auec ce le commissaire pourra procéder en l'examen des tesmoins de la partie diligenment.

29. *Item* la partie sera présente, s'il li plait, deuant le commissaire, quant sa partie aduerse respondra par sairement à ses articles.

30. *Item*, en faisant l'appointement aux parties à oir droit à certein jour, sera ordonné cependant vng certein iour plus brief dedenz lequel sera faite collacion des procex, à laquelle se ilz ne viennent, l'en jugera sur les procex qui seront en cour.

31. *Item* ne vauldront graces à plaidier par procureur, en quelconque auditoire de monseignour que ce soit en son conté de *Bourgoigne*, se elle ne sont données par mons., son lieutenant ou gardien.

32. *Item* grace à plaidier par procureur ne sera besoing d'auoir dès ci en auant à colleiges ou communaltez et universitez de villes, à femmes vefues ne à puppilles.

33. *Item* en toutes sentences qui se donront doresenavant ès iugemens de monseignour ou de ses juges et officiers desquels sera appelé, l'en escripra et mettra en la fin de la sentence que d'icelle a esté appelé et par qui l'appellacion sera faite.

34. *Item* que, quant parties seront appointées en faiz contraires, soit en la première instance ou en instance de cause d'appel, et que l'enquête sera rapportée [F° lx, r°] deuers la cour, chascune des parties, se elle le requiert, aura les noms et seurnoms des tesmoins contre elle produiz, et pourra baillier repruches contre yceuls tesmoins, desquels repruches la partie aduerse aura copie pour baillier saluacions à l'encontre, se bon li semble, senz ce que en ce cas les parties puissent baillier réplicacions, ne dupplicacions,

se pour aucune cause nécessaire n'estoit par le juge autrement ordonné.

35. *Item* que des sentences diffinitiues ou interlocutoires qui seront données par les juges du dit conté, présens les parties ou leurs procureurs, la partie qui en vouldra appeler sera tenue de appeller incontinent ; et se la partie qui se sentira greuée d'icelle sentence, ou autre pronunciacion ou ordenance, n'est présente, elle en porra appeller quant la dicte sentence, pronunciacion ou ordenance vendra à sa cognoissance, senz plus attendre.

36. *Item* que, se aucun appelle des juges du prinpce, soit de son demeinne ou de ses vassals, au bailli du conté, et il est dit appellez et oys ceuls qui seront à appeller, bien iugié, mal appellé, ou que l'appellant ne poursuie pas son appellacion, ou qu'il la poursuie indeuement, et soit dit son appellacion déserte, l'appellant l'amendera au prinpce de lx solz d'esteuenans, et s'il estoit dit bien appellé et mal iugié par le juge du vassaul ou aultre juge du prinpce, il l'amenderoit aussi de lx solz esteuenans.

37. *Item* que ou parlement de *Dole* qui sera tenu par le prinpce, les amendes en cause d'appel, tant des appellans, s'il est dit mal appellé, ou que les appellacions soient dictes désertes ou non poursuies, comme des juges subgiez, s'il estoit dit mal iugié, seront de dix liures esteuenantes.

38. *Item* que les appellans seront exemps des iuges desquels ilz auront appellez, ès causes pour lesquelles les appellacions auront esté faites et ès deppendences d'icelles.

39. *Item* que les causes d'appellacions, en quelques auditoires que elles soient déuolues, seront déterminées par les faiz proposez ès premières instances, [F° lx, v°] senz ce que les appelans soient receuz à proposer aultres faiz que ceuls qu'ilz auront proposez ès premières instances.

40. *Item* que les appellans qui appelleront des juges subgiez au bailli du dit conté, se ilz ont temps suffisant, seront tenuz de impétrer leurs adiournemenz en cause d'appel et les faire exécuter

avant la prouchaine assise du bailli, et que l'excécucion de l'adiournement soit faite viij jours frans auant le commencement des assises.

41. *Item* ceuls qui appelleront ou parlement de *Dole* seront tenuz de impétrer et excécuter leurs adiournemens dedenz xl jours après leurs appellacions, se ilz ont temps suffisant de ce faire auant le commencement du parlement.

42. *Item* est ordonné que de quelconque procès qui se fera en cause d'appel, l'appellé qui aura eu sentence pour li ou premier jugement, ne paiera nulz despens de la cause d'appel, se tant n'est que les parties soient appointées en enqueste en la cause d'appel.

43. *Item* ceuls qui se mesleront de advocacion ou de procuracion seront tenuz de jurer aux sains euuangiles en la main du juge qu'ilz ne soubstendront maluaise cause, et supposé que en l'encommencement de la cause, elle leur semblast iuste, toutesfois qu'elle leur apperra iniuste, ilz s'en départiront, et aussi qu'ilz ne demanderont ne requerront dilatoires frustratoires pour délaier le procèx, mais ycelli abregeront au plus que ilz pourront bonnement.

44. *Item* seigneront doresenauant les aduocas les escriptures qu'ilz feront, affin que, se par deffault des dictes escriptures par sa culpe notable, la cause se pardoit, il fust tenu de reffondre les despens de partie.

45. *Item* se paieront les diz aduocas et procureurs le plus cortoisement qu'ils pourront de leur partie, et se excessiuement se vouloient paier, leurs paiemens seront admodérez par le juge deuant qui l'en plaidiera [F° lxi, r°].

4. *Item*, se le appellé qui aura eu sentence pour li, fait deffault en cause d'appel, li appellant qui aura obtenu le dit deffault le fera secondement adiourner, pour veoir adiugier et déclarier le prouffit du dit deffault, et pour procéder en la dicte cause d'appel selon raison, et ou cas que le dit appellé fera secondement deffault, l'appellant aura et emportera tel prouffit par vertu des diz deffaulx que le dit appellé pardra le prouffit de la sentence pour

lui donnée, et auec ce paiera à l'appellant les despens par lui faiz en la contumace du dit appellé pour cause des diz deffaulx, et se ycelli appellé vient à la dicte seconde journée, il ne paiera que les despens du premier deffault, obtenu contre lui comme dit est.

47. *Item* les procureurs de monseignour, ne deuront doresenauant traire en cause quelconque personne que ce soit en cas de cex (1), senz auoir deuant informacion deue et par escript des cas don poursuivre les vouldra, lesquels soient conseilliez par aucun du conseil du seignour, pour sauoir se ilz sont souffisans pour traire en cause icelles personnes, et que celles informacions soient signées par celli qui les aura veues, affin qu'il appere que veu les aient.

48. *Item* les bailliz et aultres iuges ordinaires de monseignour de son conté de *Bourgoingne* deuront dès ci en auant defférer aux appellacions qui se feront d'euls au parlement de *Dole*.

49. *Item* ceuls qui auront appellé ou dit parlement impétreront leurs adiournements en cause d'appel, et feront excécuter dedens temps deu, et yceuls excécutez ne se pourront départir de la cour du dit parlement ne de la dicte appellacion, senz licence de la dicte cour, sur peinne d'amende de l'appellant et de l'appellé; et l'appelant qui aura impétré citacion en cause d'appel, s'il ne l'exécute, il s'en pourra départir par tel que, six sepmaines auant le parlement où ilz deuront plaidier sa cause, il soit tenu de venir dire aux clers du dit parlement son département, pour enregistrer la renunciacion, autrement l'appellant qui ainsi impétré l'aura deura l'amende [F° lxj, v°].

50. *Item* que touz ceuls qui le contraire des choses dessus dictes feront seront amendables à monseignour arbitrairement.

Si donnons en mandement au gardien du dit conté et à nostre bailli et à touz nos justiciers et officiers du dit conté et à leurs

(1) Variante : cep (Collection Moreau, 888, f° 298).

lieux tenans et à chascun d'euls, si comme à li appartendra, que les dictes ordenances facent publier ès siéges acoustumez à faire telles publicacions, et ycelles tiennent et gardent et facent tenir et garder par touz noz vassalx et subgiez et d'icelles ordenances baillent copie à touz ceuls à qui baillier l'en vouldront. En tesmoing de ce, nous auons fait mettre nostre seel à ces lettres. Donné à *Paris*, le xj^e jour de juillet l'an de grâce mil ccc iiij xx et six.

42

Ordonnance de Guillaume le Bastard de Poitiers, bailli du comté de Bourgogne, autorisant les prudhommes d'Arbois à imposer ceux qui ont droit de refuge à Arbois en temps de guerre, pour l'entretien des remparts de la ville.

Arbois, 1372, 4 avril.

Nous *Guillaume li Bastart* de *Poitiers*, cheualier, bailli du contez de *Bourgoigne*, façons sauoir à tous que nous auons donné et donnons par ces présentes ès prodommes d'*Arbois* congier, licence, pouoir, auctoritez et mandement espicial de controindre ceux qui en la ville du dit *Arbois* receptent et recepteront leurs corps et leurs biens, et de gester, imposez et leuer sur yceulx, et d'iceulx controindre, comme dit, per toutes voyes et manières dehues, de paier ce que imposez leur sera pour le fait de la réparacion de la forteresse dudit *Arbois* et de la fermetez de la dicte ville, einssi comme il feront sur eulx et les autres habitans de la dicte ville, quant li caux y auendra pour le fait de la dicte réparacion, et non aultrement, et si dehuement et raisonnablement d'ung chascun desdiz receptans, selon sa facultez et puissance, et que plux y aura et receptera de biens, qu'ilz n'ayent pas cause de eulx en douloir à nous ne autre part, réseruez le compte là où il en appartendra. Si donnons en mandement et comandons à tous les officiers et subgest de madame que en ce faisant obéyssent ès diz prodomes et leur deffendons que en ce fait ne les empaischent en aucune manière indehuement. En tesmoignaige de véritez nous auons seellées ces lettres de nostre seel, qui furent faictes et données au dite *Arbois* le dymenche jours de Quasimodo l'an mil trois cent sexente et douze. Donné de ceste présente copie, dont collacion est faicte par moy notaire cy subscript le ixe jour de décembre l'an mil iiijc et quatre. *Demolain.*

Autre part cy deuant a lettres du conte de *Bourgoigne* de ce maysme fait.

43

Lectres come ung gaige maulx getez ne ait ne doit auoir que iij solz d'amende.

Arbois, 1371, 8 décembre.

Nous, *Guillame* de *Meirey*, cheualier, leutenant de noble home monss, *Guillame le Bastard* de *Poitiers*, bailli du contey de *Bourgoigne*, façons sauoir à touz, que à nous assises qui furent tenues *Arbois* par nous, commençant le lundy après feste saint Nycholas d'iuers, corrant mil trois cent sexante et onze, estoit journée assignée à *Vienet Marchie* de *Menay*, encontre *Guillame* de *Verruelx*, jaidix *prèuost* de *Menay*, sur ce que li dit *Guillame* li demandoit sexante solz, en nom et à cause d'amende, pour ce qu'il auoit getez son gaige contre *Justo Jergon* de *Menay*, qui l'appeloit et aprochoit de paroles et de caux criminez, et ycelluy gaiges li dit *Vienet* auoit leuez de sa voluntez, senz licence ou auctoritey de justice, laquel chouse il ne pohoit ou deuoit faire; ly dit *Vienet* respondant que en ce ne en telx caux n'auoit point d'amende, pour ce que li dit gaige n'auoit point esté couuert, et auxi pour ce que ce n'estoit fait en la présence de justice; duquel fait se meirent en droit les dictes parties. Et nous, sur ce [F° lxiii, r°] déliberacion ehue, per le conseil et auis de proudomes et saiges, premier nous informez deligamment de la costume du lieu, auons pronunciez et prononçons par nostre sentence que ou caux et fait dessus dit, ne en telx semblables, n'at ne doit auoir que trois solz d'amende, soit qu'i soit fait en la présence ou en l'absence de justice; et trois solz pour le dit fait auons adiugiez et adiugons au dit *Guillame* de *Verruelx* sur le dit *Vienet Marchies*, et pour tant l'avons assoubz et quictez du dit fait. En tesmoingnaige de véritez nous auons mis nostre seel pendant en ces présentes lettres, faictes et données ès dictes assises, l'an dessus dit (1).

44

Lettres come toutes bestes cheualenes sunt quictes *Arbois* pour vng deniers de vente ou de piaige, le terme de cinq ans, qui deuant paioient quatre deniers. Item comme les escheuins d'*Arbois* poent muer et chaingier les foires d'*Arbois* à tel jour qui lour plairat des semaines après saint Martin d'iuers et saint Martin d'estez (2).

Dôle, 1384 (n. st.), 11 janvier.

Jehans, sires de *Ray*, gardiains du contey de *Bourgoigne*, façons sauoir à touz presenz et avenir, que come les escheuins et habitanz de la ville et communaltez d'*Arbois* ehussent suppliez et requis à fut nostre très chière et redoubtée dame, madame la contesse de *Flandres*, d'*Artois* et de *Bourgoigne*, cui Dieux assoille, que de vng chescun cheualx et autres bestes cheualenes, don l'on paihoit et auoit acostumez de paier de vente ou piaige, quant il estoit ferrez, quatre deniers, et quant il n'estoit ferrez, doux deniers, l'on fut et demorait quicte pour vng denier de vente ou de piaige, et que, se ainsi se façoit, se saroit le proffit de nostre dicte dame et sa dicte ville, pour ce que plux habundamment et plus grant quantitez de bestes seroient amenez et desduiz ès foires et merchiez de la dicte ville, où poul en venoit,

(1) Ainsi singné : *St.* de *Bar*. Collacion faicte est par moy notaire cy subscript le ixe jour de décembre l'an mil iiij c et quatre. *Demolain*.

(2) Cpr. la charte de Philippe, duc de Bourgogne, relative aux foires d'Arbois. Archives d'Arbois, AA, 6, original, scellé sur simple queue d'un sceau de cire rouge dont il ne reste plus que l'écu, sur lequel est figuré un lion passant. — Au dos de la charte : lettres impétrées sur le fait des foires d'Arbois.

pour cause de la dicte charge des diz quatre deniers, sur laquelle supplicacion nostre dicte dame mandat par ses lettres ouertes et seellées en pendant à son conseil estanz en *Bourgoigne*, que se informassent quelx profit ou domaige ce seroit pour nostre dicte dame et ville, et la dicte informacion, ensamble lour auis, ains ly enuoiessent, affin qu'elle en pehut ordener [F° lxiij, v°] selon sa bone volunteiz. Laquelle informacion ne prist point son effet pour ce que assez tost après la date des dictes lettres nostre dicte dame alit de vie à traspas. Liquelx escheuins samblablement nous hont supplié du fait dessus dit. Et nous que volons et désierrons le profit de monss. le conte de *Flandres*, d'*Arthois* et de *Bourgoigne* et de sa dicte ville, et pour ce que à présent nous ne pouhons sauoir à plain quel profit ou domaige ce seroit pour nostre dit signour et sa dicte ville, par le auis et délibéracion du consoil de nostre dit signour, ouquel estoient messire *Thiébaud*, sire de *Rye*, messire *Eudes* de *Quingey*, messire *Humbert* de *la Platière* et autres, hauons donnez et outroiez et par ces présentes donnons et outroions ès diz escheuins et habitans, le terme de cinq ans, commençant le jour de la date de ces présentes et continuelment fenissant, que de toutes bestes cheualenes don l'on auoit acostumez par auant de paier quatres deniers ou doux, comme dit est, en la ville, resors et appartenances d'*Arbois*, l'on ne paihoit que vng denier, que cilz paiherat que par auant estoit tenuz à pahier les diz quatres ou doux deniers, et de toutes autres bestes l'on pairat si comme acostumez est, durant lequel terme des dictes cinq années nostre dit signour en poirat ordenez apperpétuiteiz son bon plaisiz. Et aueuc ce hauons outroiez et outroions ès diz escheuins que douhes foires que se tiegnent chescun anz *Arbois*, c'est assauoir le vendredy après la feste saint Mertin d'iuers, et le venredi après la feste saint Mertin d'estey, les diz escheuins puissent muher, changier et mectre à vng autre jour des dictes semaines après les dictes festes de saint Mertin d'iuert et d'estey, que plus profitable lour samblerat estre pour nostre dit signour et sa dicte ville. Se mandons et commandons à touz les officiers, justiciers et subget de nostre dit signour, prions et requerons touz autres que ès chouses dessus dictes et vne chescune d'ycelles obéissent et entendent deligeamment sen contredit. Donné à *Dole* soubz nostre seel pendant, le xj[e] jour de januier l'an de grace mil trois cent quatre vint et trois. Et ou caux que les chouses dessus dictes par le terme des dictes cinq années ne venroient ou monteroient à la value à quoy elles pourroient monter, se ce outroy ne en estoit fait, les diz escheuins, en nom que dessus, se sunt submis et submectent de enteriner à la value dessus dicte. Donney comme dessus (1).

45

Statuts de la léproserie d'Arbois.

[F° lxiiij, r°] Ce sunt ly statuz et ly establissement de la malalière d'*Arbois*, et ly ordenement fait par le consentement et la voluntez des souuerain seignours le conte *Renaut*, signeur de *Bourgoigne* et le don de *Thoire*, soigneur de *Vaudrey*, et par les proudomes dou préuosté d'*Arbois*, le priour, le curez, les préuoires, les clers, les choualiers, les bourgeois et les gaignours. Ce fut fait l'an mil cinquante et trois, saul le temps deuant passez (2).

1. *Item* donat li dit cuens ès malailes à touz jours franchement vng home à *Pupillin*, ensamble son ténement *dam Jocer dou Roucis*. 2. *Item* à *Montaingny* vng home franchement, ensamble son ténement, qui est appellez *Costantin ly Maignins* dit *Chiualiers*. 3. *Item Arbois* vng home franchement, ensamble son ténement, qui est appellez danz *Renaut li Corbes*. 4. *Item* furent donnez par ceulx

(1) Collacion faicte est par moy notaire cy subscript le ixe jour de décembre l'an mil iiij c et quatre. *Demolain*.

(2) Au bas du feuillet et à droite : nonus. — Les archives de la ville d'Arbois et les archives de l'hôpital, auquel la maladière fut unie en février 1698, renferment encore plusieurs documents du xve siècle et du xvie siècle appartenant autrefois à la maladière. Arch. de la ville, AA, 36 ; CC, 179 ; GG, 9, 1132, 1153. Arch. de l'hôpital, A, 9 à 23, 27 à 30 ; B, 460, 461. Je n'indique pas d'autres documents plus récents, du xviie et du xviiie siècle.

dessus ès malailes ly deniers Dex a jour de merchiez ou de foire, en tout le préuostez d'*Arbois*, de toutes danrées dois cinq solx en amont, que ly achestours ou ly vendours doyuent paier ès diz malailes ou à lours conmandement, en quelque lieuf merchiez soit fait ou dit préuostez. 5. *Item* furent donnez et establiz ly quarryz èsquelx l'ou mesure et doit mesurer ou préuostez d'*Arbois* ès diz malaites, et que nulx n'y doit auoir quarry où il hait ensoigne pour vendre ne pour achester, et quilconque mesure dois quatre setiers en amont, il doit vng denier. Et cil qui enpourte le quarry doit laissier gaige pour le denier et pour le quarry rappourter. 6. *Item* chescune personne qui mesure doit le denier. 7. *Item* doyuent li dit malaites auoir mesure de fers ou de coure pour tenir en piez les dit quarreis. [F° lxiiij, v°]. Et doiuent estre combatuz vne foy l'an sen emende pour ce qu'ilz ne empiroient par lours gouuernours; et y doit estre appellez li sergeans communalx, et à tant doit li aigue mesurer comme li vin. 8. *Item* lours furent données les frissures de toutes les grosses bestes que l'on tue en tout le préuosté d'*Arbois* pour vendre ou pour achester. 9. *Item* lours fut donnez que lours bestes ne doyuent point de emende, fuer que amender les domaiges où elles sunt trouées (1). 10. *Item* pour lours achester ne vendre ilz ne doiuent ne emenaiges ne autres servitute. 11. *Item* pehuent curre lours biens qui fuer saroient sen acuison. 12. *Item* lours doit li priour d'*Arbois*, par le conseil du curez et des escheuins, baillier préuoire conuenable pour chanter leanz, achief (2) de quinze jours ou de trois semaines; et li dit prestre les doit ordonner et gouuerner et touz les biens de leanz auxi, et doit jurer sur saint éuuangile, deuant tout, les chouses garder sen descroitre, à son pouhoir (3).

(1) Cpr. des privilèges du même genre accordés à la fin du XII° siècle : 1° à l'abbaye de Rosières par Hugues et Humbert, seigneurs de Belmont (Arch. d'Arbois, K, 21, 1189); 2° à l'abbaye de Balerne par Otton, comte de Bourgogne (K, 3, 1199).

(2) Au bout.

(3) Cpr. la bulle de Paul II habilitant Jean de Chauvirey aux fonctions de recteur de la maladière du 15 février 1469 (Arch. d'Arbois, GG, 9).

13. *Item* il doit prandre sa prouende en tous les biens de leanz et en toutes les aumones. 14. *Item* li clerc trois deniers sur le communal toutes les fois que l'on y chante. 15. *Item* fut establit que ly malaites prennent chescum diemainche à *Pupillin* vne espoigne (1); item à *Menay* vne offerande; item *Arbois* trois; item à *Chaingin* vne; item à *Montaingny* vne offerande. 16. *Item* quiconques [F° lxv, r°] soit entaichiez de mesalerie à *Pupillin*, item à la *Chastellaine*, item à *Menay*, item *Arbois*, item à *Chaingin*, item à *Montaingny*, item à *Villate*, item à *Saint Cire*, item à *Villenueue*, de ces villes doyuent venir à la dicte malatière 17. *Item* en sa venue doit faire le conroy (2) a préuoire, a clerc, ès malaites, a garçon et a la donzelle, ou baillier pour lour conroy douze deniers et vne pinte de vin. Ly prestre prent pour doux, et, ce fait, ill est aprouendez des aumones. 18. *Item* auant que il praigne ou gros fruiz, blez, vin, il doit mectre au profit de la maison, terre, prez ou champs, ou vigne, ou chasal, et se il ne l'at, somme d'argent à l'esgart (3) du dit préuoire et de son consoil. 19. *Item* toutes les ammones qui lours sunt faictes, saulx héritaiges, doiuent uenir en communal et estre perties, se n'est ammone en escuelle ou en anaps donnée. 20. *Item*, cil de *Villate*, de *Saint Cire*, de *Villenoue*, doit chescum fues en moisson vne gerbe. 21. *Item* à *Matenay* chescum fues vng pain pour la menue ammone qu'ilz ne paient les

Paulus, episcopus, seruus seruorum Dei, dilecto filio decano ecclesie Beate Marie de *Arbosio*... Cum itaque, sicut accepimus, leprosaria seu domus leprosorum *Sancti Nicolai* propre *Arbosium*, *Bisuntinensis* diocesis, que per presbyteros seculares duntaxat regi et gubernari consueuit, per liberam resignationem dilecti filii magistri *Guillermi* de *Chauireyo*, olim dicte domus rectoris et notarii nostri, in manibus dilecti filii *Guidonis* de *Chauireyo*, prioris prioratus loci de *Arbosio*, ordinis Sancti Benedicti, dicte diocesis, cum ad priorem dicti prioratus eiusdem domus resignationis receptio et admissio, de antiqua ac hactenus pacifice obseruata consuetudine, pertinere noscatur, extra *Romanam* curiam sponte factam et per eum extra eandem curiam auctoritate ordinaria admissam extra dictam curiam vacauerit et uacet ad presens.

(1) Ducange, *expogna*. Petit pain rond fait avec du froment et du beurre. Cpr. le mot *pogne*, encore usité en Dauphiné.

(2) Ducange, *conredium*, repas de bienvenue.

(3) Au jugement.

diemainche de l'an. 22. *Item* fut establit que ès noces on lours doit faire pidance (1). 23. *Item* ès confrèries chescum jour à vng chescum malaide vne miche et de lours pidance, tant comme confrérie dure. 24. *Item* fut establit que il pouhent venir *Arbois* le londi, le venredy, doux ou trois, pour quérir lour ammone sen aler per [F° lxv, v°] le merchié, et s'ilz hont à faire, lours garçon ou lour donzaille le doit faire, et qu'ilz vat sen haston, part sa prouende le jour, et ne doiuent aler en tauerne. 25. *Item* doiuent chescum matin aler à moustier et souner la cloiche, et faire lours orisons et à complies auxi. Et cils qui est deffaillant, s'il n'at achoison, part sa prouende lendemain. 26. *Item*, se nulx y jue ne combat, lo prestre le puet desprouender et donner pénitance et leuer l'emende. 27. *Item*, se nulx y fait escoucerie ne larrecins, ne saut, ne plaie, il part sa prouende quarante jours, et demore ou communal, et en puet li prestre leuer l'emende et faire emender le sureffait. 28. *Item* li garçon et li donzaille, quant lours prouende lours faut, doiuent viure dou communal. 29. *Item* est deffenduz que hons sains ne feme n'y demuer, fuer que ly garçon et ly donzaille ; et cil qui lle sostient ne aberge plus d'vng soir doit estre désaprovender. 30. *Item* doiuent jurer au prouoire que il ne sofferront le dommaige de la maison, ne consentront ne faire mauaistié qu'ilz ne le réueloient au préuoire. 31. *Item* est désuée que nunlx malaide ne viegne *Arbois* le mois [F° lxvj, r°] d'auost et s'il y est trouez, il part sa prouende le mois. 32. *Item* est désuée que nunlx malaide ne ale deschault fuer de sa maison. 33. *Item* est désuecz au garçon et à la donzelle que ilz ne megeoient, ne boiuuent en lours aisement (2). 34. *Item* lours est deffenduz que ilz ne gisent à la ville. 35. *Item* toutes les ammones et les offerandes que viegnent à l'atel sunt a préuoire. 36. *Item*, celles du trun, pour orner l'ater. 37. *Item* se malaites il vient qui après soit trouez saint, li mobles qu'il at leans demorent à la malatière. 38.

(1) Ration de nourriture.
(2) Ustensiles de ménage.

Item fut establit, quant ly malaites muert, li eschoite demore a communal qui doit faire l'ammone a préuoire. Et pour l'ammone, ne part pas li prestre sa partie de l'eschoite (1). 39. *Item* fut establit que li prestre puet prandre sa partie de tous les biens de leans, sen meetre ou common, ou amoisonner à cuy il vuet. 40. *Item* ausi puet faire vng chescum des malaites de la sue prouende. 41. *Item* fut establiz et désueez que nunlx de leans ne puet ne doit riens receuoir fuer que cil qui est establit per le préuoire, et se il reçoit, on le doit désaprouender [F° lxvj, v°] et puet, se n'est ammone dois douze deniers en aualx, et cen doit tantost rendre a communal, et se il ne le fait, on le puet et doit désaprouendez per lou statuz. 42. *Item* fut establit que on lour doit faire pidance à la Natiuitey Nostre Signour et à Caresmentrant de lours common, et à Caresmentrant doit li corrier communal querre l'ammone pour lours, per le merchiez, ès bones gens. 43. *Item* est deffenduz que ilz ne praignent ne receptoient chouse mal prise, et cil qui le recepte est quarante jours désaprouendez. 44. *Item* fut establit et ordenez que, quant li malaites est getez à la malatière, que il puet ordenez tous ses biens et donner et vendre, ausi comme il farait au siègle, et retenir pour luy bien faire, tant comme il vit, quar mestier li est, et nunlx ne puet demander s'eschoite tant comme il vit, et après son décept ly hérietaiges demore ès eschoians soulement, sauf ce que ilz aie doner à la malatière de l'éritaige, et li mobles auxi à la maison, desquelx hon doit paier ses debs et son enterrement ly communal de leans, cuy ly biens demorent et doyuent tuiz demourer (2).

(1) V: infra, § 44.

(2) V. supra, §§ 37, 38. Cet article règle la succession (eschoite) du lépreux : 1° le lépreux n'est pas réputé mort civilement. Il garde ses biens sa vie durant et peut en disposer comme à [illegible]ps où il était sain de corps ; 2° à son décès la succession est dévolue aux héritiers ordinaires, sous la réserve des dispositions qu'il a pu faire au profit de la maladrerie et du droit de succession ab intestat qui appartient à cet établissement sur les meubles du malade. — Pour la condition générale des lépreux, Paul Viollet, *Histoire du droit civil français* (Paris, 1893), pp. 375, s.; Glasson, *Histoire du droit et des institutions de la France* (Paris, 1896), VII, pp. 70, s.

46

[F° lxvij, r°]. Ce sunt les premieres correpcions faictes par mon signeur de *Bourgoigne* en son grant conseil, sur les ordonnances faictes en son parlement de *Dole*, en la menière que s'ansuet.

Dole, 1388, 5 mai.

Phelippe, fil de Roy de *France*, duc de *Bourgoigne*, conte de *Flandres*, d'*Artois* et de *Bourgoigne*, palatin, sire de *Salins*, conte de *Rathel* et signeur de *Malines*, à nostre bailli du conté de *Bourgoigne*, et à touz nouz autres justiciers et officiers du dit conté, ou à lours leutenans, salut et dilection. Comme ès ordonnances faictes ja piéça par nous et les gens de nostre grant conseil tenans lors pour nous nostre parlement de *Dole*, sur le fait du gouuernement de la justice et par vous publiées, fuissient entre les autres contenues celles qui s'ensuiguent ; est assavoir : Que, pour ce que l'on disoit estre d'usaige en nostre dit conté, que après ce que aucune personne auoit esté condempnée par aucun juge moien, elle pouoit deans dix jours appeller au juge où il appartenoit, en quoy pluseurs fraudes entreuenenoient ; pour ycelles eschiuer, aucun ne fut receu à appellacion, se il n'appelloit tantost après la dicte condempnacion, se présent estoit, se non, si tost qu'il venoit à sa cognoissance. Item que comme il fust d'usaige en ycelli conté de baillier copie aux parties plaidians des nous diz et déposicions de touz tesmoins, traiz et produz contre eulx, s'ilz la requeroient, pour baillier repreuches et dire contre les personnes et diz d'iceulx tesmoins, dont les plaiz estoient très longs, fut ordonné par nous et nouz dictes gens que, quant les parties saroient appointiés en [F° lxvij, v°] fais contraires et que l'enqueste seroit rapportée par deuers la court, chescune partie, se elle la requeroit, eust les noms et surnoms des tesmoins contre elle produz, pour baillier repreuches, se elle voloit. Item que comme çayennariers les emendes et deffaulx de nostre dit parlement fussient de dix liures esteuenantes sur prélas, gens d'église, collèges, nobles et communaltés de villes, et de cent solx sur toutes autres gens, et par nous dictes ordonnances soient de dix liures sur vn chascun, sen faire différence de personne, lesquelles choses pluseurs des nobles et autres de nous subgiez du dit conté dient estre contre les vsaiges et coustumes de tout temps gardées en ycelli, en lour très grant préiudice et dommaige, et aient supplié à grant instance que sur ce fuissient pourueuz de remède conuenable, sauoir vous faisons que nous, vuillans et désirrans nostre dit païs tenir et garder ès bonnes coustumes ès quelles nous l'auons trouué et que nous prédécesseurs l'ont gardé et maintenu, auons fait aduiser per les gens de nostre grant consoil tenans pour nous nostre dit parlement au dit lieu de *Dole*, et en ycellut estans, qui commença le xxvj[e] jour d'auril m ccc iiij xx et huit, ou quel estoient reuérand père, messire *Jehan* de *Molprez*, abbé de *Baulme*, messeigneurs *Anxel* de *Salins*, sire de *Montferrant*, *Thiébault*, sire de *Rie*, *Eudes* de *Quingey*, cheualiers; maistre *Jehan Couiller*, doyen de nostre chappelle à *Diion*, *Dreue Phelise*, *Gille* de *Montagu*, *Girart Basant*, *Bon Guichart* de *Poligney*, lieutenant de vous bailli, touz licenciez en loys, et autres de nous conseilliers, quoy soit à faire tant sur les choses dessus dictes que autres, pour le bon gouuernement et régime de la justice de nostre dit païs, les quels, appellez auec eulx plusieurs des [F° lxviij, r°] saiges et anciens vsaigiers de nostre dit conté, pour le bien d'icelluj et de nouz subgiez, ont fait et ordonné les corrections et ordonnances qui s'ansuiguent.

1. Est assauoir que nonobstant nouz dictes ordonnances, ja piéça faictes et publiées, l'en puisse appeller des juges de nostre dit conté, là où de raison appartendra, dedenz dix jours après ce que l'en aura esté per eulx condempné.

2. Item et que l'on fasse publicacion des attestacions et déposicions de tesmoings en toutes actions, quereles et péticions que

dorcsenauant seront intentées deuant les juges de nostre dit conté, se partie la requiert.

3. Item que les emendes et deffault de nostre dit parlement soient sur gens d'église, prélas, collèges, nobles et communaltés de villes de dix liures esteuenantes, et sur autres gens de cent solx esteuenans, tout, quant à ces trois articles, corrigiez en la forme et manière que l'en façoit per auant nouz dictes ordonnances.

4. Item ont ordonné que touz juges desquelx l'en appellera en nostre parlement par deuant lesquelx l'en aurat plaidié par escrips, soient tenuz, sur poine de dix liures esteuenantes, d'enuoier les procès et demenez des causes dont l'en aura appellez, ensamble la copie de lour sentences, au clerc et graffier de nostre dit parlement [F° lxiij, v°] vng moys deuant l'entrée du parlement auquel l'en aura appellé, se tant de temps ont dès le iour de lours sentence donnée, senon, le très plutost qu'ilz porront bonnement, affin de les veoir et visiter pour en estre plus instruz quant l'en plaidiera les causes, et an fere les appointement d'icelles, et ad ce que les parties soient plus tost expédiées, et les arrest et appointemenz faiz et donnez per plus meure déliberacion. Et ès jugemenz où l'en ne procédera per escript que des causes don l'en y aura appellé, le juge rédige les attestacions des tesmoins per escript, lesquelx, ensamble la copie de leur sentence, enuoient, sur la pareille peine que dessus, au dit clerc et graffier deanz le temps cy dessus diuisez.

5. Item, comme en nouz dictes ordonnances fust contenu que, se aucunlx habitans de ville non aians escheuiz estoient appellez en jugement ès auditoires de noz bailliz, que eulx tout ensamble ne paiassent que vne présentacion de xviij deniers esteuenans; per vertu de la quelle l'en vouloit prandre des villes aians escheuis plus grant présentacion, est assauoir v solz, nouz dictes gens hont déclairie que les présentacions des habitans tant de villes aians escheuiz que non aians soient de xviij deniers esteuenans tant

soulement, se adiournez n'estoient en caux de délit, ou quel caux en saroit comme en nouz dictes ordonnances est contenuz.

[F° lxix, r°]. Lesquelles corrections, ordonnances et déclaracions aians agréables, vous mandons et à chascun de vous, ainsin come à lui appartendra, que ycelles feicles publier ès sièges acoustumez à faire telles publicacions, et ycelles, ensamble nous dictes premières ordonnances, quant aux autres choses en ycelles contenues, tenez et faictes tenir et garder à touz nouz vaussalx et subgez de nostre dit conté de *Bourgoingne*. En tesmoing desquelles auons fait mectre nostre seel de nostre dit parlement à ces présentes lettres, données en ycelluy le cinqueme jour de may l'an mil ccc iiij xx et huit.

47

Cy après sansuiguent les responses que monss. de *Bourgoigne* at faictes aux requestes à lui baillies par les seigneurs d'*Arley*, de *Montbéliart*, de *Chastelbelin* et de *Nuef Chastel* ou conté de *Bourgoigne* à *Hesdin* le xvij° jour du meys d'aoust l'an mil ccc quatre vint et dix.

Hesdin, 1390, 17 août.

Et premièrement quant au premier article façant mancion des graces, il a esté ordonné et délibéré que doresenavant touz ceulx du païs dudit conté de *Bourgoingne* soient et saront recehuz à plaidoier par procureur, sen grace, en toutes les cours séculaires et temporelles du dit conté [F° lxix, v°], tant de mon signeur, comme autres, excepté soulement ou parlement de mon signeur où il conuendra auoir grace de plaidoier per procurour, et aura ly gouuernour du païs puissance de les ouctroier.

Au secund article façant mencion des salues gardes, les officiers de mon signeur ne donneront aucunes salues gardes aux subgez sen moyen des hault justiciers, s'il ne sont gens d'église, femmes vefues, pupilles, clers viuans clergealment, ou personnes preuilégiées, et auxi quant il aurat fait menasses dont il apperra por informacion précédente, et auxi que les salues gardes que les officiers donront ne contenront pas la forme de nouuelleté.

Au tier article, monss. est acertené qu'il a droit de aduoer de bourgeoisie, à cause de son chastel de *Bracon*, et à cause de aucunlx autres, ses gens dient qu'il a droit. Touteffoy pour ce qu'il n'est pas à plain informé, il commettrat aucunes personnes pour enquerir la veritey, et ce fait, il en ordonnerat.

[F° lxx, r°] Au quart article faisant mencion des biens des bastars, monss. tient que c'est son droit, et néant moins il s'en informera à plain et en ordonnerat.

Au cinqueme article façant mencion des merchés, au regart de monss, et de ses subgiez de son demainne, comme autreffoy a esté ordonné, il ne vseront point de merchés, mais les nobles aians aulte justice et les villes qu'ilz ne sont païs du domainne de monss., porront auoir merchés les vngs auec les autres amiablement, sen procéder per voye de fait.

Au sexte article, se aucune main est mise à la requeste de préuost, elle sarat leuée se la partie aduerse le requier, non obstant quelcunque appellacion, en baillant caution d'ester au droit.

Au vij° article faisant mencion des gaistours et mengeours, il ne sara aucunlx enuoier, sinon à ceulx qu'il saront et seroient désobaïssant à justice.

Au viij° article façant mencion des gaigeries, l'en ne gaigerat [F° lxx, v°] point ès terres des hault justiciers sen appeller la justice du lieu et se n'est pour les debtes et fais du signeur ou per vertu de obligation dont il apperrat, se y n'y at coustume ou usaige ou païs au contraire.

Au nuefme article faisant mencion des gaigeries les vngs sur les autres, ce saroit par voie de fait précédent qui saroit contre raison et pour ce monss. ne le tollerat point.

Au x° article faiçant mencion des aduenuz, on se informerat de la coustume et vsaige du païs, et ce fait, il en ordonnerat.

Au xi° article faisant mencion des présentacion, on se présenlerat comme on at acouslumez, et ne paiera l'en riens pour les présentacions, mais qui voudrat auoir mémorial, il le paiera selon l'ordonnance qui at esté faicte ou parlement de *Dole*.

Au xij^e article faiçant mencion des lectres de justice qu'i conuient aler seeler vers le clerc du bailli quelque part que ce soit, les lieutenans du bailli donront lectres de justice, et les seeleront.

[F° lxxj, r°] Au trazème article façant mencion des emendes de sexante solx que li bailli vuet auoir de ceulx qui sunt appellans de luy, dont il dit bien jugié et mal appellé, l'on se informerat sur l'usaige et coustume, et ce fait, on en ordonnerat.

Fait à *Hesdin* et donné le xviie jour d'auost l'an mil trois cent quatre vings et dix. Signé : *J. Lami.*

48

Lectres que *Bernard Nicholier* de *Villate* ha venduz à *Johannin du Bois* demorant *Arbois* vne pinte d'oille à la mesure d'*Arbois* censaul, lox emende et seignorie pourtant, perpétuelement le dimanche des bordes, sur vne partie de son curtil derrière sa maison de *Villate* delez la terre que fut *Humbert* de *la Platière* et touche à la *Terre dou Temple*, franche de touz autres seruitu et empaichement, la quelle pinte d'oille li dit *Johannin* ha donné à l'iglise de *Saint-Just* pour allumer les lampes, et ycelle pinte d'oille li dit *Bernard* ha promis paier à la dicte yglise adit jour perpétuelement par lectres selées du seel monss. de *Bourgoigne* et furent données le jour de feste saint Mars l'an mil ccc quatre vint et douze.

Arbois, 1392, 8 juin.

49

F° lxxi, v°] Bail à ferme ou acensement par les prudhommes d'Arbois à Humbert et Hugonin Bestiez, de l'emplacement de l'ancien hôpital.

1387, 14 août.

Nous *Humbers* dit *Bestiez*, d'*Arbois* et *Hugonin* ses fils, je lidit *Hugonin* de l'auctoritez mondit père, façons sauoir à touz que nous, pour nous et pour noz hoirs, auons retenuz et accenssit perpétuelment et à tout jour mais, de *Guillame* de *Pupillin*, escuier, *Humbert* de *Larney*, clerc, *Guillame* du *Nauoy* et *Jaquet Bélissent*, prodomes et escheuinz de la ville et communaltey d'*Arbois* et en nom d'icelle, vng mex et chasal ouquel souloit estre li hospital d'*Arbois* séant outre le *Pont des Masealx*, delez la terre que *Robert* de *Boujaille* tient de la ville d'une part et delez le chemin common par quoy l'on vat en *la Platière*, franc et quicte de touz seruitut, pour dix sols et trois deniers estouenans censalx, loux emende et soignorie pourtans, à paier dois ores en auant par nous diz retenans et nos hoirs èsdiz escheuinz et lours successours prodomes et escheuinz de la dicte ville et common d'icelle le jour de la feste saint Berens, et il douons laissier le décour du bief de l'ospital, et par aussi nous, pour nous et pour nos hoirs, auons promis et promectons paier à la dicte ville les diz dix solz et trois deniers, laissier le dit décour dudit bief, tenir toute la tenour de ces présentes lectres, et non venir à contraire par nous ne par autres, ne consentir autruy venir tacitement ne en appert, par noz soirement pour ce jurez et touchiez corporelment sus sains euuangiles de Dieux. Et pour ce fermement tenir nous auons enloiez et enloyons nous et nos hoirs et touz noz biens et les biens de noz hoirs, meubles et non meubles, présent et avenir, en la cour, juridiction et cohercicion monss. le conte de *Bourgoigne*. En tesmoignage de laquel chose nous auons priez et fait mectre en ces lectres le seel de mondit signeur duquel l'on vse en *Arbois*. Donné le quatorze jour du mois d'ahost l'an Nostre Signour corrant mil ccc octante et sept. Ensin signé : *J. N.* Donné par copie soubz le signet de moy notaire cy apprés subscript le ve jour du mois de juing l'an mil ccc iiijxx et douze.

P. Querut [Paraphe].

50

Guiot Bernard d'Arbois et Jehannette sa femme fondent leur anniversaire dans l'église de Saint-Just d'Arbois.

1396, 4 mai

[f° lxxij, r°] Ces présentes sont avec celles de la fabrique (1).

Nous *Guiot* dit *Bernard d'Arbois* et *Johannette* sa feme, de l'auttoritez du dit *Guiot* mon mary présent et actorizant, façons sauoir à touz, pour nous et pour nos hers, auons uenduz, quittez et déliurez perpétuelment à *Jaquet* de *Belregart* et à *Nychole* sa feme demorant *Arbois*, à touz jour maix, vne pinte d'oille de nois à la mesure d'*Arbois*, censal, loux emende et soignorie pourtans, à paier touz les anz à touz jour maix, le jour de la voille de la Purification Nostre Dame, en l'église Saint Just d'*Arbois*, pour alumer les lampes deuant Nostre Dame en la dicte yglise, à la quelle église pour

(1) D'une autre écriture que celle de la teneur de la pièce dont l'écriture est elle-même différente de celle du document précédent.

la cause dessus dicte l'ont donnée et donnent pour le remède des armes de lours et de lours ancessours, la quelle pinte d'oille nous pour nous et pour noz hers assignons et assetons sur hung curtil séant à *Ménay* en la *rue de prey buert* delez la terre *Johan Gilabos* et delez la terre *Lambert Joli* que tient *Hugonin* de *Saint Pierre* et touche à chemin commun, franc et quitte de touz autres seruitur. Et ou caux que nous ou noz hers abandeneroient le dit curtil, nous serons en chois par vne fois en la some de quarante soul estеuenans à paier deuant toute eure en la dicte église. Ceste vendicion auons nous faite pour le pris et somme de trois franc de bone or et de juste pois que nous en hauons ehuz et recehuz et nous en sumes tenuz par bien paiez et par contans. Et pour ce de la dicte pinte d'oille pour nous et pour nous hers nous sumes deuestit et deuestons de touz droit, propriétez, saisine et possession, et la dicte yglise en auons en vestit, mis et mettons en veray saisine et corporel possession ou auxi par la tradicion de ces présentes lettres, et la dicte pinte d'oille et le dit assignal pour nous et pour noz hers hauons promis et promettons à la dicte yglise garautir, deffandre et apaisier contre touz et en touz luef, en toutes cours et par deuant touz juges, à noz propres despans et missions et de noz hers, et paier la dicte pinte d'oile a jour et en la manière que dessus, et non venir à contraire par nous ne par autre, ne consentir auctruy venir tacitement ne en apert, par noz soirement pour ce jurez et touchié corporelment sur saint euangile de Dieu. Et pour ce fermement tenir nous auons enlouz nous et noz hers et touz nos biens et les biens de noz hers, mobles et non mobles, présent et avenir, en la court, juridiction et cohercion monss. le conte de *Bourgoigne*. En tesmoignaige de la quel chouse j'ay priez et fait mettre en ces lettres le seel de mon dit seigneour dou quel l'on vse en *Arbois*. Données et faites le nuef jour du mois d'ottembre l'an Nostre Soignour corrant mil trois cent quaire vint et quatorze. Ensin signé : *J. M.* Donné par copie soul le soignet de moy notaire cy après subscript le quart jour du moy de may l'an mil ccc nonante et siex.

P. de *Rue* [Paraphe]

[f° lxxij, v°] L'an mil quatre cens et dix-huit, le vint septième jour du moys de décembre au bourg d'*Arbois*, deuant la maison *Estevenin Berthot*, heure emmi prime, en la présence de nous les notaires et tesmoings cy subscrips, per honorables personnes *Jehan Petit Loupnet* escuier, *Esteuenin Berthot, Cristofle Demolain*, et *Jehan* de *Frasans* escheuins et per nom des escheuins de la ville et communalté d'*Arbois* eut esté represtez à *Perrenot* [*G*]*oulran, Jehan Grant Vuillemin* et *Guillame Septier*, tous de *Chaimole* sus *Poligny*, quatre des *terraul* que les dis escheuins disoient et maintenoient estre [y]aiges per les forest du dit *Arbois* ès bonnz du *Chamois* du dit *Arbois*, lesquelx *Perrenot Goul*[ran] *Jehan Grant Vuillemin* et *Guillame Septier* les fierent et recourent per manière de represt des dis escheuins selon et per la forme et manière que les dis escheuins du dit *Arbois* l'auoient conuenut ou acordé à ceulx de *Poligny*. Donné présent *Fiery Quartereau*

Estienne Plaine, *Bonet*, *Perrenin Loubet*, *Jehanin Bulleau* d'*Arbois* et *Thomas Bro-er* de *Pupillin* tesmoings ad ce appellez et requis l'an et jour que dessus. Signatures et paraphes illisibles.

A la fin du volume, sur l'ais de la couverture, côté intérieur : Anime omnium fidelium defunctorum per misericordiam Dei requiescant in pace. Amen.

PIÈCES ANNEXES

1

Donation par Guillaume, seigneur de Vaudrey et par son frère Jacques, au couvent de Rosières, d'une rente annuelle et perpétuelle pour l'anniversaire de leur père.

1247, mars (1).

Ego *Guillermus* dominus de *Wadre* et ego *Jacobus* frater eiusdem *Willermi*, notum facimus uniuersis presentes litteras inspecturis quod nos, laudo et assensu domine matris nostre, pro remedio animarum nostrarum, insuper patris nostri et aliorum antecessorum nostrorum, dedimus et concessimus, in puram et perpetuam elemosinam, domui et fratribus *Roseriarum*, pro anniuersario *Willermi* patris nostri bone memorie, in die obitus sui, annis singulis, faciendo in *Roseriis*, unum bichetum frumenti in decimis nostris de *Wadre* accipiendum, ad mensuram *Arbosii*, et dimidium modium vini censuale ad eandem mensuram *Arbosii*, quod debet nobis *Justaz* de *Arbosio* dictus *Foicharz*, et viginti solidos in tallia que fieri solet apud *Wadre*, circa festum beati Andree, singulis annis, recipiendos et habendos. Hanc autem elemosinam dicte domui et fratribus *Roseriarum* a nobis et nostris perpetuo promisimus in pace tenere, et contra omnes homines guarantire. Hec omnia laudauit dicta domina mater nostra, pro se et pro *Johanne*, filio *Johannis* fratris nostri, quem post patris sui obitum sub tutela et custodia receperat. Laudauit etiam domina *Cheurere*, uxor mea, pro se et *Huone* filio suo et aliis. In cuius rei testimonium presentes litteras religiosi viri *Symonis*, abbatis *Bellevallis* (2), et nobilis viri *Stephani*, domini de *Oyseler*, sigillis sigillatas *Humberto* abbati et conuentui *Roseriarum* (3) tradidimus. Actum anno Domini m° cc° xl° vij°, mense martio.

2

Otton, comte de Bourgogne, donne aux habitants de Changin le four situé dans ce lieu, ainsi que le droit de four banal, à la condition de moudre à ses moulins d'Arbois.

Rosières, 128?, mai (4).

Nos *Othes*, pallatins de *Borgoine* et sires de *Salins*, façons sauors à touz ces qui verront et ouiront ces présentes lestres que nos auons donez et ou-

(1) Bibliothèque d'Arbois. Au revers : De l'aumonne de *Wadrey*. Paraît être l'original, la partie inférieure de la charte a été coupée et enlevée.
(2) *Gallia Christiana*, XV, col. 242, D.
(3) *Gallia Christiana*, XV, col. 286, E.
(4) Archives d'Arbois, AA, 28, original scellé sur double queue. Les sceaux

troiez pour nos et pour les noz présenz et auenir permanablement, per donz fait hontre les vis, nostre for de *Changins* assis delez la maisons qui fut *Perrenet* de *Changins*, et nos ne autre ne puet ne doit faire for a *Chaingins* furs que celuy [q]ue heut la baroicho. Ce est assauors pour ceu que cil de la paroche l'on voilluz et acordez more à nos moullins assi come cil de *Arbois*. Ce est assauors le quartal de bled pour trois deniers et vne maille do monée corant en *Borgoine* et par telle condicions que cil qui tenront pour nos ne ou nous de nos, les dit molins, et lidit monniers, doiuent ès proudomes porter le blez a mollins et la farine ès estal pour los dit trois deniers et la maille et sent nulle autre seruitute que que elle soit apalée. Et pour ce auons ledit four donez ès proudomes, clers et laus, et promis par nostre foy donée pour nos et pour les nos présens et auenirs totes ces couenences tenir, sent nulle tençon ès dit prodomes. Et si ensi estoit que n[o]s lour bresesons, nos uolons et outroions que il puissent modre lay où il voiront ansi comme deuant ces couenances il moilloient. Et pour ce que ce soit estauble à touz iours mais, nos dit *Othes*, cuens, par la mein *Huguenins* dit *Bochet* et de maistre *Auber* cler, auons fait mattre nostre scel et le scel de religieux home frères *Hugue* de *Rossières* en ces présentes lettres, douquel l'on huse en nostre ville d'*Arbois*, et de nostre amez clers monsseigneur *Girar*, curé de *Cramans*. Faites et donées à *Rossières* l'am mil et deux cent et octante et trois le moy de may.

3

Etat des sommes payées par le prévôt d'Arbois à divers ouvriers pour travaux de culture faits dans les vignes du comte de Bourgogne.

1286, 16 juillet (1).

Je *Jaquier* de *Changins*, mouthier (2) mon seignour lou conte de *Bourgoigne*, fais savoir à toutz que *Haymonet* li clerc *Morel*, prévost d'*Arbois* a payez par ma main et par mon comandemant ès ouvriers mon seignour lou conte ces choses ci-après devisées. C'est à savoier lou lundi et lou mardi après l'uictave de saint Pière et de saint Poul cent fossorier qui rubenarent en la vigne de la *Loye* qui costarent cinquante solz. Item lou dit mardi, en la vigne des *Corcées* xiii ovriers qui rubenarent en la vigne des *Corcées* qui costarent six solz. Item le mercredi après, en la vigne des *Corcées* qua-

manquent. Au dos, de la même écriture que le texte : ces lectres sunt q-moullin l'on touche.

(1) Copie faite sur l'original et signée par M. Castan, archiviste paléographe, le 16 décembre 1855. Original aux archives du département du Doubs. Chambre des Comptes. Titres épars. J'en dois la communication à l'obligeance de M. Girard, d'Arbois.

(2) Officier chargé de commander aux manœuvres et de les surveiller.

tre vint ovriers qui costarent quarante solz. Item lou jeudi après, quatre vint et un ovriers qui costarent quarante solz et six deniers. Item, lou vendredi après en la vigne des *Montelliers* cinquante neuf ovriers qui costarent vint et noef solz et six deniers. Item, lou sanbadi après, quinze solz et deux deniers pour les missions des foins. Item, lou lundi après, en la vigne des *Tassonières*, cinquante ovriers qui costarent vint cinq solz. Item, lou mardi, en la vigne de *Tassonières*, dix et huit ovriers qui costarent noef solz. Soume: dix livres quinze solz et doux deniers (1). En tesmoignaige de laquel chose, je ay prié et fait matre en ces lestres lou seyal *Guyot* d'*Arboix*, procureur mon seignour lou conte, et lou seyal *Jannin* de *Villate*, prévost de *Thoyre*. Donné lou mardi devant la Magdeleine l'an mil doux cent oclante six.

4

Lettres d'amodiation des molins d'*Arbois*, par madame la contesse *Mahaut*.

Bracon, 1327, 12 novembre (2).

Nos *Mahaut*, contesse d'*Artois* et de *Bourgoigne*, palatine et dame de *Salins*, façons sauoir à touz cels qui verront et orront ces présentes lettres, que commo ou temps passé nos et noz gens, pour nos et em nom de nos, aient lessié, amoisoné, baillié et déliuré ès proudomes de nostre ville d'*Arbois*, en nom de la dicte ville d'*Arbois* et de la communaté d'ycelle, les molins et les émolumenz d'*Arbois*, et les appertenances des diz molins; c'est a sauoir dou molin de *Gilley*, dou *Crosot* et de *Corcelles*, des foules et des batours, pour le prix de quatre cenz et dix huit livres d'esteuenans vne chascune année; nos cognoissons, confessons et affermons em vérité que li diz lais et amoisonnemenz des choses dessus dictes ne furent fait et

(1) Il résulte de ce texte que 214 sols 14 deniers = 215 sols 2 deniers = 10 livres 15 sols 2 deniers. Par conséquent 1 sol = 12 deniers et 1 livre = 20 sols. La taille des espèces est donc toujours celle qui a été établie par Charlemagne. Deux contrats de la première partie du XIVe siècle font connaître le rapport du denier et du gros tournois : Per lou pris de cinquante troix soulz de bons esteuenens, le groux tornois prenant por quinze deniers... le jueddi apprès l'oytine de la purification Nostre Dame l'an corrant mil trois cenz vint et sept. — Per le pris de vint et quatre soulz de groux tornois d'argent, le groux tornois dou cuint le roy de *France* de bon pois a on o rom contez pour on denier... le londi deuant feste de la nativitez Nostre Seigneur Jhesu Cript l'an mil trois cenz trante et sept. (Arch. du Jura, H, prieuré d'Arbois).

(2) Archives d'Arbois, AA, 31. Pas de trace de sceau, mais paraît être l'original. Au revers : lettre des moulins que li hers de may dame dauoit repran-dre senz riens demander.

ne doiuent durer ne tenir mais que à nostre vie tant soulement, et que ensit fin il covenancere expressément em traitant et en facent le contrat ou merchié des choses dessus dictes; et que tantost senz meaim après nostre décex, li dit lais et amoisement des choses dessus dictes, sont et seront de nulle valour et feniz dou tout, et domorront les dictes choses ensit amoisonées après nostre décex à cex à cui elles deuront venir, em tel poins et estet come elles estoient deuant ledit amoisonement, senz faire exactiom ne coactiom ès diz proudomes ne à ladite communaté, ne à aucun d'ycelle ville pour cause dou dit amoisonement, et ce prometons nos en bone foi pour nos, pour nos hoirs et successours, tenir et garder fermement ès diz proudomes et à la communauté de nostre dicte ville. Em tesmoignage de laquel chose nos auons fait metre en ces présentes letres le seel de nostre secreit em l'absence de nostre grand seel. Donné à *Bracon*, le xij^{me} jour dou mois de nouembre l'an Nostre Signour corrant mil ccc et vint et sept.

5

Marguerite, comtesse de Flandres, donne à Humbert de la Platière d'Arbois, chevalier, maître de son hôtel, la mairie de Montigny-les-Arbois, pour en jouir sa vie durant.

Paris, 1357 (n. st.) 25 mars (1).

Nous *Marguerite*, fille de Roy de *France*, contesse de *Flandres*, de *Neuers* et de *Rethel*, faisons sauoir à touz que, considérans les bons et agréables services que nostre amé et féal cheualier messire *Hunbert de la Platière d'Arboys*, maistre de nostre hostel, nous a fait ou temps passé, perséuérant en yceulx et espérans qu'il doie faire pour le temps auenir, en considéracion des diz services et que son estat puisse plus honnestement maintenir, li auons donné et donnons la maierie de nostre ville de *Montigny* delez *Arboys*, ensemble touz les droiz, honeurs, émolumenz et proffiz appertenens à la dicte maierie et que appertenir y doiuent d'ancienneté, d'usage ou de costume, senz y riens excepter, à tenir et possider, gouerner et receuoir per le dit *Hunbert* ou les députez de per ly, sa vie durant, tant seulement. Promettens en bonne foy, pour nous, noz hoirs et successeurs, la dicte donacion tenir, garder et garantir audit *Hunbert* contre touz, prions et requerrons nostre très chier neueu Monseigneur *Phelippe*, duc de *Bourgoigne* que nostre dicte donacion, octroy et concession per nous faiz au dit *Hunbert* de la dicte maierie veuille auoir aggréable et consentir, et comme seigneur du fief d'icelle, confermer, en suppléant de

(1) Archives de la Côte-d'Or, B, 1062. Original. Scellé sur double queue d'un sceau de cire brune dont il reste deux fragments. Légende... *Margarét...* Sur le repli : Par ma dame la contesse de bouche. P. Serget (paraphe). Au dos : Donacion de la mairie de *Montaigny* à vie.

s'auctorité toutes choses et clauses que en nostre dicte donacion deuroient ou pourroient estre requises selonc droit ou costume de païs, per quoy nostre dit don pourroit estre empeschioz ou délaiez en tout ou en partie. En tesmoing de laquelle chose nous auons mis nostre grand seel en ces présentes lettres faites et données à *Paris*, le xxve jour de mars, l'an de graice mil trois cenz cinquante et six.

6

Lettres de cession de toute la pierre et le bois de la Grange de *Vagrenans* pour refection de la forterace moyennant sexante florins.

Nevers, 1359, 17 décembre (1).

Donez per copie sous le seel ma dame de *Flandres* dou quel l'on vse en *Arbois*. *Marguerite*, fille de Roy de *France*, contesse de *Flandres*, de *Neuers* et de *Réthel*, façons sauoir à tous que nous hauons bailliez et déliurez à nouz bien amez les prodomes et escheuins de nostre ville d'*Arbois* toute la pierre et le bois, exceptez la laine, de nostre grange séant *Arbois*, et des appertenances, appellé la grange de *Vagrenans*, pour sexante florins de *Florence*, que nous hauons ehuz et recehuz des dessus dit, et nous en tenons pour comptente. Laquelle pierre et bois nous auons bailliez pour mettre en la refection de la forterace de nostre bourc d'*Arbois*. Et per mi ce li diz escheuins doiuent et sunt tenuz de refaire vne fois les tours et les chafal de nostre dit bourc, senz préiudice de nous ne de lours, se point de frainchise auoient de ce non faire. Et voulons qu'il praignent de la dicte laine pour recouriz *la Tour des Mastalx*. Item nous donnons ès dessus dit pour la dicte réfection le droit que nous hauons en la pierre de la maison appelée la maison de *Bornay*, séant en nostre dicte ville. Pour le tesmoignage de ces lettres seellées de nostre scel, faites et données à *Neuers* le xvij^e jour du mois de décembre l'an mil trois cent cinquante et nuef. Et nous *Renaud Blaisier* et *Perrenins dou Pont d'Arbois*, gardes dou dit seel de ma dicte dame, douquel l'on vse en *Arbois*, hauons vehuz et lit de mout à mouz, sainnes et entières en seel, et en escripture, les dictes lettres, à la requeste de *Haymonet* de *Cerdom*, receuour de ma dicte dame en sa terre de *Bourgoigne*, hauons mis en cest présent transcript ou vidimus le dit seel de ma dicte dame douquel lon vse en *Arbois*, en signe de la vision des dictes lettres. Donné à nostre visiom le xvj^e jour dou mois de mait l'an mil trois cent cinquante et nuef (2). R. B.

(1) Archives d'Arbois, AA, 5. Vidimus. Etait scellé sur double queue.
(2) Evidemment il faut lire 1360.

7

Marguerite, comtesse de Bourgogne, ratifie l'affranchissement de deux hommes de Montmalain, par Charles de Poitiers, seigneur de Saint-Valier et de Vadans.

Quingey, 1363, 11 août (1).

Marguerite, fille de Roy de *France*, contesse de *Flandres*, d'*Artois* et de *Bourgoigne*, palatine et dame de *Salins*, faisons sauoir à touz que, comme nostre amé et féal cousin messire *Charles* de *Poitiers*, sire de *Saint-Valier* et de *Vadans*, ait affranchi *Jehan Parandier* et *Huguenin*, son frère, de *Monmalain*, de la chastellenie de *Vadans*, si comme ès lettres de nostre dit cousin est plus aplain contenu, et le dit chastel et chastellenie de *Vadans* soit nuement de nostre fiez et souuerainneté, nous, comme dame souueraine du dit *Vadans*, la dicte franchise et tout le contenu des dictes lettres leons et confermons, en tant comme il nous touche. Donné à *Quingey* le xj^e^ jour du mois d'aoust, l'an de grace mil ccc sexante trois.

Par madame à vostre relation. *E. Leugret*.

8

Serement de *Jehan Mallat* de *Frontenay*, bailli d'*Aval*, de garder et maintenir les franchises de la ville et communaltey d'*Arbois* (2).

Arbois, 1369 (n. st.), 8 février.

En nom de Nostre Seignour, amen. Per ce publique instrument apparo à touz évidamment que l'an de celluy Seigneur corrant mil trois cent sexante huit, le huitième jour du mois de féurier, hore environ prime, en la vj^e^ indicion du pontiffiement de nostre saint père en Jhésu-Crist et Seignour nostre seignour *Vrbain* per la prouision diuine pape v^e^, ou vj^e^ an, dedent l'iglise de *Saint-Just* d'*Arboix* en la présence de moy, notaire desoubz escript et des tesmoins apprès nomez, pour ce personalment establit et à ce expicialment venant nobles homes et saiges *Jehan Mallat* de *Frontenay*, escuier, luy disant bailliz du contez de *Bourgoigne*, ès parties d'*Aual*, d'une part, *Guillaume Gascoignet*, *Jaquat Belissant*, *Humbert Hungloix* et *Jeham Croichat*, proudomes escheuins de la ville et communaltez d'*Arboix*, en nom de la dicte communaltez, d'autre part, les diz

(1) Bibliothèque d'Arbois. Original. Scellé sur simple queue d'un sceau de cire rouge dont un fragment subsiste.

(2) Arch. d'Arbois, AA. 3. Original. Au dos, de la même écriture que le texte: Comment *Jehan Mallat* bailli fit serement à la ville de garder les franchises.

escheuins en nom que dessus suppliant et requerant au dit bailly per la menière que s'ensuet ou semblablement en sustance, disant : « Chers « sires, veritez est que toute fois et quantes fois qu'il vient en ceste ville « nouel officiers, soit gardiain, bailly, préuost ou autres, pour exerciter « justice en ceste ville, il doit et doiuent, et ainsin l'ont il touz jours et « anciéonement acostumez, deuant ce qu'il soient, ne doigent estre recehuz « en signorie ne en justice, faire serement sus saint euuangilo de Deu de « garder et mantenir et faire tenir les priuiliges et chartres de ceste ville, « en touz leurs poinz et en toutes lours clauses, ensemble toutes les bones « costumes et vsaiges du dit leu, sen corrumpre et sen faire le contraire. « Pour ce est-il que vous que vous disez estre bailliz du contez de *Bourgoi-* « *gne* et dont vous face foy, vous supplions et réquerrons en nom de la dicte « communaltey, que vous le dit serement en la menière deuant dicte et « auxin comme vous deuantiers bailliz du dit comtée les ont fait et acos- « tumez de faire, et ansin que vous estes nouellement ou dit office, » liquel bailliz ès dictes supplicacions et requestes respondit aux diz prodomes et lours dit que ly mostrassient et informassient qui sui deuanters bailliz ou dit contée auoient fait ycelluy serement que dessus, et il estoit prest de faire ce à que il saroit tenuz per raison. Et les dessus diz proudomes adonques exhibairent et ly mostrairent lettres et instrument faiz sus les diz seremens, lesquelx lettres et instrument lehut en sa personne li dit bailli, et per ycelles se teint pour bien enformez du fait dessus dit, et dit qu'il estoit prest de faire, mais auxy requis il aux diz proudomes que feissent serement auxy de luy obéir et respondre come à bailli, luy estant ou dit office en nom de madame. Et les diz escheuins se offrarent de ce faire. Adonques li dit bailliz jura sus saint éuangile de Deu, sur le missal mis sur le grant alter de la dicte yglise, tenir, garder et mantenir et faire tenir les priuiliges et chartres du dit leu en touz leurs poins et clauses et toutes les bones costumes et vsaiges du dit leu, sen contredit et sen faire le contraire. Et lés dit escheuins jurairent auxy sur le dit missal et arter l[...]urs estre verais obéissant à luy tant qu'il saroit ou dit office en nom de ma dicte dame. Desquelles supplicacions, requestes et seremenz requierent les parties à moy notaire publique que je lour en feisse instrument; ce fut fait présenz monss. *Humbert* de *la Platière*, monss. *Girar* de *la Grainge*, maistre *Aubry* de *Cinq Cent*, *Guillame* du *Vernoy*, *Girar* de *Myon*, messire *Guillaume Chamossin*, moinne, monss. *Jehan* de *Saint-Oyant*, *Simon* du *Chastel*, *Simon* de *Saint-Oyant*, *Regnaut* du *Truil*, *Huguenin Fernard* et autres tesmoins à ce apelez et requis. [Signum solitum]. Et je *Guillame Brenier* de *Champaignole*, clerc, demorant *Arbois*, notaire publique et jurez de la cour de *Besençon*, ès dictes supplications, requestes, seremenz et autres chouses dessus dictes ay esté présent, ensemble les tesmoins deuant nommez, l'an, le jour, hore, leu, indiction, pontiffiement que dessus, et ce présent publique instrument de ma propre main escript, soigniez de mon soignet en ay fay, à ce des present expicialment requis.

9

Ordonnance des conseillers de Louis de Male, comte de Bourgogne, enjoignant à tous les habitants d'Arbois, à l'exception des nobles, de payer les tailles imposées par les échevins pour les fortifications.

Salins, 1382, 17 juin (1).

Nous *Ancel* de *Salins*, sire de *Montferrant*, *Josse* de *Halulbin*, *Humbert* de *la Platière* chevaliers et *Henry* de *Donzi*, tous consilliers de monss. le conte de *Flandres*, duc de *Brabant*, conte d'*Artois*, de *Bourgoigne*, palatins, sire de *Salins*, conte de *Neuers*, de *Rethel* et sire de *Malines*, et de par nostre d[ict] signeur commis sur la visetacion, gouuernement et ordonnance de ses terres et païs de *Bourgoigne*, de *Champaigne* et de *Niuernois*, faisons sauoir à touz que comme li escheuin et habitans de la ville d'*Arbois* se fussent doluz à nous de ce que aucuns clers et autres demourant en la dite ville refusoient et contredisoient à paier et contribuer au giet et taille qui a esté fait et imposé par les diz escheuins pour la fortificacion, emparement et seureté de la dite ville, nous oys sur ce plusieurs débas qui pour ce ont esté par deuant nous, auons ordené et ordonnons que de toutes tailles faites et qui se feront et getteront par les diz escheuins pour la cause dessus dite raisonnablement tous nobles d'ancienneté viuans noblement et qui sont tailliez de seruir nostre dit seigneur, seront franc et exempt, et tous autres tenans et aians possessions en la dite ville contribueront et paieront à la dite taille selon ce qu'il y seront imposé. Et se aucuns en y a refusans de ce faire, nous par ces présentes mandons au bailli dou contte de *Bourgoigne* ou à son lieutenant que à ce les contraigne par toutes les voies qu'il appartendra, sens faueur ne deport, en telle manière que deffaut ny ait et qu'il n'en conuiengne retourner à nostre dit signeur ou nous, ou uous mandons et commandons à lui estre obéi, en ce faisant. Donné à *Salins* le xvij[e] jour de juing l'an mil ccc iiij xx et deux.

Par mess. du conseil dessus diz.
D'Esparnay (2).

(1) Archives d'Arbois, CC. Original. Scellé sur simple queue de quatre sceaux en cire rouge brisés. Au dos : écriture du xvi[e] siècle. Tiltre touchant les jects et l'exemption des nobles de l'an m iij[c] iiij[xx] ij.

(2) Il faut rapprocher de ce texte la lettre suivante de Jean sans Peur relative à la taille levée après la défaite de Nicopolis pour le rachat des captifs. *Jehan*, duc de *Bourgoingne*, conte de *Flandres*, d'*Artois* et de *Bourgoingne*, palatin, sire de *Salins* et de *Malines*, à noz amez et féaulx conseillers les généraiz réformateurs per nous ordonnez et commis en nostre dit conté de *Bour-*

10

Enquête des échevins d'Arbois sur le paiement d'une dette de la communauté, qui aurait été acquittée entre les mains de Raynon, lombard d'Arbois, et de son beau-frère le chevalier Dimanche de Salins, et qui est réclamée par le fils de celui-ci, le chevalier Jean.

XIVe siècle (1).

Entendent à informer li quatre escheuins de la ville d'*Arbois* que *Raynon* d'*Arbois* fut paiez et sattisffait des chouses que Messire *Jehans* de *Salins*, chiualiers, demende en nom dou dit *Raynon*, pour cause de la

goingne, salut et dilection. Nos bien amez et gentilz hommes de nostre ville d'*Arbois* nous ont humblement, per lours supplicacion, fait exposer, disans que, comme per le temps et du viuant de feu nostre très chier seigneur, et père, cuil Dieu perdoint, et mesmement depuis le voiaige per nous fait en *Ongrie* sus les mescréans de nostre foy christienne, pluseurs gest et impost aient estez faiz en nostre dicte ville d'*Arbois*, pour cause et occasion de certains dons et aides fais à nostre dit feu signeur et père en nostre dit conté de *Bourgoigne*, esquelx getz et impost les bourgeois et communs dudit *Arbois* ont imposez de fait lesdiz supplians, et pour ce aient estez pris et gaigiez per la volentez d'iceulx bourgeois et commurs dudit *Arbois* sur yceux supplians de pluseurs biens mobles à eulx appertenans, ja soit ce qu'i soient nobles, viuant noblement, non merchiandamment, et que oncques ne furent imposez ou temps passez à telles ou semblables contribucions, qui est en lours très grant grief, préiudice et dommaige, et encours ou temps auenir porroit plus estre, se per nous ne lours estoit sur ce pourueu de conuenable remède, requérant icelli. Pour quoy nous, ehu regert et considéracion ès choses dessus dictes, vous mandons que se, appellez et ouiz les escheuins, communs et bourgeols dudit *Arbois*, il vous appert que lesdiz supplians soient nobles, viuant noblement, mesmement fréquentant les armes, ou que per impotence de lours corps ne le puissent faire, auxi qu'il n'aient per auant ledit temps aucunement contribuez auxdis dons et aides, et qu'il ne v[iu]ent de fait de merchiandise, vous lours faites rendre et restituer lours diz gaiges et biens pris sur eulx comme dit est, et se il ne sont en nature de chose, sil lours faites rendre et restituer la juste et leal valour d'iceulx biens et gaiges. Et en oultre, de telz et semblables impost doresenauant les diz supplians faites tenir quictes et pasibles per le temps aduenir, en faisant entre les parties, icelles oyes, bon et brief accomplissement de justice. Quar ainsin nous plait-il estre fait, et auxdiz supplians l'auons octroyez et ouctroyons per ces présentes, de grace espicial, non obstant lectres surrectisses impétrées et à impétrer au contraire. Donné à *Yz* le iiij^e jour de septembre l'an de grace mil iiij^c et six. Ainsin signié par monss. le duc, à la relacion du conseil ouquel vous estiés. *J.* de *Saulz* (Arch. d'Arbois, AA, 7. Transcription authentique contenue dans l'acte de transaction entre la communauté et les nobles).

(1) Arch. d'Arbois, DD, 529. Original. Rouleau de papier sans date. Au dos : Enquête au sujet des bois touchant une vente faite à Jean de Salins. La date

vendue des bois d'*Arbois* que furent venduz a dit *Raynon* et à la feme *Morial* de *Salins* et auxi de xxx muis de vin que li dit Messire *Jehans* demande, que le dit *Raynon* presta à la ville d'*Arbois* pour donner a comte de *Poithehuz*, des quelx chouses li dit *Raynon* hauoit loubez lettres de quittance a profit des habitant et communaltey d'*Arbois*.

Primus testis. Premièrement *Jaquet* filz fut *Jehannin* de *Villette* d'*Arbois*, clers, dit par son seirement que hun acord fut fait entre les prodomes d'*Arbois* et les lombars d'*Arbois*, par monss. *Symon* de *Valdrey*, moynne de *Saint-Oyant*, et par plus[eurs] autres, que li lombars deuoient racheter les bois d'*Arbois* que li prodomes hauoient venduz a dit *Raynon* et à la feme *Morial* de *Salins* et dit que *Abertin* li lombars et il, li dit *Jaquet*, emportairent l'argent à *Salins* et que *Odet Morial* le recehut (1). Requis quel some il paihairent, dit xiiijxx liures d'esteuenans. Requis du temps, dit qu'il ha plux de xxx ans, et dit que *Jehans* de *Mont* qui adonc raynieue *Arbois* les il enuoia. Requis se il set riens des lettres de quittance, dit que *Odet Morial* rendit ès prodomes d'*Arbois*, quant il ehurent paiez l'argent, les lettres originalx de la vendition des bois saynes et entières, et que il fit lettre de quittance, les quelx lettres recehut *Girars li Clers* en nom de la ville d'*Arbois*. Requis se il set coment Messire *Jehans* de *Salins* puest hauoir ehuz les lettres, dit qu'il ha oyz dire que li belle fille a *Blanc* que seruoit *Girard le Clerc* les rendit et que elle en ehust vne robe fourée de var, et plux ne set.

ijus testis. *Jehanins Humber* d'*Arbois*, clers, secon tesmoins, dit per son seirement qu'il ha vehuz lettres de quittance saynes et entières des diz xxx muis de vin que li dit *Raynon* hauoit prestez ès prodomes d'*Arbois*, seelées du seel ma dame d'*Arthois*.

iijus testis. *Perrenins Nonet*, clers, dit per son soirement que *Girars li Clers* li mostra bones lettres en disant : « Vehez cy les lettres de quittance « ès quelles se contient que Messire *Dyemainche* et *Raynon* ses frères « hont quitez la communaltey d'*Arbois* et les habitanz d'yceley de toutes « les chouses en quoy li dicte communaltey heut onques à faire à lors. » Requis qui estoit présent avec luy, dit *Perrenet li Blanc*, *Buene* de *la Chenal* et *Odet Boichardel*, et dit qu'il ha oyz dire a dit monssignour *Symon*

précise de ce document est incertaine. Vienet de Larnay, l'un des déposants, était mort avant le 21 juin 1354 (*Cartulaire*, 31). D'autre part Lambelet Bernard, sixième témoin, n'y est pas qualifié échevin. Or, il était en charge du 24 juin 1352 au 23 juin 1354 (Ibid.). Enfin l'enquête est provoquée par la demande actuellement pendante de Jean de Salins (préambule). Cette demande a été réglée et a pris fin par le jugement arbitral du 28 septembre 1351 (Pièc. an., 10, III, 5°). Tout cela recule la date de l'enquête jusqu'à l'année 1351 au plus tard (Cpr. encore la cinquième et la sixième dépositions).

(1) Odon Chambier, dit Morel, damoiseau, fils d'Etienne (Guillaume, *Histoire de la ville de Salins*, seconde partie contenant le *Nobiliaire de cette ville*, p. 80).

de *Valdier* que les dictes lettres de quitance qu'il les hauoit tenues saynes et entières et lites les auoit per plusieurs fois et deuoient estre ès coffres de la ville.

iiijus testis. *Esteuenins li Oyenet*, per son soirement que à monss. *Symon* de *Valdrey* son maistre per plusieurs fois oït dire des dictes lettres enssit comme li *Nonet* dit.

vus testis. *Jehans Chapelain* dit per son soirement enssit come *le Nonet* des dictes lettres de quitance que *Girars li Clers* les mostra, et dit qu'il ha oïz dire à son père dois x ans en çay per plusieurs fois que Mess. *Jehans* de *Salins* façoit mal de demander à la communaltey d'*Arbois* les chouses dessus dictes, quar il en auoit vehuz lettres de quitance du dit *Raynon* et que il maisme auoit estez à faire l'accord et à faire le paiement.

vjus testis. *Lambelet Bernar* (1) dit per son soirement qu'il ha oïz dire a dit Monss. *Dyemainche*, dois xv anz en çay, en la saule chiez *Othenin*, qu'il quiteyne la ville et communaltey d'*Arbois* de quanque il auoient ehuz à faire du temps passez à luy.

vijus testis. *Vienet* de *Larney* dit per son soirement qu'il fut à *Salins* en hun leu que Mess. *Dyemainche* de *Salins* dit à plusieurs des habitanz d'*Arbois* estant ou dit leu : « Je vous prie que vous vos vuilliez consentir que li lombars qui autrefois hont demorez *Arbois* reuiegnent, et « je feray le pont du moitier d'*Arbois* à mes missions, et presteront li diz « lombars ès habitanz d'*Arbois* pour un denier la liure, et je come heirs « de *Raynon*, mon frère, quite les habitanz et communaltey d'*Arbois* de « toutes les chouses qu'ils ehurent enquores à faire à luy ne à moy tan- « que a jour d'aul ». Et sus ce li dit *Vienet* porta la supplicacion à monss. de *Flandres* et fut passée et viennent li diz lombars *Arbois*. Requis du temps, dit qu'il ha bien enuiron xv anz.

viijus testis. *Vienet Olenier* dit per son soirement et come en sa dernière voluntey enssic come *Vienet* de *Larney* dessus dit en tout et per tout.

ixus testis. *Justet Greuillet* dit per son soirement qu'il vit et oyt lire chiez le *Moroillon* vnes lettres ès quelles il estoit contenuz que *Raynon* dessus dit quitene toute la communaltey et les habitanz d'*Arbois* de quanque il hauoit ehuz à faire de tout le temps passez à lors et donene x lb. à l'église de *Mennay*, x lb. à l'iglise de *Chamgin* et vne autre some d'argent à l'yglise de *Saint-Just* de laquelle il n'est pas remembrables. Requis du temps, dit qu'il ha enuiron xv anz.

xus testis. *Odet Debal* dit per son soirement que a temps qu'il fut des quatre prodomes auec le *Boilloz* et *Girard le Clerc* (2) il vehit et tenit ès coffres de la ville d'*Arbois* les lettres de quittance du dit *Raynon* qui quitene la communaltey et touz les habitanz de la ville d'*Arbois* de quan-

(1) Echevin en 1353-1354 (*Cartulaire*, 21, 1354, 21 juin).
(2) 1327-1328. *Cartulaire*, 9 (1327), f° 18, 1°.

que il hauoient onques ehuz à faire à luy, et requis du temps dit qu'il ha bien enuiron xv anz.

Les dépositions consignées dans le procès-verbal d'enquête précédent se rapportent à trois affaires: 1° affaire Morel; 2° affaire des Lombards; 3° affaire du chevalier Dimanche de Salins et de ses fils. Pour compléter les résultats de cette enquête et pour éclaircir les déclarations des témoins, je groupe ici quelques documents accessoires touchant ces trois affaires.

I. — AFFAIRE MOREL

1° Les prudhommes d'Arbois et les habitants réunis en assemblée générale vendent à Etienne Chambier dit Morel, de Salins, les bois du Chamois, pour une période de dix-huit ans.

Arbois, 1306, 3 mai (1).

Nos *Esteue[nins* dit *Rosset*, *Willemins* dit *Berthiers*, *Huguenins* dit *Saignal* et *Crestins* dit *Champons*, elliz li quatres proudomes d'*Arbois* à cil temps de part madame la contesse d'*Artois* et de *Burgogne*, et nos *Jehannins* de *Villate*, *Humbert* dit *Jocerans*, *Nicolins* dit *dou Champ* et *Jaquet* de *Vaudré*, elliz li quatre proudomes de *Toyre* de part mon seignour de *Vaudré*, à cil temps [en *Arbois* pour gouuerner et pour ordener] les besoignes de la dite ville d'*Arbois*, dou préuosté, et pour faire le communal proffit et nos *Girars li Blans*, *Perrenins li Gaignierres*, *Richars li Kace*, *Huguenins li Berbiers*, *Esteuenins Merciers*, *Huguenins de* [*Vaul*, *Jehan Boic*]*hat li Greuillet*, *Hunbers* dit *d'Usies*, *Richart Groi*[*n*]*et*, *Vienet Poupoy*, *Huguenins Buloz*, *Jeham Bueuon*, *Hudins* de *la Chaul*, *Perrenins Rondet*, *Jeham Rondet*, *Oliuier* de *Faramant*, *Hunbert li Blans*, *Faconier Bueuon*, *Aubri li Wait*, *Humbert* de *Monront*, *Perrenins Pouch*[*ars*], *Bertheliers Coillons*, *Willame li Girez*, *Perrenins* dit *Giroz*, *Humbers* de *Prestin*, *Faconet* fil à *la Porture*, *Girars dou Nauay*, *Jeham Loys*, [*Jaquet*] *li Balet*, *Esteuenins Petituallet*, *Girars Flandenous*, *Perrenet li Bretons*, *Vauchiers Rondet*, *Crestins* de *Balerne*, *Colars dou Chastel*, *Herduet* fil *Vigour*, *Willemins Narduym*, *Jaquier Quanial*, *Simom li Goinour*, *Haymonins li Aigniers*, *Jeham* fil *Her* *ns*, *Hugues li Oylliers*, *Jehanz dou Sauce*, *Esteuenins* fil *Dannoin Dusson Naissey* (2),

(1) Arch. d'Arbois, DD, 531. Original en mauvais état autrefois scellé sur double queue. Les sceaux manquent.

(2) Les d'Asson Naissy étaient serfs au milieu du XIIIe siècle. 1258, juillet. *Guillerma* relicta *Roberti de Gilley* ...de laude et consensu *Johannis* filii *Stephani* du *Byes* de *Meinay* mariti sui laudauit ...totam helemosinam quam predictus *Robertus* quondam maritus suus fecit pro remedio anime sue et antecessorum suorum Deo et prioratui *Sancti Justi* de *Arbosio*, videlicet *des Regnou-*

Esteuenins Marnoz, *Garins* fil à *la Barnarde*, *Jehani[ns]* *ichons*, *V[a]uchiers M[or]oillom*, *Perrenins li Pigeoz*, *Berniers li Pigeoz*, *Li Rous Chadeals*, *Jeham Gurbillet*, *Willemins* fil *Meni[er]s*, *Hugu* *Morel*, *P* *et* fil *Vuillier*, *Vienez Pignent*, *Girars*, fil *Perreal* de *Lurnay*, *Henrions li Morel*, *Willamez li Orfenins*, *Perrene[t]* de *Nosseroy*, *dou Chast[e]l*, *Juhenet Guillet* de *Verrus*, *Lambars* de [*Verrus*], *Wuillemat* fil *Poncelain*, *Richars li Papillars*, *Huguenins dou Prel*, [*Esteuenin*] fil [*a Mareschaux dou Pin*], *Humbers ses* [*f*]*reres*, *Juhenet Floriers*, *Pascals Floriers*, *Girars* de *Yuorey*, *Perret li Oylliers*, *Vachiers* *char* [*Hug*]*uenins li Liberat*, *Verniers* d'*Yuorey*, *Besençon li Blaisiers*, *Justet li Blaisiers*, *Lorens Flament*, *Hunbers li Berssiers*, [*Girars*] fil [*à la Jaque*,] *ins* dit *Bois*, *Michiel* dit *Patroinel*, *Renaut* dit *Abonier*, *Crestins* fil *à la Challe*, *Perreal* fil *Odier*, *Jehannins* [*Berchoz*], *Huguenins li* [*Petiz*], [*Gi*]*rars Hemelot*, *J*[*u*]*henot* dit *Charrelons*, *Willemins* fil *Hermengeom Charnoz*, *Perreals* dit *Pomeret*, *Esteuenons* dit *Fouchars*, *Est*[*euenon*] fil *Barnal Apeletier*, *Perrenins* dit *Rossel*, tauerniers, *Juheniers* de *la Platière*, *Richars Merquist*, *Giroz Merquist*, *li Pooez* de *Farama*[*nt*], [*Jaquem*]*ins* dit *Boichat*, *Haymonins* fil *Jeham* de *la Chenal*, *Girars* de *la Tespe*, et nos tout li remanant de la communaltez d'*Arbois* à ceu appellez à corz cornant et à cloiche sonant, faiçons sauoir à toutz cex qui verrunt et orront ces présentes lettres que nos regardanz et considéranz éuidamment le proffit de la dicte ville d'*Arbois* et dou préuostez, et toutz le communal des genz de la dicte ville d'*Arbois*, et expicialment pour le déchargement de plusours grosses debtes que la dicte ville et la communatel d'*Arbois* deuoient ès lombars d'*Arbois* et à plusours autres gens, tanque à la valour de onze cent liures et de plus, auons venduz, bailliez et déliurez, vendons, baillons et déliurons, dois la confection de cex lettres tanque de la feste de la Nateuité Nostre Seignour que vint en dix et huit ans continuelment ensuguant, à *Estienes Chambiers* dit *Morel* de *Salins*, les bois des costes pendanz dou *Chamoy* et ès plains, et durent dois les bones mises sus la coste de *Pierre Encisse* tanque ès boines mises entre les diz boix et les boix de *Polloigney*, et durent per le *Chemin Sanois* que vay dois *Salins* tanque à *Chestelchallom* per le *Bur de Cone* et d'autre part doys le chemin qui vay dois la *Chastelaine* tanque à *Valanpolart* dois le *Bur de Cone* enuers *Pipillin*, tanque ès dites bornes qui sunt misses entre les diz bois d'*Arbois* et *Poloygney*, lesquex bois, les

das quondam filiis *Beatricis* d'*Asson Nassy* et de *Costero* filio *Aymonis du Saugey*, cum omnibus tenementis ipsorum hominum, et de prato ad vnam quarratam feni percipiendam annuatim et habendam in magno prato de *la Beurière* subtus molendinum de *Glennon* et de tribus jornalibus terre sitis in territorio de *Vennengin* in fine de *Arbosio* (Arch. du Jura, H, prieuré d'Arbois. Original. Etait scellé sur double queue des sceaux de Willerme de Chaugins, chanoine de Besançon, et d'Arduyn, chapelain d'Arbois).

tondues, les traites et les yssues des diz bois nos auons venduz au dit *Estiene Chambier* et ès suens frans et quites de toutz seruitutes, ensamble les amendes de sept soz et dois sept soz en aual, saulque les amendes des bois traire que sunt ès seignours. Es quex bois il puet matre forestiers et gardes telles come luy plairay. Lesques bois nos li auons venduz, pour trainchiers et charroier [t]outes foyes que luy plairay ès dites dix et huyt années, per le pris de onze cent et vint liures de bone monoye corssacble en la dyocèse de *Besençon*. De la quel some de pécune nos nos sumes tenuz per bien paiez dou dit *Estiene* en deniers loyament nombrez au temps de la dite vendue faite. Et pour çou des [ton]dues, des traites, des yssues des diz bois et des amendes de sept soz et dois sept soz en aual, pour nous, pour toute la communa[tez d'*Ar*]*bois*, per l'espace des dites dix et huyt années, nos sumes desuest[is] et deuestons, et le dit *Estiene* pour luy et pour les suens en auons enuesti et enuestons et mis et matons en corporel possession per la baillance de cex lettres, et li en auons promis et promettons, pour nos et pour la dite ville d'*Arbois* et pour la communatez de ycelie, des diz bois, des tondues, des traites, des yssues d'ycelours et des dites amendes de sept soz et dois sept soz en aual pourter loyal garantie contre toutes genz, per noz sairement donez et toychiez corporelement sus saint euuangile, et que contre ceste vendue ne contre la tenour de cex lettres, per nos ne per autruy, en plait ne fuer de plait, en apert ne en rescundui, doy cy en auant, ne vindrons, ne consentirons que nuls hy viene. Encore volons nos et outroions que, se ensin estoit que guerre fut ou païs pour quoy il fut destorbez de trainchier ou de mener le dit bois ou que li pois dou *Bourc le conte de Bourgoigne* cessast de bolir per l'espace de demi an en une année, per atant de temps come il auroit cessez de trainchier le dit bois et de charroier ou que li dit pois auroit cessez de bolir, que il tienne après les diles années atant de temps come il auoit cessez pour l'une des dites chouses. Et se il charroiet le dit bois ou temps que li dit deffaut saroit, per le temps que il charroieroit, il ne nos puet ne doit rien demander dou dit deffaut per celuy temps. Et se ensi estoit qu'il demorest ès diz bois point de bois tailliez après les dites dix et huit années, les deffaut accompliz, il le puet traire come le suen à sa volonté, sen nul contredit. Et renonçons en ce fait per noz dessus donez sairement à excepciom de pécune qui ne nos soit paié, nombrée, déliurée et tornée ou proffit et ou deschargement des debtes de la dite ville d'*Arbois* et de la communaté d'ycelie, et à toutes autres excepcions, raisons, droiz, deffensions, allégacions qui nos de droit ou de fait porroient proffitier et au dit *Estiene* nuyre, à toute ayde de canon et de droit, à toutz droit escript et non escript, et que nos ne puissons dire ne oposser contre la tenour de cex lettres que nos ne puissions dire que nos ayons estez decehuz en ceste vendue outre la moytié du droiturier pris et au droit qui dit que générale renonciacion ne vaut. Et pour ce fermement tenir nos tuit dessus nommez enlions et obligeons nos et noz chouses en la court et en la juridiction de ma dame la contesse de *Bur-*

goigne. En tesmoignage de vérité nous auons requis et fait matre en cex lettres le seal de la cour l'official de la court de *Besençon* et les seals des dites cours madame desus dite et de la court de *Toyre* des quex l'on huse en *Arbois*. Et nos li offic[ial] de la court de *Besençom*, à la requeste et ès prières des dessus dites persones, faites et raportées à nos per *Ames* dit *Aistereal* de Salins, clers jurez de nostre dite court, aquel nous auons foy plainère et auons bailliés noz foies quant à ceu, auons mis le seal de nostre dite court en cex présentes lettres enssamble les diz seals. Faittes le mardi feste de la invenciom Sainte Croix l'an Nostre Seigoour corrant mil trois cent et six.

G. P. [Paraphe].

2° Etienne Chambier s'engage à restituer à la communauté d'Arbois les bois qui sont l'objet de l'acte précédent, à l'expiration du terme fixé pour la durée de la vente.

1306, 23-29 mai (1).

Je *Estienes Chambiers* diz *Moreax* de *Salins* fais sauoir à tout que, come *Esteuenins* diz *Rossel*, *Hugonins* diz *Soneax*, *Guillemins* diz *Bertyer*, *Cristins* diz *Champons*, éliz li quatre proudhomes d'*Arbois* en cil temp de part madame la contesse de *Bourgoigne* et d'*Arthoys*, *Jehannins* diz do *Villelle*, *Humbers* diz *Jhocerans*, *Nicholins* diz *dou Champ* et *Jaquet* do *Vaudryer*, éliz li quatre proudhomes de *Thoyre* à cil temp de part monseigneur de *Vaudryer* en *Arboys*, por gouuerner et ordiner les besoingnes de la dite ville d'*Arboys*, et tuy li autres proudhomes de li communatey d'*Arboys* à ceu espécialment appellez à cort cornanz et à cloche sonanz, ayent venduz, bailliez et déliurez doy lou jour de la confection de ces lettres et doy la Natiuité Nostre Seigneur prochainnemant venanz en dix hoyt an continuelment enseganz, à moy et ès miens les boys, les tondues, les yssues et les traytes des dit boys que sient ou *Chamoys*, ès costes pendantes dou dit *Chamoys* et ès plains, et durent doys les boynes que sunt misses sus la coste de *Pyerre Vneisse* de boyne ens boyne tanque ès boynes que sunt misses entre les dit boys et les boys de *Poloingney*, et durent doys lidites boynes misses nouellement tanque à *Chemin Sanoys* que vait doys *Salins* à *Chestelchallon* per lou *Bour de Cone*, et d'autre part doys lou chemin que vayt doys la *Chastellaingne* tanque à *Valampolerre* doys lou *Bour de Cone* envers *Pupellin*, tanque ès dites boynes que sunt misses entre les dit boys d'*Arboys* et de *Poloingney*, et les emendes de sept solz et de sept solz en auant, por le pris de vnze cent et vinz liures de monée corsal[illegible], ensi

(1) Archives d'Arbois, DD, 533. Original. Au revers deux mentions, l'une contemporaine du texte : lattres de la revenue des bois d'*Arboys*, l'autre du XIVe siècle, lettres que li box d'*Arbos* doiuent reuenir ès prodomes d'*Arbos* après les années. Etait scellé sur double queue. Les sceaux sont absents.

come il est contenuz ès lettres que je hay dou dit acchait et de lors selées des sealx l'official de *Besençon*, madame la comtesse de *Borgoingne* et d'*Arthois* et de monseigneur de *Vaudryer*, je cognoys et confesse que, les dites dix hoyt années faictes et accomplies et les defaut, se il estoyent, ensi come il est deuisez et dit ès dites lettres, passez, finiz et entièrement aconpliz, que li diz boys reparoyent et doygent repairir ès deuant dit prodhomes ou à ces qui seroyent éliz prodhomes por gouuerner la dite uille d'*Arboys*, senz empagement, senz contredit de moy ne des myens, ne d'autruy por nos et per mon soirement fait et donez corperelment sus saint euengiles, et ces conuenences et toute li tenour de ces lettres je promet tenir fermement senz aler à l'encontre, de moy ne des myens, per deuant dit mon soirement. En tesmonaige de la quel chouse je hay requis et fait mettre en ces lettres les sealx des honorables chapitres des églises de *Saint Michiel* et de *Saint Mouris* de *Salins*, ensamble mon seal, et nos lidiz chapitres, à la requeste et à la proyère doudit *Estienne Chambyer* dit *Morel*, auons mis nos sealx pendanz en ces lettres auecque son seal en tesmonaige de véritey. Données et faites en l'an coranz per mil troys cent et seix, la sepmaine après Pentechostes.

3° Les prudhommes d'Arbois et les habitants réunis en assemblée générale vendent à Raynon d'Arbois et à Renaude, veuve d'Etienne Chambier, les bois des côtes d'Arbois pour une durée de vingt-cinq ans et renouvellent pour la même durée la vente des bois du Chamois.

Arbois, 1312, novembre (1).

Nous, *Renaut Berthiers*, *Honberz* de *Belleuye*, *Berthelier Coillon li Boiuenel* d'*Arboix* esliz quatre proudomes d'*Arboys* à ce temps de part madame la contesse d'*Arthois* et de *Borgoine*, *Jehannins* de *Villette*, *Honberz Jocerant*, *Nicholins dou Champ* et *Besençon li Blaisiers* esliz quatre proudomes de *Thoire* de part monsigneur de *Vaudrier* à ce temps en *Arboys* pour gouuerner et pour ordener les besoignes de la ville d'*Arboys* et dou preuostez et pour faire le communal profist, et nous *Esteuenins Rasset*, *Willemins Berthiers*, *Huguenins* de *Vaul*, *Jehan Boichet li Gruuillet*, *Huguenins Soigneal*, *Cristin Champon*, *Girar li Blanc*, *Perrenins li Gaynerres*, *Richart li Quace*, *Huguenins li Berbiers*, *Esteuenins Mercier*, *Honberz* d'*Usies*, *Richart Groinet*, *Vienot Polpoy*, *Girar Bullez*, *Renaut Bullez*, *Juham Buuon*, *Hudin de la Chenaul*, *Perrenins Rondel*, *Juham Rondel*, *Oleuier* de *Faramant*, *Honberz li Blanc*, *Faconier Buuom*, *Abris li Wet*, *Honbers* de *Monront*, *Perrenins Fouchart*, *Willames Girot*, *Perron Girot*, *Humber* de *Prestin*, *Faconet* fil à *la Porture*, *Perrenin* dou *Nauoy*, *Honberz dou Nauoy*, *Jaquet li Balet*, *Girar Flandelous*, *Perrenet li*

(1) Arch. d'Arbois, DD, 532. Original. Scellé sur doubles queues. Les trois sceaux manquent.

Bretons, *Vaychers Rondel*, *Colars* dou *Chastel*, *Willemin Nardin*, *Joceriar Quatremax*, *Guyon li Goinour*, *Hymonin li Aygniers*, *Juhan* fil *Emorgal*, *Hugon li Oyliers*, *Juham dou Sauce*, *Esteuenin* fil *Danpncn d'Asson Naysse*, *Esteuenin Mergnot*, *Perrenin Pigot*, *Vernier Pigot*, *Liros Chaudeaul*, *Juham Guerbelet*, *Willemin* fil *Moygnier*, *Huguenin li Moriaux*, *Vienot Pimant*, *Girar* et *Honberz*, enfant *Perrel* de *Larnay*, *Henrion li Moroillon*, *Willames li Orphannis*, *Perrenet* de *Noseroy*, *Juenot Guillot*, *Lanberz* de *Verrue*, *Villeret* fil *Poncelein*, *Esteuenin* fil a *Mareschauz dou Pin*, *Juenot Florer*, *Jehannins li Feures*, *Huguenins Laborel*, *Verniers* d'*Yuorie*, *Justot Bluisier*, *Ros Flamant*, *Girar* fil à *la Jasque*, *li Bois*, *Renaut Abonier*, *Crestin li Chelle*, *Perreaulx* fil *Edier*, *Jehanin Bercho*, *Huguenin li Petiz*, *Girar Emelot*, *Juenot* dit *Charreton Charix*, *Perrel li Pomerez*, *Esteuenon Fouchart*, *Esteuenon* fil *Bernart Apelestier*, *Perrenins* diz *Rossez*, tauerniers, *Jueniers* de la *Platère*, *Richart Merquis*, *Sirot Merquis*, *Jaquemins li Boichet*, *Hemonin* fil *Juhan de la Chenaul*, *Bartholomet* fil *Girar de la Tespe*, *li Moines* fil *Renaul a Feure*, *Abriet Tauerniers li Bouerdet*, *Perrin* de *Crose* façons sauoir à tout présent et à uenir que nous, pour nous et pour tout le remanant de la communaltey de la ville d'*Arboys* et de ses habitanz tant de la justice ma dame la conthesse quant de celley mon signeur de *Vaudrier* dessus nommez, considéranz diligamment le éuidant profist et espécialement pour paier plusours grosses debtes que li communaux de la ville d'*Arboys* et li habitanz de celle ville doiuent à nostre dame la conthesse dessus dicte et ès hers *Morelet* de *Salins* et à plusours autres genz, ès quex nous dessus nommez et touz li remanant de la communaltey de la dicte ville d'*Arboys* sumes tenuz et obligiez grossement tant pour les oures que hont estez faites ou temps passey pour la fermetez de la ville d'*Arboys* et autres oures toichant le communal d'*Arboys*, quant pour autres justes causes, desquelles debtes et causes nous auons fait foy plenière deuant *Lanbert* de *Chaytrans*, à ce temps balif nostre dame la contesse, et par deuant son conssoil, nous dessus nommez, pour les diz debt paier et pour hoster, nous et tout l'autre remanant de la communatel d'*Arboys*, dou conseil et de la volontey de tout les gentishomes, clers et borjois d'*Arbois* à ce apelez sofisamment, en la menière acostumée en *Arboys* de l'apeler le dit communal d'*Arboys*, en nom dou dit communal et pour le dit communal, pour toute la ville et les habitanz, pour nous et pour nous successours, auons venduz, vendons bailons, quitons et deliurons, per pure et perfecte vendiction per l'espece et per le terme de vint et cinq ans continuelment ensiguant comançant à jour de la confection de cex lettres, à *Roignon* d'*Arboys* et à la *Renaude* fame çayenarrers *Esteuenins Chanbier* dit *Morel* de *Salins* et à ses enfant dou dit *Esteuenin* et à leur hoir et successours et à ces que cause il auront de lour, les boys cy apprès nommez, les tondues, les traytes et les yssues des diz bois, franc et quites de touz seruituz et de toutes exactions, ensamble toutes les amendes de sept soz et de sept soz en auant, saul les amendes des bois trayre que sont ès signours et saul les emendes que appertiennent à signour de *Vaudrier* sus ses bomes, les quex il doura auoir, c'est à sauoir nous boys assis ou terreloire, en la signorie et en la justice d'*Arboys*, c'est à sauoir les bois que durent dois l'aut de *Pierre Oncise* per missin como les bones sont mises, tanque ès *Costes Pendant de Bois Mien*, c'est à sauoir toute la *Boscherace* et *la Combe ès Moinnes*, tanque à chemin que vay à la *Chestelleinne*, et durent tanque ès bois de *Polloygney*, tanque à la *Coste de Boyemien*, et toutes les costes d'*Arboys*, entour *Arboys*, exceptez ou luef que l'on appelle *Pierrefues*, ès quex boix venduz si come dessus est dit il puent mettre pour garder talx gardes et talx forestiers come il voudront et toutes foiz oster et mettre autres que lour plaira, et mettre et enuoyer façour, tranchours, que faicent et faichoient le dit bois à voge ou a destra, et le bois fait et tranchiez il pourront mettre et reposer en vne plaice ou an plusours tanque il le puissent faire mener et charroier à leur aise, pour lequel bois amener, traire et charoier, nous leur deuons soignier chemin per tout lay où il le voudront traire et charroier et expéciament le *Chemin de Sein Nicholaus* alant et venant dois *Salins* à *Yuoirie*, et se ensin estoit, que ia ne soit, que temps ou guerre fut ou paîs pourquoy li dit bois fut destorbez de tranchier ou de charroyer ou que li pois de *Salins* dou borc nostre dame la contesse fussant destorbez de cuyre le saul et de bolir, que li diz achetours ou cil qui auront cause de lour tiennent apprès les dictes années tant dou temps come il auront estez destorbez ou auront cessez pour l'une ou pour l'autre des choses dessus dictes, et se il charroient per le temps où li deffaut seroit, il ne nous poroyent riens demander doudit deffaux per celluy tenps, et se enssin estoit qu'il demorast point de bois trainchiez ès diz bois apprès les dictes années et les deffaut aconpliz, il le pohent mener et traire à lour volentey et à lour aise, senz contredit de nos et de nous habitanz de la ville d'*Arboys*. Item auons encort venduz en nom que dessus la première tondue dou boix que li dit *Esteuenin Chanbier* auoit achettée doudit communaul et des proudomes d'*Arboys*, la quel tondue doit auoir de traite sept ans continuez, c'est à sauoir les bois des costes pendanz dou *Chamoy* et ès plains, et durent dois les bones mises sus la *Coste de Pierre Oncise* tanque ès boines mises entre les diz boix et les boix de *Polloygney*, et durent per le *Chemin Sanois* que vay dois *Salins* à *Chestelchallon* per le *Buez de Cone* et dois le chemin de *Ualanpolière* à *la Chasteleinne* per le dit *Buez de Cone* enuers *Pupillin*, les quex bois dessus nommez, ensamble les tondues, yssues et traites et les emendes de sept soz si come dessus est dit, nous auons venduz per les dit termes pour le pris de cinq cenz liures de bons esteuenans que nous auons heues en nom que dessus et recehues en nom de pris des diz achetours et nous en tenons per bien paiez en bons deniers nombrez. Des quex bois dessus venduz, des tondues, yssues, traites et emendes nous enuistons les dit achetours per ces lattres. Ceste vendue et toutes les choses dessus dictes et vne chescune per soy nous li dessus nommez, en nom que dessus pour nous et pour nous, successour promettons ès diz achetours et à lour hers et à ces qui cause il auront de lour per nos soirement fait suz seinz euuangille tenir fermement senz aller à l'encontre, per le dit terme, por nous ne per auctruil, ne faire ès diz bois, ne consentir à faire chose por quoy li diz achetours il soient greuez, et gairantir et deffandre contre touz à nous propres missions. Renonçant en ce fait per nos diz soirement à l'exception de mal, de barat, dou dit argent non mie beuz, ne recehuz, ne en nostre profist, ne en celluy de la dicte ville d'*Arboys* tornez, à la déception en outre la moitiez dou droit pris, à toutes exceptions, déceptions et raisons de fait, de droit et de costume et espécialment a droit reprouant la renonciation generaul. Obliganz et submettanz quant à ce tenir fermement, nous, nos hers, nous successours et nos biens present et auenir ès juridictions de cors noble dame *Mahaut* contesse d'*Arthois* et de *Borgoine* dessus dicte et de honorable persone et discrète l'official de la cort de *Boiseçon*, quant à la temporalitey et la spiritualitey. En tesmoignage de laquel chose nous dessus nommez auons requis et fait mettre en ces lettres le seaul de la dicte cort l'official de *Boiseçon* per *Huguenin* dit *Bouet* de *Chyssie*, clarc, notayre jurez de la dicte cort dou dit official, nous pour ce personnelment estaubliz auons cognues et confessées en droit toutes les choses dessus dictes estre verayes, et nous li diz offic[ial] ès proieres des dessus nommez raportées à nous per le dit *Huguenim*, notaire jurez de nostre dicte cort de *Boiseçon*, nostre comandament espécial auquel quant à ce nous auons commis et commettons per ces lettres nous voyes et nostre pohoir auons fait mettre en ces lettres le seaul de nostre dicte cort de *Boiseçon*, ensanble le seaul de la dicte contesse, et nous li dessus diz vendours, en nom que dessus est dit, ordenez et deuisez, ensanble le seaul dou dit official, auons requis et fait mettre le seaul de nostre dame la contesse dessus dicte et de nostre signeur de *Vaudrey*, ensanble le seaul du dit official et de la dicte contesse desquelx l'on vse en la ville d'*Arboys*. Faites et donées l'an Nostre Seignour corrant per mil trois cent et doze ou mois de nouenbre.

H. Bouet [paraphe représentant la main droite, l'index étendu].

II. — AFFAIRE DES LOMBARDS.

1° Compromis entre les Lombards et la communauté d'Arbois.

1316, 13 décembre (1).

Nos *Cuhennes* d'*Ornens*, sires de loys, *Arnous* des *Noulx*, chesteleins de *Bracon* à ce temps, *Lambers* de *Chautrens*, chesteleins d'*Ornens*, com-

(1) Arch. d'Arbois, DD, 534. Original. Etait scellé sur double queue du sceau de la comtesse de Bourgogne. Cette pièce, ainsi que la suivante, se retrouve

missoires de part ma dame la contesse d'*Artoys* et de *Bourgoine* sus le fait des vsures que li lombers hont leuées en la terre de ma dicte dame la contesse en la conté de *Bourgoine*, façons sauoir à toutz que en nostre présence por ce personelment establiz *Henri Aysigniers* d'*Ast*, procuror de *Alixandre* et de *Boniface* frères ditz *Aysigniers*, lombars, mercheanz et sitions d'*Ast* et *Jehan* de *Mont*, lonbart, en tant come il li toiche et puet toichier d'une part, et *Jeannins* ditz *Brons*, *Perrenins* dit *Moines*, *Colars* dou *Chestel* et *Esteuenins Merciers*, esliz à ce temps li quatre proudomes de la cumenalté d'*Arbois*, de part les genz de ma dicte dame la contesse, *Jehannins* de *Villate*, *Perrenins* li *Vayneres*, *Renaudins* fiz *Bernart Apeletier*, et *Perrenat* dit *Bretons*, esliz à ce temps li quatre prodomes d'*Arbois* de part les genz lo seignor de *Vaudrey*, hu nom de lour et de la cumenalté de la ville d'*Arbois*, de la quel poissence des ditz prodomes hu nom de la cumenalté de la ville d'*Arbois* nos douant ditz commissors susmes certeins d'autre part les quex parties hu nom que dessus sus les contens et les discordes que li vne partie pouoit ou deuoit demander à l'autre, hu nom de la cumenalté d'*Arbois* ès ditz lombars ne à lours deuantiers, et ce que li ditz lombars pouoient ou deuoient demandert ès ditz proudomes per reissoin de la cumenalté d'*Arbois* de tout lo temps passez tant que a jour de la confection de cex lettres, de toutes actions, reials, personals, mistes, directes et vtilles toichant et pertenant à la dicte cumenalté d'*Arbois*, et de toutes autres quarrales, controuerses, grusses de vsures comunes et de vsures d'usures et de toutes autres chouses queque ales soient et coment que ales puissent estre appelées, pertenant à la cumonalté d'*Arbois*, les dictes parties, hu nom que dessus, présentes par douant nous hont fait conpromis ou amiable conposicion dou comont assentement de lour et acors sus mon seignor *Symon* de *Vaudrey*, moinne de *Seint Oyant* de *Joux*, sus mestre *Jehan* de *Nosserey*, clerc, sus *Bauduin* lo *Bronz* d'*Arbois*, escuiers, et sus *Jehan*, maire de *Chengins*, et hont promis les dictes parties en nom que dessus pressenz et stipulanz en la men de nos et des ditz arbitres per lour seiremenz donez sus seint euangille et sus la poinne de mil liures à commettre et appaier à la partie obbeyissant de la partie non obbeyssant, de la quel poinne li ditz proudomes hu nom que dessus se sont estaubliz plaiges principals et ly diz lombars hu nom que dessus hont mis plaiges, c'est assauoir *Voillin d'Yuerey*, *Ginot* de *Fontenoy*, *Jehannins* de *Pupillin*, *Jehans* de *Chengins*, *Odet* de *la Platière*, *Huguenin Seignal*, *Jehannins* de *Villate*, *Guillemin* lo *Brom*, mestre *Honbert Chapuisset* et *Huguenin* dit *Picardet* son frère, chescun de cex dessus nommez de cent liures. Les quex plaiges se sont obligiés en la menière dessus dicte, de tenir et acomplir, de dit et de fait, de droit ou de volonté, ordre de droit guerdée ou nom guerdée,

dans un vidimus de *Jehan* dit *Jailleuerne* et d'*Esteuenin* dit *Quacet* d'*Arbois*, clers, gardes dou seel dou conte de *Flandres* du vendredi après l'Assomption (20 août) 1339.

entre les dictes parties en nom que dessus, ce que li ditz arbitres ou li trois de lours diront, ordeneront ou prononceront. Li quex arbitres pressentz per deuant nos retindrent le faiz à lour et à la charge dou dit arbitraige à finert et terminert per lours et denz ceste feste de Seint Vincent pruchennement venant l'am mil trois cenz et saze. Et à ce tenir et tenir les chouses dessus dictes se sont obligiés les parties dessus dictes en la cort et en la juridicion ma dame la contesse de *Bourgoine*. En tesmoignaige de la quel chouse nos tuit dessus nommez auons requis et fait mettre en cez lettres le scel de la dicte cort dou quel l'om huse en *Arbois*. Faictes et donées le londi jour de l'uytine de feste Saint Nicolas d'yuert l'an Nostre Seignor corrant mil trois cenz et saze hu mois de décembre.

2° Sentence arbitrale rendue en exécution du compromis précédent.

Même date (1).

Nos *Simons* de *Vaudrey*, moinnes de *Seint Oyant de Jouz*, mestres *Jehans* de *Nosserey*, clers, *Bauduins* ditz *Brons* d'*Arbois*, escuiers, et *Jehans*, maires de *Chengins*, arbitres ou amiables conpositours esliz per les parties contenues ès lettres en cestes annessées, sus les chouses contenues ès dictes lettres, per la force et per la vertu des dictes lettres, et de la possance à nos donée des dictes parties en nom que dessus, vuillant guerdert la pais et l'acort à toutz jours mais entre les dictes parties, auons prononcié per *Jeham* le maire de *Chengin*, de nostre comont assentement et esprès comandement, en la forme et en la menière que s'ensuet. Em nom dou Père et dou Fil et dou Seint Esperit, amen. Nos li deuant ditz arbitres, per *Jehans* de *Chengins* dessus dit, hu nom de nos, per la vertu et por la force dou dit compromis doné à nos hu nom que dessus, dissons, prononçons et ordenons que li deuant ditz proudomes, por la cumenalté d'*Arbois* et hu nom de la dicte ville, quittent et remettent enterenement toutes les actions, gruses et quereles d'vsures et de bontez et de toutes autres chouses contenues hu dit conpromis toichant la cumenalté d'*Arbois*, les deuant ditz lombars, lours deuantrers, lours hoirs et lours meismes, que il hont ou pouent auoir en vers les ditz lonbars, lours hoirs et lours memmes ou l'om de lour communalment, et lour quitent le péchié et le tort que il porroient auoir des deuant dites chouses et font général et espécial quitance. Item disons et prononçons que li dit lonbarz, por lour, por lours hoirs et por lours memmes, quitent et remetent ès deuantz ditz proudommes, hu nom que dessus, toutes les debtes, quereles, actions et proclamacions ès queles la dicte cumenalté come cumenalté doyt ou puet estre toichié ès deuant ditz lombars, à lours meismes ou à lours deuan-

(1) DD, 534. Original scellé du même sceau que le compromis. Existe en outre en une copie du XVIe siècle, DD, 537.

trera, salues à lour les debtes particulères des singulères persones de la ville d'*Arbois*. Item disons et prononçons que li ditz lonbars facent fin à *Reignon* d'*Arbois* de douze centz liures d'esteuenons por la dicte cumenalté, por racheter les boys dou dit *Reignom* hu nom de la dicte cumenalté. Item disons et prononçons que li ditz lombars facent fin au dit *Reignom* dou vin que fust doné et présenté mon seignor le conte de *Peythiers* et de *Bourgoine* de part la dicte cumenalté, c'est assauoir de trente muis de vin. Item disons et prononçons que li diz lombars facent fin à *Simonin*, seignor de *Vaudrey*, hu nom de la dicte cumenalté, de sexante liures d'esteuenans. Item disons et prononçons que li ditz lombars paioient por la rémisions de lour pèchié à l'église de *Chengins* vint liures et à l'églisse de *Montsigney* vint liures d'esteuenans. Item disons et prononçons que li ditz lonbars quitent et remettent ès proudomes de *Mennay* quarante liures et tortes les bontez (1) venant d'ycelles per reison de vne rescusse (2) en que li ditz proudomes de *Mennay* estoient tenuz ès ditz lonbars. Item disons et prononçons que li ditz lonbars paioient et déliuroient ès commissaires dessus ditz et à lours conpeignons cent liures. Item disons et prononçons que li ditz lonbars paioient et déliuroient ès ditz arbitres cent liures d'esteuenans, per reissom et en nom de lour poinne, et se ensin estoit que acuns tobles ou acune controuersse venist des chouses dessus dictes entre les dictes parties, nos retenons à nos l'acort et la déclaracion à faire per nos entre les dictes parties. Item disons et prononçons, per la vertu et sus la poinne dessus dicte, que les dictes parties louoient, ratefioient et confirmoient nostre dicte prononciacion en la menière et en la forme dessus dicte et que les dictes parties s'en obligoient dou tenir dessoz le seel de la cort ma dame la contesse de *Bourgoigne* douquel l'on vse en *Arbois*. Et nos li deuantz ditz commissors confessons et reconoissons et façons sauoir à touz que per deuant nos establiz personelment et en jugement li deuantz ditz arbitres, arbitratours ou amiables conpositours et les dictes parties en nom que dessus, ly deuantz ditz amiables conpositours hont dit et prononcié, présentes les dictes parties, per le dit *Jekam*, maire de *Chengins*, per la force et per la vertu dudit conpromis fait entre les dictes parties hu nom que dessus, en la forme et en la menière contenue en la prononciaciom dessus dicte. Les quox ditz, ordenances et prononciacions faites et ordenées, dites et déclairiés per le deuant dit *Jekam*, hu nom que dessus, les dictes parties présentes et entendant les prononciacions, de corteinne science, louarent, aprouarent, ratefiarent et confirmarent expressément et jurarent sus seint euuangille en la mein *Huguenin Seignal*, guarde dou seel de la cour dessus dicte, la deuant dicte prononciaciom, ordenance tenir et guerder. Nos les dictes parties, hu nom que dessus, enleions et obligons nos, nox

(1) Copie : bontez.
(2) Copie : recosse.

biens et nox hoirs, per nox deuant ditz seirementz, en la cort et en la juridicion ma dame la contesse de *Bourgoigne*. En tesmoignaige de vérité nos auons requis et fait mettre en cex lettres le seel de la dicte cort dou quel l'om vse en *Arbois*. Faites et donées le londi huytiue de feste Seint Nicolas d'yuert, l'am Nostre Seignor corrant mil trois cenz et saze hu meis de décembre (1).

(1) La comtesse Mahaut accorda en outre aux habitants d'Arbois qui avaient cédé des immeubles aux Lombards en paiement de leurs dettes, un remède exceptionnel de droit, en dehors de la voie ordinaire de la rescision pour cause de lésion. — 1323. Je, *Guion* dit *Beteloires* d'*Arbois* et fil *Succellin* fille çayenarrers *Adenet* d'*Arbois*, fais sauoir à touz que come *Alixandre* et *Boniface*, frères, mercheanz et cithians d'*Ast*, lombartz, haient vendus permeygnaublement et herietaublement à maistre *Jehanz* dit de *la Chapelle*, chenoyne de *Sainte Croiz* d'*Estampes* en la dyocèse de *Senz*, vne maison, le celier et tout le chaisement assis ou bourc d'*Arbois* delez la maison que fut *Estevenin* dit de *la Grainge*, escuyer, d'une part, et delez la maison *Colart* dit *dou Chasteaul*, charpentier, d'autre part, laquelle maison, celier et chaisement estoit behuz de l'erietayge de ma dicte mère et hauoit vendue ma dicte mère ès diz lombart, et quictez les en hauoit pour vne certeinne some d'argent. Et come madame la comtesse d'*Arthoys* et de *Bourgoine* puis ce fait hait fait, ordenez et outroiez à ses gens d'*Arbois* grace especiaulx encontre lesdiz lombart de ces de cui il auoient acquis et achettez les herietaiges, per la vertuz de laquelle grace ma dicte mère et je, per moi et per *Perrenin* et *Guis*, mes frères, acordessiens et acordames ès diz lombart à saze liures de bons esteuenans les quelles il nous deuoient paier per raison de la dicte maison, celier et chaisement, lesquelles saze liures nous furent rabatues et acquittées per unes lettres cancellées que li diz lombart auoient de nous sainnes, vrayes et entières de la some des dictes saze liures, ès quelle ma dicte mère et je estoiens tenuz ès diz lombart lonc temps auoit, per bone, loyaul et juste cause de prest, senz tcons vice d'usure, est asauoir que je *Guion* dessus nommez, pour moi, pour les diz *Perrenin* et *Guis* mes frères, hay quittez et quitte au dit maistre *Jehanz* de *la Chapelle* et à touz ces qui cause auront de luy tout le droit, raison, action et réclamation que ie et muy diz frères, per quelque menière ce soit, pobons et deuons auoir en la dicte maison, celier et chaisement pour raison des dictes saze liures que nous sont si come dessus est dit quittées des diz lombart et pour sexante solz de bons esteuenans que li diz maistre *Jehanz* de *la Chapelle* m'en hat balliez em bons deniers contant et tenuz m'en suis per bien paiez ...Faittes et donées le jeudi apprès Penthecoste l'an Nostre Signour corrant mil trois cent et vint et trois (Arch. du Jura, H. Prieuré d'Arbois. Original. Scellé sur doubles queues du sceau de l'officialité de Besançon et du sceau de la comtesse d'Artois. Le sceau rond en cire verte de l'officialité subsiste seul, mais altéré. Il représente un évêque assis la crosse en main et bénissant. Légende [Sig]illum curie *Bisuntine*[*nsis*].

III. — AFFAIRE DES FILS DU CHEVALIER DIMANCHE DE SALINS

1° Le prévôt d'Arbois, à la requête de la communauté, invite le prévôt de Seurre à citer les Asinier, Lombards de cette ville, devant la justice d'Arbois, afin de porter garantie à la dite communauté.

1335 (n.st.) 6 mars (1).

A vaillant home et saige a préuost de *Suerre* ou à la justice du dit luef ou à lour lueftenant, nos *Humbers* dit *Chapusait* d'*Arbois*, clers, baillif monsigneur de *Flandres* en sa terre de *Bourgoigne*, et *Girars* dit *Clers* d'*Arbois*, lueftenant de *Emonet* de *Cerdom*, préuost d'*Arbois*, salut et bon amour. Come *Jehan* fils monss. *Dymainche* de *Salins*, cheualiers, come hers de *Reignoin* som homcle, hait trait en cause et en jugement per deuant *Emonet* de *Cerdom*, préuost d'*Arbois* dessus nommez, en la court d'*Arbois*, les quatres prodomes et escheuiz de la uille et communatez d'*Arbois*, en nom de lour et de la dicte communatez d'*Arbois*, c'est assauoir *Jaquat Rosset*, *Jehan Lombars* mercier, *Girart Petitualet* et *Esteuenin Bernalt*, sur ce queli diz *Jehan* lour ha demandez en iugement per deuant le dit *Emonet* de *Cerdom*, préuost d'*Arbois*, pour lour et pour la dicte communatez d'*Arbois*, la moitié de cinq cent liures d'esteuenans que la dite communatez li doit per raysom du dit *Reignom* duquel il est hers en ses biens mobles per testament, auquel *Reignom* li dite communatey estoit obligié per la vertuz des bois que li dicte vile et communatey hauoit venduz au dit *Reynom* et à *Renaude* femme *Morelet* de *Salins* per le prix des dictes cinq cenz liures, la quelle vendue la dicte uile et communatey n'auoient pehu mantenir au dit *Reygnom*. Item lour demandoit encores trante muis de vin vermeil à la value tanque à deux cent liures que la dicte vile et communatey li doit per raisom du dit *Reygnom* que les presta à la dicte communatey que les donairent a conte de *Poitiers* quil estoit mary de ma dame la royne. De la quelle demande li diz prodomes hont ehuz appensement et mostre et toutes dilacions que droit et costume lour donent, et de la quelle demande il hont nommey à garant *Alixandres* et *Bonifaice* frères, lombars, citiains et mercheant d'*Ast*, ou l'om de lour ou lour procurour, c'est assauoir per la vertuz d'unes lettres qu'il nos hait mostrées seellées du seel ma dame la contesse de *Bourgoigne*, ès quelles lettres est contenuz que *Henrial Aysenier* et *Jehans* de *Mont*, lombars, à ce temps

(1) Arch. d'Arbois, CC, 2. 1° Original. Etait scellé sur simple queue. Au revers : citation por ajornez les lomber et por an° et la garantie contre les hers Reinnon. 2° Copie authentique du XVI° siècle; signée Barberot.

procurour des diz *Alixandres* et *Bonifaice*, se sont obligiés en nom et pour les dessus diz *Alixandres* et *Bonifaice* lour maistre, de paier la dicte somme d'argent et lou dit vin ou la valour pour la dicte vile et communatey en la main du dit *Reignom* et d'apaisier la dicte ville et communatey enuers le dit *Reynom*, per lour sairement jurez sus Saint Euuangille et sus la poinne de mil liures. De laquelle demande li diz quatres prodomes sont aiornez sus gairant le mescredi après l'uytane des Bordes et hont nommez à gairant les dessus diz *Alixandres* et *Bonifaice*, ou l'om de lour ou lour procurour. Pour quoy nos vos prions et requerons en aide de droit, de part monsignour le conte de *Flandres*, et prions de part nos que vos, per la vertuz des dictes lettres qu'il nos hont mostrées, aiournois ou façois aiorner, per vous ou per vostre comandement, per deuant le dit *Emonet* de *Cerdom*, préuost d'*Arbois*, a mescredi dessus diz, *Arbois*, les diz *Alixandres* et *Bonifaice*, ou lour procurour, à lour domicille de *Suerre* où il demuerent ou hont acostumez de demorer, pour porter la dicte garantie ès diz prodomes contre le dit *Jehans* de la demande dessus dicte. Et de ce faites tant come vous vourrez que nos foiseins pour vous en hum tel caux ou en plus grant, et en signe de la citation estre faite come dessus est deuisez, plaise vos mettre vostre seel pendant en la tierce annice de ces présentes lettres. Données *Arbois* le lumdi apprès les Bordes, soz noz seelx pendanz mis en ces lettres, l'an de graice corrant mil iijc trante et quattre.

2e Réponse du prévôt de Seurre.

1335 (n. st.) 8 mars (1).

A vaillanz hommes et saiges *Hunbers Chapusait* d'*Arbois*, clerc, baillif monss. de *Flandres* en sa terre de *Bourgogne* et à *Girard* dit *Clerc* d'*Arbois*, lieutenant de *Emonet* de *Cerdon* préuost d'*Arbois*, *Symonins* de *Chesselles* préuost de *Sehurre* honour ce *ensamble* a *sauoir* vous fais que, en accomplissant vostre requeste et vos prières, je hay *adiorney* par deuant vous, *Arbois*, au jour contenu en vos lettres, ès quelles ces présentes sunt *annexées*, les diz *Alixandre* et *Boniffaice* ou lours procureur en lour hostel à *Sehure*, ouquel il hont acostumé de *commerser* et ouquel il tengnent leur domicile, selon la tenour et la *forme* de vos *dictes lectres*, et ce je vous certiffie soubz mon seel mis en ces lettres en signe de vériley, ce hay je seelé en la tierce annice de vos lettres cy annexées de mon dit seel. Donez le mercredi après les Bordes, ouquel jour li diz commandement hont estez fait, l'an mil iiic trente et quatre, et hay signiffié le dit adiournement à *Jehannin Lorent*, lombart, procureur, si cum l'on dit, des diz *Alixandre* et *Boniffaice*. Doneis comme dessus.

(1) Arch. d'Arbois, CC, 2. Original effacé et d'une lecture très difficile. Etait scellé sur simple queue. Annexé au document précédent.

3° Jugement du prévôt d'Arbois, Emonet de Cerdon, qui condamne la communauté d'Arbois à payer les sommes réclamées par Jean de Salins.

1335, 22 novembre (1).

Donnez par copie dessouz le soignal de moy notaire publique cy subscript. L'an mil trois cent trante et cinq, *le mercredi* après l'uytine de Saint Martin d'yuert, en la *cour* d'*Arbois*, par deuant moi *Emonet* de *Cerdon* prevost audit *Arbois*, estoient aiourney li quatre proudomes et escheuins de la ville d'*Arbois* c'est assauoir *Jaquet Rossel*, *Pierre de la Rauière*, *Girars Petitvallet* et *Esteuenin Bernart*, à la demande *Jehan* filz monseigneur *Dyemanche de Salins cheualier* que demande de l'auttoritey et commandement du dit monseigneur *Dyemanche* son père estant en jugement, sus ce que li diz *Jehans* lours demandoit et autrefoiz lour ha demandez en jugement par deuant moy, en *nom* de toute la ville et communaltey d'*Arbois*, come hoirs de *Reignon* son oncle en ses moubles par testement, queli paiessains et doux cenz et cinquante liures d'esteuenans, lesquelles il ly deuoient pour cause du dit *Reignon* son oncle, lesquels doux cenz et cinquante liures li dicte ville et communaltey deuoit au dit *Reignon* pour cause de l'achat des bois des *Costes Pendant* de la dicte ville et communaltey d'*Arbois*, desquelx bois li diz *Reignon* et *Renaude famme Morel* de *Salins* hauoient achetez les tondues per l'espaice de quatorze années pour le prix de cinq cent liures d'esteuenans, et lours deuoient soignier li dicte ville et communaltey chemin et traite, expécialement le *chemin* de *Saint Nicholaux* de *Salins*, lequel chemin li dicte ville et communaltey ne pohurent soignier ès diz *Reignon* et *Renaude*, pour laquel cause li diz *Reignon* et *Renaude* ne ehurent, ne pehurent exploiter du dit nchiez du dit bois, liquelle vendue et conuenences sunt plux clèrement contenuz ès lettres du dit achat, les quelles lettres furent mostrées et exibées *en* jugement. Se lours requerroit li diz *Jehans* que la moitié des dictes cinq cent liures, si come dessus est dit, li paiessiens et rendessiens en nom et pour la dicte communaltey, et moy que à ce les contrainsse. Item lours demandoit ancores li diz *Jehans* comme hoirs du dit *Reignon*, si comme dessus, de l'auctoritey et commandement de son dit père, que li paiesains et rendesains la value de trente muis de vin tanque à doux cent liures d'esteuenans, lesquels trante muis de vin li diz *Reignon* hauoit prestez à la dicte ville et communaltey d'*Arbois* a temps que li cuyens de *Poitiers*, mariz çayenarrers Madame la royne *Jehanne*, fut *Arbois*, lexquels trante muis de vin li dicte ville et communaltey donnarent audit conte, desquelx trante muis de vin li diz *Reignon* ne hauoit estez paiez ne autres pour luy. Se lours requerroit li diz *Je-*

(1) Arch. d'Arbois, DD, 310. Coupé de deux coups de ciseaux. Charte en partie effacée.

hans que les dictes doux cent liures li paiesiens en non de la dicte ville et communalfey, et moy que à ce les contrainsse. Et plux me requerroit li diz *Jehans* que je pour raison de six attendues et deffaut contenues lesquelx li diz proudomes hauoient fait contre le dit *Jehan*, je li adiugasse la possession de ses dictes demandes, les quelx deffaut et contumaices je feys lire en jugement per deuant moy escrypies de la main du clerc jurez de la dicte court et seelées de mon seel, les quels deffaut et contumaices li diz proudomes et escheuins plaigèrent paier, si comme dessus, huo per l'autre tanque à la décision de la cause. Et respondirent ès demandes dudit *Jehan* en allegant paiement ou quittance des demandes dessus dictes du dit *Reignon*. Et plux disoient li diz proudomes et escheuins que li diz *Jehans* ne pouhoit ester en jugement ne demander les choses dessus dictes, quar il n'estoit émancipez ne partiz du dit monseigneur *Dyemenche* son père, ne puissance ne hauoit de luy de ce demander. Liquex *Jehans* mit en nous ehue ès diz proudomes et escheuins les diz paiement et quittance, en disant qu'il hauoit lettres dudit monseigneur *Dyemenche* son père de puissance de ce demander. Et sus ce il furent jugiez à prouer de part les diz proudomes paiement ou quittance, ou il seroit ou desreigne dudit *Jehan*. Et deuoit mostrer li diz *Jehans* à la dicte journée de la dicte puissance et plaigarent li diz proudomes lours jugement li hun per l'autre. Et li diz *Jehans* plaiga auxi son jugement per *Le Moine* de *Champrogerome*. A jour dessus dit, les dictes parties présentes en jugement par deuant moy, le jugement loiez et retrait des parties, li diz proudomes et escheuins en non que dessus ne administrarent nulx tesmoins sur ledit fait et cognurent et confessarent hauoir hau par la main *Erart* aclerc d'*Arbois* ... copie de la dicte puissance du dit *Jehans*, et li diz *Jehans* mostrée la lettre de la dicte puissance en jugement, laquelle puissance de demander les choses li diz messires *Dyemanches* ses pères li hauoit donez et le ratiffia audit jour en jugement par deuant moy. Jura li diz *Jehans* sus Sains Euangiles en jugement par deuant moy en la présence des dits proudomes et escheuins qu'il ne sauoit que li diz *Reignon*, ne autres pour luy, haut estez paiez des sommes d'argent dessus dictes, et ce meisme jura ausi li diz messire *Diemenche*. Pourquoy je, a consoil de saiges et a droit sus ce fait grant délibéracion haue, Dieu haiant deuant mes ealx, adiugais et adiuge au dit *Jehan* par ma sentence diffinitive sa demande estre veraye encontre les diz proudomes et le teniz per passez de ses demandes dessus dictes et li en hay bailliez ce présent passement scellez de mon seal pendant. Donnez l'an et le jour dessus dit. Donnez à la visiom de moy notaire publique cy subscript le dernier jour du mois de décembre l'an mil trois cenz quarante et nuef en la tierce indiction en l'uytime anz de l'eueschiez de nostre saint père en Jhesuscript monseigneur *Clément* per la diuine prouision pape sieste.

[Seing manuel]. Et je *Guillamet Lanturnin* de *Salins*, clerc de la dyocèse de *Besençon*, de l'auctoritey l'emperaour notaires publiques et jurez de la court de *Besençon*, qui les dictes lettres hay vehues et lehues diligamment de mont à mout, saines et entières en seal et escripture, si comme il apparissoit en la premère faice, ceste présente copie extraite de son veray original en hay faite et mis en forme publique et l'ay escripte de ma propre main et l'ay soignié de mon soignal acostumez, à ce appelez et requis. Je approue lay subscripciom en nom que dessus. Donney come dessus.

4° Les gentilshommes, les clercs et la communauté d'Arbois protestent par devant Dimanche de Salins, gardien des terres de Louis de Nevers dans le comté de Bourgogne, contre la demande des hommes taillables du comte à Arbois tendant à abandonner à celui-ci les bois du Chamois et les fours pour se racheter de la taille.

1336 (n. st.), 20 mars (1).

In nomine Domini amen. Par cest présent publicque instrument à tous apparisse évidamment que l'an d'icelluy Nostre Seigneur courrant mil trois cenz et trente cinq, le mardi après le dyemanche des Bordes, hore de prime, ou bourc d'*Arbois* en hostel *Emonet* de *Cerdon*, préuost d'*Arbois*, en la quarte indition, dou pontificament nostre sainct père en Jhésucrist, nostre seigneur *Benedit*, par la permission diuine pape, en l'an second, en la présence de moy notaire p[u]blicque de l'auctoritez l'emparaour desos escript et des tesmoins de[ss]s nommez. Personelment establiz nobles hommes et discrez mes[si]res *Dyemanche* de *Salins*, cheualiers, gardiens de part de très hault et noble prince messire *Loys*, conte de *Flandres*, de *Nyuers* et de *Rathel* en sa terre de *Bourgoigne*, messire *Eudes* de *Chois*, sire en lois, et messire *Guillet* de *Sancey*, consaillours et coadiutours dudict monseigneur *Dyemanche*, en nomz do mondit seigneur d'une part, et religieuse persone, frères *Renault*, priours dou priorez d'*Arbois*, messire *Jehans* de *la Grange* doudit luef, cheualiers, la plus grant partie des gentils homes et gentil femes, en noms de lour et de lour homes, li vniuersitey des clercs et des prevoyres et des religieux dudit luef, et li quatre eschefiz de la dicte ville, en nomz de la dicte communaultey d'aultre part, ce jour et hore firent li dessus nommez tuiz ansambles supplication et requeste par deuant les dessus nommez officiours et gouuernours de part mondit seigneur, et par la menière que s'ensuyt: « Très chiers seignours, nous hauons entenduz que li taillables de ceste « ville d'*Arbois* que doibuent la taille monseigneur de *Flandres* welent « et porchacent acquérir libertey de la dicte taille, liquel chose nous pla« roit moult, saul ce que ce ne fut et tornast en nostre préiudice, quar « nous hauons entenduz que li dit taillables vont trahitant et demenant par « deuers vous coment vous willessiez accepter les bois dou *Chamoy* et les

(1) Arch. d'Arbois, DD, 536. Copie sur papier faite d'après l'original, collationnée et paraphée par *Barnard* juré au greffe du Parlement de *Dôle*, le 27 juillet 1558.

« fours d'*Arbois* en lour quictant et affrainchissant de lours dites tailles « perpétuelment, lex quels bois et fours sunt li proprietez, li heritaiges et « vsaiges de nous dessus nommez et de nox homes de la dicte commu- « naultey, par preuilèges que nos en hauons do nox seignours anciaine- « ment, lesquels preuilèges nous vous hauons mostrez et sauez bien la te- « nour, et par einsi lidit taillables se efforcent de lour affranchir ou préjudice « de nous dessus nommey par la figure de ceste cautèle, liquels taillables « ne sunt mye plus de six vint, et nos dessus nommey parçonniers et « vsagiers des dictz bois et fours sumes plus de mil, einsi que vous le « sauez et vehez euidamment, si que, tres chiers seignours, nos dessus « nommey, en nomz que dessus, vous requerons et supplions humblement, « en nomz de mondit seignour, que vous lesdiz bois et fours, esquels nous « tuiz et nos homes hauons nostre droit et nostre vsaige, ne willies rete- « noir de lour ne accepter, quar ce saroit contre nostre preuilège louquel « vous hauez jurez de tenir et garder fermement en nomz de mon dit « seigneur et pour luy, en protestant que ceste requeste nous ne façons « mie ne entendons à faire ou préiudice de nostre bien amez et redoubtey « seignour monseignour de *Flandres* dessus dit, quar som honour fairiens « nous et garderoiens par tout. » Et de ceste requeste et supplication nous li dessus nommey conquérans demandons à vous *Guienat Bonate* de *Monz*, clerc, tabellion publique de l'auctorité l'emparaour et tabellion général en la contey de *Bourgoigne* de part monseigneur li dit conte de *Bourgoigne* et jurez de la court monseigneur de *Besençon* à nous par vous estre faict et doney publique instrument en nomz que dessus. Présenz *Guillame* de *la Grange*, *Guillame* de *Molprel*, *Jehan* de *Poloigney*, *escoyers*, le curez d'*Arbois* et plusours aultres bones gens à ce tesmoins requis et appellez.

Et ego *Guido Bonete* de *Monte*, clericus *Bisuntinensis* diocesis, notarius tabellioque prenominatus, auctoritate premissa curieque predicte juratus, omnibus et singulis premissis dicteque supplicationi sic acte, vna com dictis testibus, interfui presens, presensque publicum instrumentum inde confeci, in hanc formam publicam redegi signoque meo consueto propria manu signaui super hoc requisitus et rogatus. Signé en marge : *G. Bonete* encloz en vne chiffre apostolicque.

5° Compromis entre la communauté d'Arbois et les fils de Dimanche de Salins.

1351, 28 septembre (1).

Nous officialx de la court de *Besençon* façons sauoir à touz celx qui verront et orront ces présentes lectres que per deuant *Bernard* dit de

(1) Arch. d'Arbois, DD, 511. Charte coupée de trois coups de ciseaux, un morceau arraché. Duplicata. Ne présente aucune trace des sceaux annoncés.

Saint-Oyant, clerc, notaire jurez de nostre dicte court, nostre comandement espicial, aquel quant à ces chouses et plus grant nous hauons commis et commettons nous voyes et à luy ajostons foy plenière, pour ce en droit personelment estaubliz et à ce espicialment venant per deuant nostre dit comandement messire *Jehans* dit de *Salins*, cheualiers, en nomz de luy et pour luy et pour monss. *Anxeal*, monss. *Hugue*, cheualiers, *Othenin* et *Guillame*, ses frères, d'une part, et *Guillames* dit de *Pupillin*, *Jehans Chapellains*, *Odat* dit *de Bauz* et *Esteuenon* dit *Patrognel*, come escheuins et prodomes de la ville et communaltey d'*Arbois*, en nomz de lour et pour lour et pour la dicte communaltey d'*Arbois*, d'autre part, come plait, rioht, contens, discorde, controuerse et dissension fut mehue et en espoir de mouoir chascun jour entre le dit monss. *Jehan*, en nomz que dessus, et les diz escheuins, en nomz que dessus et pour la dicte communaltey, sus ce et de ce que li dit mess. *Jehans*, en nomz que dessus, come hoirs de *Regnon* jadix d'*Arbois*, lombard, demandoit ès dessus diz escheuins et prodomes d'*Arbois*, en nomz de la dicte communaltey, doux cent et cinquante liures d'esteuenans pour cause de la vendicion des bois d'*Arbois* qui s'ensueguent, c'est a sauoir des bois qui durent dois l'aut de *Pierre Oncise*, per ensin come les boynes il sunt mises, tan que ès *Costes Pendantes de Bois Mien*, après des bois appelez *la Bocherace* et *la Combe ès Moynes*, tan que a chemin per lequel l'on vay à *la Chastellaine*, et durent tanque ès bois de *Pollognez* et tanque à la *Coste de* [*Bois Mien*, item des] bois de toutes les costes d'*Arbois* environ la ville d'*Arbois*, exceptez des bois qui sunt en leu que l'on appele *Pierre Fuez*, et pour cause de la vend[icion de toutes les emendes de] sept soz d'esteuenans en auanlt, les quelx bois et emendes hauoient venduz li prodomes, escheuins et habitant d'*Arbois* qui per le temps [estoient en la dicte ville] per l'espaice et le terme de vint et cinq années, per ensin come il apperisoit plux euidamment en vnes lettres soynes et entières, selées du s[eel de la dicte court de *Be*]*sençon*, du seel la contesse d'*Arthois* et du seel le segneur de *Vaudrey*, lesquelles lettres furent randues et cancellées per le dit m[ess. *Jehan* et *Othenin* son] frère a dit *Guillame* de *Pupillin* et à ses diz compaignons escheuins d'*Arbois*, en nomz que dessus. Item demandoit li dit mess. *Jehans* e[n nomz que dessus, ès diz pro]domes et escheuins, en nomz de la dicte communaltey, trante muis de vin que li dit *Regnon* prestay ès habitant de la dicte communaltey qui [furent donées au conte] de *Poythiers*. Et auxi demandoit plusours missions, cost, domaiges et intérest sur ce fait et recehu, des quelx doux cent et cinquante liure[s] d'esteuenans et desquels trante muys de vin li dit messire *Jehans*, en nonz que dessus, disoit hauoir vne sentence

Au revers : ces lettres et les paroiles furent chancelées per le commandement du baillif ès assises d'*Arbois* tenues le venredi viij^e jour de jannier l'an mil iii c cinquante et cinc. *Colins*.

diffinitive donée par *Emonet* de *Cerdon* escuier, at , contre les habitant ou escheuins et prodomes de la ville d'*Arbois*. Les diz escheuins et prodomes dessus nommez, en nonz et pour la dicte commun[altey] tant a contraire per plusours causes et raisons. Acordez est entre les dictes parties que, amis sur ce entreuenant et eslehuz per ycelles [monss.] *Phelippe*, éuesque de *Tornay* (1), monss. *Eude* de *Choys*, chantre de *Besençon*, moss. *Thiebaud* de *Ceys*, gardiain ma dame de *Flandres* en sa terre de *Bourgoine* et moss. *Hugue* de *Quingey*, cheualiers, consoillier ma dame de *Flandres*, li quelx mess. *Jehans*, en nom de luy et de ses diz frères, et li dessus nommez escheuins, en nomz et pour la dicte communaltey d'*Arbois*, hont donez puissance ès dessus nommez amis de lour acorder des debbait dessus diz, et promis de tenir en effait tout ce qui sera dit, pronunciez ou acordez per les dessus diz amis, li quelx amis prirent en lours et acceptarent la charge d'acorder les dictes parties des chouses et demandes dessus dictes. Liquelx amis, d'un meisme acort, les parties présentes en debbat et demandes dessus dictes, hont dit, pronunciez et accordey estre pais et acord entre les dictes parties et ès nomz que dessus per la forme et menière que s'ensuit. C'est asauoir que li dessus nommez escheuins et prodomes de la communaltey des habitant d'*Arbois*, ou nom de la dicte communaltey, et li dicte communaltey doigent et soient tenuz de paier et randre pour les causes et chouses dessus dictes au dit monss. *Jehan* ou es siens, en nomz de luy et de ses diz frères, trois cent et sexante liures d'esteuenans, ès termes qui s'ensueguent, c'est asauoir nuef vint liures d'esteuenans à la feste de saint Michiel qui sera en l'an mil trois cent cinquante et doux, et nuef vint liures d'esteuenans à la dicte feste de saint Michiel qui sera en l'an mil trois cent cinquante et trois. Et per ceste pais, acort, pronunciation li habitant de la dicte communaltey d'*Arbois*, pour lours et pour lours successours, sunt et seront quittes perpétuelment enuers les diz monss. *Jehan* et ses diz frères et lours hers des dessus dictes doux cent cinquante liures d'esteuenans, des diz trante mois de vin et des missions, cost, intérest et domaige qu'il en hont sostenuz et incorruz de tout le temps passez tanque a jour de la date de ces lettres, et de toutes les chouses et demandes deppendant des chouses dessus dictes. Et per miens ce li dit messire *Jehans*, en nom de luy et de ses diz frères, deura et ha promis randre ès dessus nommez escheuins et prodomes de la dicte communaltey ou à lours successours toutes lettres originalx, transcript, passement, procest et escriptures touchant et façant mention des demandes dessus dictes. Le quel accort, dit et prononciacion li dit messires *Jehans* et *Othenins* ses

(1) Philippe d'Arbois, doyen de Saint-Donatien, à Bruges, évêque de Noyon (1350, 22 janv.), évêque de Tournay (1351, 22 janv.), mort le 25 juillet 1378. V. sa vie dans les *Mémoires pour servir à l'histoire littéraire des dix-sept provinces des Pays-Bas*, II (Louvain, 1769), pp. 10, s.

frères, en nomz de lours, de monss. *Anxeal,* monss. *Hugue* et *Guillame,* lours diz frères, hont louez, ratiffiez, acceptez, confirmez et promis per lours soyrement donnez sus sains euangiles de Deu et per stipulation sollempnel, faire tenir, louer, accepter, ratiffier et confirmer ès diz monss. *Anxealx,* monss. *Hugue* et *Guillame* lours diz frères. Et auxi li dit *Guillames* de *Pupillin, Jehans Chapellains, Odat* de *Bau* et *Esteuenon Patrognet,* escheuins et prodomes de la dicte communaltey d'*Arbois,* en nomz et pour les diz habitant de la dicte communaltey, la dicte pais, acort et pronunciation hont louez, agréez, ratiffiez et confirmez, et la dicte somme de trois cent et sexante liures d'esteuenans hont promis, per lours soyrement donnez sus sains euangiles et stipulacion sollempnel sur ce entremise, faire paier ès diz monss. *Jehan* et ses diz frères ou à lour certain commandement ou à ces qui de lour hauront cause, per les habitans de la ville et communaltey d'*Arbois,* et sus la expresse obligacion et ypothèque de toz les biens des habitant de la dicte communaltey, mobles et non mobles, présent et auenir, comme qu'il soient nommez, appellez, et quelque part qu'il porront estre trouez. Ceste pais, acort, conuenances, pronunciation et toutes les chouses dessus dictes et l'ene chascune d'ycelles hont li diz mess. *Jehans* et *Othenins,* en nomz que dessus, d'une part, et *Guillames* de *Pupillin, Jehans Chapellains, Odat* de *Bau* et *Esteuenon Patrognet,* escheuins et prodomes de la dicte communaltey d'*Arbois,* et en nom et pour toute la dicte communaltey et habitant d'ycelley, d'autre part, hont cognehut et confessey estre verayes, louées, confirmées et rattiffiées, et ycelles hont promis vne chascune partie, en tant comme il li touche, et il s'i sunt obligiez, tenir et garder bien et loialment et acomplir fermement, senz corrumpre et senz venir encontre, per lours deuant donez soirement et sus la expresse obligacion de touz lours biens, mobles et non mobles, présenz et aduenir. Et pour toutes les chouses dessus dictes et vne chascune d'yceles tenir, acomplir et garder fermement, si come dessus est dit, vne chascune chascune des dictes parties, en tant come il li doit ou puet appartenir, hont submis et submettent, en nomz que dessus, lours, lours biens, mobles et non mobles, présent et auenir, et les biens de ces pour cuy il hont louez et acordez les chouses dictes, en la juridictiom et cohercicíom de nostre dicte court de *Besençon* et de toutes autres cours, juridictions et cohercitions ecclésiastiques et séculaires, lay où il saront trouez, espicialment en la juridictiom et cohercitiom la court de très haulte et puissante dame ma dame la contesse de *Flandres.* Vuillanz les dictes parties, en nomz que dessus et en nom de lours et de lours hers, estre contrains come de chouse ajugié, faite et ordenée en jugement, per la sentence d'excommuniement de nostre dicte court de *Besençon* sus lours et sus lours hers et successours mise, et per la capcion, uendicion et distraction de touz lours biens ès nomz que dessus, mobles et non mobles, présent et auenir. Renunçant en ce fait expressément les dictes parties per lours deuant donez soirement à toute et [chascune] exception de mal baret, de lesion, de circonuention, et en fait, à la condiction pour cause, senz cause, ou de cause non dehue et non juste, à touz errours, deceuance, ignorance de fait et de droit, à la exception de la dicte pais, acort et pronunciatiom non estre et justement faicto, pronuncié et acordée, espicialment li diz escheuins, en nomz que dessus, hunt renunciez à la exception de la dicte somme de pécune non hauoir promis faire paier et randre ès dessus diz monss. *Jehan* et ses diz frères ou à lour dit commandement, ès termes dessus deuisez, por les diz habitant d'*Arbois*, et à toz bénéfice, preuiléges de pape, de l'églisc, d'emperaour, de roy, de dux, de conte, donez ou à doner, outroiez ou à outroier, en fauour de communaltey, de ville, et généralment hont renunciez les dictes parties, ès nons que dessus, à toutes autres exceptions de déception, raisons, opposicions et allégacions qui pourroient estre dictes, opposées et contremises [à] la tenour de ces présentes lettres et au droit réprouant la général renunciation. En tesmoignaige de vériley, nous officialx dessus diz, à la prière, requeste et supplication des dictes parties, ès nons que dessus, à nous raportées per le dit *Bernard* de *Saint Oyant*, nostre jurez et commandement espicial, aquel nous ajostons foy plennière, et sus ce li hauons commis nous foyes et commettons, hauons fait mettre le seel de nostre dicte court en ces présentes lettres hauoy le seel de la dessus dicte très haulte, noble et puissant dame ma dame la contesse de *Flandres* duquel l'on vse en sa court d'*Arbois* et ensamble le seel de monss. *Thiebaud* de *Ceys*, dessus nommez, gardiains ma dicte dame de *Flandres* en sa terre de *Bourgoine*. Doney le mescredi voille de la feste saint Michiel, l'an de Nostre Seignour corrant mil trois cent cinquante et hum. R. B. *B.* de *Sancto Eugendo* [Paraphe].

Dupplicata est.

6° Quittance définitive des sommes dues par la communauté aux héritiers de Dimanche.

1353, 30 mars (1).

Nos, officialis curie *Bisuntinensis*, notum facimus vniuersis presentes litteras inspecturis quod coram *Bernardo* de *Sancto Eugendo*, clerico, notario curie *Bisuntinensis* jurato, mandato nostro speciali cui quantum ad hoc et maiora vices nostras commisimus et tenore presencium committimus et cui fidem plenariam adhibemus, propter hoc in jure, coram dicto mandato specialiter constituti et ad hec specialiter venientes nobiles et discreti

(1) Arch. d'Arbois, DD, 542. Au revers : C'est li lettre de la quittance de ccc et lx lb. d'esteuenens en que li communaltey d'*Arbois* estoit obligié à monss. *Jehan* de *Salins* et à ses frères. Etait scellé sur double queue du seeau de l'official de Besançon.

viri dominus *Johannes* dictus de *Salinis* miles, filius quondam domini *Dominici* de *Salinis* militis, et *Guillermus* frater eiusdem domini *Johannis*, non vy, non dolo, nec metu ad hoc inducti, nec in aliquo, ut asserebant, circonuenti, sed scientes, prudentes et spontanei, ex certa sui scientia et certo proposito et deliberato animo, confessi sunt et publice recognouerunt certe dicto mandato nostro, loco nostri, et testibus supradictis se habuisse et integre recepisse, pro se et suis heredibus et causam habentibus et habituris in futurum ac pro domino *Anxello* jurisperito, domino *Hugone* militibus et *Othonino* fratribus ipsorum dominorum *Johannis* et *Guillelmi*, plenam et integram satisfactionem et solucionem omnimodam trecentarum et sexaginta librarum bonorum stephanensium legalium videlicet a *Guidone Leodegarii*, *Girardo Lombardi*, *Lambelletto Bernardi* et *Renaudo* dicto de *Larney* tunc scabinis ville seu communitatis de *Arbosio*, in qua summa seu quantitate trecentarum et sexaginta librarum predictarum *Guillelmus* dictus de *Pupillino*, *Johannes* dictus *Chapellanus*, *Odetus* de *Bau* et *Stephanus Patrognet* quondam scabini predicte ville de *Arbosio* tenebantur et erant efficaciter obligati, nomine ipsorum et nomine predicte communitatis, predictis domino *Johanni* ac fratribus suis supradictis, ratione et causa conposicionis seu concordie facte inter ipsos *Johannem*, *Othoninum* et *Guillermum*, nomine ipsorum et predictorum dominorum *Anxelli* et *Hugonis* fratrum suorum predictorum, et inter predictos *Guillermum* de *Pupillino*, *Johannem Chapellain*, *Odetum de Bau* et *Stephanum Patrognet*, tunc scabinos, ut dictum est, nomine ipsorum ac totius predicte ville seu communitatis de *Arbosio*, de et super pluribus peticionibus et querellis inferius declaratis, videlicet primo de duobus centum et quinquaginta libris stephanensium in quibus predicti scabini ratione predicte communitatis de *Arbosio* tenebantur dicto *Regnoni*, lombardo tunc *Arbosio* commoranti, adunculo ipsorum fratrum, ut dicebant, et de quo heredes se asserebant, causa vendicionis nemorum de *Arbosio* infrascriptorum, videlicet nemorum durantium a loco dicto *Pierre Oncise* gallice per metas ibi positas usque ad costes pendentes appellatas de *Bois Mien* gallice, item nemorum dictorum la *Boicherate* et la *Combe ès Moynes* gallice durantium usque ad viam publicam per quam itur ad *Castellanam* et usque ad nemora de *Pollogniaco* et nemora vocata *la Coste de Bois Mien* gallice, item nemorum vocatorum les *Costes Pendant* in circuitu predicte ville de *Arbosio*, exceptorum nemorum sitorum in loco dicto *Pierrefus*, item omnium emendarum septem solidorum stephanensium et infra, que nemora et emendas vendiderant scabini et habitantes predicte ville de *Arbosio* qui tunc pro tempore erant in dicta villa, predicto *Regnon* per spacium seu terminum viginti et quinque annorum, prout lacius et clarius apparebat in quibusdam litteris sigillatis sigillis predicte curie *Bisuntinensis*, potentissime domine comitisse d'*Arthois* et domini de *Vadreyo*, que littere fuerunt cancellate per dictos dominum *Johannem* et *Othoninum* et tradite seu deliberate predictis *Guillelmo* de *Pupillino*, *Johanni Chapellain*, *Odeto de Bau* et *Stephano Patrognet* tunc scabinis, ut dictum est, item racione triginta modiorum vini que predictus *Regnon* mutuauerat predictis tunc habitantibus dicte ville de *Arbosio* et data fuerunt comiti de *Poythiers*, item racione plurium dampnorum, interesse, missionum et expensarum super hoc per dictos dominum *Johannem* et fratres suos suprascriptos habitorum, receptorum et sustentorum. Et de predicta summa seu quantitate predictarum trecentarum et sexaginta librarum stephanensium se habuerunt et tenuerunt, habentque et tenent predicti dominus *Johannes* et *Guillermus*, pro se et suis fratribus supradictis ac heredibus eorundem, pro contentis, solutis et integre seu plenarie satisfactis. Et pro premissis omnibus et singulis supradictis predictus dominus *Johannes* et *Guillermus* eiusdem frater, pro se et suis heredibus ac causam habentibus seu habituris in futurum ab eisdem ac pro omnibus et singulis fratribus suis supradictis et heredibus eorundem, predictos scabinos presentes et gratanter acceptantes nomine quo supra, totamque communitatem predicte ville de *Arbosio* omnesque et singulos habitantes et habitaturos in eadem villa de predicta summa seu quantitate predictarum trecentarum et sexaginta librarum stephanensium quittauerunt et quittant perpetuo, penitusque et absoluunt tenore presencium litterarum, dictamque quittationem tenere promiserunt pro se et suis heredibus, et inuiolabiliter obseruare, et non contra venire in futurum, nec contra venire volentes in aliquo consentire, facto uel verbo, tacite uel expresse, clam uel palam, in judicio uel extra judicium. Promittentesque dicti dominus *Johannes* et *Guillermus* fratres per juramenta facta ad sancta Dei euangelia in manu dicti jurati nostri corporaliter prestita, sollempni legitimaque stipulacione super hoc interposita, litteras conposicionis seu concordie super dictis querellis et peticionibus confectas, ut dictum est, predictis dominis *Anxello* et *Hugoni* facere laudare, ratifficare et confirmare ad opus et comodum predictorum scabinorum et tocius predicte communitatis seu ville de *Arbosio* omniumque habitantium et habitaturorum in eadem, vna cum litteris quittationis et receptionis presentibus predictarum trecentarum et sexaginta librarum stephanensium per eosdem receptarum. Et ad maiorem securitatem habendam de predictis omnibus et singulis tenendis perpetuo et complendis modo et forma predictis, per predictum dominum *Johannem* et fratres suos omnes et singulos, et ut predicti domini *Anxellus*, *Hugo* et *Othoninus* ratifficant, laudant et confirment receptionem predicte summe et quittationem presentium litterarum, nobilis et illustris homo seu vir dominus *Odo*, dominus de *Vadreyo*, miles, ad preces, requisicionem et requestam predictorum domini *Johannis* et *Guillermi* fratrum se fideiussorem exposuit et exponit specialiter et expresse in manibus predictorum scabinorum, pro omnibus et singulis supradictis tenendis, complendis et adimplendis, qui dictus dominus *Odo* et dominus *Johannes*, *Guillermus*que eiusdem frater, per juramenta facta ad sancta Dei euangelia in manu dicti jurati nostri corporaliter prestita, obligauerunt et obligant specialiter et expresse in manibus dictorum scabinorum qui nunc sunt et qui pro tempore erunt in futurum, nomine dicte communitatis, omnia et singula bona sua, mobilia et immobilia, presentia et futura, vbique existentia et vbique poterunt inueniri, que bona dicti scabini qui nunc sunt uel erunt in futurum possint et eisdem liceat capere, vendere, distrahere, dissipare, obligare et pignorare auctoritate ipsorum propria, sine juris et judicis offensa et sine partis iniuria et absque recredencia facienda, petenda, exigenda, seu requirenda, ad obseruationem omnium et singulorum premissorum, volentesque insuper et expresse specialiter consentientes predicti domini *Odo, Johannes*, milites, et *Guillermus* eiusdem domini *Johannis* frater supradictus, se et suos heredes et causam ipsorum habentes et habituros in futurum per vtranque juridictionem nostram spiritualem et temporalem compelli, videlicet per excommunicationis sententiam et per bonorum suorum captionem, exceptione aliqua juris uel facti seu consuetudinis contraria non obstante. Supponentes se et suos heredes, ac omnia et singula bona sua supradicta juridictioni et cohertioni predicte curie *Bisuntinensi*. Renunciantes in hoc facto predicti dominus *Johannes* et *Guillermus* fratres omni exceptioni doli mali, vis, metus, lesionis, circonuencionis, in factum actioni, condictioni sine causa uel ex iniusta causa, rei ita que non geste, copie presentis instrumenti, exceptionique aliud sit actum et aliud scriptum, exceptioni dicte summe seu quantitatis dictarum trecentarum et sexaginta librarum stephanensium predictarum non habite, non recepte et in suam utilitatem totaliter non conuerse, et generaliter omnibus et singulis exceptionibus aliis juris et facti ac consuetudinis patrie seu loci, allegacionibus, opposicionibus et omnibus aliis rebus que contra premissa seu aliquid de premissis possent obici uel opponi, jurique generalem renunciationem reprobanti. In cuius seu quorum omnium et singulorum testimonium, robur et munimen, nos officialis predictus, ad preces et rogationem dictorum partium et ad relationem predicti jurati nostri fidedignam, qui nobis omnia et singula supradicta retulit esse vera et ita esse acta coram ipso, loco nostri, sigillum curie nostre *Bisuntinensis* presentibus litteris duximus apponendum. Acta sunt hec presentibus ibidem domino *Johanne* de *Montesaionne*, domino *Guillermo* de *Thoraise*, militibus, *Guillermo* et *Guidone* dictis de *Verueyo*, *Haymardo* de *Grangia*, *Guidone* de *Grangia*, domicellis, *Odone* dicto de *Riuo*, *Oymonino* dicto de *Alto Monte*, *Johanne Cochereli* de *Dullegn*, clericis, cum pluribus aliis testibus ad premissa vocatis et rogatis. Datum die sabbati post festum adnunciacionis Beate Marie, anno Domini millesimo ccc° quinquagesimo tertio. *B.* de *Sancto Eugendo.*

NOTES

1° *Topographie d'Arbois au* XIIIe *et au* XIVe *siècle.*

I. — Guillaume Brun, chevalier, vend à Othenin, fils de feu Jacques le François, bailli d'Arbois, une maison située au lieu dit en Montfort.

1273, 9 octobre.

Je *Willaumes* d'*Arbois*, cheualiers, dit *Bruns*, fais sauoir à touz ceus qui verront et orront ces lettres que j'ay vendu, otroié, quité et deliuré parmaingnablement, pour moy et pour mes hoirs, à *Othenin*, fils ça en arrière *Jacque*, baillif d'*Arbois*, dit le *François*, le chasal et la maison qui est assise à *Arbois*, ou lieu que on dit en *Mont Fort*, et touche de l'une part au courtil *Jaquier* dit de *Vilera*, si dure jucques a la clooson des murs d'*Arbois*, et de l'autre partie, dès lesdiz murs jusques enmi les deus fosses par où li aigue soloit courre ça en arriers, pour quatre vins liures de viannois, des quelles je me tiens pour bien paié de luy, et les ay reçeus et eus deu dit *Othenin*, en bonne monnoie et loialment nombrée. Et pour ce je me sui desuestuz pour moy et pour les miens doudit chasal et de la maison, et en ay enuestu le dit *Othenin* pour luy et pour ses hoirs et mis en possession, sanz retenir à moy an iceli droit ne fie, ne cens, ne seignourie, ne vsage, ne juridiction, quelconque elle soit, et ay promis et promet, pour moy et pour mes hoirs, par stipulacion sollempnel, par mon serement fait sur l'euuangile et sus l'obligacion de touz mes biens, meubles et non meubles, présens et auenir, où qu'il soient, que je ne venray, ne feray, ne consentiray à venir, en jugement ne dehors, par moy ne par autrui, contre ceste vendue, ains la promet et sui tenuz de garantir au dit *Othenin*, en touz lieus et contre touz hommes, et à ce obligay principaument et espécialment moy et mes hoirs et mes biens et les biens de mes hoirs, pour le serement et pour l'obligacion dessus ditte de touz mes biens. Et ay renoncié en cest fait, par mon deuant dit serement et sus l'obligacion dessus deuisée, à toute excepcion de barat, de paour, et en fait, de condiction sanz cause ou au moins droitte cause, de chose vendue a menour pris, ou mains de la moitié de son droit pris, et à toute aide de droit, ou de fait, ou de coustume, ou d'usage, que on porroit mettre contre cest fait ou dire contre ceste lettre, espécialment au droit qui dit que généraul renonciacion ne vaut. Ou tesmoing de quoy j'ay proié a religieuses personnes *Aubery*, abbé de *Rosiers*, de l'ordre de *Cisteaus*, et *Jehans*, prieurs d'*Arbois*, de l'ordre Saint Benoit, de la dyocèse de *Besençon*, qu'il mettent lour seaus en ces lettres. Et nos dessus dit, *Auberiz*, abbés de *Rosières* et *Jehans*, prieurs d'*Arbois*, à la requeste doudit *Guillaume le Brun*, qui a promis, par son serement fait deuant nous sus l'euuangille, garder et poursuivre la teneur de ces lettres, auons mis noz seaux en ces lettres pendanz. Faittes le lundi après les vuitienes de la Saint Michel, l'an courant par mil cc sexante et trezo, ou mois de octobre (*Cartulaire du comté de Bourgogne*, mss. des XIIIe et XIVe siècles, f° 49. Bibliothèque de la ville de Dijon, n° 790).

II. — Odet et Jean, fils de feu Othenin de Lielle, écuyer, vendent au chapitre de l'église Notre-Dame de Dôle une maison sise dans la rue devant l'hôpital d'Arbois.

1314 (n. st.), 25 février.

Nos *Oddet* de *Lielle*, chanoinnes de *Doule* et *Jehans*, ses frères, anfanz çayenarer *Othenin* de *Lielle*, escuiers, façons sauoir à touz cex qui verront et orront cex présentes lettres, que nos, reguerdant nostre profit, nom mie decehuz, contreinz, ne baraté en acune menière, mais de nostre bone et propre velonté, auons vendu, quité et outreié permeignablement a discreites persones et honestes, a dayin de l'église de *Nostre Dame* de *Doule*, qui por le temps seray, et a chapitre de la dicte église, et à lour successours, achetant hu nom et a profit dou dit dayin et dou chapitre de la dicte ecglisse, hu dyene, et hu dit chapiltre, une maison, ensamble le chésal, le font et les appartenences, que sient en la ville d'*Arbois*, en la *ruhe devant l'ospital* d'*Arbois*, delez lo chessement que fust *Othenin* d'*Arbois*, d'une part, et delez la maisom que fust *Arme* de *Champeros*, que *Buenes li Berdons* et sa femme tiennent et possèdent à meintenant, d'autre part, et dure deis la *grant ruhe*, per deuant, tant que à la reuière de *Cossance*, et toiche per derriers vne partie dou dit chessement de la dicte maison, à l'afeitement *Jeham Boichal*, et dénonçons les dictes chouses estre franches de toutz seruitust, sal que de huit souz que ales doyuent à l'*oppital* de *Seint Jeham* d'*Arbois*, le jour de feste Seint Martin d'iuert, appaier chescom anz censalment. Les quex toutes chouses nos auons vendues per le pris de quarante et cinq liures d'esteuenens, des quex nos nos susmes tenuz per biem paiez dou dit dayin et dou chapittre de l'église de *Nostre Dame* de *Doule*, en deniers leialment nombrez a temps de la vendue faite. Et por ce, de la deuant dicte maisom, dou chésal, dou font et des appartenences, por nos et por les nox, nos susmes desuetiz, et lo dit dayin et lo chapitro, por lour et por lour successours, por celuy ou por cex qui auroit ou auroient cause de lour, en auons enuesti et enuestons, et mis et mettons en corporrel possessiom, per la baillance de cex lettres. Et auons promis et promettons, anduy ensamble, et chescom per luy, per noz seiremantz donez et toichiez sus seint euuangile, au dit dayin, a chapitre de *Nostre Dame* de *Doule*, et à lour suscessours, à celuy ou à cex qui auroit ou auroient cause de lour, de toutes les deuant dictes chouses vendues, chescom de nos por la moitié et por le tout, porter leial guarantie contre toutes genz, en toutz lues, en toutes cors et deuant toutz jugies, et que contre ceste vendue, per nos, no per autruy, en plet ne fors de plet, en appert ne en rescendu, dey cy en auant ne vindrons, ne consentrons que nions il viene. Et renonçons en cest fait, per nox donez seirementz, à excepciom de pécune qui ne nos soit paié, nombrée, déliurée et tornée en nostre profit, et à toutes autres excepcioms, ressonz, droitz, deffensions, alligacions qui nos, de droit ou de fait, porroient profaitier, et au dit dayin et a chapittre de l'église de *Nostre Dame* de *Doule* ou à lour suscessours nuyere, et a droit que dit que général renonciaciom ne vaut. Et por toute la tenor de cex lettres fermement tenir et guerder, nos enleions nos, nox chouses et nox hoirs en la cort et juridiciom ma dame la contesse de *Bourgoigne*. En tesmoignaige de vérité, nos auons requis et fait mettre en cex lettres lo seel de la dicte dame dou lequel l'om vse en *Arbois*. Faittes et donées le londi apprès les Bordes l'am Nostre Seignor corrant mil trois cenz et traze. [Sous le repli :] L. D. *Aguiot* de *Fonteney*. (Bibliothèque d'Arbois. Original. Etait scellé sur double queue).

2° *Droits du prieuré d'Arbois sur plusieurs paroisses rurales du voisinage.*

L'église de Saint-Pierre de Vadans donnée par son chapelain au prieuré.

1222 (n. st.), 21 janvier.

Gerardus, Dei gracia *Bisuntinensis* archiepiscopus, omnibus presentem paginam inspecturis perpetuam in Domino salutem. Sciant omnes quos scire fuerit oportunum quod *Bisuntius*, capellanus *Sancti Petri* iuxta castrum de *Wadens*, in presentia nostra ueniens ipsam ecclesiam *Sancti Petri* cum appendiciis suis, quam ab antecessoribus suis iure hereditario possidebat, Deo et ecclesie *Sancti Eugendi*, ad usus prioratus de *Arboys*, in elemosinam donauit et concessit. Hanc autem elemosinam et donationem factam nos laudamus et concedimus et pontificali auctoritate confirmamus, saluo iure nostro et ministerialium nostrorum. Ad perennem uero hujus facti memoriam presenti scripto sigillum nostrum fecimus apponi, omnes illos qui contra justiciam memoratam elemosinam supradicto prioratui perturbare adtemptauerunt excommunicantes. Actum anno Dominice Incarnationis millesimo ducentesimo vicesimo primo. Data per manum *Stephani* cancellarii nostri, xij Kalendas februarii. (Arch. du Jura, H. Prieuré d'Arbois. Original. Au revers : E. *Sancti Petri de Wadens*. Scellé sur lacs de soie rouge du sceau ogival en cire jaune de l'archevêque de Besançon. L'archevêque est représenté assis tenant la crosse. Légende : *Gerardi* de *B.... ini* archiepi [scopi].

3° *Origines de la famille de Thoire et de Vaudrey.*

I. Guillaume, seigneur de Vaudrey, donne au prieuré d'Arbois les droits qu'il tenait de feu Evrard, chapelain d'Arbois.

1233 ou 1234 (n. st.), avril.

Nos frater *S.*, abbas *Roseriarum*, et nos *St.*, *Salinarum* archidiaconus, notum facimus omnibus presentes litteras inspecturis quod nobilis vir *Guillermus*, dominus de *Vaudre*, in nostra presencia constitutus recognovit se dedisse, concessisse et quitasse imperpetuum *Johanni*, priori *Sancti Justi* de *Arbosio* et fratribus eiusdem loci, quicquid iuris habebat in domo bone memorie *Euurardi*, quondam capellani de *Arbosio*, et eciam quicquid iuris habebat in uinea sita retro eandem domum et in uinea de *Malateria*, et eciam quecumque occasione dicti *E.* tam mobilia quam immobilia sasiuerat uel petebat. Hanc autem concessionem et quitationem domina *G.* uxor eius et *Guillermus* eorumdem filius ratam habentes laudauerunt et dicto *J.* priori penitus quittauerunt. Testes : dominus *Guillermus*, capellanus de *Chengins*, dominus *Hugo* de *Grangia*, dominus *Guido* de *Thoria*, dominus *Hugo* de *Malo Foramine*, dominus *Hugo* de *Arbosio*, milites. In cuius rei memoriam et testimonium nos ad peticionem partium presentes litteras sigillorum nostrorum munimine reddidimus confirmatas. Actum anno Domini m cc° xxx° tercio, mense aprilis. (Arch. du Jura, H. Prieuré d'Arbois. Original. Etait scellé sur doubles queues. Au revers : L. domini *Guillermi* de *Vaudreyo* de quitatione domus domini *Eurardi* capellani).

II. — Gui de Thoire, chevalier, et son fils Hugue, donnent une terre à l'hôpital d'Arbois.

1243 (n. st.), mars.

Notum sit omnibus tam presentibus quam futuris quod dominus *Guido* de *Thoria*, miles, et *Hugo* filius eius, pro remedio animarum suarum et antecessorum suorum, dederunt et concesserunt in puram et perpetuam elemosinam Deo et domui Dei de *Arbosio* vnam peciam terre sitam in territorio de *Fossevalun*, iuxta vineam *Benedicti Caprarii*. Retinuerunt autem predicti *Guido* et *Hugo* filius eius in eadem terra sex denarios censuales sibi et heredibus suis annuatim persoluendos in festo Sancti Martini hyemalis. In cuius rei testimonium *P.*, prior de *Arbosio*, ad peticionem parcium, presentes litteras sigillauit. Actum anno Domini m° cc° xl° secundo, mense martii (Arch. du Jura, H. Prieuré d'Arbois. Etait scellé sur simple queue. Au revers. Littere *Guidonis* de *Thoria* de donatione vnius pecie terre).

4° Régime de la propriété foncière.

I. Dame Nicole, assistée par son mari Guillaume d'Estavayer, chevalier, donne à la ville d'Arbois une maison sise au bourg dans la grand rue pour y faire l'hôpital.

1373, 30 août.

Nous, official de la cour de *Besançon*, faisons sçauoir à tous, que pardeuant *Oudin* de *Maland*, demeurant à *Arbois*, notaire de notre dite cour, notre commandement espécial, auquel quant à ce et à plus grants choses, nous avons commis nos voyes et commettons par ces présentes lettres. Pour ce en droit personnellement établi et à ce espécialement venant dame *Nicole*, femme messire *Guillaume* d'*Estauaier*, chevalier, dud. lieu d'une part, et *Guillaume Duvernois*, escuyer, *Vuillemin Barnard*, clerc, *Guyenot le Bault* et *Aymonet* de *Saint-Oyant*, demeurans à *Arbois*, proudhommes et escheuins de la ville et communauté d'*Arbois*, et messire *Girard Rondet* d'*Arbois*, prestre, maitre et gouverneur de l'hopital d'*Arbois*, à ce temps d'autre part, les d. parties ont fait convenance et accord entre leurs, les pactions, accords et convenances que s'en suivent, c'est assavoir, la d. dame *Nicole*, de l'autorité, loux et consentement du dit messire *Guillaume*, présent, louant et autorisant de son bon gré et pure volonté, sur ce regardant et considérant le déchargement de l'âme d'elle et de ses ancesseurs, et en amone, en droit, par devant notre d. commandement, pour luy, ses hoirs et de tous ceux qui de luy auront cause, a donné, quitté, cessé, baillié, concédé, ouctroyé et délivré, donne, cesse, baille, concède, ouctroye et délivre perpétuellement et héritablement à tousjours mais, èsd. eschevins et maitre dud. hopital, en nom et pour toute la communauté et pour le dit hôpital, les d. proudhommes et maitre presens, prenant, recevant et aggreant, vne sue maison, le fond, appartenances et appendices d'icelle, droit, propriété et seignoirie, par parfaite, mère et pure donation et aumone donnée et faite entre les vifs, sans jamais coraige de révoquer pour cause d'ingratitude, laquelle maison siet au bourg d'*Arbois*, en la *grant rue*, devant la maison *Guillaume* de *Pupillin*, touchant au pourtail et ès murs dudit bourg d'une part, et au chemin communal par devant, et touchant à la maison *Colin Petitjean* d'*Arbois* par derrière d'autre part, et par payant et rendant à Madame la comtesse de *Bourgongne*, tous les ans une fois, en la vote d'*Arbois*, vingt sols estevenants censals, loux, emende et seignorie pourtant, le jour de feste saint Martin d'hyver, et franche et quitte de toutes autres servitudes. Et cette donation lad. dame *Nicole* a faite et fait, comme dit est, pour le remède de l'ame d'elle et de ses ancesseurs, et pour ce aussi que li devant dits eschevins et le d. maitre, pour leur et leurs successeurs, et en nom du dit hopital, de toute la communauté, ont promis et promettent par leurs sermens donnés et touchés corporellement sur saints Evangiles de Dieu, en la main de notre dit commandement et sous la expresse obligation de tous les biens dud. hôpital, présent et a venir, en lad. maison, fonds et appartenances d'icelles faire et édiffier l'hopital dud. lieu d'*Arbois* et l'hospitalité au plus brief qu'ils pourront, et parmi trois messes que le dit maître dud. hôpital, chapelain, et cy qui pour le temps advenir sera maitre dud. hopital, est et sera tenu de chanter et célébrer perpétuellement, à tousjour mais, chacune semaine, est assavoir pour les ames de la d. dame *Nicole*, dud. messire *Guillaume* et de leurs ancesseurs, une messe, et pour les ames de tous les bienfaiteurs dud. hopital, les autres deux messes, lesquelles trois messes led. chapelain et maitre doiuent et ont promis comme dessus, pourchasser, à tout leur pouvoir vers l'abbé de *Saint-Oyant*, qu'elles se diront aud. hopital, comme dit est, perpétuellement, et se il ne peut deuers le d. abbé, ils le doiuent pourchasser, comme dit est, deuers mons[r] l'archevêque de *Besançon*, ou par deuers le siége de *Rome*. Et au cas où il ne le pourront pourchasser, comme dit est, les d. chapelains présens et à venir le deuront célébrer et dire en l'église de *Saint-Just d'Arbois* perpétuellement, comme dessus est dit. Laquelle maison ainsi donnée ne se peut, ne doit eschanger, ne permuter, aliéner en aucune manière, quelle qu'elle soit, mais se doit et devra tenir perpétuellement, pour et en nom dud. hopital et comme hopital dud. lieu d'*Arbois*, comme dessus est diuisé. Et est encoures accordé et conuenancié entre les parties que le dit hopital ne se peut ne doit jamais laisser, ne admodier en aucune manière, quelle qu'elle soit, fuer qu'à un chapelain idoine et souffisant pour gouuerner le dit hopital, dire et chanter lesd. messes, comme dit est, et par ainsi la d. dame *Nicole*, de l'autorité que dessus, pour ley, ses hoirs et tous ceux qui d'elle auront cause, perpétuellement et à toujours mais, s'est déuestue et déuest de tous droits, actions, raisons saisine, propriété et possession, et les dis escheuins et le dit maitre, en, nom et pour le d. hopital, pour leurs et leurs successeurs, eschevins d'*Arbois* et maitre dud. hopital, en a enuestu, mis et met en vraye saisine et possession, ou aussi par la tradition de ces présentes lettres, et la d. maison, fond, meix, appartenances et appendices d'icelle, en la forme et manière que dessus, elle, pour ley, ses hoirs, perpétuellement et a toujours mais, leur a promis et promet la d. dame *Nicole*, de l'autorité que dessus, deffendre, garantir et appaiser tout de plain, perpétuellement et à toujours mais, à ses propres despens et missions, contre tous, en tous lieux, en toutes cours et par deuant tous juges, et entrer en garantie toutes et quantes fois qu'elle en sera requise, en quelque lieu que ce soit, sans citation de juge, et a promis et promet la d. dame *Nicole*, elle ne ira, par ley ne par autre, au contraire de cette présente donation, ne contre la teneur de ces présentes lettres, en tout ne en partie, ne consentir autre y venir, par son serment pour ce juré et touché corporellement aux Saints Evangiles de Dieu, par stipulation solennelle sur ce entremise en la main de notre d. commandement, et sur la penne d'excommuniement de notre dicte cour, et sous l'obligation de tous ses biens meubles et non meubles, présens et avenir. Lad. dame *Nicole*, de l'autorité que dessus, a submis ley, ses hoirs et ses d. biens, et submet sous l'une et l'autre de nos juridictions et cohertions, spirituelle et temporelle, et sous toutes autres cours d'église et séculières, pour être contrainte à la plénière obseruation de toute la teneur de ces présentes lettres, renonceant par son deuant donné serment, à toutes exceptions de fait, de droit, mal barat, lézion, circonuention, déceuance, à la chose non ainsi faicte ou dite, au droit disant que generale renonciation ne vaut, à la copie d. ces présentes lettres, et à toutes autres renonciations, que contre la teneur d'icelles pourroient être dites ou opposées, la sentence d'excommuniement nonobstant. En témoin de la quelle chose nous, official dessus dit, à la prière et requête de lad. dame *Nicole*, dud. messire *Guillaume*, son mary, et des d. parties, et à la relation de notre d. commandement à nous sur ce faite et diligemment rappourtée, avons fait mettre le scel de notre d. cour en ces présentes lettres, ensemble le scel de madame la contesse de *Bourgogne*, duquel l'on use à *Arbois*, que furent faites et données, présens messire *Estienne* de *Cloi*, chanoine de *Saint Maurice* de *Salins*, *Outhenin Peloset*, *Guion Dusier* et *Huguenin* de *Eschelley*, escuyer, le trentième jour du mois d'aoust, l'an Notre Seigneur courant mil trois cens septante et trois, ainsi signé *Oud.* de *Maland* et *Jo. Mutin*. Copie et collation faite au vray original. Signé : *H. Glanne* (Arch. de l'hôpital, A, 5. Copie authentique du XVIIIe siècle intitulée : Extrait du rentier de la maison Dieu et hopital de Notre-Dame d'Arbois, fait par Hugues Glannes dud. Arbois, notaire royal. Du 1er may l'an 1488. Au fol. 2 dud. rentier est porté ce qui suit :).

II. — Ratification de la donation précédente par Marguerite de France, comtesse de Bourgogne.

1374, 31 octobre.

Marguerite, fille de Roy de *France*, comtesse de *Flandres*, d'*Artois* et de *Bourgoingne*, palatine et dame de *Salins*, à tous ceux que ces présentes lettres verront, salut. Comme nostre amé et féal messire *Guillaume* d'*Estauayer*, cheualier, et madame *Nicole*, sa femme, pour Dieu, en pitié et pour ausmone, ayent donné, transporté et délaissé à toujours mais, perpétuellement, pour eux et pour leurs hoirs et successeurs, à l'hopital des poures de nostre ville d'*Arbois*, vne leur maison séante en nostre bourg d'*Arbois*, pour y receuoir et aberger les poures, pour Dieu, si que cep eut apparoir par leur lettres, sçavoir faisons que, à l'humble suplicacion du maitre ou gouuerneur dudit hopital, nous, en regard de pitié et d'aumosne, de nostre grace espéciale, avons agréable et confirmons par ces présentes le don et transport dessus dis, et avec ce, de plus habondant grace, quittons et donnons au maitre ou gouverneur et hopital dessus dis, tout le loux et droit quelconques que, pour cause d'iceluy transport, nous appartient et deuoit appartenir, retenu toutesfois à nous et nos hoirs la cense en lad. maison, telle et par la manière que deuant l'y auions, et ainsy à nous et nos hoirs sera tenu de payer ladite cense le dit maitre et gouuerneur et ses successeurs, gouverneurs aud. hopital. Si mandons à tous nos justiciers, officiers et sujets, présens et advenirs, ou leurs lieutenans, et à chacun d'eux, si comme luy appartiendra, que de nostre présente grace, quittance et confirmation, comme dessus est dit, passent, souffrent et laissent, par la manière dessus ditte, jouïr et user paisiblement doresenavant à toujours mais, l'hôpital dessusdit et les gouverneurs d'yceluy, sans y mettre ou souffrir estre mis empeschement. Donné à *Troyes*, le dernier jour d'octobre l'an de grace mil trois cent soixante et quatorze. Ainsy sigqé, par madame en son conseil : *R. Théroude* et sur la copie tirée du vray original étant à l'ancien registre dudit hopital, *H. Glanne*. (Arch. de l'hôpital. A, 5. copie authentique du XVIIIe siècle).

5° *Origine de la famille d'Arbois.*

I. — Vente à l'abbaye de Balerne de deux vignes libres par Hugue de la Châtelaine, fils de feu monseigneur Just d'Arbois, et par sa femme Polliane.

1261, mai.

Nos, *Hugo* dictus de *Castella*, filius quondam domini *Justi* de *Arbosio* et domina *Pollyna*, vxor ejus, notum facimus vniuersis ad quos presentes littere peruenerint, quod nos, non circumuenti, nec decepti, nec dolo, nec precario inducti, imo mera et spontanea volumptate nostra ducti, vendimus, donamus, tradimus, quittamus et concedimus imperpetuum abbati et conuentui de *Balerna*, *Cisterciensis* ordinis, *Bisuntinensis* diocesis, et successoribus eorum, duas vineas liberas, quictas et absolutas omnino, quas tenemus et possidemus, uel ipsi abbas et conuentus pro nobis, sitas in territorio de la *Mercele*, inter vineas que fuerunt domini *Odonis* de *Champarous* et vineas *Jaquemini* nepotis ejusdem. Damus incontra eisdem abbati et conuentui quicquid juris, actionis et rationis, vsus et requisitionis habemus in dictis duabus vineis de *la Mercele*. Pro qua venditione et aliis recepimus et habuimus, nomine precii, viginti quinque libras stephanensium in pecunia numerata, et habemus nos inde bene pro pagatis. Scientes et confitentes dictas duas vineas venditas plus valere et majoris esse precii, set quod plus valent et majoris sunt precii, pro remedio animarum nostrarum ad quod quilibet debet intendere, damus et condimus, ex certa scientia, in puram et perpetuam elemosinam abbati et conuentui supradictis. Promittimus etiam juramentis nostris prestitis dictas duas vineas omnino liberas predictis abbati et conuentui semper guarantire contra omnes, et quod contra premissa vnquam non veniemus, pro dicta guarantia portanda nos et heredes nostros obligantes. In hiis autem ego, predicta *Polliana*, renuncio expresse dotis seu donationis propter nu[p]cias ypothece, legis Julie et Valeriani beneficio, et nos, predicti *Hugo* et *Polliana*, quilibet in solidum, renunciamus exceptioni non numerali precii et non soluti, et minoris precii, et omni alii. In cuius rei testimonium sigillum capituli ecclesie *Sancti Mauricii Salinensis* presentibus litteris rogauimus et fecimus apponi. Actum anno Domini millesimo ducentesimo sexagesimo vno, mense maio (Arch. d'Arbois, K, 8. Original. Etait scellé sur double queue. Au revers, de deux écritures différentes du XIIIe siècle : Carte domini *Hugonis*. — De domino *Hugone* de *Chastella*, de vineis de *la Marcette*. D'une écriture du XIVe siècle : lettre de deux vignes seant en *la Marcele* ensy signée).

II. Don d'une vigne et deux soitures de pré par Hugues de la Châtelaine, chevalier, à Gui du Pasquier, damoisel.

1273, octobre.

Ego, *Hugo* de *Castellana*, miles, notum facio vniuersis presentes litteras inspecturis quod ego, prudens, sciens et spontaneus, cum bona et sana deliberatione, donatione irreuocabili facta inter viuos, do, quitto in perpetuum libere *Guydoni du Pasquier*, domicello, et heredibus suis quandam vineam sitam in territorio de *Arbosio*, in loco qui dicitur *Prébriart*, inter vineam *Hugonis* dicti *Sognial*, clerici, ex vna parte, et inter viam communem ex altera, et duas secturas prati in loco qui dicitur *Bur de Cona*, iuxta pratum meum et iuxta pratum *Regnaudi* de *Castellana*. De qua vinea et duabus secturis supradictis me deuestiendo, dictum *Guydonem*, pro se et suis, corporaliter inuestio et pono in possessionem corporalem, promittens, fide mea data corporali, dicto *Guydoni* et suis heredibus de dicta vinea et predictis duabus secturis ferre precise garandiam contra omnes, et quod contra huiusmodi donationem et quittationem, per me uel per alium, in iudicio uel extra, in toto uel in parte, verbo seu facto, tacite uel expresse, modo aliquo non veniam in futurum, nec consentiam alium contraire volentes. In cuius rei testimonium ego predictus *Hugo* sigillum meum presentibus litteris apposui et sigillum venerabilis viri *Johannis*, prioris de *Arbosio*, presentibus feci apponi et dicto *Guydoni*, filio quondam domini *Petri du Pasquier*, militis, tradidi sigillatas. Actum anno Domini m° cc° septuagesimo tercio, mense octobris (Arch. d'Arbois, II, 4. Original. Etait scellé de trois sceaux sur doubles queues).

6° *Condition des francs hommes.*

Jean, prieur d'Arbois, reçoit à titre de franc homme Etienne Berthier et lui donne en albergement les biens possédés autrefois par messire Adam de la Platière.

1249, avril.

Sciant omnes presentes litteras inspecturi quod *Johannes*, prior de *Arbosio*, de communi laude et consensu fratrum suorum in prioratu *Sancti Justi* de *Arbosio* secum Deo serviencium, retinuit et recepit in francum hominem suum *Stephanum*, filium et alumpnum domini *Girardi Berthier* de *Arbosio*, presbiteri, et ipsum *St.*, cum omnibus bonis suis, predictus *G.*, pater suus, contulit et concessit imperpetuum dicto priori et prioratui *Sancti Justi* de *Arbosio*, eodem *Stephano* uoluntate spontanee consenciente et laudante. Dictus autem prior, pensata vtilitate domus sue de *Arbosio*, albergauit ipsum *Stephanum* de domo que fuit quondam domini *Adam* de *Plateria*, presbiteri, et de cellario eiusdem domus et de orto contiguo eidem domui a parte grangie predicti prioratus, et de vinea sita in territorio de *la Combe* juxta uineam que fuit quondam *Hemerici* de *Plateria*, que omnia predicta predictus dominus *Girardus* tenebat a dicto priore et prioratu tanquam clericus ipsius prioratus, et per totam vitam suam pacifice possidebit. Hec autem omnia supradicta dictus prior, de communi laude et consensu fratrum suorum predictorum, dedit et concessit predicto *Stephano* et heredi eius quem ex legitima vxore sua susceperit, pacifice possidendam, sub annuo censu decem solidorum stephanensium persoluendorum dicto prioratui *Sancti Justi*, in festo Sancti Martini hiemalis. Si vero idem *St.* ex legitima vxore sua heredem non susceperit, hec omnia supradicta, cum omni melioratione et cum omnibus edificiis ibidem factis, post decessum ipsius, ad dictum prioratum sine contradictione aliqua pacifice reuertentur. Item, si idem *Stephanus* ad alium dominium seu ad alium dominum quam ad dictum prioratum se transtulerit, uel aliquo modo se alienauerit ab ipso prioratu, omnia supradicta, ipso et eodem facto, ad eundem prioratum libere et absolute deuenient et pacifice reuertentur. Que omnia supradicta, vt rata et stabilia permaneant, dominus *Willermus* de *Chengins*, canonicus *Sancti Stephani Bisuntinensis*, qui tunc temporis vices agebat venerabilis patris archiepiscopi *Bisuntinensis*, et *Arduinus*, capellanus de *Arbosio*, presentes litteras, ad peticionem parcium, sigillorum suorum reddiderunt munimine confirmatas. Actum anno Domini m° cc° quadragesimo nono, mense aprilis (Arch. du Jura, H. Prieuré d'Arbois. Original. Etait scellé sur doubles queues. Reste un fragment du sceau ogival en cire jaune d'Arduin, chapelain d'Arbois. Légende : — i capella — Au revers : Littere *Stephani* filii domini *Girardi* dicti *Bertier* de *Arbosio*, presbiteri, de homagio suo.)

7° *Exploitation des salines de Salins au* XIII° *siècle.*

I. Jaquele de Clarons, veuve de Richard Baylath, chevalier, donne à Notre Dame de Château-sur-Salins une rente d'un quartier de muire dans le bourg le comte.

1236.

Sciant quos sciro oportuerit quod *Jaquetha* de *Clarons*, relicta *Richardi* dicti *Baylath*, militis, de laude et assensu prenominati *Richardi* quondam mariti sui et fratrum suorum, videlicet *Henrici* et *Roberti* de *Clarons*, dedit in elemosinam, pro se et pro marito suo et aliis antecessoribus suis, Deo et *Beate Marie* de *Castello supra Salinum* quoddam quarterium calderie lav et muria (1) de manso *Essabeles*, in *Burgo comitis Burgundie*. In cuius rei testimonium, ad preces ipsorum, capitulum *Sancti Michaelis Salinensis* presentes litteras sigilli sui munimine roborauit. Actum anno Domini m° cc° xxx° sexto (Arch. d'Arbois, K, 73. Original. Etait scellé sur double queue. Au revers, d'une écriture du XIV° siècle : lettre de *Jaquete* de *Clarons* du quar d'un quartier de muyre).

II. — Vaucher, seigneur d'Andelot, donne à l'église Notre-Dame de Château-sur-Salins, une rente de trois parties d'un quartier de muire dans le puits du bourg le comte.

1253, 3 septembre.

Nos *Valcherus*, dominus de *Andelot* notum facimus omnibus presentes litteras inspecturis quod, pro elemosinis condam factis et diuisis a fratribus nostris *Renaldo* et domino *Johanne* ecclesie *Beate Marie* de *Castello supra Salinum* vbi corpora eorum sunt sepulta, pro anniuersariis pro eisdem faciendis, presente viro religioso priore *Gigniaci*, dedimus et assedimus, ex sana sciencia, dicte ecclesie de *Castello* tres partes vnius quarterii murie, de manso *Barengerii Ruphi* (2), in puteo *Salinensi Burgi comitis Burgundie* palatini, liberas et integras, in perpetuum quiete et pacifice possidendas, de quo prior *Gigniaci*, tunc temporis prior de *Castello*, et fratres

(1) Le quartier était la plus grande mesure employée pour les eaux-mères et pour le sel. Chaque quartier etait de trente seilles. — Max Prinet, *l'Industrie du sel en Franche-Comté avant la conquête française* (*Mémoires de la Société d'émulation du Doubs*, 1896, pp. 201-246).

(2) Le manse Barangier, appelé encore *cour Barangier* en l'année 1665 était l'une des bernes de la grande saline, c'est-à-dire l'un des emplacements où l'on faisait évaporer la muire pour en extraire le sel. Chaque berne contenait trois chaudières (Roussel, *Dictionnaire de la Franche-Comté*, VI, pp. 532, 566).

monachi ejusdem loci se habent penitus pro contentis. Et sciendum quod, ad requisitionem dicti prioris super elemosina a matre nostra facta in terris apud *Andelot*, et in hominibus apud *Cherence*, et in territorio, pro anniuersario faciendo pro ea in ecclesia *Beate Marie de Castello*, inter nos et dictum priorem fuit concordatum et pacificatum sub hac forma quod idem prior quitauit nobis et nostris in perpetuum quicquid juris dicta ecclesia habebat apud predicta loca de *Andelot* et de *Cherence*. Nos vero, hac de causa, dedimus et assedimus sepedicte ecclesie, pro eodem anniuersario matris nostre faciendo, viginti solidos stephanensium singulis annis super sexto nostro et jure nostro hereditario murie *de la Domene* eidem ecclesie in festo Beati Andree apostoli annuatim in perpetuum persoluendos, volentes et precipientes dictos viginti solidos prefate ecclesie solui ad predictum terminum, a quacunque persona dictum sextum nostrum *de la Domene* teneatur. In cujus rei testimonium nos predictus *Valcherus* presentes litteras sigilli nostri munimine duximus roborandas. Datum *Salini* die mercurii ante Nativitatem Beate Marie Virginis anno Domini m° cc° quinquagesimo tercio (Arch. d'Arbois, K, 73. Original. Etait scellé sur double queue d'un sceau en cire verte dont il ne reste que des vestiges. Au revers, écriture du xiv° siècle : lettres des iij parties de j quartier et de xx s. esteu. sus *la Domainne*).

8° *Descriptions anciennes du cartulaire d'Arbois. — Inventaires du* xvii° *siècle des titres de la ville. — Collection Droz. — Destinée des originaux. — Lacunes du cartulaire.*

Les inventaires des titres de la ville rédigés au xvii° siècle décrivent le cartulaire. Premier, vng liure en quart volume, couuert de peau blanche, dont le dessoubz est rattaché de peau rouge garny d'ung cordon de peau noire, le dit liure contenant 73 feuillets cothez et escriptz, appellé le *Cartulaire de la ville d'Arbois*, auquel sont contenues les coppies des tiltres anciens de ladite ville, les originaux desquels ja par orvalle de feu dez bien long temps sont estez perduz et consommez, et contiennent telles coppies l'aucterité que messieurs les escheuins dudit *Arbois* ont en la dite ville, et ce par octroy et concession de furent les ducz, comtes et comtesses de *Bourgoine*, sçauoir le pouuoir de eslire les diz escheuins, la donation des four et *Chaumois*, auec plusieurs aultres priuilèges et auctoritez, et les statuz de la *Maladière* dudit *Arbois*, la manière de la conférer quant elle est vacquante, ensemble les édicts et ordonnances de fut le bon duc *Jehan*, jadis comte de *Bourgoine*, signé de fut *Jehan Demolain*, notaire publicque et scribe du conseil de la dite ville. Cotbé 1. (*Inventaire des titres de la ville d'Arbois faict en l'an* 1605. Archives d'Arbois, II, 1. Original. F° 5, r°). L'*Inventaire de* 1627 (II, 2, original) reproduit cette description (f° 1, r°). L'*Inventaire de* 1660 (II, 3, original) indique les lacunes du cartulaire : Premier. Le *Cartulaire* en feuilletz de parchemin contenant septante deux feuilletz, s'y manquant toutesfois les treizième et quatorzième et la moittié du soixante deuxième, dans lequel sont descriptes plusieurs coppies des enseignemenz, tiltres et franchises concernantz ladite ville. Cotté premier (f° 1, r°). — V. aussi *Collection Moreau*, mss. 888, f° 344, v°. Hic duo folia ablata sunt quae XII et XIII nuncupantur et tantum superest in XIIII° folio, et ab initio illius, residuum cartae in haec verba : autres officiers et subjects quelconques, etc...

9° *Les statuts et établissements de la maladière d'Arbois.*

Le document le plus important de la maladière par son antiquité, par ses dispositions, par le nombre des procès où il a été produit, ce sont les statuts et les établissements de cette maison (1). Ils ne sont point rédigés en forme de charte. Ils se présentent comme une notice ou un procès-verbal analogue à l'acte de 1257 qui fixe les droits des comtes de Bourgogne et des comtes de Vienne dans la prévôté (2). On y trouve l'ensemble des coutumes et des règlements de la léproserie arrêtés, au dire de la rubrique, en l'an 1053, par les prud'hommes de la prévôté d'Arbois, le prieur, le curé, les clercs, les prêtres, les chevaliers, les bourgeois, les gagneurs ou laboureurs. Ils furent peut-être réunis en assemblée générale. Les « souverains seigneurs du pays », le comte de Bourgogne et le seigneur de Vaudrey, auraient revêtu de leur approbation les décisions des habitants.

Les statuts donnent la liste des droits et des obligations de la maladière. Son patrimoine se compose de trois tenures de serfs donnés par le comte Renaud (§ 1-3) et de menus droits, seigneuriaux ou autres, tels que le monopole de la mesure du vin appelé quarri (§ 5-7), le denier à Dieu (§ 4), les gerberies et autres redevances (§ 8, 15, 20-23). Ces droits portent sur le territoire de la ville et de plusieurs villages. La maison jouit aussi de l'exemption de certains péages et de certaines amendes pour délits ruraux (§ 9-10). En retour des droits qui lui ont été accordés, elle est tenue de recevoir les malades des localités qui contribuent à son entretien, et qui sont nommées dans les statuts (§ 16).

Le second objet de l'acte est de fixer le régime de la léproserie. A la tête de la maison est un prêtre. Au XV° siècle, on l'appelle recteur, maître ou chapelain. Il est le chef spirituel et temporel. La maladière a une chapelle dédiée à saint Nicolas. Le prêtre y chante les offices, administre les sacrements aux malades, gère les biens de l'établissement (§ 12), et y maintient la discipline et la police (§ 26-27). Les statuts indiquent les avantages attachés à sa charge (§ 13, 17, 35, 38, 39). Ils s'occupent aussi des

(1) *Cartulaire*, 45. La maladière s'appelait encore malatière (*malateria*), léproserie (leprosaria, domus leprosorum), lazarie (lazaria). Les malades étaient les malaites ou malaides, les lépreux ou les ladres.

(2) *Cartulaire*, 1.

domestiques, homme et femme, *garçon* et *donselle*, voués au service des lépreux (§ 24, 28, 29). Enfin ils traitent des lépreux. Ils prévoient et punissent leurs manquements et leurs délits, jeux, rixes, vols, par exemple (§ 25-27). Ils ordonnent certaines précautions destinées à prévenir la contagion. Il est défendu à toute personne saine de demeurer dans la maison (§ 29). Dans certains cas le lépreux peut sortir, mais jamais sans chaussure, ni sans bâton (§ 24-32). Il ne doit point venir à la ville pendant le mois d'août (§ 31). Le lépreux coupable d'un délit ou d'un manquement aux prescriptions sanitaires est puni par la privation de sa provende, pendant un temps qui varie d'un jour à quarante jours (§ 43). A tout cela les statuts mêlent certaines règles de droit civil sur la succession des lépreux (§ 38, 44).

Il résulte encore des statuts que la maladière relève à la fois du prieuré et de la ville. Le prieur nomme le recteur, avec le conseil des échevins (§ 12). Mais il y a un point sur lequel le texte est muet, c'est la fondation de la maison. Il n'en dit ni l'auteur, ni l'époque, ni les circonstances. Les derniers mots de la rubrique, *sauf le temps devant passé*, donneraient à entendre que l'hospice existait avant l'époque où les hommes de la prévôté lui donnèrent ses statuts. D'autre part, l'établissement n'avait point, comme la plupart des maisons religieuses, une charte de fondation, ou tout au moins cette charte s'était perdue. Au xve siècle on considérait les statuts comme l'acte qui avait établi la léproserie. On les appelait les lettres de fondation de la maladière. C'était sous ce nom qu'on les invoquait en justice. On voyait dans le comte Renaud le créateur de la maison. On pensait donc que l'institution de la maladière et la rédaction de ses statuts avaient été simultanées.

Depuis la fin du xve siècle, la maladière a eu une existence bien agitée. On s'est beaucoup querellé à son sujet. Cependant, sa situation matérielle était précaire. Durant plus de cinquante ans, jusqu'aux dernières années du xve siècle, aucun malade n'était entré à l'hospice. Les bâtiments brûlés et en ruine n'avaient pas été restaurés. Il ne restait que la chapelle et la maison du recteur. Ces deux édifices étaient dans le plus triste état. Le recteur n'y demeurait plus. Les fermiers ou grangiers seuls y habitaient. A la fin du xve siècle, deux lépreux sont amenés à la maladière. On est obligé de les mettre dans la chapelle et dans la maison des fermiers. Ils ont à souffrir des grandes neiges, des froids rigoureux et de la mauvaise humeur des grangiers, épouvantés par le contact de ces hôtes dangereux. C'est le moment où les différends semblent commencer autour de l'hospice. Il s'est passé trop d'années pendant lesquelles il a été inutile. On ne voit plus les services qu'il peut rendre. On ne voit que les charges qu'il impose au pays. C'est à qui se soustraira à ces obligations. Déjà aussi les convoitises s'allument. C'est à qui s'enrichira à ses dépens et se partagera ses dépouilles.

La lutte est d'abord entre le prieuré et la ville. Le bénéfice de recteur est devenu un honneur et un profit sans charges et sans péril. Les candidats sont nombreux et les rivalités ardentes. La ville et le prieuré se disputent le droit de choisir entre eux. De droit ancien, le prieur est collateur et patron. Les actes émanés de l'autorité ecclésiastique, une bulle de Paul II entre autres, lui reconnaissent cette qualité, sans réserver d'aucune manière le droit qu'aurait la ville d'intervenir dans la nomination (1). Au XVIe siècle, la dispute se termine, comme on pouvait s'y attendre, par le triomphe du patron laïque. La ville confère l'office de recteur sans consulter le prieuré (2).

D'autres contestations naissent entre la maison et les communautés d'habitants qui participent à ses dépenses. Au XVe siècle, la maladière n'ayant plus de malades, on ne demande plus de contribution aux communautés, on laisse tomber en désuétude les droits seigneuriaux (3). Aussi, dans les

(1) Le prieur d'Arbois, sui prioratus collatoris et patroni causa, reçoit la démission de Guillaume de Chauvirey, recteur de la léproserie d'Arbois (Arch. de l'hôpital, A, 27, original). *Cartulaire*, 45, § 12, p. 109, note 3.

(2) Pour les compétitions relatives à l'office de recteur, v. les documents suivants: Prise de possession de la chapelle et de la maladière par messire Antoine Jaillon (29 juin 1496, Arch. de l'hôpital, A, 12). Claude Jaillon et Jean Guy se disputent la chapellenie et la rectorie (14 février 1500, A, 13). Mandement de compulsoire donné par le Parlement de Dôle, au nom de Philippe le Beau, archiduc d'Autriche, « entre messire *Jehan Guy*, de nostre ville d'*Arbois*, prebstre, curé de *Mont-Saint-Sorlin*, maistre, recteur et gouverneur en la Maladière d'*Arbois*, impétrant en mandat de nouvelleté d'une part et messires *Claude* et *Anthoine Jaillon*, prebstres et chascun d'eulx exposant d'autre... à l'encontre des mayeurs, escheuins et habitans du dit *Arbois*, et autres que besoing seroit, pour recevoir d'eulx les lectres de la fondation de la dicte Maladière, synon la coppie ou extrait d'acungs articles d'icelles, avec certains autres tiltres, afin de les exhiber en la dicte cause » (27 mai 1502), suivi du procès-verbal de signification aux échevins par Guillaume Perrot d'Arbois, huissier du Parlement (30 mai, Arch. de la ville d'Arbois, AA, 36). Promesse faite par les mayeurs, eschevins et conseil de la ville d'Arbois à messire Jacques Grillard de Mont-Saint-Sorlin, prêtre, de lui laisser sa vie durant la jouissance des revenus de la maladière (20 août 1571, Arch. de l'hôpital, A, 16). Collation du rectorat faite par Claude de la Baume, archevêque de Besançon et prieur d'Arbois, à messire Pierre de Gemilly dit Bachoulet (1571, A, 17). Sur la prise de possession de la maladière par le docteur ès droits Mathieu Gillaboz, comme procureur spécial du sieur Bereur nommé par S. S., recteur de la dite maladière, à laquelle avait été nommé en 1596 messire Claude Pécauld (17 septembre 1597, A, 21). Arrêt du Parlement sur requête de messire Claude Pécauld, relative à la jouissance de la chapellenie de la maladière qui lui est disputée par messire Nicolas Bereur, chanoine de Besançon (13 février 1599, A, 21).

(3) Mandement de Philippe le Beau, daté de Bruxelles, le 19 février 1496 (n. st.), faisant droit à la requête suivante du recteur de la maladière. Reçeu à nous humble supplicacion de sire *Jehan* de *Chauirey*, prebstre, recteur et maistre de la maladière de nostre ville d'*Arbois* en nostre conté de *Bourgoigne*, contenant : Comme icelle maladière ait de grant ancienneté esté instituée et fondée par nos prédécesseurs, contes

dernières années du siècle, la maison a toutes les peines du monde d'obtenir de la ville et des villages l'exécution de leurs anciennes obligations (1).

de *Bourgoigne*, lesquelz, en faisant ladite institution par l'aduis du prieur, curé, proudomes et escheuins dudit *Arbois* et ressort d'illec, donnèrent aux ladres dudit ressort rendus en icelle maladière, les fressures de toutes les grosses bestes que l'on tueroit en la préuosté dudit *Arbois*, auec certainnes offerandes, aulmosnes, gorberies et menuz droiz, à les prendre et recouurer pour et en nom desdis ladres, par le recteur et maistre de la dite maladière, tant sur le prioré, église et habitans dudit *Arbois*, comme sur les offerandes, églises et habitans du ressort, assauoir *Arbois, Pupillin, Mesnay, Chaingin, Montaigny, la Chastelainne, Villette, Saint-Cyre, Villeneufue* et autres déclairez en ladite fondation et institucion d'icelle maladière, desquels menuz droiz et autres choses contenues en icelle fondacion le dit suppliant, ne ses prédécesseurs, recteurs et maistres de la dicte maladière, n'ont point joy de long temps, par ce que, depuis cinquante ans ou enuiron, il n'a vu aucun ladre rendu en la dite maladière. Or est il que puis nagaires vng nommé *Guillame Sorroillot*, dudit *Ville Neufue*, a esté déclairé et rendu ladre en ladite maladière, et par conséquent doit joyr icelui suppliant desdis droiz ordonnez par icelle fondacion pour la vie des[diz] ladres, et combien que icelui suppliant ait plusieurs foiz sommé et requis ceulx qui doivent iceulx droiz, les lui vouloir payer pour la nourriture du dit ladre [et] d'autres qui pourroient cy après estre rendus en la dicte maladière, ensamble pour l'entretenement et réparacion d'icelle, toutesfois ilz ont de ce faire esté, comme encorres sont, reffusans et en demeure, et double icelui suppliant qu'ilz ne lui en vueillent obicer le laps de temps sur ce encoru, qui ne seroit pas seulement au grant interest et préiudice dudit suppliant et de la dite maladière, mais aussi à la grant foule et diminucion de noz droiz, haulteur et seignourie, se par nous ne lui estoit sur ce pourueu de remede conuenable, ainsi qu'il dit humblement (Arch. de l'hôpital d'Arbois, A, 23, original. Etait probablement scellé sur simple queue. La partie inférieure droite du parchemin a été coupée et détachée).

(1) Jugement provisoire rendu par Loys de Veys, licencié en lois et décret, lieutenant du bailli d'aval, dans les journées par lui tenues à Arbois, le vendredi 15 mars 1499 (n. st.. Arch. de l'hôpital, A, 11). Ce jugement est prononcé sur la requête de maître Hugues Glanne, procureur général dans le bailliage d'Arbois de Philippe le Beau, archiduc d'Autriche et comte de Bourgogne. Cette requête, datée du mois de janvier 1497 (n. st.), expose « que n'auoit lors guères deux ladres auoient esté renduz en la maladière du dit *Arbois*, l'un de *Villeneufue* et l'aultre d'icelluy lieu d'*Arbois*, nommé *Claude Grosjehan*, lesquelx n'auoient point de lieu ni habitacion pour demorer en icelle maladière, à cause que de ce que de long temps il n'y auoit eu nunlz ladres et que le lieu où ilz souloient habiter auoit esté de très longtemps ruyneulx et brulé, et ne sauoient lesditz ladres où séjourner et couchier en ladicte maladière, synon en la chapelle d'icelle, ou auec le recteur ou grangiers, maistre de la dicte maladière, èsquelx lieux ilz souffroient de grandes naiges et froidures, et aussi les ditz grangiers ne les vouloient souffrir, hempler, ne conuersé auec eulx, et dont iceulx ladres s'estoient plains et dolus audit procureur, requerrant surté, prouision et mandement de justice pour contraindre les habitans dudit *Arbois* auec ceulx du *Vaulx* d'illec, pour faire exiger et dresser de nouueau vne maison et habitacion pour les ditz ladres. » Le procureur leur octroie ce mandement. En vertu du mandement furent ajournés aux assises tenues à Arbois le 27 janvier 1497 (n. st.),

Les différends se renouvellent jusqu'au milieu du XVIe siècle. A cette époque, la maladière doit être bien appauvrie, et, sans doute, elle n'abrite

« les escheuins et habitans d'*Arbois, Montaigny, la Grange des Arsures, Villeneufue, Sertemery, Saint Cyre, Villette, Changin, Pupillin, Mesnay, les Planches*, et *la Chastellainne.* » Les habitants de Saint Cyr déclarèrent « qu'ils ne vouloient point de procès audit procureur et qu'ilz estoient contens d'euls en rappourté à ses tiltres, et que, s'ilz y estoient tenuz par droit, ilz estoient contens de contribuer ès frais de la dicte maison en tant que par raison faire le deuroient, requérans pour ceste cause estre mis en fuer cause jusques à la vuydange de la cause des autres dessus nommez, et que fut consentu et accordé aux habitans du dit *Saint Cyre*, en faueur de *Henry* de *Vaudrey*, escuier, leur conseigneur et au regart des autres villes et villaiges dessusprésentez fut ordonné que les lettres de la fondation de la maladière dudit *Arbois* seroient mis par deuant la court et veuz pour donner appoinctement aux dictes parties. » L'appointement fixé d'abord à six semaines fut renouvelé depuis plusieurs fois. Enfin le procureur donne ses conclusions par écrit, contenant ce qui suit : « Assauoir de d'ancienneté et de long temps, de tel qu'il n'estoit mémoire du commencement ne du contraire, il y auoit eu audit lieu d'*Arbois* et ou territoire d'illec vne maison dicte la *Maladière d'Arbois*, pour en icelle recepuoir les lépreux et ceulx qui estoient entaichiés de meselerie qui estoient desditz lieux d'*Arbois, Montaigny, la Grange, Sertemery, Villeneufue, Saint Cyr, Villette, Changin, Pupillin, Mesnay, les Planches*, et *la Chastelaine*, pour les séparer des autres habitans desditz lieux, pour raison de ce que la dicte maladie est contagieuse, et estoit vray que en l'an mil cinquante trois la dicte maladière auoit esté instituée, establie et ordonnée par le consentement et volunté de nos souuerains seigneurs le conte *Regnault*, lors seigneur et conte de *Bourgoingne*, et seigneur de *Toyres*, et par les proudommes et escheuins de la préuosté dudit *Arbois*, les prieur et curé dudit lieu, les prebstres, les clercs, les cheualiers et gentilz hommes, les bourgeois et les gaigneurs de la dicte préuosté, comme il apparissoit par le tiltre de l'establissement d'icelle maladière que auoit esté fait il a quatre cent cinquante ans, dois lequel temps la dicte maladière auoit esté mise sus et y auoit esté fait édiffice pour recepuoir les malades de lespre desditz lieux, par lequel establissement et tiltre de institucion d'icelle maladière fut ordonné que quiconque seroit entaichié de la dicte meselerie ès ditz lieux, ils seroient tenuz d'eulx venir, rendre en la dicte maladière, et aussi apparissoit par icelluy tiltre des autres status et ordonnances establies pour le bien et vtilité d'icelle et des ditz malades. Deppuis lequel temps les édiffices faiz pour les ditz malades estoient venuz en ruyne et désercion tant pour leur grande antiquité que par ce que, de long temps, il n'y auoit heu aulcuns malades renduz en icelle maladière, jusques à présent. Par quoy, selon disposicion de droit et de raison, les habitans des lieux dessusditz estoient tenuz à la réparacion et maintenement des édiffices de la dicte maladière et aussi à l'entretenement et réparacion de la chappelle construicte en la dicte maladière, en laquelle le maistre et chappellain d'icelle estoit tenu de administrer lesditz lépreux et malades des sacremens de Saincte Eglise, voyre plus, se n'y auoit maison propre pour habiter lesditz ladres hors la demeurance dudit maistre et ses ditz grangiers, estoient tenuz les ditz habitans à leur fere nouuelle habitacion pour y pouoir demeurer. Qu'est la joyssance invétérée en ce conté de *Bourgoigne* estoit telle que, quant aucuns malaides de la dicte leppre estoient renduz et séparez des autres humains, ceulx des lieux dont ilz partoient auoient acoustumé de tout aucun malade, car de nouveau le recteur n'y réside plus (1). Vers l'an 1530, le recteur est un simple clerc, étudiant de l'Université de Dôle, Jean Regnault de Bussoncourt. L'office lui est abandonné probablement à titre de bourse d'études (2).

La maladière est, dès lors, condamnée à disparaître. Le prieuré, en sa qualité de patron, aurait des droits à recueillir ses biens ; mais la ville met en avant la familiarité et l'hôpital (3). Enfin celui-ci, après la seconde réunion de la Franche-Comté à la France, obtient le patrimoine de l'antique léproserie par lettres patentes de Louis XIV.

Pendant ces deux siècles de querelles, c'est presque toujours de l'acte des statuts que les parties ont tiré leurs moyens d'attaque et de défense. Il a été produit, pour la première fois, dans l'instance formée, à la fin du XVe siècle, contre les localités de la région. Il ne paraît pas qu'aucun plaideur ait jamais songé à attaquer son authenticité. Bien des choses, cependant, sont surprenantes dans ce document.

1° La place qu'il occupe dans le cartulaire. Pourquoi ne figure-t-il pas dans la partie primitive du recueil ? On y a bien inséré un texte beaucoup moins intéressant, relatif au droit de la communauté de nommer le gouverneur de l'hôpital (4).

2° Son aspect général. Le texte commence brusquement par un *item*. Il se termine de semblable manière à la dernière ligne d'un feuillet, sans annonce d'aucun signe de validation. Cependant, le numérotage du cartu-

temps de leur faire construire à leurs frais habitacion et demeurance séparée du peuple, pour éuiter la contagion de la dicte maladie. » En conséquence, le procureur requiert que par sentence définitive de la cour les défendeurs soient condamnés à restaurer les édifices de la maladière. Le juge, sans faire droit à cette requête : 1° condamne provisoirement les localités intéressées à contribuer à la restauration des bâtiments d'habitation de la maladière ; 2° ordonne une descente sur les lieux afin de juger de l'état de dégradation de la chapelle.

(1) Exploit d'ajournement signifié le 5 mai 1513, en la place publique d'Arbois, par Jean Poupon d'Arbois, sergent du bailliage, à la requête de Jean Grillard, prêtre, maître et recteur de la maladière (Arch. de l'hôpital, A, 10). L'objet de la demande est la revendication des droits seigneuriaux énoncés dans les articles 5 et 8 des statuts. D'après l'exploit, ces droits ont été donnés à la léproserie par « monseigneur le conte *Regnaud*, seigneur de Bourgoigne, en l'an mil cinquante trois. »

(2) Opposition en matière de nouvelleté, de messire Antoine Voiturier, chanoine de Notre-Dame d'Arbois, touchant la maladière, contre maître Jehan Regnault de Bussoncourt, clerc, présentement étudiant à l'Université de Dole, recteur de la maladière (25 sept. 1526, Arch. de l'hôpital, A, 14). Accord entre messires Antoine Voicturier, chanoine de l'église collégiale de Notre-Dame d'Arbois et Jehan Regnault, recteur de la maladière (5 juill. 1530, A, 15).

(3) Demande des mayeurs, eschevins et habitans d'Arbois d'unir la maladière à la familiarité ou à l'hôpital (1591, Arch. de l'hôpital, A, 18).

(4) *Cartulaire*, 33 (1304).

laire montre qu'il n'y manque rien. Il faut remarquer aussi l'absence presque complète de noms de personne. On n'en relève que quatre, celui du comte Renaud et les noms de trois obscurs possesseurs de tenures serviles. Le seigneur de Vaudrey n'est pas nommé. Il n'y a pas un seul nom de témoins (1).

3° Certaines particularités, surtout dans la rubrique que l'on ne retrouve nulle part.

A. Orthographe. Article : *ly* au lieu de *li*. Je n'en connais point d'exemple dans les textes d'Arbois (2).

B. Formules ou expressions. *Le don de Thoire, seigneur de Vaudrey.* Dans une charte de 1301 on lit : *monseigneur de Vaudrey de Thoire.* Mais je ne connais pas un seul texte qui emploie le mot *don* comme synonyme de *seigneur* (3). *Don* est une qualité comme messire. Ce n'est pas un titre comme seigneur ou comte. *Don* est récent. Au XIII° siècle on disait *damp, dam* ou *dan*, forme qui se retrouve dans le texte même des statuts. En 1497, le procureur général du bailliage, Hugue Glanne, dérouté par ces mots : *le don de Thoire*, les supprime, et qualifie le comte Renaud, comte de Bourgogne et seigneur de Thoire. En tout cas, le seigneur de Vaudrey n'a jamais été appelé *don* de Thoire. — *Le conte Renaut, seigneur de Bourgogne.* Il y a un duc, un comte de Bourgogne. Il n'y a point un seigneur de Bourgogne (4). — *Les sergents communaux.* Les textes ne parlent jamais que des sergents du seigneur ou des sergents du bourg (5).

4 *La date.* L'acte est de l'an 1053 et du règne du comte Renaud. Il s'agit de Renaud Ier, comte de Bourgogne de 1027 à 1057. Les vieux Arboisiens du XV° et du XVI° siècle croyaient à cette date. Elle flattait leur amour-propre, appuyait certaines prétentions. A supposer qu'elle fût vraie, le

(1) On ne trouve point non plus les noms du prieur et du curé. Mais c'est l'usage. Toutes les chartes du censier du prieuré d'Arbois sont dans ce cas. On s'attendrait peut-être à y trouver au moins les noms de quelques prudhommes notables ayant pris part à la délibération, surtout lorsque l'on pense à certaines chartes délibérées en assemblée générale des habitants où l'énumération des noms est presque interminable (P. A, 10, I, 1°, 1306 ; 3°, 1312). Mais la notice de 1257 ne nomme personne parmi les habitants d'Arbois réunis en masse pour déposer sur les droits des comtes de Bourgogne et de Vienne. L'absence de noms serait donc plutôt une preuve d'antiquité.

(2) V. au sujet de cette forme en *y*, Paul Meyer, *Observations sur quelques chartes fausses, en langue vulgaire* (*Bibliothèque de l'Ecole des chartes*, XXIII, 1862, p. 125).

(3) Aussi a-t-on pensé que le copiste avait mal lu et que l'original portait *Odon*. (Rousset, *Dictionnaire géographique des communes de la Franche-Comté*, VI, p. 134).

(4) Dans un document de date relativement récente on appelle le comte seigneur de Bourgogne. Il s'agit de Jean sans Peur (Arch. d'Arbois, AA, 7, 1406).

(5) Servientes. *Cartulaire*, 1, 1257, fol. 1, v°; 30, 1353.

texte que nous avons ne pourrait être qu'une traduction du latin. Mais elle est invraisemblable. Il n'y avait ni curé, ni échevins au XIe siècle. Les seigneurs de Vaudrey n'ont eu de droits sur Arbois que comme vassaux des comtes de Vienne, or les droits des comtes de Vienne ne remontent au plus tôt qu'au début du XIIe siècle. Ces anachronismes dévoilent une supercherie qui paraît plus encore dans cette réserve : *sauf le temps devant passé*. C'est le propos d'un homme qui croit n'en avoir point assez dit (1). Il n'y a donc point lieu de s'arrêter à la date indiquée par la rubrique.

Pour déterminer la date véritable du document, il faut distinguer deux choses : 1° la copie que nous avons sous les yeux. Plusieurs éléments semblent indiquer la fin du XIVe siècle : A. l'écriture, qui rappelle, par exemple, celle des originaux de la charte 23 de l'année 1379, et de la charte 25 de 1375 ; B. l'orthographe, où les règles de la grammaire française en décadence dans le pays dès le milieu du XIVe siècle, sont fréquemment méconnues (2) ; C. la place de la copie dans le cartulaire. L'acte le plus récent parmi ceux qui précèdent les statuts est de 1386. C'est l'ordonnance de Philippe le Hardi sur la procédure (3). Les actes qui suivent les statuts sont tous postérieurs, et se suivent dans l'ordre chronologique, de 1388 à 1418 (4). La copie aurait été faite entre 1386 et 1388.

(1) Plusieurs auteurs ont accepté cette date. Droz en a tiré cette conclusion agréable à l'amour-propre franc-comtois qu'en plein XIe siècle le régime municipal était en vigueur dans quelques villes privilégiées. Ces villes, issues d'anciennes municipalités romaines ou d'établissements de Germains dans l'Empire, auraient conservé sans interruption depuis les invasions le droit de se gouverner elles-mêmes (*Essai sur l'histoire des bourgeoisies du roi*, p. 18. V. aussi Bousson de Mairet, *Annales historiques de la ville d'Arbois*, p. 99, s.). D'autres historiens ont tenté diverses explications. Une note de la collection Moreau (888, fol. 281, r°) s'exprime ainsi : « Nota, ce n'est icy qu'une compilation des « donations et règlemens de l'hôpital d'Arbois et la datte de 1053 ne peut « avoir rapport qu'à la première fondation du comte Renaud ». Dey et Chevalier placent tous deux la rédaction de ce texte au XIIIe siècle. Suivant Dey le document serait de 1253. Le copiste aurait omis les mots deux cents (*Etude sur la condition des personnes, des biens et des communautés au comté de Bourgogne*, p. 284). Chevalier préfère l'année 1283 (*Mémoires historiques sur Poligny*, II, p. 518). Le comte Renaud, dont parle la rubrique, serait alors Renaud de Chalon, frère d'Otton IV, comte de Montbéliard, à partir de 1284, mort en 1321. Mais Renaud de Chalon n'a jamais été maître de la Bourgogne. D'autre part, on ne voit pas comment il aurait pu jouir de la seigneurie d'Arbois. Enfin, il était bien jeune en 1253, si toutefois il était né. Je pense donc que la date de 1053 existait réellement dans l'original.

(2) Exemple : li deniers Dex au lieu de li deniers Dé (§ 4). Lours au lieu de lour.

(3) *Cartulaire*, 41.

(4) *Cartulaire*, 46 (1388) ; 47 (1390) ; 48 (1392) ; 49 (1387, 1392) ; 50 (1396) ; acte final de 1418.

2° L'original sur lequel la copie du cartulaire a vraisemblablement été tirée. Cet original a disparu à une époque très ancienne. En 1502, dans le procès entre messire Jean Guy d'Arbois, curé de Mont-Saint-Sorlin, et messires Claude et Antoine Jaillon, prêtres, pour la possession de la charge de recteur, il est nécessaire de consulter les lettres de fondation de la maladière. Les plaideurs sollicitent du parlement de Dôle un mandement de compulsoire contre la ville d'Arbois, à l'effet d'en recevoir copie totale ou partielle. Cela montre que la maladière et le prieuré n'ont point ces lettres de fondation dans leurs archives, ou qu'ils ne détiennent que des textes douteux, parce que ces textes ne sont point le titre original. Il est, en effet, probable que dans un procès entre ecclésiastiques l'on n'aurait pas eu recours aux laïques si l'on eût pu faire autrement. Cela marque encore que les archives de la ville renfermaient ces lettres de fondation. Mais la communauté ne les avait plus en original. Elle ne possédait que le texte du cartulaire. La copie des lettres de fondation faite en exécution de ce mandement de compulsoire nous est parvenue Elle reproduit exactement le texte du cartulaire (1). Aux yeux des plaideurs du XVIe siècle, la copie contenue

(1) Arch. de l'hôpital, A, 9, deux copies écrites au commencement du XVIe siècle. Ni l'une ni l'autre ne présente ni signature, ni seing manuel, ni aucun signe de validation. La première reproduit purement et simplement le texte des statuts. Elle est intitulée : coppie de la fondation de la maladière du dit *Arbois* auec les statuz d'icelle maladière fondez en l'honneur et réuérance de monseigneur Saint-Nicolas. Ce sunt ly statutz-doiuent tous demourer. La seconde se compose en outre d'un préambule et d'une partie finale. Nous *Loys* de *Cise*, licencié ès drois, mayre de la ville et communalté d'*Arbois*, *Claude* le *Grant*, escuier, *Guillame Greslet* et *Girard Guy*, escheuins dudit lieu, sauoir faisons à tous que pour obéyr à certain commandement à nous fait par *Guillame Perrot*, huyssier des parlement de *Bourgoingne*, en vertu d'ung mandement de compulsoire émané des dis parlement à requeste de messire *Jehan Guy* d'*Arbois*, curé de *Sainct-Sorlin*, de luy bailler la coppie de la fondation de la maladière du dit *Arbois* ou de pourter icelle fondation à *Dole* deuers monseigneur le greffier pour soy en ayder par le dit messire *Jehan*, en certaine cause qu'il a oudit parlement, comme impétrant en cas de nouuelleté, à l'encontre de messires *Claude* et *Anthoine Jaillon*, opposans, nous auons fait extraire par le notaire subscript, d'ung liure appertenans à la ville dudit *Arbois*, les statuz et establissemens de la dicte maladière contenant les motz et la forme que s'ensuie : Ce sont ly statuz et ly establissement — cuy ly biens demourent et doiuent tuiz demourer. Lesquelx statuz et establissemens sont escriptz oudit liure, f° lxvj, lxvij, et ne sont point signez lesdis statuz et establissemens, mais y sont escript oudit papier qui est en parchemin fort ancian, contenant lxxiii fuilletz de parchemin, relié en bois, couuert de peau, comancent au premier feuillet : Fini principia dei jungere Virgo Maria, amen. In nomine Domini, amen. Cy après en ce liure sont contenues et escriptes les copies des franchises, libertez et aultres lettres de la ville et communaté d'*Arbois*, lequel liure firent faire *Aymonet dou Chastel* et *Guillame* de *Verreux*, *Jacques Bellissent* et *Guienet le Bault*, proudommes et escheuins de la dicte ville d'*Arbois*, ou mois de januier l'an Nostre Seigneur mil trois cens quatre vings trois. Et y a plusieurs signatures et seingz manuelz fait par

dans le cartulaire, quoique dépourvue de tout caractère légal d'authenticité, valait un original. Le cartulaire était déjà un livre ancien et respecté. Elle participait à l'autorité dont il jouissait.

Il faut donc, au travers de la copie, discerner l'époque de l'original. Deux choses sembleraient assigner à l'original une date antérieure de peu d'années à celle de la copie : A. Les fautes nombreuses contre la grammaire que la copie présente. On serait tenté de présumer que le transcripteur les avait trouvées dans l'original. Mais les copistes ne se piquaient pas d'une exactitude scrupuleuse. Ils ne se faisaient pas faute de modifier l'orthographe suivant l'usage de leur temps ou au gré de leurs fantaisies et de leur ignorance personnelle. La comparaison de plusieurs textes du cartulaire avec les originaux le démontre suffisamment. B. Le mot échevin employé comme synonyme de prudhomme. Au XIIIe siècle, et au commencement du XIVe siècle, on dit *prudhommes* (1); plus tard *prudhommes* et *échevins* (2), *Scabinus* se trouve pour la première fois en 1331 (3). *Echevin* n'apparaît qu'en 1319, et n'est pas d'un usage fréquent. Il faudrait donc, ou bien admettre que le copiste a rajeuni le texte, ou bien que l'original n'est pas plus ancien que la seconde moitié du XIVe siècle (4).

D'autre part, des éléments nombreux concourent à fixer la date de l'original à une époque plus ancienne. A. Le nombre relativement petit des localités investies du droit d'envoyer leurs malades à la léproserie et qui subviennent à ses besoins. Les statuts énumèrent Arbois, Pupillin, Mesnay, Changin, Montigny, la Châtelaine, Villette, Saint-Cyr, Villeneuve, Ma-

copie oudit liure, tant deuant lesdiz statuz de celle maladière que après. Lequel extrait nous auons fait signer per ledit notaire scribe du conseil du dit *Arbois* de ce que est escript oudit liure, collationner et fait signer de son seing manuel cy mis, à nostre requeste, le sixiesme jour de jung l'an mil cinq cens et deux. Ceste coppie a esté collationé sur les status de la maladière d'*Arbois*, escriptz ou liure des tiltres et franchises de la ville d'*Arbois*, à moy bailler par les mayre et escheuins d'illec, selon que cy deuant le tont est escript, par moy *Hugues Glanne* d'*Arbois*, notaire publicque à ce commis par monsieur le greffier du parlement de *Dole* et subrogué en son lieu, comme il appert per ses lectres du subrogat cy atachó, laquelle collacion a esté en absence de messire *Claude Jaillon* à ce appellé et en présence de messire *Anthoine Jaillon*, qui n'a riens consentu à la dicte collacion, ains à protester de la nullité et dire contraire, quand mestier sera, et en a demandé coppie que luy ay ouctroyé aujourd'huy xiii jour de jung l'an mil cinq cens et deux. — V. aussi aux archives de la ville, GG, 1153, copie faite sur le cartulaire par le notaire Petitjean, le 6 août 1751. Elle est reproduite dans la collection Moreau, 888, fol. 281-284.

(1) *Cartulaire* 13 (1301); P. A., 10, I, 3[3] (1312).
(2) *Cartulaire* 12 (1339); 10 (1359).
(3) *Cartulaire* 27 (1331); 8 (1311); P. A., 10, III, 6e (1353).
(4) *Cartulaire* 29 (1319); 7 (1371); 25 (1375); 22 (1380) note.

thenay. Si l'on se place au XVe siècle, il faut ajouter à cette liste la Grange des Arsures, Certemery, Saint-Pierre, les Planches, Vauxelles (1).

B. Les exemptions d'amendes accordées à la maladière. Ces exemptions ont été fréquemment données à des établissements religieux au XIIe siècle.

C. Le langage plus antique que celui de la plupart des textes du cartulaire. — Vieux mots, vieilles formes de mots, anciennes formules y abondent. *Désues* pour accoutumé. *Dan* pour messire (2). *Malatière*, plus tard on dira *maladière* (3).

La rubrique indique parmi les membres de l'assemblée les *chevaliers*, les *bourgeois*, les *gagneurs*. Comparez le début de la notice de l'assemblée de 1257, *milites, burgenses, servientes et multi alii habitatores* (4). Font aussi partie de la réunion *li prieur, li curez, les prévoires*, les *clercs*. Cette formule est très fréquente dans le censier du prieuré d'Arbois. On l'y rencontre pour la première fois en 1282 (5). A partir de cette époque l'usage s'en répand. C'est au commencement du XIVe siècle, la manière courante de désigner l'ensemble du clergé de l'église d'Arbois (6). Plus loin l'acte indique parmi les possessions de la maladière des hommes avec leurs tènements (§ 1, 2, 3). Cette formule est en usage au XIIIe siècle dans les donations de serfs.

D. L'orthographe et les formes grammaticales qui sont, en général, celles du français du XIIIe siècle. La lettre *m* se trouve à la fin de certains mots au lieu de *n*. Exemple : *chescum* au lieu de *chescun*. C'est une forme usitée dans les chartes du pays à la fin du XIIIe siècle et au commencement du XIVe siècle (7). Les règles de la déclinaison sont observées. Exemple : substantif masculin. — Cas sujet singulier : li dit cuens (§ 1), danz (§ 3), li garçon (§ 28), li prestre (§§ 26, 38,

(1) Cpr. avec cette énumération le « compte-rendu d'un gest pour le réédiffiement de la maladière sur les habitans d'Arbois, la Châtelaine, Vauxelles, Villeneuve, Certemeri, les Planches, Pupillin, Mesnay, Montigny, Changins, Villette, Saint-Cyr, Saint-Pierre, Mathenay » (22 juin 1525. Arch. d'Arbois, CC, 179).

(2) Cpr. *Cartulaire des comtes de Bourgogne*, f° 97 (1261). Hugonet fils dan Wiet, châtelain de Bracon (Arch. du Doubs, B. 1).

(3) Malateria (1230). Maladière (Arch. d'Arbois, AA, 36, 1502).

(4) *Cartulaire*, f° 1, v° Mais cpr. aussi dans un document relatant une assemblée de la communauté tenue en 1397 : borgeois, laboreux, communalx et habitans d'*Arbois* (Arch. d'Arbois, AA, 7).

(5) A priours, a curez, ès clers et ès preuoires d'*Arbois*... l'am Jhesu Crist corrant per mcc et octante deux (6).

(6) 1300. Priori, curato, presbiteris et clericis de *Arbosio* (68). 1307. A priours, a curez, ès prouoires et ès clers d'*Arbois* (5). V. aussi : 4 (1290), 10 (1293), 12 (1296, 47 (1298), 68 (1299), 44 (1304), 61 (1306), 48 (1310), 64 (1312), 45 (1320), 71 (1323), etc.

(7) Pièc. an., 2 (1283). Jeham, Simom, excepciom (10, I, 1°, 1306). Reissom. L'om (10, II, 1°, 1316). — V. toutefois Cerdom (6, 1359), chescum (*Cartulaire*, 39, 1385).

39). — Cas régime singulier : par le comte (rubr.), dam (§ 1), pour le denier (§ 5), du dit prévoire (§ 18), au prévoire (§ 30), par le priour (rubr.). — Cas sujet pluriel : li statuz (rubr.), li malaites (§ 7). — Cas régime pluriel : les proudomes (rubr.), les prévoires (rubr.). Rapprochez de ces formes régulières celles de l'époque postérieure où les lois de la grammaire ne sont plus observées : Cas sujet singulier : le dit Guillames. A ce furent présens.. messire Jehan. prevoires. Cas régime singulier : de Guillames, escuiers, du cuens. Cas régime pluriel : faictes et donées présens NN prestres (1375) (1).

En résumé : 1° le texte des statuts de la maladière que le cartulaire nous a conservé a été écrit vers la fin du XIII° siècle ; 2° il est la copie altérée d'un texte antérieur d'un siècle environ.

(1) *Cartulaire*, 31, 26, 22, 27, 25. Comme autres exemples de formes régulières citons encore : l'accord exact de l'adjectif avec le substantif : hons sains ; le mot donat (§ 1) au passé défini ; le participe establit (§ 22, 24, 38, 42, 44). On ne saurait considérer comme marques d'une époque très récente : 1° la forme féminine de l'article identique à la forme masculine, li. Ex. : li aiguo (§ 7), li donzaille (§ 28). Cette forme se trouve déjà au XIII° siècle dans la région. Ex : li aiguo (*Cartulaire du comté de Bourgogne*, f° XIX) ; 2° la désinence en z de l'adjectif : appellez, donnez, désucez, establiz (§ 1, 4, 33, 41). On la trouve au XIII° siècle. Ex. : vollu*z* et acordez (P. A, 2, 1283) ; tenuz et gardez (*Cartulaire*, 20, 1300).

TABLES

TABLE GÉNÉALOGIQUE

des princes et des princesses de la maison souveraine du comté de Bourgogne qui ont possédé le domaine d'Arbois depuis le commencement du XIe siècle jusqu'à la fin du XIVe siècle.

OTTE-GUILLAUME, comte de Bourgogne et de Mâcon. Donne au monastère de Cluny une colonge dans le domaine d'Arbois. † 1027.

RENAUD Ier, comte de Bourgogne. Renouvelle la donation d'Otte-Guillaume, † 1057.

GUILLAUME Ier, LE GRAND, comte de Bourgogne et de Mâcon. Renouvelle la donation d'Otte-Guillaume (1069). † 1087.

ETIENNE LE HARDI, comte de Varasc et de Mâcon. † 1102.

Division du domaine d'Arbois entre ses deux fils.

RENAUD III, comte de Bourgogne. Renouvelle la donation d'Otte-Guillaume (1115). † 1148.

BÉATRIX, comtesse de Bourgogne, † 1185, épouse de Frédéric Ier Barberousse, empereur d'Allemagne. † 1190.

OTTON II, comte de Bourgogne, † 1200.

BÉATRIX II, comtesse de Bourgogne, † 1231, mariée à Otton II, le Grand, duc de Méranie, † v. 1231.

ALIX DE MÉRANIE, héritière de son frère Otton III, comte de Bourgogne. † 1279, épouse Hugues de Chalon qui devient, par ce mariage, comte de Bourgogne. † 1266.

OTTON IV, comte de Bourgogne. Épouse Mahaut, comtesse d'Artois. † 1303. Sa veuve jouit du domaine d'Arbois jusqu'en 1329, date de sa mort.

JEANNE Ire, comtesse de Bourgogne par la mort de son frère Robert l'Enfant, à partir de 1315. † 1330. Epouse en janvier 1307 Philippe le Long, comte de Poitiers, puis roi de France. † 1322.

GUILLAUME IV, comte de Mâcon et de Vienne. † 1156.

GIRARD, comte de Mâcon et de Vienne. † 1184.

GUILLAUME V, comte de Mâcon et de Vienne. † 1224.

BÉATRIX, comtesse de Vienne par suite du prédécès de ses frères et de la cession du comté de Vienne faite par sa nièce Alix. Épouse Guillaume d'Antigny. †

HUGUES, comte de Vienne. † 1264.

PHILIPPE DE VIENNE, vend en 1267 à Alix de Méranie, veuve de Hugues, comte de Chalon, le domaine de la famille de Vienne à Arbois.

JEANNE II, épouse d'Eudes IV, duc de Bourgogne. Reçue dame d'Arbois le 3 février 1330. Cède la même année ses droits à sa sœur.

MARGUERITE, épouse de Louis, comte de Nevers et de Flandre. Reçue dame d'Arbois le 17 juin 1331. † 1382.

LOUIS DE MALE, comte de Nevers, de Flandre et de Bourgogne. † 1385.

TABLE

DES NOMS DE PERSONNES ET DES NOMS DE LIEUX CONTENUS DANS LE CARTULAIRE ET DANS LES PIÈCES ANNEXES

Les nombres indiquent les feuillets du cartulaire. r. recto, v. verso. *P. A.*, pièces annexes. Le nombre qui suit indique la charte.
Pour l'identification des lieuxdits on a pris, autant que possible, comme points de repaire, les indications de la carte de l'Etat-Major.

Abertin, lombard, d'Arbois, P. A., 10.
Abonet, Jehan, fol. 19, r.
Abonet, Richars, fol. 19, r.
Abonier (Renaut dit), P. A., 10, I, 1°, 3°.
Aclerc, Erart, P. A., 10, III, 3°.
Adenet, d'Arbois, P. A., 10, II, 2°, note.
Aguier, Renaud, clerc, fol. 42, v.
Abergement (l'). L'Abergement-le-Grand, canton d'Arbois, ou l'Abergement-le-Petit, canton de Poligny.
Abergement (Richer de l'), saige en droit, fol. 16, r.
Alixandre, marchand, lombard, P. A., 10, II, 2°, note. V. Aysignier.
Alwin (Josse d'), chevalier, fol. 41, v.
Anteni (Richard d'), chevalier, fol. 37, r.
Apeletier, Renaudins, fiz Barnal ou Bernart, P. A., 10, I, 1°, 3°, II, 1°.
Arbois, Arbosius, Arbos (forme latine et française), Alboys, Arboys, Herbois.

Topographie.

Aule et Assises, fol. 25, r., 43, v., 45, r., 53, v., 62.
Bornay (Maison de), P. A., 6.
Bourg, fol. 2, r., 7, v., 44, 72, v. ; P. A., 6 ; 10, III, 4°.
Bourg (Porte du), fol. 56, v.
Chemins, fol. 3, r.
Cimetière (Tour du), fol. 31, v.
Eglise Saint-Just, Ecclesia Sancti Justi, fol. 6, 32, r. ; 71, r. ; 72, r. P. A., 8, 10.
Faremant (Ruhe de), fol. 7, r., 33, r.
Faremant (Four de), fol. 7, r, 33, r.; P. A., 10, III, 4°.
Finage d'Arbois, Finis de Arbosio, P. A., 10, I, 1°, note.
Fours, fol. 7.
Gloriette, Gloriate (Tour), fol. 34, v.
Hôpital, fol. 49, v.
Hôpital (Chasal de l'), fol. 71, v.

Hôpital (Bief de l'), fol. 71, v.
Hôtel d'Émonet de Cerdon, P. A., 10, III, 4°.
Maisial, Masealx (Pont des), fol. 56, r., 71, v.
Maisial (Porte des), fol. 34, v., 56, r.
Maisial (Tour des), P. A., 6.
Maison-Dieu de l'Hôpital, fol. 50, r.
Maison Estevenin Berthot, fol. 72.
Maison Huguenin Moinne, fol. 7, r.
Maison Légier de la Mercerie, fol. 44, r.
Maison Rechart de Vaudens, fol. 7, r.
Moitier (Pont du) (Pont de l'Eglise), P. A., 10.
Moulins d'Arbois, fol. 8, r.; P. A., 4.
Prieuré. Prioratus de Arboys. Prioratus Sancti Justi de Arbosio.
Prieuré (Chapelle Saint-Etienne du), fol. 56, v.
Saint-Jean (Maison de), jadis du Temple dessous Arbois, lieu dit *prés, vignes de Saint-Jean*, près la route de Pupillin, au sortir de Faramand, fol. 15, r.
Val d'Arbois, fol. 31, v.; 42, v.

Châtellenie, fol. 9, v.
Cour du comte de Bourgogne, fol. 21, r., 42, v.; P. A., 10, III, 3°.
Curé, fol. 64, r, v., P. A., 10, III, 4°.
Hugues, fol. 6, r., note.

Echevins d'Arbois.

1304. Crestins dit Champonz, Juhenet fils Guillet de Verrux, Girarz dit de la Tespe et Olivier de Faramant, prudhommes d'Arbois en la justice de la comtesse de Bourgogne, et Jehannin de Villette, Arduet fils Vigour, Jaquet fils Savour, Humbert dit Sapience, prudhommes d'Arbois en la justice du seigneur de Vaudrey de Thoyre (fol. 49, v.).

1306, 3 mai. Esteuenin dit Rosset, Willemin dit Berthier, Huguenin dit Saignal et Crestin dit Champon, prudhommes d'Arbois de la part madame la comtesse de Bourgogne et Jehannin de Villette, Humbert dit Joceran, Nicolin dit du Champ et Jaquet de Vaudrey, prudhommes de Toire de la part monseigneur de Vaudrey (Arch. d'Arbois, DD, 531).

1306, 23 mai. Les mêmes (Arch. d'Arbois, DD, 533).

1312. Renaut Berthiers, Lhonberz de Bellevy, Berthelier Coillon li Boivenet d'Arboys, prudomes d'Arbois de la part la comtesse de Bourgogne, Jehannin de Villette, Honberz Jocerant, Nicholins dou Champ et Besençon li Blaisiers, prudomes de Thoire de part monseigneur de Vaudrey (Arch. d'Arbois, DD, 532).

1316 (jeudi après la quinzaine de la Saint-Michel, 14 octobre). Jehannin dit Brun, Perrenin dit Moine, Estevenin dit Mercier, Colart dit du Chestel prudhommes de la communauté d'Arbois (Arch. d'Arbois, AA, 29, DD, 294).

1316 (13 décembre). Jehannin dit Brou, Perrenin dit Moine, Colar du Chestel, Estevenin Mercier, prudhommes de la communauté d'Arbois de la part des gens madame la comtesse, Jehannin de Villette, Perrenin li Vaynere, Renaudin fils Bernart Apeletier, Perrenat dit Breton, prudhommes d'Arbois de part les gens le seigneur de Vaudrey (Arch. d'Arbois, DD, 534).

1327. Girars Liciers, Odoz de Vaul, Huguenin Boucz, Regnauz Bailloz (fol. 18, r.).

1330 (n. st.), 3 février. Nycholet d'Yvoiriez, escuier, Jehanz dit Grevillez, Vienot dit Quarre (fol. 36, v.).

1330 (n.st.). Mardi devant Pasque Florie (1er avril). Nichollet dit d'Yuory, Jehanz diz Greuillet, Vienot dit Quacet, prodomes et escheuiz (Arch. du Jura, H. Prieuré d'Arbois).

1331. 17 juin. Nycholetus d'Yvoryez, Johannes Grevillet, Guillelmus Gascoignetti, Renadinus de Porta (fol. 38, r.).

1335 (n. st.), 6 mars. Jaquat Rosset, Jehan Lombars, mercier, Girard Petitvalet et Estevenin Bernalt (Arch. d'Arbois, CC, 2.)

1335, 22 novembre. Jaquet Rosset, Pierre de la Ravière, Girars Petitvallet, Estevenin Bernart (P. A., 10, III, 3°).

1338. Jean Grevellet, Guiot Bartier, Vuillemin de Larnay, Estevenon Bernart (fol. 31, r.).

1339 (Samedi veille de la Pentecôte). Willemin dit de Larnay (Arch. d'Arbois, DD, 538).

1339 (Vendredi après la Pentecôte). Thiébaul dit Vanneret, clerc, Renaudin dit Bernard, Pierre dit de la Ravière, Girard Petitvalet (fol. 23, r.).

1340 (n. st., mescredy apprès les Bordes, 8 mars). Guillaume Bauduyn, escuyer, Jehan de Molain, clerc, Willemin de Larnay et Renaudin Bernart, prodomes et eschefiz (Arch. d'Arbois, DD, 538).

1341. Jehan de Molain, clerc, Jehanins Botebin. Jehannins dou Pont, Guillermins de Larnay (fol. 15, r.).

1349. Guiot Ligier, Perrenin Jegler et Villemin de Larnay (fol. 43, r.).

1351. Guillaume dit de Pupillin, Jehan Chappellain, Odat dit de Bauz et Estevenon dit Patrognet (Arch. d'Arbois, DD, 541).

1353. Guiot Légier, Girart Lombart, Perrenin Jegler, Guillame de Pupillin (fol. 44, r.).

1353-1354. Guiot Ligier, Girart Lombert, Renaud de Larnay, Lambellet Bernard (fol. 45, v. Arch. d'Arbois, DD, 542).

1359. Oudet de Larnay, clerc, Huguenin, fils Justot dit de Larnay, Humbert dit Blainche (fol. 18, v.).

1361 (lundi devant la feste de la invencion Saint Estiene, 26 juillet). Guillaume le Brunt, escuyer, Haymonin Geret, Perrenin Jugler et Renaud de Larnay, prodomes et eschevins (Arch. d'Arbois, DD, 543).

1365. Jehan de Verreux, Jacques Belissant, Jehan Josserant et Guillaume Grevillet (Notes chronologiques de la ville d'Arbois, mss. à la Bibliothèque d'Arbois, p. 51. Cpr. Arch. d'Arbois, GG, 29).

1368. Guillaume Gascognet, Jaquat Bélissans, Humbert Hungloix, Jehan Croichat (P. A., 8).

1375. Guillaume Gascognet, escuier, Vuillemin Bernard, Guillaume de Verreux, Huguenin Justoz (fol. 34, v.)

1377 (n. st.). Guillaume Gascognet, escuier, Guillaume de Verreux, Vuillemin Bernard. Huguenin Justoz (fol. 33, r.).

1379-1380. Guillaume de Pupillin, écuyer, Humbert de Larnay, clerc, Guienet de Sirod, Perrenin des Planches (fol. 31, v., 32, v.).

1383. Aymonet du Chestel, Guillaume de Verruelx, Jacquet Bellissans et Guienet Le Baul (fol. 1, r.).

1385 (n. st.) Les mêmes (fol. 55, v.).

1387. Guillaume de Pupillin, écuyer, Humbert de Larnay, clerc, Guillaume du Navoy et Jaquet Bélissent (fol. 71, v.).

1390. Aymonet li Mornay, Hugues Mercier, Jacquet de Belregart.

1397. Noble homme Guillaume, sire du Vernoy d'Arbois, escuier, Oudet Quintenet, clerc, notaire de la cour de Besançon, Guillaume de Verruelx, Vienet Melequot d'Arbois (Arch. d'Arbois, AA, 7).

1418. Jehan Petit Loupnet, escuier, Estevenin Berthot, Christofle Demoain et Jehan de Frasans (fol. 72, v.).

Famille du nom d'Arbois.

Guyot d'Arbois, procureur du comte, P. A., 3.
Hombert d'Arbois, fol. 7, r.

Notaires d'Arbois.

Brenier, Guillaume, fol. 49, v., 55, v. P. A., 8.
Demolain, Christoflo, coadjuteur ou tabellionez d'Arbois, fol. 36, r., 72, v.
Demolain, Pierre, passim.
Galebon, Odet, fol. 41, r.
Mutin, Jehan, fol. 32, v., 33, r., 34, r., 36, r., 56, r., 71, v., 72, r.
Querut, P., fol. 71, v.
Rue (P. de), fol. 72, v.
Saint-Oyant (Bernars de), fol. 18, v., 21, v., 45, r., 48, r.; P. A. 10, III, 5°, 6°.
Vuillemin, chapelain d'Arbois, fol. 17, r., note.

Prévôté d'Arbois, fol. 1, r., 2, r.; P. A., 10, I, 1°.

Prévôts :

Blaysier, Jeham, fol. 52, v.
Brom (Guillaume le), fol. 42, v., 47, v.
Cerdon (Aymonet, Emonet de), fol. 23, v., 41, r., 47, v.; P. A., 10, III, 4°.
Chaingin (Guiot de), fol. 56, r.
Chapelain, Guillaume, fol. 52, v.
Cromary (Humbert de), fol. 47, v.
Ivory (Nicolas d'), fol. 15, r.
Movilloz, Jehan, fol, 47, v.
Morel d'Arbois, P. A., 3.
Pupillin (Guillaume de), fol. 42, v., 47, r.

Prieurs.

Renaut de Prussellier (Frère), fol. 23, v.; P. A. 10, III, 4°.

Arbonet (Jean d'), fol. 19, r.
Arèche, canton de Salins.
Arèche (Girard d'), fol. 23, v.
Arguel, Arguhel, canton sud de Besançon.
Arguel, Arguhel (Girers d'), fol. 19, r.
Arlay, canton de Bletterans, arrondissement de Lons-le-Saunier.
Arlay (seigneur d'), fol. 69, r.
Arras, fol. 11, v.
Asson Naissey, Nassy, Nayssio.
Asson N. (Estevenin fil Dannoin ou Danpnon d'), P. A., 10, I, 1°, 3°.
Asson N. (Les Regnoudas quondam filii Beatricis d'), P. A., 10, I, 1°, note.
Assonges (Besençon d'), chanoine de Dôle, fol. 18, r.
Artois (Mahaut, comtesse d'), comitissa Actrebatensis, P. A., 10, I, 1°. V. Bourgogne.
Arthoys, 2°; Arthois, III, 6°.
Ast (Lombards, citoyens d'), P. A., 10, II, 1°, 2°, note; III, 1°.
Alixandre, Boniface. V. Aysignier.
Auber, Maître-clerc, P. A., 2.
Augerans, canton de Montbarrey, arrondissement de Dôle.
Augerant (Jean d'), conseiller de Marguerite de France, fol. 28, v.
Aumont, Altusmons, Oymoninus dictus de Altomonte, P. A., 10, III, 6°.

Aval (Gruier d'), fol. 14, r.
Axouille (Justo fils Vuillemot dit d'), fol. 23, v.
Aysignier. Lombards, marchands et citoyens d'Ast.
Aysignier, Henri, P. A., 10, II, 1°; III, 1°, 2°.
Aysignier, Alexandre, ibid.
Aysignier, Boniface, son frère, ibid.
Baillaz, Guienet, fol. 19, r.
Baillaz, Perrenot, ibid.
Bailloz, Regnauz, fol. 18, r.
Balerne, abbaye de l'ordre de Citeaux près de Champagnole, fol. 15, v.
Balerne (Jean, abbé de), fol. 15, r.
Balerne (Crestins de), P. A., 10, I, 1°.
Balme, actuellement Baume-les-Messieurs, près Lons-le-Saunier.
Balme (L'abbé de), fol. 26, r.
Balme (Jean de Molprez, abbé de), fol. 57, v., 67, v.
Balme (Bartholomier de la), fol. 37, v.
Bargenal, Huguenin, fol. 18, r.
Barnard, juré au greffe du Parlement de Dôle, P. A., 10, III, 4°, note.
Barnarde (Garins fil à la), P. A., 10, I, 1°.
Barroillet, Humbert, fol. 25, r.
Bartier, Guyot, fol. 31, r.
Basant, Girart, licencié en lois, fol. 57, v., 67, v.
Bastard (Guillaume le), fol. 48, 61.
Baugier, Poncet, fol. 19, r.
Baume, Baulme (V. Molprez).
Belenor (Jean de), chevalier, fol. 37, v.
Belfort (Étienne de), fol. 37, v.
Bélissent, Jacquet, ou Belissans, Jaquot, fol. 1, r., 55, v., 56, 75; P. A., 8.
Bellevaux, abbaye cistercienne fondée vers 1119, près de Camborniacum et de Cirey.
Bellevaux (Simon, abbé de), P. A., 1.
Bellevye (Lhonberz de), P. A., 10, I, 3°.
Belregart (Jacquet de) et Nichole, sa femme, fol. 72, r.
Benoit XII, pape. Benedit, fol. 15, r.
Bercho, Jehannin, P. A., 10, I, 1°, 3°.
Berder, Vuillemin, fol. 31, v.
Bernalt, Estevenin, P. A., 10, III, 1°.
Bernard, Bernart, Estevenin, fol. 31, r.; P. A., 10, III, 3°.
Bernard, Guiot, et Johannète, sa femme, fol. 72, r.
Bernard, Lambelet, fol. 45, v.; P. A., 10; Lambelettus Bernardi, P. A., 10, III, 6°.
Bernart, Renaudin, fol. 23, r.
Bernart (Vuillemins dit), clers, fol. 34, v., 55, r.
Berthiers, Willemin, P. A., 10, I, 1°, 3°.
Bertyer (Guillemins diz), 2°.
Berthiers, Renaut, P. A., 10, I, 3°.
Berthot, Estevenin, fol. 72, v.
Besançon, Bisuntium, Besençon, Boiseçon.
Besançon (Official de), fol. 18, v.; 21, v.; 34, r.; 36, 37, v.; 39, v.; 41, r.; 45, r.; 48, r.; P. A., 10, I, 2°, 3°; II, 2°, note; III, 5°, 6°, III, 4°.
Besliez, Humbert, d'Arbois, fol. 71, v.
Bestiez Hugonin, fol. 71, v.
Beteloirez (Guion dit), Perrenins et Guis, ses frères, P. A., 10, II, 2°, note.
Betoux (Jehanin le), fol. 23, v.
Bevrière (la). Lieudit du territoire d'Arbois avoisinant le bief de Glanon.

Bevrière (Pratum de la), sublus molendinum de Glennon, P. A., 10, I, 1°, note 2.
Biset, J., fol. 14, v.; 23, r.; 29, v.
Blainche, Humbert, fol. 18, v.
Blaisi, Alexandre (seigneur de), chevalier, fol. 37, r.
Blaisier, Renaud, garde du sceau de la comtesse de Bourgogne, P. A., 6.
Blaisier, Justot, P. A., 10, I, 3°.
Blamont, Thiébaut (sire de), gardien du comté de Bourgogne, fol. 51, r.
Blaric, Jehans, conseiller de Marguerite de France, fol. 14, v.; 23, r., 28, r., 29, v.
Bochaylle (Li pastorage de), fol. 3, v. D'après Déy, les Soulerots entre la Grange Perrey et Vauxelle, plus probablement lieu dit sur la rive droite du bief de Glanon entre la grange Canoz et le chemin de Grozon à Villette.
Bocherace (la), v. Boicherace (la).
Boichat, Boichet, Huguenin, P. A., 2.
Boichat (Jaquemins, dit), P. A., 10, I, 1°, 3°.
Boichat, Jehan li Grevillet, P. A., 10, I, 1°, 3°.
Boichardet, Odet, P. A., 10.
Boicherace (la). Lieu dit des bois d'Arbois, P. A., 10, III, 5°, 6°. V. Boscherace.
Boicherne, Estevenin, de Salins, fol. 37, v.
Boichert de Mont, 21.
Bois Mien (Costes Pendantes de). Lieudit des bois d'Arbois. P. A., 10, III, 5°, 6°.
Bonami, Renauz, fol. 29, v.
Bonay (Jean de), procureur de la comtesse de Flandre, fol. 47, v.
Bonate, Guienat, de Monz, clerc, tabellion, P. A., 10, III, 4°.
Bonecte, Estevenin, de Salins, trésorier de Bourgogne, fol. 37, v.
Bonet, fol. 72, v.
Bonete, Guido, de Monte, presbyter, notarius curie Bisuntinensis, fol. 17, r. (V. Bonate).
Boniface, marchand, lombard, P. A., 10, II, 2°, p. 147, note.
Bonot, Huguenin, de Chessey, notaire, fol. 36, r.
Bontemps, Guillame, feuillet de garde, v.
Bornay, canton de Lons-le-Saunier, P. A., 6.
Boscherace (la); lieu dit des bois d'Arbois, P. A., 10, I, 3°. V. Boicherace (la).
Botebin, Jehannin, fol. 15, r.
Boucz, Huguenins, fol. 18, r.
Bouet, Huguenin, notaire, P. A., 10, I, 3°.
Boujailles, Bougaille (Robert de), fol. 32, v.; 56, r.; 71, v., canton de Levier, arr. de Pontarlier (Doubs).
Boulet (Jean de), chanoine de Dôle, fol. 18, r.
Bourgogne, Burgundia, Bourgundia, Borgoigne, Bourgoine, Bourgoigne (Comté de, La contée de), fol. 11, v.; 14, r.; 26, r.; 42, r.; 51, r.; 53, r.; 57 bis; 61, r.; 61, r.; 63, r.
Bourgogne (Comtes palatins de), fol. 1, r.
Bourgogne (Renaud, de), 1027 à 1057, fol. 64, r.
Bourgogne, Otte, Otton IV, Otho de, fol. 6, r.; 9, r.; 10, r.; 37, r.; 40, v.; 54, v, note. P. A., 2.
Bourgogne, Philippe de, fol., 57, r.; 67, r.
Bourgogne (Comtesses de). Alix, fol. 37, r. Mahaut, Mathildis, épouse d'Otton IV, comte de Bourgogne, feuillet de garde, v, fol. 8, v.; 10, r.; 11, v.; 37, r., 54, v. note, P. A., 4, 10, I, 1°, 2°, 3°; II, 1°, 2°, note.
Jeanne, reine de France, fol. 39, r. V. France (reine de).

Marguerite, fol. 11, v.; 26, v.; 28, r.; 53, v.; P. A., 5, 6, 7. V. France (Marguerite de).
Bourgogne (Bailli du comté de), Jean de Hayronval, fol. 25, r.
Bourgogne (Conseil du comté de), fol. 22, v.; 25, v.
Bourgogne (Gardiens du comté de). Guillaume le Gallois Dalley, fol. 23, v.; Thiébaut, sire de Blamont, fol. 51, r.
Bourgogne (Gruyer du comté de), fol. 54, r.
Bourgogne (Ducs et Duchesses). Eudes, fol. 36, v.; 38, v.; 39, v.; 40, r.
Philippe, fol. 57, r.; 67, r.; 79, r.; P. A., 5.
Jean, P. A., 9, note 2.
Jeanne, fol. 36 ; 38, v.; 39, v.; 40, r.
Boyemien (Coste de). V. Bois Mien.
Brabant (Louis de Male, comte de Bourgogne, duc de), P. A., 9.
Bracon, P. A., 4, 10, II, 1°.
Bracon (Arnouz des Noulx, châtelain de), P. A., 10, II, 1°.
Bracon (Thiébaul, sire de Rie, châtelain de), fol. 26, v.
Bracon (Bartholomier de la Balme, châtelain de), fol. 37, v.
Brainche, Jean, fol. 29, v., 36, r.
Brancon (Odet de), fol. 43, v.
Brenier, Guillames, clerc, notaire, tabellion général du comté de Bourgogne, fol. 6, r., note; 49, v., 55, v.; P. A., 8.
Bretons (Perrenat dit), P. A., 10, II, 1°.
Brons (Jehannins dit), P. A., 10, II, 3°. V. Lo Bronz.
Bruges, fol. 39, v.
Bruges (J. de), fol. 55, r.
Bru de Corne (le). Gouffre, commune de la Châtelaine, appelé par erreur Bief de Corne dans la carte de l'Etat-Major. V. Bur de Cone.
Buevon. V. Buvon.
Buleron, Vauchiers, fol. 19, r.
Bulleau, Jehanin, fol. 72, v.
Bullez, Girar, P. A., 10, I, 3°.
Bullez, Renaud, ibid.
Buloz, Huguenins, P. A., I, 1°.
Bur de Cone, P. A., 10, I, 1°; Bour de Cone, 2°; Buez de Cone, 3°. V. Bru de Corne.
Buvon, Jeham, P. A., 10, I, 1°, 3°.
Buvon, Faconier, ibid.
Byez (le) de Mesnay, Johannes filius Stephani du. P. A., I, 1°, note.
Cepoy (Bois du), ou de Glenon, fol. 15, v.
Cerdon, Cernon (Aymonet de), écuyer, prévôt d'Arbois, fol. 23, v.; 39, v.; P. A., 10, III, 1°, 2°, 3°, 4°, 5°; bailli du comté de Bourgogne, fol. 42, r., 43, v.; receveur du comté, fol. 47, v.; P. A., 6.
Cessenay (Humbers de), fol. 19, r.
Cessenay, Thiébaud, gardien ma dame de Flandres en sa terre de Bourgogne, P. A., 10, III, 5°.
Ceys (Humbert de), fol. 1, r.
Chadeals, Li Rous, P. A., 10, I, 1°. V. Chaudeaul.
Chaimole. V. Chamole.
Chalon (Jean de), fol. 23, v.
Chambier, Etienne (dit Morel), P. A., 10, et I, 1°, 2°, 3°.
Chamois (le). Li Chamois, Li Chamoys, Le Chamoys, actuellement le Chaumois, bois communal d'Arbois entre cette ville et Poligny, fol. 2, v.; 6, v.; 7, r.; 18, r.; 19, r.; 30; 72, v.; P. A., 10, III, 4°.
Costes pendanz dou Chamoy, P. A., 10, I, 1°, 2°.
Chamole, canton de Poligny, fol. 72, v.
Chamole (Garins de), fol. 19, r.

Chamossin, Guillaume, moine, P. A., 8.
Champ (Huguenin du), fol. 24, v.
Champagnole, Champaignole, chef-lieu de canton, arrondissement de Poligny.
Champagnole (Guillaume Brenier de), notaire : P. A., 8.
Champon (Cristin), P. A., 10, I, 3° (V. Championz).
Champonz, Crestins, fol. 49, v. ; 50, v. ; P. A., 10, I, 1°.
Champrogerome, Champrougier, canton et arrondissement de Poligny. (V. Le Moine).
Chaingin, Changin, Changins, faubourg d'Arbois, fol. 24, v ; 25 ; 65, v. P. A., 9.
Changin (Eglise de), P. A., 10.
Changin (Le maire de), fol. 52, r. ; P. A., 10, II, 1°.
Changin (Girart, curé de), fol. 25, r.
Changin (Guiot de), prévôt d'Arbois, fol. 56, r.
Changin (Jacquier de), P. A., 3.
Changin (Jehan, maire de), P. A., 10, II, 1°, 2°.
Changin (Jourdains de), fol. 18, r.
Changin (Perrenet de), P. A., 2.
Chapelain, Jehan, P. A., 10 ; 10, III, 5°.
Chapelle (la) canton de Salins, arrondissement de Poligny.
Chapelle (la) (Jehanz, dit de la), chanoine de Sainte Croiz d'Estampes. P. A., 10, II, 2°, note.
Chapuisset. V. Chapuzet.
Chapuset, Maître Humbert, fol. 18, v., 23, v. ; P. A., 10, II, 1°. Clers, baillif Monsignour de Flandres en sa terre de Bourgoigne, P. A., 10, III, 1°, 2°.
Charix, P. A., 10, I, 3°.
Charnoz, Willemins fil Hermengeom, P. A., 10, I, 1°.
Charreton (Juenot dit), P. A., 10, I, 1°, 3°.
Chassaignet, Vuillemins, fol. 19, r.
Chastel (le). Le Chestel. Le Chasteaul.
Chastel (Colars dou), P. A., 10, I, 1°, 3°, II, 1° ; charpentier, 2°, note.
Chastel (Simon du), P. A., 8.
Chastelbelin (Seigneur de), fol. 69, r.
Chateauchalon, canton de Voiteur, arr. de Lons-le-Saunier, Chestelchallon, P. A., 10, I, 1°, 2°.
Châtelaine (la), canton d'Arbois ; Castellana ; la Chastellanne, la Chestellaine, Chastellaingne (la), fol. 2, r. ; 10, r. ; 65, r.
Châtelaine (Château de la), fol. 22, v. ; 38, v. ; 44, v. ; 45 r.
Chemin de la Châtelaine à Valempoulières, P. A., 10, I, 1°, 3°. Via publica per quam itur ad Castellanam, P. A., 10, III, 6°.
Chatte (la), Crestins fil à, P. A., 10, I, 1°.
Chaudeaul. Liroz, P. A., 10, I, 3°.
Chaul (la) ? (Hudins de)., P. A., 10, I, 1°.
Chaumaigny (Pierre de), lieutenant du bailli du comté de Bourgogne, fol. 57, v.
Chautrens, Chautrans (Lambert de), châtelain d'Ornans, P. A., 10, II, 1°.
Chavigney, Chevigney, Doubs (Guy de Cicon, sire de), fol. 43, v.
Chenal ou Chenaul (la) (Buene de), P. A., 10.
Chenal (Haymonin ou Hemonin, fil Jeham de), P. A., 10, I, 1°, 3°.
Chenal (Hudin de), P. A., 10, I, 3°.
Cherins, Hemeris, fol. 19, r.
Chesselles (Simonins de), P. A., 10, III, 2°.
Chestel (le), (Eymonet du), escuer, fol. 1, r. ; 55, v.
Chevrère, uxor Guillermi de Vaudrey, P. A., 1.

Chevrier (Aymonin le), fol. 15, r.
Chissey, Chessey, Chessy, canton de Montbarrey, arrondissement de Dôle, fol. 53, r.
Chissey (Jean de), chevalier, bailli, fol. 52, r.
Chissey (Messire Jean de), fol. 28, v.
Choys (Messire Eude, Houde de), sire de lois, licencié en lois, chantre de Besançon, fol. 28, v.; P. A., 10, III, 4°, 5°.
Christiain, P., fol. 23, r.; 27, r.
Chyssie, P. A., 10, I, 3 °. (V. Chissey).
Cicon (Guy de), chevalier, sire de Chavigney, bailli en Bourgogne, fol. 43, v.; 53, r.
Cinq Cent (Aubry de), P. A., 8.
Citeaux, Citelx (Ordre de), fol. 15, r.
Clers, Girars, lieutenant du prévôt, P. A., 10, III, 1°, 2°.
Cluny, Clugny (Guillaume de), bailli de Dijon, fol. 57, v.
Cocherel, Johannes Co. . . rali, P. A., 10, III, 6°.
Coillon, Berthelier, li Boivenet, P. A., 10, I, 1°, 3°.
Coitier, Jocier, fol. 19, r.
Colonne, Columpne, cant. et arr. de Poligny, fol. 56, r.
Combe ès Moines, lieu dit des bois d'Arbois, P. A., 10, I, 3°; III, 5°, 6°.
Corbères, Corbires, actuellement Courbières. Lieu dit entre la Grange Jean Maire et l'Ermitage, fol. 32, v.
Corvées (Vigne des). Lieu dit du territoire d'Arbois entre la Tour Canoz et Montigny, P. A., 3.
Costes Pendantz, Costes Pendentes. Côte Madame, canton des bois d'Arbois au-dessus des Planches, fol. 2, r.; 6, v.; 7, r.; P. A., 10, III, 3°.
Costes pendant de Bois Mien, P. A., 10, I, 3°; III, 5°; ou
Coste de Boyemien. Lieu dit des bois d'Arbois, P. A., 10, I, 3°.
Courcelles, Corcelles, faubourg d'Arbois, fol. 31, r.
Courcelles (Moulin de), P. A., 4.
Couiller, Jean, doyen de la chapelle du duc à Dijon, licencié en lois, conseiller au parlement de Dôle, fol. 57, v.; 67, v.
Cramans, canton de Villers-Farlay, arrondissement de Poligny.
Cramans (Girar, curé de), P. A., 2.
Croichat, Jean, P. A., 8.
Croichon, Juenet, fol. 19, r.
Cromary, Cromari (Humbert de), fol. 24, v.; 47, v.
Cromary (Eude de), chevalier, fol. 37, v., 38, 40.
Cromary (Perrin de), fol. 56, r.
Crose (Perrin de), P. A., 10, I, 3°.
Crosot (Moulin du), P. A., 3.
Cuiret (Maistre Pierre), conseiller de Marguerite de France, fol. 11, v.; 14, v.; 29, v.
Cuisance (la), Coisance, Cossance, rivière d'Arbois, affluent de la Loue, fol. 31, v., note, 32, r., 34, v.; 55, v.
Dallay, Jean, fol. 51, v.
Dalley (Guillaume le Galois), fol. 23, v.
Dampierre, près Mornans, fol. 31, v.
Debal, Debau, Debauz, Odoz, Odat, Odetus, fol. 18, r.; P. A., 10, III, 5°, 6°.
Demolain, Christofle, fol. 72, v.
Demolain, Jehan, clerc, fol. 15, r.
Dijon (La chapelle de), fol. 57, v.
Dijon (Guillaume de Cluny, bailli de), fol. 57, v.
Dôle (Chapitre de), seigneur de Pupillin, fol. 18, r.
Dôle (Parlement de), fol. 25, v., 26, v.; 57, r; 60; 61, r.; 63, v.; 67, r.; 70, v.
Donzi (Henri de), chambellan du comte de Flandre, fol. 41, v.; P. A., 9.

Dou Champ, Humbert, chapelain, garde du scel de la comtesse de Flandre, fol. 6, r. , p. 17, note.
Dou Champ, Nicolins, P. A., 10, I, 1°; Nicholins, 2°, 3°.
Dou Pon, Jehannin, fol. 15, r.
Dou Pont, Perrenin, d'Arbois, garde du sceau de la comtesse de Bourgogne, P.A., 6.
Dou Roucis (Dam Jocer). fol. 64, r.
Dou Sauce, Jehanz ou Juham, P. A., 10, I, 1°, 3°.
Du Bois, Jehannin, fol. 71, r.
Du Périer, Etienne, curé de Mesnay, fol. 23, v.
Edier, Perreaulx fil, P. A., 10, I, 3°. (V. Odier).
Emelot, Girard, P. A., 10, I, 3°.
Emorgal, Juhan fil, P. A., 10, I, 3°.
Esparnay (Jeham d'), fol. 11, v.; 14, v.; 29, v.; 42, r.; P. A., 9.
Esparnay (Pierre d'), chevalier, fol. 37, v.
Estampes, au diocèse de Sens. Eglise Sainte Croix d'Estampes, P. A., 10, II, 2°, note,
Esternoz, Esternot (Guillaume d'), chevalier, châtelain de la Châtelaine, fol. 44, v.; 45, r.; 47, v.
Eviller (Aubert de), fol. 57, v.
Faconnier, Jehanim, fol. 15, r.
Fainal, Vuillemins, fol. 19, r.
Falatains, Felletans, canton de Rochefort, arrondissement de Dôle.
Falatains (Nicoles et Renaut de), chevalier, fol. 29, v.
Faramand, Faramant, Faremant, faubourg d'Arbois. V. Arbois.
Faramand (Li Pooes de), P. A., 10, I, 1°.
Faramand (Olivier de), fol. 49, v.; P. A., 10, I, 1°, 3°.
Faremant (Ruhe de), fol. 7, r.; 33, r.
Fauquier, Jehans, fol. 36, r.
Fernard, Huguenin, P. A., 8.
Feure, Jaquet, fol. 36, r.
Feure (Li moines fil Renaut à), P. A., 10, I, 3°.
Flamant, Ros, P. A., 10, I, 3°.
Flandelous, Flandenous, Girar, P. A., 10, I, 1°, 3°.
Flandres (Louis, comte de), fol. 23, v.; 31, v.; 38, v.; 39, v.; 40, v.; 41, 54, v.; P. A., 10, III, 1°, 4°.
Florence (Jacquet de), fol. 51, r.
Florer ou Floriers, Juenot ou Juhenes, P. A., 10, I, 1°, 3°.
Flory, Manhet, fol. 28, v.
Foicharz (Justaz d'Arbois dit), P. A., 1.
Fontaine, Fonteinne (Perrin de), fol. 18, r.
Fontenoy (Ginot de), P. A., 10, II, 1°.
Forez (Li Bois de), actuellement bois de la Forêt, contigu au bois de la Fretille, fol. 3, v.
Forfugne, Willemin, fol. 29, v.
Fouchart, Estevenon, P. A., 10, I, 1°, 3°.
Fouchart, Perrenin, P. A., 10, I, 1°, 3°.
France (Rois de) et de Navarre.
Philippe le Bel, fol. 8, v. 10, r.
Philippe le Long, P. A., 10, III, 1°, 3°, 5°, 6°.
France (Reine de).
Jeanne Ire, comtesse de Bourgogne, fol. 9, r., 10, r., 36, v., 37, r., 39, P. A., 10, III, 1°, 3°.
France (Fils de roi de):
Philippe, fol. 57, r.; 67, r.
France (Filles de rois de):

Marguerite, comtesse de Bourgogne, fille de Philippe [illegible] ong et de Jeanne de Bourgogne, fol. 11, r., 22, r., 25, v., 26, v., 2 [illegible] 28, r., 29, r., 36, r., 38, 40, 42, r., 44, v., 45, v., 48, v., 52, r., 53 [illegible], r.; P. A., 6, 7, 10, III, 5°.
Jeanne, duchesse et comtesse de Bourgogne, fol. 36, v., 38. [illegible] 9, v.
Isabelle, épouse de Guigues VIII, Dauphin du Viennois, fol. 40, v.
Frasans, aujourd'hui Fraisans; canton de Dampierre, arrondissement de Dôle.
Frasans (Jehan de), fol. 72, v.
Frontenay, canton de Voiteur, arrondissement de Lons-le-Saunier.
Frontenay (Huguenins de), fol. 19, r.
Frontenay (Jean Mallat de), écuyer, bailli d'Aval, P. A., 8.
Galaphin, Pierre, chevalier, fol. 29, v.
Galebon, Odet, fol. 39, v.; 41, r.
Galois, ou le Galois, Guillaume, gardien pour le comte de Flandre dans le comté de Bourgogne, fol. 23, v.; 24, v.
Gascoignet, Gaiscoignet, Wuillemin, fol. 38, r.
Guillaume, fol. 33, r., 34, v.; P. A., 8.
Gelin, Etienne et Jean, fol. 29, v.
Gilaboz, Johan, fol. 72, r.
Gille (Jehan de Columpne), fol. 56, r.
Gilley, canton de Montbenoit, arrondissement de Pontarlier, Doubs (Guillerma relicta Roberti de), P. A., 10, I, 1°, note.
Gillois (le), faubourg d'Arbois. Commune du même nom, canton de Nozeroy, arrondissement de Poligny.
Gillois (Moulin du), P. A., 4.
Girart, curé de Changins, fol. 25, r.
Girot, Perron, P. A., 10, I, 3°.
Giroz (Perrenins dit). P. A., 10, I, 1°.
Glanne, Claude, docteur ès drois, maire d'Arbois, feuillet de garde, v.
Glannun, biez de Glannun, actuellement le bief de Glanon, affluent de la Cuisance, fol. 15, v.
Glanon (Bois de), actuellement de Vauxy, contigu à la Grange Grillard, fol. 14, v.
Glanon (Moulin de), P. A., 10, I, 1°, note.
Glenom, Glennon, V. Glanon.
Goudal, Huguenin, fol. 31, v.
Goulran, Perrenot, fol. 72, v.
Gourars, Vuillemins, fol. 19, r.
Gouvernal, Vuillemin, fol. 33, r.
Grant Vuillemin, Jehan, fol. 72, v.
Grange (Estevenin dit de la), escuyer, P. A., 10, II, 2°.
Grange (Girart de la), P. A., 8.
Grange (Guillaume de la), fol. 39, v.; 41, r.; P. A., 10, III, 4°.
Grange (Huguenin de la), fol. 18, v.
Grange (Jean de la), chevalier, fol. 41; P. A.; 10, III, 4°.
Grangia (Guido de), domicellus, P. A., 10, III, 6°.
Grangia (Haymardus de), domicellus, P. A., 10, III, 6°.
Gray, fol. 51, v.
Grelet, Guillaume, feuillet de garde, v.
Grevellet, Jean, fol. 31, r.
Grevillet, Justet, P. A., 10.
Grevillez, Jean, fol. 31, 36, v.; 38, r. V. Grevellet.
Groinet, Richart, P. A., 10, I, 1°, 3°.
Grosset, Vienet, de Poloigney, notaire, fol. 18, v.; 21, v.
Grozon, Groson, Grosum, canton de Poligny, fol. 15, v.

Grozon (Donzelet de), escuier, fol. 15, v.
Gruet, Girars, fol. 19, r.
Guanlar (Haymonin dit), fol. 50, r.
Guerbelet ou Gurbillet, Juham, P. A., 10, I, 1°, 3°.
Guichart. Bon, de Poligny, licencié en lois, fol. 67, v.
Guillet ou Guillot, Juenot ou Juhenet, P. A., 10, I, 1°, 3°.
Guy, Girard, feuillet de garde, v.
Guynans, Renaut, fol. 19, r.
Halulbin (Josse de), P. A., 9.V. Alwin.
Hanin, maistre Jaque, conseiller de Marguerite de France, fol. 14, r.; 28, r.
Humber, Jehannin, P. A., 10.
Haymonet, P. A., 3.
Hayronval (Jean de), bailli de la comté de Bourgogne pour Philippe le Bel, fol. 25, r.
Hedin. V. Hesdin.
Hemelot, Girars. P. A., 10, I, 1°.
Henriet, fol. 41, r.
Hermengeom, Willemins, fil, P. A., 10, I, 1°.
Hesdin, fol. 14, r.; 28, r.; 54, v.; 69, r.; 71, r.
Hideus, Mons., conseiller de Louis de Nevers, fol. 55, r.
Hongrie, V. Ongrie.
Humbert (messire), conseiller de Marguerite de France, fol. 14, v.; 29, v.
Hungloix, Humbert, P. A., 8.
Huon, fils de Cheurere, femme de Guillaume de Vaudrey, P. A., 1.
Inglois, Perrenins, fol. 19, r.
Innoçans, pape, fol. 48, v.
Ivory, Yverey, Yvoirey, Yvorie, canton de Salins.
Ivory (Girars d'), P. A., 10, I, 1°.
Ivory (Nycholat d'), prévôt d'Arbois, fol. 15, r.
Ivory (Nycholet d'), écuyer, fol. 36, v.; 38, r.
Ivory (Verniers d'), P. A., 10, I, 1°, 3°.
Ivory (Voillin d'), P. A., 10, II, 1°.
Jailleverne (Jehan dit), garde dou seel du conte de Flandres, P. A., 10, II, 1°, note.
Jaillon, Crestin, fol. 18, r.
Jaillon (Humbers dit), fol. 19, r.
Jaquet, fils de Jehannin de Villette, P. A., 10.
Jeham, maire de Changins, P. A., 10, II. 1°, 2°.
Jegler, Perrenin, fol. 43, r.; 44, r.
Jergon, Justo, de Mesnay, fol. 62, v.
Jocerans, Humbert, P. A., 10, I. 1°, 2°, 3°.
Jocier, Perrin, fol. 18, r.
Jocier, Thomas, fol. 19, r.
Johannes, papa, XXII, fol. 38, r.
Joli, Lambert, fol. 72, r.
Jordenne, Perrin, fol. 19, r.
Justoz (Huguenin), fol. 33, r.; 34, v.
Laboret ou Li Liberat, Huguenins, P. A., 10, I, 1°, 3°.
La Dohe, Legiers, fol. 18, r.
Laiz (Jean de), fol. 37, v.
Lami, J., fol. 71, r.
Lancellet, Humber, fol. 44, r.
Landoz, Humbers, fol. 19, r.
Lanturnin, Guillaume, de Salins, notaire, P. A., 10, III, 3°.
Lapierre (Guyot de), fol. 18, v.
Laporture (Faconet, fil à), P. A., 10, I, 1°, 3°.

Largeot, Anthoine, feuillet de garde, v.
Larnay, Larney, faubourg d'Arbois.
Larnay (Guillermin de), fol. 15, r.
Larnay (Huguenins, fils Justoz de), fol. 18, v.
Larnay (Humbert de), clerc, fol. 31, v.; 32, v.; 71, v.
Larnay (Oudet de), clers, fol. 18, v.
Larnay (Perreal ou Perrel de), Girars fil, P. A , 10, I, 1°, 3°. Honberz, enfant, P. A., 10, I, 3°.
Larnay (Renaud de), fol. 45, v.; P. A., 10, III, 6°.
Larnay (Vienet de), fol. 47, r.; P. A., 10.
Larnay (Vuillemin de), fol. 31, r.; 43, r.
Lavidot, Lambert, fol. 18, r.
Laye (Nicolas de), fol. 24, v.
Le Baul, Guienet, fol. 1, r.; 55, 56.
Lebetoux, Jehannin, fol. 23, v.
Leblanc, Jean, prêtre, fol. 18, v.
Leblanc, Perrenet, P A., 10.
Le Brons, Guillaume, écuyer, fol. 18, v.; 47, v.
Le Chevrier, Aymonin, fol. 15, r.
Leclos, Jean, fol. 19, r.
Lecorbe, Renaut, fol. 64, r.
Légier, Guiod, fol. 44, r.; 45, v.
Le Grand, Guillame, écuyer, fol. 34, 35.
Le Grand, Jean, chevalier, fol. 29, v.
Le Grand, Pierre, fol. 18, v.
Le Moine de Champrogerome, P. A., 10, III, 3°.
Le Roi, Hugues, fol. 19, r.
Le Roi, Junet, fol. 18, r.
Leugret, E., P. A., 7.
Le Vulpillet, Philibert, fol. 51, r.
Li Aigniers, Haymonins, P. A , 10, I, 1°, 3°.
Li Balet, Jaquet, P. A., 10, I, 1°, 3°.
Li Blaisiers, Besançon, P. A., 10, I, 1°, 3°.
Li Blaisiers, Justet, 1°.
Li Berbiers, Huguenins, P. A , 10, I, 1°, 3°.
Li Blanc, Jehans, prestres, fol. 18, v.
Li Blans, Girar, P. A., 10, I, 1°, 3°.
Li Blans, Humbert, ibid.
Li Boichet, Jaquemins, P. A., 10, I, 3°. V. Boichat.
Li Bois, P. A., 10, I, 1°, 3°.
Li Bretons, Perrenet, P. A., 10, I, 1°, 3°.
Li Chelle, Crestin, P. A., 10, I, 3°.
Li Clers, Girars, fol. 18, r., 40, r.; P. A., 10.
Li Clos, Jehans, fol. 19, r.
Li Corbes, Renaut, fol. 64, r.
Lielle, Lieslo, Doubs, canton de Quingey, arrondissement de Besançon.
Lielle (Paris de), fol. 19, r.
Li Feures, Jehannins, P. A., 10, I, 3°.
Li Gaignierres, Li Gaynerres, Perrenin, P. A., 10, I, 1°, 3°.
Ligier, Guiot, clers, fol. 19, r.; 43, r. Guido Leodigarii, P. A., 10, III, 6°.
Ligier, Hemeris, fol. 19, r.
Ligier, Perrenin, fol. 19, r.
Li Girez, Willame, P. A , 10, I, 1°.
Li Goinour, Guyon, P. A., 10, I, 3°.
Li Goinour, Simon, P. A, 10, I, 1°.
Li Granz, Jehans, fol. 29, v.

Li Grevillet (V. Boichat).
Li Kace, li Quace, Richars, P. A., 10, I, 1°, 3°.
Li Liberat (V. Laboret).
Li Maignins, Constantin, fol. 64, r.
Li Morel (V. Li Moroilon).
Li Moriaux, ou Morel, Huguenin, P. A., 10, I, 1°, 3°.
Li Moroilon, Henrion, P. A., 10, I, 1°, 3°.
Li Orfenins, Li Orphannis, Willames, P. A., 10, I, 1°, 3°.
Li Oyenet, Estevenin, P. A., 10.
Li Oylliers, Hugues ou Hugon, P. A., 10, I, 1°, 3°.
Li Perret, P. A., 10, I, 1°.
Li Papillars, Richars, P. A., 10, I, 1°.
Li Petiz, Huguenin, P. A., 10, I, 3°.
Li Pigeoz ou Pigot, Perrenins et Berniers ou Vernier, P. A., 10, I, 1°, 3°.
Li Pomerez ou Pomeret, Perreals, P. A., 10, I, 1°, 3°.
Li Quace, Richart, P. A., 10, I, 3°.
Li Roys, Huguenins, fol. 18, r.
Li Vaynères, Perrenins, P. A., 10, II, 1°. V. Li Gaignierres.
Li Wait, Li Wet, Aubri, Abris, P. A., 10, I, 1°, 3°.
Lo Brom, Guillemin, P. A., 10, II, 1°.
Lo Bronz, Bauduin, d'Arbois, écuier, P. A., 10, II, 1°, 2°.
Lombard, Girart, fol. 44, r.
Lombardi, Girardus, P. A., 10, III, 6°.
Lombard, Jehan, mercier, P. A., 10, III, 1°.
Lorent, Jehannin, lombard, P. A., 10, III, 2°.
Lorraine, fol. 26, r.
Loubet, Perrenin, fol. 72, v.
Loye (Vigne de la), P. A., 3.
Loys, Jeham, P. A., 10, I, 1°.
Luc, Jaques, trésorier de la saulnerie de Salins, feuillet de garde, v.
Lyon (Jean de), fol. 36, r.
Lyon (Aimonet de), écuyer, fol. 39, v.
Mahaut (V. Bourgogne).
Mairoz, François, de Salins, fol. 37, v.
Maladière (La), lieu dit du territoire d'Arbois entre Arce et la route de Poligny, fol. 64.
Malines (V. Bourgogne, Philippe, comte de).
Mallat, Jean, de Frontenay, bailli d'Aval, P. A., 8.
Malle, près Bruges, fol. 55, r.
Malliat (Perrenet de), fol. 34, v.
Malnurry, Girart, fol. 18, r.
Malpertus (Petrus de), de Salinis, fol. 17, r.
Marceret, Ste., fol. 37, v., note.
Marchies (Vienet, de Mesnay), fol. 63, r.
Mareschaux dou Pin (Estevenin fils à), P. A., 10, I, 1°, 3°; Humberz, frère d'Estevenin, ibid.
Marnoz, Estevenins, P. A., 10, I, 1°.
Mathenay, Matenay, canton d'Arbois, fol. 65, r.
Meniers, Willemins, fil, P. A., 10, I, 1° (V. Moygnier).
Mennay (V. Mesnay).
Meirey (Guillaume de), chevalier, lieutenant du bailli, fol. 62, v.
Mercerie (Légier de la), fol. 44, r.
Mercerot, Jean, 21,
Mercier, Estevenin, P. A., 10, I, 3°; II, 1°.
Meredeu, Estevenin, fol. 18, r.
Meredeu, Jehannin, fol. 19, r.

Mergnot, Estevenin, P. A., 10, I, 3.
Merquist, Giroz, P. A., 10, I, 1°.
Merquist, Richart, ibid. et 3°.
Merquist, Lirot, ibid.
Mesnay, canton d'Arbois, Meinay, Mennay, Ménay, Mannay, fol. 22, 23, 24, 64, v.; 65, r.; 72, r.; P. A, 10, II, 2°.
Mesnay, Eglise de Saint-Oyant, fol. 7, r.; P. A., 10.
Mesnay (Four de), fol. 7, r.
Mesnay, rue de Proy buert, fol. 72, r.
Mesnay (le Byez de), P. A., 10, I, 1°, note.
Mévilloz, Jehan, chevalier, fol. 44, r.; 47, v.
Mochay (Li Boys de), actuellement la forêt Mouchard, fol. 3, v., 14, r.
Moinne (Huguenin dit), fol. 7, r.
Moinne (Perrenins dit), P. A., 10, II, 1°.
Molin (le), Thyébaul, dit dou, d'Arbois, clerc, fol. 16, r.
Molpré, Mollepratum, Molprel, Molprez, lieu dit du faubourg de Larnay. Commune du même nom, canton de Nozeroy, arrondissement de Poligny.
Molpré (Jehan de), abbé de Baulme, licencié en loys, conseiller au Parlement de Dôle, fol. 67, v.
Molpré (Guillaume de), P. A., 10, III, 4°.
Molpré (Petrus de), fol. 1, r.
Molpré (Rodulphus de), fol. 1, r.
Monlanfroy (Bois de), au-dessus du bief de Glanon, fol. 15, v.
Monnet-la-Ville, canton de Champagnole, arrondissement de Poligny.
Monnet (Richart de), fol. 18, v.
Mont (Boichert de), fol. 31, r.
Mont (Jehan de), lombard, P. A., 10, II, 1°; III, 1°.
Mont (Gui Bonet de), notaire, fol. 17, r.
Mont (Guienot de), notaire, fol. 36, r. (V. Bonate).
Montaigu, Montagu, canton de Conliège, arrondissement de Lons-le-Saunier.
Montagu (Gille de), licencié en lois, fol. 26, v.; 57, v.; 67, v.
Montagu (Pierre de), fol. 51, r.
Montbéliard (Seigneur de), fol. 69, r.
Montellier, lieu dit du territoire d'Arbois, au sud de Villette, cote 307.
Montellier (Vigne de), P. A., 3.
Montesalonne (Dominus Johannes de), miles, P. A., 10, III, 6°.
Montferrand, Montferrant, canton de Boussières, arrondissement de Besançon.
Montferrant (le seigneur de), fol. 23, r.; 41, r.
Montferrant (Anxel de Salins, sire de), chevalier, fol. 26, r.; 27, r.; 41, v.; 57, v.; 67, v. P. A., 10.
Montigny, Montaigney, Monteigney, canton d'Arbois, fol. 25, v.; 26, r.; 64, v.; P. A., 5; 10, II, 2°.
Montmalin, canton d'Arbois, P. A., 7.
Mons Rotondus, Monront, Montrond, canton de Champagnole, arrondissement de Poligny.
Monte rotondo (Guiotus de), écuyer, fol. 17, r.
Montrond (Aymes, sire de), chevalier, fol. 29, v.
Montrond (Honbers de), P. A., 10, I, 1°, 3°.
Moreax (V. Morel).
Morel, prévôt d'Arbois, P. A., 3.
Morel (Etienne Chambier, dit) (V. Chambier).
Morelet (V. Morel), P. A., 10, I, 3°.
Morial, de Salins, P. A., 10.
Morial, Odat, P. A., 10.
Mornans, fol. 31, v.

Moroillon, Vauchiers, P. A., 10, I, 1°.
Morcial (Champ et bief de), lieu dit entre Arbois et Villette, fol. 31, r.
Mouchard, Mochay, Mouchay, canton de Villers-Farlay, arrondissement de Poligny.
Mouchard (Bois de), fol. 3, v.; 14; 54, r.
Moygnier, Willemin fil, P. A., 10, I, 3° (V. Menier).
Mutin, Jehan, notaire, fol. 33, v.; 36, r. (V. notaires d'Arbois).
Mymeriey (Perrenet de), fol. 31, v.
Myon, Mion, canton de Quingey, arrondissement de Besançon.
Myon (Renaut de), fol. 23, v.
Myon (Girars de), écuyer, lieutenant du bailli du comté de Bourgogne, fol. 48, v.; P. A., 8.
Narduin, Willemin, P. A., 10, I, 1°, 3°.
Nassy (V. Nécy).
Navarre (V. France).
Navoy (le), Navay. Commune de Pont-du-Navoy, canton de Champagnole, arrondissement de Poligny.
Navoy (Guillame du), fol. 71, v.
Navoy (Honberz dou), P. A., 10, I, 1°, 3°.
Navoy (Perrenin dou), P. A., 10, I, 3°.
Nécy, faubourg d'Arbois, Nassy, Nayssey, Nayssie, Nessey (V. Asson Naissey).
Neufchestel, au comté de Bourgogne (seigneur de), fol. 69, r.
Nevers, P. A., 6.
Nicholier, Bernard, de Villate, fol. 71, r.
Nonel, Perrenins, clers, P. A., 10.
Noulx (les), Arnoux des, châtelain de Bracon, P. A., 10, II, 1°.
Nozeroy, chef-lieu de canton, arrondissement de Poligny. Lieu dit du territoire d'Arbois.
Nozeroy, Mestre Jehan de Nosserey, clers, P. A., 10, II, 1°, 2°.
Nozeroy (Perrenet de Nosseroy), P. A., 10, I, 1°, 3°.
Odate, femme de Robert de Boujailles, fol. 32, v.
Odier (Perreal fil), P. A., 10, I, 1° (V. Edier).
Ongrie, Hongrie. P. A., 9, note 2.
Orgeval (Li biey d'), fol. 55, r., au territoire d'Arbois.
Ornans, chef-lieu de canton, arr. de Besançon (Cuhennes d'), sires de loys, P.A., 10, II, 1°.
Ornans (Jeans d'), notaire, fol. 21, v.
Othes (V. Bourgogne).
Otthonin, fils du bailli de Bourgogne, fol. 36, v.
Oygiers, Humbers, fol. 19, r.
Oyselier (Etienne, seigneur de), P. A., 1.
Parandier, Jean et Huguenin, de Montmalin, P. A., 7.
Paris, fol. 40, r.; 61, v.; P. A., 5.
Patrognet, Patroinet, Esterenin, P. A., 10, III, 5°, 6°.
Patrognet, Michiel, P. A., 10, I, 1°.
Pelestier, Estevenon (fil Bernart à), P. A., 10, I, 3°.
Pelocart (Vuillemin), fol. 23, v.
Penot (le) Perrot dit du, fol. 19, r.
Perier (Estienne du), fol. 23, v.
Perrier, Jacquiers, fol. 19, r.
Petit Loupnet, Jehan, escuier, fol. 72, v.
Petitualat, Estevenins, P. A., 10, I, 1°.
Petit Valet, Girard, fol. 15, r.; 23, r.; P. A., 10, III, 1°, 3°.
Phelise, Dreve, licencié en lois, fol. 67, v.
Picardet (Huguenin dit), P. A., 10, II, 1°.

Pierre (Guillemin de la), écuyer, fol. 44, r.
Pierre (Guiot de la), fol. 18, v.
Pierre Encise, Encisse, Oncise, Uncisse, Lieu dit de la forêt d'Arbois, P. A., 10, I, 1°, 2°, 3°, III, 5°, 6°.
Pierre Fuez, Roche du feu dans le bois de Parencot, P. A., 10, I, 3°; III, 5°, 6°.
Pignent, Vienez, P. A., 10, I, 1° (V. Pimant).
Pigot, Perrenin, Vernier, P. A., 10, I, 3°.
Pimant, Vienot, P. A., 10, I, 3°.
Plaine, Estienne, fol. 72, v.
Planches (les), canton d'Arbois.
Planches (Perrins des), fol. 32, v.
Platière (la), lieu dit en dessous du moulin des Terreaux, fol. 71, v.
Platière (Humbert de la), chevalier, conseiller de Marguerite de France, fol. 11, v ; 23, r. ; 27, r. ; 28, r.; 34, v. ; 36, r.; 41, v.; 57, v. ; 63, v. ; 71, r. ; P. A., 5, 8, 9.
Platière (Jueniers de la), P. A., 10, I, 1°, 3°.
Platière (Odet de la), fol. 18, v. ; P. A., 10, II, 1°.
Poitiers, Poithehuz, Poythiers, Philippe le Long, roi de France, comte de Poitiers, P. A., 10, 10, III, 1°, 3°, 5°, 6°.
Poitiers (Charles de), conseiller de Marguerite de France, sire de Saint-Valier et de Vadans, fol. 14, r ; 27, r. ; 28, r.; 54, v. ; P. A., 7.
Poitiers (Guillaume, le Bâtard de), chevalier, bailli du comté de Bourgogne, fol. 61, v.
Poliet (Jehan dit), fol. 19, r.
Poligny, In Poligniaco, Pollogniacum, Pollognez, Polloigney, Poloingney, Poloigney, fol. 9, r. ; 29 ; 30 ; 54, v., note ; 72, v. ; P. A., 10, I, 1°, 2° ; III, 5°, 6°.
Poligny (Renauz, seigneur de Saint-Aigne, châtelain de), fol. 30, r.
Poligny (Conralz, prévôt de), fol. 29, v.
Poligny (Jean de), écuyer, P. A., 10, III, 4°.
Poligny (Guichart de), licencié en lois, fol. 67, v.
Polpoy, Vienot, P. A., 10, I, 1°, 3°.
Pomeret, V. Li Pomerez.
Ponceleín, Villeret ou Wuillemat fil, P. A., 10, I, 1°, 3°.
Pon, Jehannin dou, fol. 15, r.
Pontet (le), fol. 55, r.
Porte (Renaudin de la), fol. 15, r. ; 38, r.
Porte (Estevenon de la), fol. 15, r.
Poupoy, V. Polpoy.
Prel (le), Huguenins dou, P. A., 10, I, 1°.
Prestin, Pretin, canton de Salins, arrondissement de Poligny.
Prestin (Humbers de), P. A., 10, I, 1°, 3°.
Prevençal, Girart, notaire, fol. 36, r.
Prévost, Girart, fol. 56, r.
Prot, dit du Penot, fol. 19, r.
Pupillin, canton d'Arbois, villa Popilianensis, Pipillin, Pepelin, Pupellin, P. A., 10, I, 1°, 2° ; fol. 17, 19, 20, 64, v.; 65, r.
Pupillin (Guillame de), escuier, fol. 18, v., 31, v., 34, v., 42, v., 43, 44, r., 46, v., 47, r., 52, v.; 71, v. P. A , 10, III, 5°, 6°.
Pupillin (Jehanin de), fol. 18, v. ; P. A., 10, II, 1°.
Quacce, Estevenin, fol. 36, r.; Vienot, fol. 36, v.
Quacet (Estevenin dit), d'Arbois, P. A., 10, II, 1°, note.
Quacet, Symon, fol. 55, r.
Qualarz, (Haymonin dit), fol. 50, r.V. Guanlar.
Quallat, Jehan, de Choysey, garde du scel du comte de Bourgogne, prêtre, fol. 21, v.

Quanial, Jaquier, P. A., 10, I, 1°.
Quartereau, Fiery, fol. 72, v.
Quatremax, Joceriar, P. A., 10, I, 3°.
Querut, P., notaire, fol. 71, v.
Quingey, Quingi, chef-lieu de canton, arrondissement de Besançon, P. A., 7.
Quingey (Château de), fol. 28, v. 38, v.
Quingey (Eudes de), chevalier, fol. 26, v.; 57, v.; 63, v.; licencié en lois, conseiller au parlement de Dôle, 67, v.
Quingey (Hugue de), chevalier, conseiller de Madame de Flandre; P. A., 10, III, 5°.
Rainchenaux (Huart de), écuyer, bailli d'Aval du comté de Bourgogne; fol. 51, r.
Ravière (Pierre de la), fol. 23, r., P. A., 10, III, 3°.
Ray (Messire de), conseiller de Marguerite de France, fol. 11, v.
Ray, Jehan (sire de), gardien du comté de Bourgogne, fol. 63, r.
Raynon, Reignom, Reignon, Regnon, Reynom, Roignon, lombard d'Arbois, P. A., 10; 10, I, 3°, II, 2°; III, 1°, 3°, 5°, 6°.
Regnoudas (les). V. Asson Nassy.
Renaude (la), femme d'Etienne Chambier, P. A., 10, 10, I, 3°; III, 1°, 3°.
Renault (Frère), prieur d'Arbois, P. A., 10, III, 4°.
Rethel, Rathel, comtes de Bourgogne, comtes de Rethel. V. Bourgogne.
Rie, Rivus, aujourd'hui Rye, canton de Chaumergy, arrondissement de Dôle.
Odo dictus de Rivo, clericus, P. A., 10, III, 6°.
Rie (Thiébaut, sire de), châtelain de Bracon, fol. 26, r.; 57, v.; 63, v.; licencié en lois, conseiller au parlement de Dôle, 67, v.
Roignon, P. A., 10, I, 3°, V. Raynon.
Rondel, Perrenin, Juham, Vauchiers ou Vaychers, P. A., 10, I, 1°, 3°.
Rosières, abbaye de l'ordre de Citeaux, commune de la Ferté, canton d'Arbois, P. A., 1.
Rosières (Humbert, abbé de), P. A., 1.
Rosières (Frère Hugues de), P. A., 2.
Rosset, Rossez, Estevenin, P. A., 10, I, 1°, 2°, 3°; Jaquat, P. A., 10, III, 1°; Jaquet, 3°, Perrenins diz, taverniers, P. A., 10, I, 1°, 3°.
Sagontet, Huguenin, fol. 39, v.
Saignal, Huguenins, P. A., 10, I, 1°. V. Soneax.
Saillars, Huguenins, fol. 19, r.
Saint-Aigne (Renauz, sire de), châtelain de Poligny, fol. 30, r.
Saint-Cyr, Saint Cire, fol. 65, r.
Saint-Nicolas (chemin de), de Salins à Jvory, P. A., 10, I, 3°; III, 3°.
Saint-Oyant, Sanctus Eugendus (Aymonet de), fol. 55, r.
Saint-Oyant (Bernard de), notaire, fol. 18, v.; 21, v.; 45, r.; 48, r.; P. A., 10, III, 5°, 6°.
Saint-Oyant (Jean de), P. A., 8.
Saint-Oyant (Simon de), P. A., 8.
Saint-Oyand de Joux, abbaye, aujourd'hui Saint-Claude, chef-lieu d'arrondissement, P. A., 10, II, 1°.
Saint-Pierre (Hugonin de), fol. 72, r.
Saint-Valier (Messire de), conseiller de Marguerite de France, fol. 11, v.
Saint-Valier (Charles de Poitiers, sire de) et de Vadans, P. A., 7.
Salins, Salinæ, Salinum, chef-lieu de canton, arrondissement de Poligny, fol. 17, r.
Salins, comtes de Bourgogne, sires de Salins (V. Bourgogne).
Salins, Bourc le conte de Bourgoigne, P. A., 10, I, 1°.
Salins, Borc nostre dame la comtesse, P. A., 10, I, 3°.

Salins, Chemin Sanois de Salins à Châteauchalon, P. A., 10, I, 1°.
Salins, Chemin Saint-Nicolas, de Salins à Ivory, P. A., 10, I, 3°.
Salins, Cour du comte de Bourgogne à Salins, fol. 21, r.; 22, r.
Salins (Eglise Saint-Michel de), église Saint-Maurice de Salins, P. A., 10, I, 2°.
Salins (Puits de), puteus Salinensis, fol. 9, r.; 10, r.
Salins (Saulnerie de), feuillet de garde, v.; fol. 9, r.; 11.
Salins (Ancel, Anxel ou Anxeal de), chevalier, sire de Montferrand, licencié en lois, conseiller de Marguerite de France et de Philippe le Hardi, fol. 41, v.; 57, v.; 67, v.; P. A., 9, 10, III, 5°, 6°.
Salins (Dimanche de), chevalier, P. A., 10; 10, III, 1°, 3°; gardien de part Louis de Nevers en sa terre de Bourgogne, P. A., 10, III, 4°; feu, P. A., 10, III, 6°.
Salins (Jean, fils de Dimanche de), chevalier, P. A., 10; 10, III, 1°, 3°, 5°, 6°.
Salins (Hugue et Othenin), ses frères, P. A., 10, III, 5°, 6°.
Sancey (Guillet de), coadjuteur du gardien de la terre du comte de Flandre, P. A., 10, III, 4°.
Sangins (Li bois de), fol. 2, v.
Sanois, Sanoys, Chemin Sanois, de Salins à Château-Chalon par le Bru de Corne, P. A., 10, I, 1°, 2°, 3°.
Sanz (V. Sens).
Sapience, Humbert, fol. 49, v.; 50, r.
Sargenal, Huguenin, fol. 18, r.
Saugey (le), Costerus filius Aymonis du, P. A., 10, I, 1°, note.
Saulx (J. de), P. A., 9, note 2.
Savoie, fol. 26, r.
Savour (Jaquet fils), fol. 49, v.; 50, v.
Sehurre (V. Seurre).
Seignal (V. Soignaul).
Seignerot, Estevenins, fol. 19, r.
Seignerot, Huguenins, ibid.
Sens, Sanz (Diocèse de), P. A., 10, II, 2°, note.
Septier, Guillaume, fol. 72, v.
Sergel, P., P. A., 5, note.
Serox (V. Sirod).
Seurre, chef lieu de canton, arrondissement de Beaune (Côte-d'Or), P. A., 10, III, 1°, 2°.
Sirot, Serox, canton de Champagnole, arrondissement de Poligny.
Sirod (Guiennet de), fol. 31, v.; 32, v.
Sirod (Jehanins de), clert, fol. 56, r.
Sirod (Simon de Vaudrey, prieur de), fol. 41, r.
Soignaul, Seignal, Soigneal, Soneax, Jehain, fol 18, v.; 19, r.; 41, r.
Soignaul, Li grant Jehans, fol. 18, v.
Soignaul, Huguenins, P. A., 10, I, 2°, 3°, II, 1°.
Soignaul, garde du scel de la cour de la comtesse de Bourgogne à Arbois, II, 2°.
Succellin, fille de feu Adenet d'Arbois, P. A., 10, II, 2°, note.
Suerre (V. Seurre).
Symonet de la Loye, Estevenin, fils, clerc, fol. 37, v.
Tassonières (les), Tassenières (les). Lieu-dit du territoire d'Arbois, voisin de la grange du Sourbief, cote 336 (Vigne des), P. A., 3.
Taverniers, Abriet, li Boverdet, P. A., 10, I, 3°.
Temple (Terre du), lieu dit Champ du Temple, entre le faubourg de Changins et Villette, fol. 31, r.; 55, r.; 71, r.
Tespe (la), Tepe (la), actuellement la Tespe aux Loups, près d'Arce, commune d'Arbois.
Tespe (Girarz de la), fol. 49, r.; 50, v.; P. A., 10, I, 1°.
Tespe (Jehan de), fol. 56, r.

Tespe (Bartholomet fil Girart de la), P. A., 10, I, 3°.
Théroude, Robert, fol. 14, r. 28, r. ; 54, v.
Thie (Jean de), chevalier, fol. 37, r.
Thoire, Toyre, Thoyre.
Thoire (Cour de). à Arbois, P. A., 10, I, 1°, 2°.
Thoire (seigneur de), fol. 50, r. ; 64, r.
Thoire (Hugues de), fol. I, r.
Thoire (Jannin de Villate, prévôt de), P. A., 3.
Thoire (Prudhommes de), P. A., I, 10, 1°, 2°, 3°.
Thoraise (Dominus Guillermus de), miles, P. A., 10, III, 6°.
Thorrier (Humbert de), fol. 18, r.
Tonnerre (Robert de Bourgogne, comte de), fol. 36, v. ; 37, r.
Torier, Humbers, fol. 19, r.
Tournay, Tornay, fol. 55, r.
Tournay (Jaquon de), fol. 55, r.
Tournay (Phelippe, évesque de), P. A., 10, III, 5°.
Treffort, Pierre, clerc, administrateur de l'hôpital d'Arbois, fol. 50, r.
Troyes, Troies, fol. 14, v., 22, r. ; 26, v. ; 29, v.
Truil (le), Regnaut du, P. A., 8.
Usie (Hunbers dit d'), P. A., 10, I, 1°, 3°.
Vadans, Vaudens, Vuadens, canton d'Arbois, fol. 15, v.
Vadans (Châtellenie de), P. A., 7.
Vadans (Charles de Poitiers, sire de Saint-Vallier et de), P. A., 7.
Vadans (Rechart de), chevalier, habitant d'Arbois, fol. 7, r.
Vadrey (V. Vaudrey).
Valdier (V. Vaudrey).
Valdrey (V. Vaudrey).
Valempoulières, canton de Champagnole ; Valanpolart, P. A., 10, I, 1° ; Valampolerre, 2°.
Valons, Vienaz, fol. 29, v.
Vanneret, Thiébaul, clerc, fol. 23, r.
Vauchier, Pierre, fol. 36, r.
Vaudens (V. Vadans).
Vaudrey, canton de Montbarrey, arrondissement de Dôle, Vadrey, Valdier, Valdrey, Vaudre, Vaudry, Vaudryer, Vadreyum, Wadro, seigneur de Vaudry, fol. I, r. ; 28, v. ; 52, r. ; P. A., 10, I, 3° ; II, 1° ; III, 6°.
Vaudrey (de), de Thoire, fol. 50, r.
Vaudrey (Eude, sire de), chevalier, bailli du comté de Bourgogne, fol. 44, v. ; 45, v.
Vaudrey, Guillermus ou Vullermus, dominus de Wadro, fol. 6, r. ; P. A., I.
Vaudrey (Simonin, seigneur de), P. A., 10, II, 2°.
Vaudrey (Simon de), moine de Saint-Oyand de Joux, P. A., 10, II, 1°, 2°.
Vaudrey (Simon de), prieur de Sirod, fol. 41, r.
Vaudrey (Guillaume de), chevalier, fol. 41, r.
Vaudrey (Jacobus, frater Willermi de), P. A., I.
Vaudrey (Jaquet de), P. A., 10, I, 1°, 2°.
Vaudrey (Johannes, filius Johannis de), P. A., I.
Vaudrier, Vaudryer (V. Vaudrey).
Vaugrenanz, Grange de Vagrenanz, aujourd'hui la Grange Perroy, P. A., 6.
Vaul (Huguenins de), P. A., 10, I, 3°.
Vaul (Odoz de), fol. 18, r.
Vennengin, lieu dit du territoire d'Arbois, P. A., 10, I, 1°, note.
Vennes (Jean de), fol. 57, v.
Vernoy (le), le Vernois, lieu dit de la commune de Mesnay.
Vernoy (Guillame du), fol. 18, v. ; 44, r.

Vernoy (Guy du), fol. 36, r.
Verreux, Verrux, Verruelx, Verruex, Verrueyum, Verruz, faubourg d'Arbois (Guillaume de), fol. 1, r.; 33, r.; 34, v.; 55, v.; 62, v.; 63, v.
Verreux (Guillaume de), prévôt de Mesnay, fol. 62, v.
Verreux, Guillermus et Guido dicti de Verrueyo, domicelli, P. A., 10, III, 6°.
Verreux (Guillet de), fol. 49, v.
Verreux (Jehan de), fol. 56, r.
Verreux (Juhenet, fils Guillet de), fol. 49, v.; 50, v.
Verreux (Juhenet Guillet de), P. A., 10, I, 1°.
Verreux (Lanberz de), 1°, 3°.
Vianne (V. Vienne).
Vienne (Guillaume, Willermus, comte de), fol. 1, r.
Vigour, Arduet ou Herduet fil, fol. 49, v.; P. A, 10, I, 1°.
Villate (V. Villette).
Villefrancon (Guiz, seigneur de), bailliz en Bourgoigne, pour la contesse d'Artois et de Bourgoigne, fol. 17, r., 37, v.
Villefrey (Foulque de) bailli d'Eudes IV, duc de Bourgogne, dans le comté de Bourgogne, fol. 38, v., note.
Villeneuve (d'Aval), canton d'Arbois, fol. 65, r.
Villette, canton d'Arbois; Villate; Villete, fol. 65, r.; 71, r.
Villette (Bernard Nicholier de), fol. 71, r.
Villette (Estevenon fils Nicholier de), fol. 44, v., 45, r.
Villette (Jannin de), prévôt de Toire, P. A., 3.
Villette (Jehannin de), fol. 49, v.; fol. 71, r.; P. A., 10, et I, 1°, 2°, 3°; II, 1°.
Viuians, Estevenins, fol. 19, r.
Vuillemin, chapelain, fol. 22, r., note.
Vuiller, P., P. A., 10, I, 1°.
Vulpillet (Philibert le), fol. 51, r.
Wadre, V. Vaudrey, P. A., 1.
Wonnoz, Vannoz, canton de Champagnole, arrondissement de Poligny.
Wonnoz (Pierre et Renaut de), fol. 19, r.
Ynglois, Fromont, fol. 44, r.
Yverey, Yvoirie, Yvoierie, Yvorey, Yvorie (V. Ivory).
Yz, Is, P. A., 9, note 2.

TABLE DES MATIÈRES

INTRODUCTION 1

1° CARTULAIRE

Formulaire de la quictance du drapi de ma dame *Mahaut* pour les pouvres d'*Arbois*. 1307. 8

1. — La copie de la déclaracions que fuit faicte per le conte de *Bourgoigne*, le seignour de *Vaudrey*, per le consentement du conte de *Vianne*. Arbois, 1237. 9

2. — Copie des bois, des fors, molins et autres libertez et franchises données et outroyés à la communaltel d'*Arbois* par le conte *Othe* de *Bourgoigne*. 1282, mai. 17

3. — Lettres de vingt et viij livres de petit tornois pour acheter robes et soulers pour les poures d'*Arbois*. 1320, 20 décembre 21

4. — C'est lez copie des lettres de quatre livres et dix solz de petit tournois pour acheter robes et soulés pour les poures de la *Chestellaine*. 1320, 20 décembre 23

5. — Lettres de reconfirmacion de Madame de *Flandres* de l'argent pour les robes pour les poures d'*Arbois* et de la *Chestellaine*. Arras, 1370, 22 août 25

6. — Ordonnance de Marguerite de France, comtesse de Bourgogne. Hesdin, 1378, 31 août 26

7. — Lectres de l'usage que la ville d'*Arbois* a en bois *Mouchay* pour la réparacion de la forteresce. Troyes, 1371, 27 avril 26

8 — Lectres du pastoraige et usaige que la ville et habitans d'*Arbois* ont ou bois dou *Cepoy*, autrement de *Glenom*. Maison du Temple dessous Arbois, 1341, 28 juillet 27

9. — Lectres come la ville et habitans de *Pupillin* sunt tenuz de paier de toutes les missions qui se font pour la ville d'*Arbois*, exceptez pour l'église. Arbois, 1327, 29 septembre. 31

10. — Autres lectres come la ville et habitans de *Pupellin* sunt tenuz de paier siex deniers per liure de toutes les missions que se font pour la ville d'*Arbois*, exceptez pour l'église. Arbois, 1359, 11 mai et 1362, 14 juin. 33

11. — Lectres de ma dame de *Flandres*, come cil de *Ménay* sunt ostez dou gait de la *Chestellaine* et remis ou bourg d'*Arbois*. Troyes, 1374, 13 juin 39
12. — Lectres comment et la menière li habitans de *Ménay* doivent paier de missions faictes per les proudomes et eschevins d'*Arbois*. Arbois, 1339, 21 mai 41
13. — Lectres comme la ville et habitans de *Chaingins* sunt et doivent paier de la forteresce du bourg d'*Arbois*. Arbois, 1301, 27 avril, 2 mai. 43
14. — Lectres comme la ville et habitans de *Montaigney* ont paiez et sunt tenuz de paier de la réparacion et fortificacion du bourg d'*Arbois*. Dôle, 1380, 25 avril 44
15. — Lectres comme li eschevins d'*Arbois* pouhent lassier et accensir perpétuelment pour le profit de la ville les tours et les chaffault de la forteresce d'*Arbois*. Troyes, 1374, 14 novembre 46
16. — Lectres come les proudomes et eschevins d'*Arbois* povent, toutes fois qui lour plait, perpétuelment, geter common et mectre gabelle sus les vins tel qui lour plaira, et oster toutes fois qui lour plaira. Hesdin, 1378, 28 août. 47
17. — Lectres de la grant alne mise *Arbois*. Quingey, 1355, 16 juin. 49
18. — Lectres come les proudomes d'*Arbois* pevent faire prendre le pain toutes fois qui lour plait et taxer à telle amende ou amendes qui lours plairat, et auxi come il puent deboner avec le prévost les terralx, et les emendes des désobaïssant sunt à la ville. Troyes, 1371, 27 avril. 50
19. — Lectres de la division et séparacion des bois d'*Arbois* et de *Poloigny* et de l'usage et pasturaige que li uns ont sus les autres. Poligny, 1299, 10 juin 51
20. — Autres lectres de la division et séparacion des bois d'*Arbois* et de *Poloigney* et de l'usage et pastoraige que li uns ont sus autres. Poligny, 1300, mai 52
21. — Lectres de cinq solz censal dehuz à la ville sur le champ de *Morcial*, que fut à *Quacel*, et sur le champ d'encoste. Arbois, 1338, 9 juin. 53
22. — Lectres de dix huit solz estevenans censalx dehuz à la ville sus une partie de la tourt dou cemetière. Arbois, 1380, 8 avril . . . 55
23. — Lettres de trois solz estevenans censalx que *Huguenins Sagontet* doit sus une pièce de terre séant en *Corbires*. Arbois, 1379, 16 octobre. 57
24. — Lectres de l'assie faite per les eschevins d'*Arbois* à *Vuillemin Gouvernal* d'une partie de mais du *fourt iiij solz*, pour xx solz estevenans censalx, le jour de saint Martin d'ivert. Arbois, 1377 (n. st.), 22 février. 58
25. — Lectres des convenences faites entre les eschevins d'*Arbois* et *Guillame le grant* sur le fait de la tours derrier la mayson du dit *Guillame*. Arbois, 1375, 27 juillet. 60

26. — Lectres côme la duchesse *Jehanne* de *Bourgoigne*, en son droit et partaige, fut recehue à dame *Arbois*, et come elle jura les franchises et costumes d'*Arbois*, escriptes et non escriptes, tenir et garder sans corrupcion. Arbois, 1330 (n. st.), 3 février. 63
27. — Lectres comme monss. et ma dame de *Flandres* furent recehus à soigneour et dame en la ville d'*Arbois*, et comment monss. *Eude* de *Cromary*, quant il fut recehut *Arbois* à gardien et à baillif, fit le serement de tenir et garder les prevelèges du dit leu, escrip et non escrip, et outroiez du cuens *Othe*, cuens de *Bourgoigne*. Paris, 1330, 23 décembre. Bruges, 1331, 3 mars. Arbois, 1331, 17 juin 65
28. — Lettres du serement fait en nom de monss. de *Flandres*, par monss. de *Monferrant*, monss. *Joce* d'*Alvuym*, monss. *Humbert* de *la Platière* et *Henriet* chainbellent de mon dit seignour, à ce commis, sus le fait des previlèges et costumes d'*Arbois*. Arbois, 1332, 12 juin. . 71
29. — Lectres come l'on puet oster les maisons et les édiffices de censies senz le consentement des seignours dou cens, se il n'estoit obligiez per espicial Arbois, 1319 (n. st.), 11 mars ; 1371, 16 décembre . . 72
30. — Lectres come aucunx ne puet ou doit estre pris ne arester ou bourg d'*Arbois*, se n'est en caux criminel, pris à fait présent, et per les sergant ou officiers dudit bourg. Arbois, 1353, 9 mai 74
31. — Lectres come li gaiges per le fait dou signour et auxi de partie à partie se doivent vendre. — Item come cis qui a abandonez ses gaiges pour ce que l'on li demande, ou jurez de paier, l'on ne le doit plus rajourner. — Item come le prévost ne puet ou doit refuser de donné la court du ballif en plaigant ou jurant d'ester à droit, et paié la chose aingié. — Item, quant aucuns a desregnié ce que l'on li met en son serement, l'on ne puet plus recerver à prover contre luy. Arbois, 1354, 21 juin 76
32. — Lettres come l'on ne puet ne doit gaigier des bestes, pour que l'on trovoit autres gaiges, et come li gaigement est nuulx, qui ne les exécute deanz huitane. Salins, 1375, 4 décembre 80
33. — Lettres comme li eschevins d'*Arbois* pouhent et ont acostumez mettre en l'ospital d'*Arbois* gouvernour tel qui lour plait Arbois, 1304, 3 novembre. 81
34. — Lectres come l'on ne peut faire pledoier acunx des habitans d'*Arbois*, fuert du luef, se n'est pour caux de rebellion fait encontre le signour. — Item come l'on ne puet acunx des diz habitans prandre senz acussours ou dénunçours persegant, on s'i n'estoit pris à présent meffait. — Item comme la dicte communaltey n'est tenue de restituit de acunx fuel qui soit heuz boutez ès fuer bourg, ne de autres domaiges fait pour cause des guerres et doubtances, se n'estoit de pierre ou bois pris pour la ville. Gray, 1368 (n. st.), 2 février. 83
35. — Lectres contenant avec autres chouses come l'on ne puet ou doit estre pris ne arrestez, ne rajournez pour amendes, ne pour autre

chouse lay où il a abandonez ses gaiges. Chissey, 1356 (n. st.), 22 mars. 81
36. — Lectres pour le débonement des terrals d'*Arbois*, et come les emendes des désobaissant sunt à la ville. Arbois, 1370, 11 juillet 86
37. — Lettres de mille chasnes donnez par ma dame de *Flandres* à ces du bourg d'*Arbois*, pour la réparacion de lours maisons que furent arses le juedi devant la Magdelaine, l'an Nostre Seignour corrant mil trois cent quatre vingt et ung (18 juillet). Hesdin, 1381, 12 aout. 86
38. — Lettres come tous habitans *Arbois* et ès destrois et appertenences, et tous aiens possessions ès diz leuz, sunt et doivent paier de la fermetez et cloison d'*Arbois*. Male près Bruges, 1331, 9 mai . . . 87
39. — Lettres comme *Symon Quacel* pour luy et pour ses hoirs doit et s'est obligié faire et mantenir perpétuelment le terral de la fin dès le *pontet* tout à long de son champ et terre. Arbois, 1385 (n. st.), 28 janvier 88
40. — Lectres de trois soulz estevenans consaul le jour de la feste Saint Martin d'ivers, que *Rober* de *Boujaille* doit sur la terre, dois le *Pont des Maisial* tanque à la *chapelle de Saint-Estiene* du priorez d'*Arbois*, 1383-1388 91
41. — Ordonnance de Philippe, duc de Bourgogne sur la procédure. Dôle, 1386, 20 mai. Paris, 1386, 11 juillet. 92
42. — Ordonnance de Guillaume le Bastard de Poitiers, bailli du comté de Bourgogne, autorisant les prudhommes d'Arbois à imposer les retrayants pour l'entretien de la forteresse. Arbois, 1372, 4 avril . 101
43. — Lectres comme ung gaige maulx getez ne ait ne doit avoir que iij solz d'amende. Arbois, 1371, 8 décembre. 105
44. — Lettres comme toutes bestes chevalenes sunt quictes *Arbois* pour ung deniers de vente ou de piaige, le terme de cinq ans, qui devant paioient quatre deniers. Item comme les eschevins d'*Arbois* poent muer et chaingier les foires d'*Arbois* à tel jour qui lour plairat des semaines après Saint Martin d'ivers et Saint Martin d'estez. Dôle, 1381 (n. st.), 11 janvier 106
45. — Ce sunt ly statuz et ly establissement de la malatière d'Arbois.. Ce fut fait l'an mil cinquante et trois, saul le temps devant passez 108
46. — Ce sunt les premières correpcions faictes par mon signeur de *Bourgoigne*, en son grant conseil, sur les ordonnances faictes en son parlement de Dole. Dôle, 1388, 5 mai 113
47. — Cy après s'adsuiguent les responses que monss. de *Bourgoigne* at faictes aux requeste à lui baillies par les seigneurs d'*Arlay*, de *Montbéliart*, de *Chastelbelin* et de *Nuefchastel* ou conté de *Bourgoigne*, à *Hesdin* le xvij^{e} jour du meys d'aoust, l'an 1390 116
48. — Mention d'un acte daté du 8 juin 1392 portant donation par Johannin du Bois à l'église de Saint Just d'une rente d'huile constituée sur la terre de Bernard Nicholier de Villette. 118

49. — Bail à ferme ou acensement par les prudhommes d'Arbois à Humbert et Hugonin Bestiez, de l'emplacement de l'ancien hôpital. Arbois, 1387, 14 août. 118
50. — Guiot Bernard d'Arbois et Jehannette, sa femme, fondent leur anniversaire dans l'église de Saint-Just d'Arbois. Arbois, 1396, 4 mai. 119
Acte entre les échevins d'Arbois et certains habitants de Chamole au sujet du bois du Chamois. 1418, 27 décembre 120

2° PIÈCES ANNEXES

1. — Donation par Guillaume, seigneur de Vaudrey et par son frère Jacques, au couvent de Rosières, d'une rente annuelle et perpétuelle pour l'anniversaire de leur père. 1247, mars. 125
2. — Otton, comte de Bourgogne, donne aux habitants de Changin le four situé dans ce lieu, ainsi que le droit de four banal, à la condition de moudre à ses moulins d'Arbois. Rosières, 1283, mai 125
3. — Etat des sommes payées par le prévôt d'Arbois à divers ouvriers pour travaux de culture faits dans les vignes du comte. 1286, 16 juillet. 126
4. — Lettres d'amodiation des molins d'*Arbois* par Madame la contesse *Mahaut*. Bracon, 1327, 12 novembre 127
5. — Marguerite, comtesse de Flandre donne à Humbert de la Platière d'Arbois, chevalier, maître de son hôtel, la mairie de Montigny-les-Arbois pour en jouir sa vie durant. Paris, 1357 (n. st.), 25 mars 128
6. — Lettres de cession de toute la pierre et le bois de la grange de *Vagrenans* pour réfection de la forterace moyennant sexante florins. Nevers, 1359, 17 décembre 129
7. — Marguerite, comtesse de Bourgogne, ratifie l'affranchissement de deux hommes de Montmalain par Charles de Poitiers, seigneur de Saint-Valier et de Vadans. Quingey, 1363, 11 août. 130
8. — Serement de *Jehan Mallat* de *Frontenay*, bailli d'*Avaul*, de garder et maintenir les franchises de la ville et communaltey d'*Arbois*. Arbois, 1369 (n. st.). 8 février 130
9. — Ordonnance des conseillers de Louis de Male, comte de Bourgogne, enjoignant à tous les habitants d'Arbois, à l'exception des nobles, de paier les tailles imposées par les échevins pour les fortifications. Salins, 1382, 17 juin. 132
10. — Enquête des échevins d'Arbois sur le paiement d'une dette de la communauté qui aurait été acquittée entre les mains de Raynon, lombard d'Arbois et de son beau-frère le chevalier Dimanche de Salins, et qui est réclamée par le chevalier Jean de Salins. XIVe siècle . . . 133
I. — Documents sur l'affaire Morel. 136

II. — Documents sur l'affaire des Lombards. 143
III. — Documents sur l'affaire des fils du chevalier Dimanche de Salins 148

3° NOTES

1° *Topographie d'Arbois* au XIII° et au XIV° siècles. — I. Guillaume Brun, chevalier, vend à Othenin, fils de feu Jacques le François, bailli d'Arbois, une maison située au lieu dit en Montfort, 1273, 9 octobre . 163
II. — Odet et Jean, fils de feu Othenin de Lielle, écuyer, vendent au chapitre de l'église Notre-Dame de Dôle une maison sise à Arbois dans la rue devant l'hôpital, 1314 (n. st.), 25 février 164
2° *Droits du prieuré d'Arbois sur plusieurs paroisses rurales du voisinage.* L'église de Saint-Pierre de Vadans donnée par son chapelain au prieuré, 1232 (n. st.), 21 janvier 165
3° *Origines de la famille de Vaudrey et de Thoire.* — I. Guillaume, seigneur de Vaudrey, donne au prieuré d'Arbois les droits qu'il tenait de feu Evrard, chapelain d'Arbois, 1233 ou 1234 (n. st.), avril . . . 166
II. — Gui de Thoire, chevalier, et son fils Hugue donnent une terre au prieuré d'Arbois, 1213 (n. st.), mars. 166
4° *Régime de la propriété foncière.* — I. Dame Nicole, assistée par son mari Guillaume d'Estavayer, chevalier, donne à la ville d'Arbois une maison sise au bourg, dans la Grande Rue, pour y faire l'hôpital, 1373, 30 août . 167
II. — Ratification de la donation précédente par Marguerite de France, comtesse de Bourgogne, 1374, 31 octobre. 169
5° *Origines de la famille d'Arbois.* — I. Vente à l'abbaye de Balerne de deux vignes libres par Hugue de la Châtelaine, fils de feu monseigneur Just d'Arbois, et par sa femme Polliane, 1261, mai. 170
II. — Don d'une vigne et de deux soitures de pré par Hugue de la Châtelaine, chevalier, à Gui du Pasquier, damoisel, 1273, octobre. . 171
6° *Condition des francs hommes.* Jean, prieur d'Arbois, reçoit à titre de franc homme, Etienne Berthier, et lui donne en albergement les biens possédés autrefois par messire Adam de la Platière, 1219, avril. 172
7° *Exploitation des salines de Salins au* XIII° *siècle.* — I. Jaquete de Clarons, veuve de Richard Baylath, chevalier, donne à Notre-Dame de Château-sur-Salins une rente d'un quartier de muire dans le bourg le comte, 1236. 173
II. — Vaucher, seigneur d'Andelot, donne à l'église Notre-Dame de Château-sur-Salins une rente de trois parties d'un quartier de muire dans le puits du bourg le comte, 1253, 3 septembre. 173
8° *Descriptions anciennes du Cartulaire. Inventaires du* XVII° *siècle des titres de la ville. Collection Droz. Destinée des originaux. Lacunes du Cartulaire* 174
9° *Les statuts et établissements de la léproserie d'Arbois.* 175

4° TABLES.

1° Table généalogique des princes de la maison souveraine du comté de Bourgogne qui ont possédé le domaine d'Arbois, depuis le commencement du XIe siècle jusqu'à la fin du XIVe siècle 189
2° Table des noms de personnes et de lieux contenus dans le cartulaire et dans les pièces annexes 191

(Extrait de la *Revue Bourguignonne de l'Enseignement supérieur*, année 1898.)

DIJON. — IMPRIMERIE DARANTIERE.

www.ingramcontent.com/pod-product-compliance
Lightning Source LLC
LaVergne TN
LVHW010539100826
845148LV00001B/240
9782012693067